DIE NATUR HAT GEHOLFEN

HANS NEUNER
ALEXANDRA AUER

Die Natur hat geholfen

Wer heilt, hat recht

PAUL ZSOLNAY VERLAG
PERLINGER - VERLAG

Alle Rechte vorbehalten
Copyright ©by Paul Zsolnay Verlag Gesellschaft m.b.H., Wien/Hamburg und
Perlinger-Verlag Gesellschaft m.b.H., Wörgl 1984
Umschlagphoto: Gert Chesi
Umschlag u. Einband: Maria Blazejovsky
Filmsatz: Haselsteiner, Wien
Druck und Bindung: Wiener Verlag
Printed in Austria
ISBN 3-552-03611-3

CIP-Kurztitelaufnahme der Deutschen Bibliothek
Neuner, Hans:
Die Natur hat geholfen : wer heilt hat recht / Hans
Neuner ; Alexandra Auer. — Wien ; Hamburg : Zsolnay ;
Wörgl : Perlinger, 1984.
  ISBN 3-552-03611-3
NE: Auer, Alexandra:

„An ihren Früchten sollt ihr sie erkennen. Kann man auch Trauben lesen von den Dornen oder Feigen von den Disteln? Ein guter Baum kann nicht arge Früchte bringen, und ein fauler Baum kann nicht gute Früchte bringen."

MATTHÄUS 7,16

Wenn der Gesundheitsreferent des Landes Tirol zum Werk des Naturheilers Hans Neuner „Die Natur hat geholfen" ein Vorwort schreibt, so tritt er einen Ritt über den Bodensee an. Mancher Repräsentant der schulgerechten Medizin wird es als einen Affront betrachten. Ich wage ihn trotzdem.

Die Heilkunde hat mit Hilfe der Naturwissenschaften, insbesondere der Chemie und der Physik, enorme Erfolge erzielt. Es gelang ihr, die Seuchen zu besiegen, mit Hilfe von Computern neue, nie geahnte diagnostische Möglichkeiten zu erschließen und Behandlungs- und Operationstechniken zu entwickeln, die man sich früher nicht vorstellen hätte können.

Diese hervorragenden Leistungen der schulgerechten Medizin haben zwei Tendenzen eingeleitet. Zum einen gibt es, wenn ich Aldous Huxley zitiere, überhaupt keinen gesunden Menschen mehr — dem ich gerne anfügen möchte „ad maiorem pecuniam gloriam" —, zum anderen wurde in unserer Wohlstandsgesellschaft die Überzeugung geschaffen, daß wir zur Erhaltung oder Wiedergewinnung unserer Gesundheit außer unserem Beitrag zur Sozialversicherung keine eigene Leistung zu erbringen haben. Werden wir durch Maßlosigkeit im Essen und Trinken oder durch den Mißbrauch von Nikotin, Drogen oder Medikamenten krank, oder verletzen wir uns bei einem der zahlreichen Freizeitvergnügen, so ist es Aufgabe des Staates, uns in kürzester Zeit wieder gesund zu machen. Koste es, was es wolle! Mit dieser Gesinnung sind wir an den Rand der Finanzierbarkeit des Gesundheitswesens geraten.

Hans Neuner, ein hervorragender Repräsentant traditionsreicher Tiroler Volks- und Kräutermedizin, zeigt im vorliegenden Buch „Die Natur hat geholfen" eine Alternative auf. Neben der psychischen Betreuung fordert er die Hilfesuchenden auf, Tees und Pflanzentinkturen zu verwenden und deren Wirkung durch die Einhaltung bestimmter Diäten zu unterstützen.

Mit jedem zuversichtlichen, tröstenden Wort, mit jeder von ihm ausgegebenen pflanzlichen oder homöopathischen Gabe gehen besondere Kräfte materiell wie immateriell auf den Kranken über, der solcher qualitativer Lebensenergiezufuhr bedarf. Eine Behandlung, die weniger spektakulär und in der Regel langwieriger ist, dafür aber mit bescheidenem finanziellen Aufwand das Übel vielfach an der Wurzel zu erfassen vermag.

Naturheilkunde ist ihrem Wesen nach eine ganzheitliche Therapie. Sie beurteilt und behandelt am Menschen die Gesamtfunktion mit dem Ziel, gestörte Einzelfunktionen über körpereigene Regelabläufe zum Einklang mit dem geordneten Ganzen zu bringen. Sie wird deshalb immer, diagnostisch und therapeutisch, möglichst alle Faktoren des Lebensraumes des Menschen berücksichtigen.

Die schulgerechte Medizin ist mit ihrer notwendigen Aufsplitterung in zahlreiche Fächer teilweise weit von der ganzheitlichen Betrachtung abgewichen. Erfolge außerhalb der Wissenschaft werden vielfach belächelt und nicht zur Kenntnis genommen, obwohl immer der Grundsatz gelten sollte: „Wer heilt, hat Recht". Dr. O. Buchinger hat in seinem Festvortrag zum Jubiläumskongreß der Ärzte für Naturheilverfahren am 13. 3. 1976 in Freudenstadt festgestellt, daß sich die wahre Wissenschaft — aus Ehrfurcht vor dem Lebendigen — bescheiden gibt. Sie stellt sich nicht eitel selbst zur Schau, gibt der Erfahrung weiten Raum, begnügt sich nicht arrogant mit einer Fülle von Tabellen und ähnlichen anspruchsvollen Dokumentationen. Die wahre wissenschaftliche Einstellung lebt von dem steten Austausch von Erfahrungen und Gedanken, Erkenntnissen und Enttäuschungen.

Prießnitz, Kneipp und Schroth — um nur einige zu nennen — waren ebenfalls keine Mediziner. Ihre Erkenntnisse sind in der Zwischenzeit in die Behandlung der schulgerechten Medizin eingeflossen.

Die geschilderten Heilerfolge des Hans Neuner, die vielfach den erfolglosen Bemühungen der schulgerechten Medizin gegenüberstehen, mögen uns nachdenklich stimmen.

In den Mitteilungen der Österreichischen Gesellschaft für Tropenmedizin und Parasitologie berichten der Vorstand einer Innsbrucker Klinik und seine Mitarbeiter über die Behandlung von Schlangenbißverletzungen unter Einbeziehung der ostafrikanischen Naturmedizin. Die ostafrikanischen Medizinmänner in Ehren, die Volks- und Kräutermedizin meiner Heimat Tirol liegt mir natürlich mehr am Herzen. Ich würde es daher begrüßen, wenn sich der Forschungseifer der Alma Mater Oenipontana mehr dieser Medizin zuwenden würde.

Gäbe es an der Universität einen Lehrstuhl für Naturheilverfahren, so wäre ich sicher, daß viele Erfolge der Volks- und Kräutermedizin wissenschaftlich zu belegen wären.

Im Interesse der Volksgesundheit wünsche ich dem Buch viel Erfolg.

8

Möge es Kranke wie auch Gesunde bewegen, ihre Lebensgewohnheiten zugunsten ihrer Gesundheit zu ändern.

DR. FRIEDRICH GREIDERER
(Landesrat)

Innsbruck, im Jänner 1984

Bei einer erregten Diskussion zwischen Befürwortern und Gegnern der Erfahrungsheilkunde äußerte ein Professor für Geschichte der Medizin zum Schluß seines Referats den Satz: „Wer heilt, hat recht". Die Reaktionen, die er damit hervorrief, waren hochinteressant: Während sich nämlich die Vertreter der Naturheilkunde offensichtlich verstanden fühlten und zustimmend nickten, meldeten sich auf der Gegenseite mehrere Redner gleichzeitig zu Wort, um Einwände gegen diese Formulierung zu erheben. In ihren Beiträgen brachten sie wohlbekannte Argumente wie den Placebo-Effekt oder das Charisma des Heilers zur Sprache und beriefen sich immer wieder auf die Notwendigkeit objektiver Beweise, die nur durch Reihen- und Doppelblindversuche, vergleichende wissenschaftliche Studien oder exakte Statistiken zu erbringen seien.

Der Verlauf dieser Diskussion erschien mir symptomatisch für die bedauerliche Kluft, die zwischen der modernen, wissenschaftlich orientierten Medizin und ihrer älteren Schwester, der Natur- oder Erfahrungsheilkunde, entstanden ist; und der emotionsgeladene Ton, in dem sie geführt wurde, deutet darauf hin, daß es hier nicht um oberflächliche Differenzen geht: zwei grundverschiedene Weltanschauungen scheinen einander gegenüberzustehen.

Worin besteht nun dieser grundsätzliche Unterschied zwischen der sogenannten Schulmedizin und der Erfahrungsheilkunde? Er ist schon deshalb gar nicht so leicht auszumachen, weil die Entwicklung der Heilkunde ja nicht unabhängig von den Entwicklungen auf anderen Gebieten verläuft, was in vereinfachter Form auch in der Binsenwahrheit zum Ausdruck kommt, daß jede Gesellschaft die Medizin hat, die sie verdient. „Die Entwicklung der Medizin seit etwa 1830 stützte sich ausschließlich auf die Naturwissenschaften", heißt es dazu im Brockhaus (1982), und dieser Entwicklungstrend entsprach vollkommen der allgemein herrschenden Tendenz zur Versachlichung, zur wertfreien Objektivierung, die ein Hauptmerkmal der Denktradition ist, in der auch wir erzogen worden sind und von der wir uns daher nur schwer zu lösen vermögen.

Tatsächlich verhalf die Einführung wissenschaftlich-technischer

Methoden der Medizin sowohl auf theoretischem wie auf praktischem Gebiet zu einem Aufschwung unvorstellbaren Ausmaßes: Das Detailwissen über den menschlichen Organismus und seine Funktionsmechanismen ist so unüberschaubar groß, und die technischen Behandlungsmöglichkeiten in den modernen Krankenanstalten sind so vielfältig geworden, daß das Gesundheitswesen — mit medizinischen Hochschulen und Forschungsinstituten, Krankenversicherungen, Ärztediensten, Krankenhäusern, Pharmaindustrie usw. — zu einem gewaltigen Apparat von größter sozialer und finanzieller Bedeutung angewachsen ist. Mit zunehmender Gewöhnung an die Segnungen dieses hochorganisierten Gesundheitssystems steigt seit einiger Zeit allerdings auch das kritische Interesse der Öffentlichkeit für die Kehrseite der Medaille. Es stellt sich die Frage, welchen Preis wir für diese Entwicklung gezahlt haben?

Die unvermeidbar gewordene Spezialisierung des Arztes auf immer enger begrenzte Fachbereiche hat eine ganzheitliche Sicht des Menschen erschwert, wenn nicht unmöglich gemacht. Das Gesundheitssystem ist aufgrund seiner Größe schwerfällig geworden und hat eine Eigendynamik entwickelt, die von außen kaum noch zu steuern, und schon jetzt kaum mehr finanzierbar ist. Der Massenbetrieb in den Krankenhäusern erzeugt eine Atmosphäre, die nicht nur von sehr vielen Patienten, sondern auch von einem Teil des Ärzte- und Pflegepersonals als unbefriedigend empfunden wird. Die Machtposition der Pharmakonzerne, ihre Konkurrenzstrategien und Werbemethoden bieten mehr als genug berechtigte Angriffsziele. Das schreckliche Kapitel der Versuche an Tieren und Menschen zu Forschungszwecken wirft immer ernstere ethische Probleme auf. Die trotz verschärfter Kontrollmaßnahmen weiter ansteigende Zahl hochwirksamer, nicht abbaubarer Chemikalien und die potentiell gefährlichen Nebenwirkungen der allopathischen Medikamente tragen zur seuchenartigen Verbreitung neuer, schwer bekämpfbarer Zivilisationskrankheiten bei. Immer mehr Menschen werden mit der fortschreitenden Technisierung aller Lebensbereiche psychisch nicht mehr fertig und flüchten sich in Krankheit oder Drogenabhängigkeit. Wieder andere suchen nach neuen, alternativen Wegen, welche sie nicht selten zu Werten und Lebensformen zurückführen, die ein für allemal der Vergangenheit anzugehören schienen.

Einer dieser neuen alten Wege ist die Erfahrungsheilkunde, die sich unter dem Modenamen „Alternativmedizin" in den letzten Jahren wachsender Beliebtheit erfreut. Wie Pilze schießen die erstaunlichsten „alternativen Heilpraktiken" — leider sehr oft im Gewand sektiererischer Heilslehren — aus dem Boden, nd solange man nicht bereit ist, sich ueingehend mit ihren geistigen Wurzeln zu befassen, wird es kaum gelingen, die Spreu vom Weizen zu sondern. In ihrer unverfälschten Form ist die Erfahrungsheilkunde nämlich keine alleinseligmachende Heilslehre, und noch weniger hat sie mit Magie zu tun. Wohl aber liegt ihr eine ganzheitliche Welt- und Lebensanschauung zugrunde, aus der sich ein völlig anderes Menschenbild und daher auch eine andere Berufsauffassung ableitet als sie der wissenschaftliche Materialismus vertritt:

Während die hochspezialisierte wissenschaftlich orientierte Medizin auf der Suche nach objektiven Erkenntnissen analytisch-experimentell, das heißt teilend und trennend vorgeht, ist die Erfahrungsheilkunde seit jeher bestrebt, durch Intuition und subjektive Erfahrungen Lebenszusammenhänge zu erfassen. Während die erstere Krankheiten immer präziser definiert und durch „Eingriffe" — seien es chirurgische, seien es chemotherapeutische — Krankheitsherde oder -erreger zu eliminieren sucht, beziehungsweise künstlichen Ersatz für fehlende Stoffe oder Körperteile schafft, kennt die zweite gar keine Krankheiten, sondern nur kranke Individuen, und versucht allein durch natürliche Anregung der körpereigenen Abwehr- und Regenerationskräfte jenen Gleichgewichtszustand wiederherzustellen, den man als körperlich-seelische Gesundheit bezeichnet. Beide Anschauungsweisen mögen übrigens als legitim betrachtet werden, doch nur solange eine die andere nicht ausschließt, denn sie ergänzen einander.

Aus der Sicht der Naturheilkunde ist die gesamte Schöpfung ein sinnvoll geordnetes Gefüge, in dem vom Kleinsten bis zum Größten — von den Elementarteilchen oder den Bodenbakterien bis zu den Gestirnen oder dem menschlichen Geist — alles miteinander in Wechselwirkung steht. Die eigentliche Bestimmung des Menschen läge also darin, daß er sich in Ehrfurcht vor dieser natürlichen Ordnung — und zu seinem eigenen Besten — harmonisch in sie einzufügen trachtet, statt aus Macht- oder Neugier selbstherrlich in ihre Regelkreise einzugreifen, ohne die Tragweite seines Tuns auch nur annähernd abschätzen zu können. Diese grundsätzliche Ehrfurcht vor dem Leben, die durchaus auch eine religiöse Komponente hat, bedingt überdies die Anerkennung der unersetzlichen Einzigartigkeit jedes Lebewesens, was Experimente auf Kosten einzelner Individuen — oder gar ganze Arten gefährdende „Fortschritte" — prinzipiell ausschließt.

Die Erfahrungsheilkunde ist aus der Beobachtung der Natur entstanden; ihre Erkenntnisse hat sie der Natur nicht abge*rungen*, sondern abge*schaut.* Ihr jahrtausendealtes Wissen ist daher kein objektivierbares Experimentalwissen (das die wissenschaftliche Forderung nach Quantifizierbarkeit und von Zeit und Ort unabhängiger Reproduzierbarkeit erfüllt), sondern es beruht auf Erfahrungen, die ihrem Wesen nach etwas sehr Persönliches sind und daher intersubjektiv vielleicht ähnlich, niemals aber identisch sein können. Sie ist mehr Kunst als Wissenschaft, und aus diesem Grund entwickelt jeder Heiler auf der Basis der überlieferten Traditionen seine eigenen diagnostischen und therapeutischen Methoden, die in ihrer Besonderheit von der Persönlichkeit des betreffenden Heilers so wenig zu trennen sind wie in ihrer Wirksamkeit. (Selbstverständlich hat auch die sogenannte Schulmedizin den Charakter einer „Heilkunst" in der Praxis nie ganz verloren, so daß auch beim Arzt Intuition und Persönlichkeit eine nicht zu unterschätzende Rolle spielen. Das von eingefleischten Rationalisten manchmal als anrüchig empfundene „Charisma des Heilers" konnte also auch durch die „Verwissenschaftlichung" und Mechanisierung der Medizin bisher nicht ersetzt werden.)

In der Wahl ihrer Mittel hält sich die Naturheilkunde streng an das Prinzip, daß eine Arznei schlimmstenfalls nutzlos, nicht aber schädlich sein darf. Sie beschränkt sich daher auf Substanzen, die die Natur selbst hervorgebracht hat, und erachtet bei der Anwendung von Heilpflanzen die in ihnen gespeicherte Lebensenergie für ebenso wichtig wie ihre spezifischen Inhaltsstoffe und deren synthetisch nicht nachahmbare Kombination.

Ihre Grundregel lautet: *Deine Lebensmittel sollen deine Heilmittel sein, und deine Heilmittel deine Lebensmittel.* Daraus erklärt sich die besondere Bedeutung, die der Ernährung beziehungsweise Diät zugemessen wird, die Verwendung von Heilpflanzen (die ja ebenfalls Nahrungsmittel sind), aber auch Trink-, Bade- oder Luftkuren, Sonnenbäder, Bewegungsübungen usw.

Da die Naturheilkunde jedoch davon ausgeht, daß der Mensch nicht von Brot, Wasser, Luft und Sonne allein lebt, bezieht sie in diese Regel immer auch die psychischen Faktoren, die Umwelteinflüsse, die geistige Haltung und die emotionalen Bindungen mit ein, von denen Konstitution und Lebensweise eines Menschen ja gleichermaßen abhängig sind. Sie betrachtet deshalb *jede* Erkrankung als psychosomatisches Phänomen, Selbsterkenntnis und innere Einkehr als unbedingte Voraussetzung jedes Genesungsprozesses — und Liebe, Glaube und Hoffnung als die beste Medizin. Im weiteren Sinn erscheinen ihr aus eben diesem Grund aber auch sogenannte „Geistheilungen" nicht als *Wunder,* sondern sie erkennt sie als die höchste und subtilste Form *natürlicher* Heilungen an.

Aus dem bisher Gesagten geht, glaube ich, hervor, warum die von den Vertretern der Wissenschaft immer wieder erhobene Forderung nach objektiven Beweisen in Form von Doppelblindversuchen, Statistiken usw. im Fall der Erfahrungsheilkunde eine unsinnige Forderung ist. Nicht nur widersprechen die dazu notwendigen Experimente und Quantifizierungsmethoden dem Berufsethos dieser Kunst, sondern es fehlt auch die erforderliche Vergleichsbasis, da aus der Perspektive des Außenstehenden kein Heiler mit dem anderen, und aus der Perspektive des Heilers keine Krankengeschichte mit der anderen auf einen gemeinsamen Nenner zu bringen ist. So umfassend und gut dokumentiert die naturheilkundlichen Erkenntnisse und Rezepte auch sein mögen — ihre Anwendung ist eine hohe Kunst, deren Effizienz sich nur an konkreten Beispielen erfahren und nachweisen läßt.

Dieser Umstand sollte meiner Ansicht nach der „offiziellen" Medizin jedoch nicht zum Vorwand dienen, diese Erkenntnisse einfach zu ignorieren oder sie in Bausch und Bogen abzulehnen, ohne sich überhaupt mit ihnen auseinandergesetzt zu haben. Denn ungeachtet aller methodologischen Unterschiede verbindet Ärzte und Heiler letztlich das gemeinsame Ziel, dem leidenden Menschen zu helfen; und von dieser Warte aus gesehen müßte doch ein Arzt, der seinen Berufseid ernst nimmt, einem erfolgreichen Heiler nicht nur recht geben, sondern darüber hinaus auch für dessen Methoden Interesse zeigen, wenn sie sich den seinen als überlegen erwiesen haben. Solange allerdings naturheilkundliche Methoden im Verlauf der ärztlichen Ausbildung höchstens als abschreckende Beispiele erwähnt werden, gehören dazu so viel Zivilcourage und persönliches Engagement, daß diese Haltung die seltene Ausnahme bleiben muß.

Diese und ähnliche Überlegungen waren es, die zur Entstehung des vorliegenden Buches geführt haben. Es sollte sich nicht einfach nahtlos in die lange Liste der zu diesem Thema bereits erschienenen Bücher einreihen, sondern zum erstenmal einen authentischen Einblick in die Denk- und Arbeitsweise eines der wenigen wirklich berufenen Heiler geben, der trotz jahrzehntelanger Anfeindungen und Verfolgungen unbeirrt seinen Weg gegangen ist, seine Heilerfolge aus Sicherheitsgründen bisher aber lieber verschwieg als sie an die große Glocke zu hängen.

Der 1917 geborene Tiroler Hans Neuner[1] beherrscht die schon der

---

[1] Siehe dazu auch die Biographie im Anhang dieses Buches.

Antike bekannte, rational nicht restlos erklärbare Kunst der Urinschau, die ihn befähigt, aus Harnproben organische Störungen mit freiem Auge präzis zu diagnostizieren. Er arbeitet mit Heilpflanzenauszügen und anderen Naturheilmitteln und konnte im Lauf seiner mehr als dreißigjährigen Abertausenden Kranken helfen, darunter vielen, die bereits als hoffnungslose Fälle gegolten hatten.

Zwar hatte Hans Neuner schon vor mehreren Jahren ein naturheilkundliches Rezeptbuch für den Hausgebrauch veröffentlicht,[2] doch erst zu einem Zeitpunkt, als er bereits daran dachte, sich aus Altersgründen ganz ins Privatleben zurückzuziehen, ließ er sich von Freunden zu diesem Buchprojekt überreden, das für ihn, trotz seines hohen Ansehens, ein persönliches Risiko bedeutet.

Als er mich mit dem Vorschlag überraschte, die Aufgabe des Schreibens zu übernehmen, willigte ich nicht etwa deshalb ein, weil ich mich für besonders kompetent gehalten hätte, sondern weil ich für kaum einen anderen Menschen so große Achtung und Dankbarkeit empfinde wie für Hans Neuner, und von der Wichtigkeit einer schriftlichen Dokumentation seines Wissens und Könnens daher persönlich überzeugt bin. Zudem könnte dieses Buch vielleicht Anstoß dazu sein, daß jemand Fachkundigerer als ich die begonnene Dokumentationsarbeit fortsetzt.

Als ich Hans Neuner zum erstenmal begegnete, war ich zwölf Jahre alt und litt an einem Herzfehler, der mich zwar jahrelang von der lästigen Schulpflicht befreite, ansonsten aber mit äußerst unerfreulichen Begleiterscheinungen wie Atemnot und Angstzuständen bei der geringsten Anstrengung, extremer Anfälligkeit für Infektionskrankheiten, absolutem Turn- und Sportverbot und vor allem ständigen Arztbesuchen, Untersuchungen und Behandlungen verbunden war. Ich war (wie ich allerdings erst später erfuhr) bereits für eine Herzoperation vorgemerkt, die in Schweden oder Amerika durchgeführt werden sollte, doch vor der letzten und unangenehmsten Voruntersuchung dazu — einem Herzkatheter — hatte der Arzt mich zur Erholung nach Tirol geschickt. Meine Mutter, die durch Zufall von Hans Neuner hörte, brachte mich damals zu ihm und achtete streng darauf, daß ich seine Arzneien während des folgenden, etwa sechswöchigen Erholungsaufenthaltes regelmäßig einnahm. Zu ihrem Staunen hatte er aus meiner Urinprobe nicht nur die Herzinsuffizienz sofort erkannt, sondern auch alle möglichen zusätzlichen Beschwerden, unter denen ich zu dieser Zeit litt, präzis beschrieben und ihr dann gesagt, er hoffe, mir helfen zu können.

---

[2] Hans Neuner: „Gesundheit aus der Natur", Wörgl 1978.

Ich kehrte erholt nach Wien zurück, der Herzkatheter wurde von einem der berühmtesten Kardiologen durchgeführt, und einige Stunden später empfing der Professor meine Mutter mit den Worten: „Das gibt es ja gar nicht, Sie haben uns ein anderes Kind gebracht!" In der Folgezeit wurden mit Ausnahme des Herzkatheters alle Untersuchungen viele Male wiederholt, doch abgesehen von einem schwachen Herzgeräusch war keine Anomalie mehr zu entdecken. Von einer Operation war nicht mehr die Rede, und ich kann seither ein völlig normales Leben führen.[3]

Übrigens habe ich selbst die besonderen Umstände meiner Heilung damals überhaupt nicht realisiert: Nicht ahnend, wie es tatsächlich um mich stand, hatte ich Herrn Neuners Kräutertropfen ebenso widerwillig geschluckt wie alle anderen Medikamente vorher, und nachdem ich auch noch den Herzkatheter über mich hatte ergehen lassen müssen, fand ich es nur recht und billig, daß ich nun endlich gesund war und all das tun durfte, was man mir bisher immer verboten hatte. Erst später ist mir bewußt geworden, was ich Herrn Neuner verdanke.

Seit dieser ersten Begegnung vor fast zwanzig Jahren habe ich seine einzigartige Heilbegabung noch mehrmals an mir selbst erfahren und an so vielen Verwandten und persönlichen Bekannten miterlebt, daß ich allein darüber ein ganzes Buch hätte schreiben können. Vor allem aber habe ich seine menschlichen Qualitäten immer mehr schätzen und bewundern gelernt, je näher ich mich mit seiner Tätigkeit und der Einstellung, die er selbst zu seiner Arbeit hat, beschäftigt habe.

Wie stark Hans Neuners Persönlichkeit auch auf andere Menschen wirkt, erfuhr ich im Gespräch mit den Leuten, die mir für dieses Buch ihre Krankengeschichten — bereitwillig und unentgeltlich — erzählten. Beim Vergleich mit Krankengeschichten, die ich während meiner Tätigkeit als freiwillige Helferin in verschiedenen Krankenhäusern erzählt bekommen hatte, fiel mir dabei besonders auf, daß Herrn Neuners Patienten nicht nur die physische Gesundheit wiedererlangt hatten, sondern damit zugleich ein sehr spezifisches „körperliches Selbstbewußtsein" — ein gefestigtes Vertrauen in die Kräfte und Fähigkeiten ihres eigenen Organismus — und die Bereitschaft, die Verantwortung für ihre Gesundheit selbst zu übernehmen. Ein zweites auffälliges Merkmal war die Unbefangenheit, mit der sie über den Tod sprachen, den die Naturheilkunde ja nicht als Feind, sondern als Teil der natürlichen Ordnung des Lebens betrachtet.

Ich habe mich bei der Niederschrift des Buches bemüht, die auf

---

[3] Auf Seite 174, geht es um einen ähnlichen Fall, den Hans Neuner ausführlich kommentiert.

Tonband aufgezeichneten Berichte so authentisch wie möglich wiederzugeben. Die Namen der Patienten mußten zum Schutz ihrer Privatsphäre geändert werden, und unerwähnt bleiben selbstverständlich auch die Namen jener Ärzte, mit denen einige von ihnen schlechte Erfahrungen gemacht hatten. Bei der Auswahl der Fälle war es leider unvermeidlich, sich vorwiegend für Berichte von schweren, zuvor bereits längere Zeit erfolglos behandelten Erkrankungen zu entscheiden, um sich nicht dem Vorwurf auszusetzen, es hätte sich bloß um eingebildete Krankheiten gehandelt, die durch Suggestion zum Verschwinden gebracht wurden. (Tatsächlich liegt die besondere Stärke der Naturheilkunde in der Krankheitsvorbeugung, die sich der Darstellung jedoch leider entzieht). Außerdem sollten ursprünglich nur Fälle aufgenommen werden, die mindestens zehn Jahre zurücklagen, da die nach österreichischem Recht potentiell strafbare Handlung der Heilung ohne medizinisches Diplom erst nach Ablauf dieser Frist verjährt. Infolge eines für Hans Neuner günstig ausgefallenen Gerichtsurteils kamen kurz vor Abschluß des Buches dann doch noch einige neuere Fälle hinzu, zu denen er in seinen Kommentaren ausführlicher Stellung nehmen konnte, weil er sich an deren Einzelheiten natürlich viel genauer erinnerte. Davon abgesehen blieb die Auswahl mehr oder minder dem Zufall überlassen, da Hans Neuner über seine Heilerfolge nicht Buch führt, was uns die Qual der Wahl immerhin ein wenig erleichtert hat.

Zum Schluß möchte ich allen, auch denjenigen, deren Berichte innerhalb des begrenzten Rahmens dieses Buches einfach keinen Platz mehr fanden, für ihre Mitarbeit sehr herzlich danken — und den anderen nun endlich das Wort überlassen.

ALEXANDRA AUER

Januar 1984

Einige der in den Kommentaren zu den einzelnen Krankengeschichten beschriebenen Therapien sind als Orientierungshilfe für Ärzte und Sachkundige bestimmt, die sich eingehend mit den Methoden der Naturheilkunde beschäftigen. Um ihre mißbräuchliche Anwendung zu verhindern, wurde bei den Rezepten auf genaue Mengenangaben mit Bedacht verzichtet.

Unkundige Laien werden dringend vor jedem Versuch gewarnt, ernstere Erkrankungen ohne ärztliche Überwachung zu behandeln! Zur richtigen Anwendung naturheilkundlicher Mittel und Verfahren bedarf es außer einer präzisen Diagnose auch gründlicher Kenntnisse und großer therapeutischer Erfahrung, da Heilpflanzen hochwirksame Substanzen enthalten, die falsch oder in zu hoher Dosierung eingesetzt gefährliche Folgen nach sich ziehen können.

DER ERSTE FALL

Geschichten über Herrn Neuners erstaunliche Heilerfolge habe ich in den Jahren, seitdem ich selbst zu seinen dankbaren Patienten zähle, schon viele gehört; doch Frau Eberwald ist die erste, die mir über ihre Erfahrungen sozusagen „offiziell" berichtet. Der Plan, Herrn Neuners jahrzehntelange Tätigkeit durch ein Buch zu dokumentieren, hat erst vor wenigen Tagen Gestalt angenommen, und Frau Eberwald, die durch Zufall davon erfahren hat, war sofort Feuer und Flamme. An dem Abend, an dem ich zum erstenmal in Herrn Neuners Haus zu Gast bin, um mit ihm über das neugeborene Projekt zu sprechen, kommt sie lange nach Einbruch der Dunkelheit noch mehrere Kilometer mit dem Fahrrad gefahren, um mir die Möglichkeit zu geben, gleich die erste Probe aufs Exempel zu machen.

Als Herr Neuner einen Augenblick das Zimmer verläßt, um mir Papier und Bleistift zu holen — Tonbandgerät ist noch keines vorhanden, da Frau Eberwalds Besuch eine vollkommene Überraschung für mich war — schaut sie mir ernst in die Augen und sagt impulsiv: „Soviel Gold gibts gar nicht, wie ich dem Herrn Neuner schuldig wäre!" Bewegt streicht sie sich die dichten blonden Locken aus der Stirn, und dann beginnt sie zu erzählen.

Sie hatte jung geheiratet und erwartete mit 19 Jahren ihr erstes Kind. Während der Schwangerschaft bekam sie eine Nierenbeckenentzündung, doch erholte sie sich davon verhältnismäßig schnell, so daß die Geburt ohne weitere Komplikationen verlief. Als sie aber drei Jahre später zum zweitenmal schwanger war, litt sie unter geschwollenen Beinen und starken Nierenschmerzen, die sich nach der Geburt kurzfristig etwas besserten, bald darauf jedoch erneut und in noch stärkerem Maß wieder einsetzten. Vor allem die Knie waren geschwollen und steif und bereiteten ihr bei der Hausarbeit große Schwierigkeiten.

Da Frau Eberwald zwei kleine Kinder zu versorgen hatte, konnte sie sich nicht schonen, und so dauerte es nicht lange, bis ihr geschwächter Organismus sich für diese Vernachlässigung rächte. Mit einer akuten Blinddarmentzündung wurde sie ins Krankenhaus eingeliefert und sofort operiert. Die augenblickliche Gefahr war damit zwar gebannt, doch es stand ihr eine böse Überraschung bevor: Als sie nach der

Operation zum erstenmal aufstehen durfte, bemerkte sie nämlich zu ihrem Schrecken, daß sie das linke Knie nun überhaupt nicht mehr abzubiegen vermochte. Der behandelnde Arzt vermutete die Ursache für diese Versteifung zunächst in Eiterherden an Zähnen oder Rachenmandeln, stellte bei einer genauen Untersuchung jedoch fest, daß sowohl die Zähne als auch die Rachenmandeln der Patientin vollkommen in Ordnung waren.

Wohl in der Annahme, die Sache würde sich von selbst wieder geben, entließ man Frau Eberwald aus dem Krankenhaus. Sie biß die Zähne zusammen und versuchte ihren häuslichen Pflichten nachzukommen so gut es ging, bis sie die Schmerzen schließlich nicht mehr aushielt und einen anderen Arzt aufsuchte. Dieser nahm an, es müsse sich um eine rheumatische Erkrankung handeln, und gab Frau Eberwald eine Injektion, die furchtbare Folgen haben sollte. Die junge Frau wurde daraufhin endgültig gehunfähig; es wurde ihr vor Schmerz schwarz vor den Augen, sobald sie mit dem steifen Bein irgendwo nur leicht anstieß. Ihre Schwiegermutter, die ihr schon seit dem Beginn der Krankheit immer wieder ausgeholfen hatte, mußte die Kinder nun ganz zu sich nehmen.

Getrieben von der Angst, lebenslänglich gelähmt und hilflos zu bleiben, begab Frau Eberwald sich zu einem dritten Arzt, in dessen Praxis sie ohnmächtig wurde, als er versuchte, das unbewegliche Kniegelenk gewaltsam zu biegen. Zumindest überzeugt, daß er es hier nicht mit einem Fall von Hypochondrie zu tun hatte, riet er ihr zu einer Injektionskur. Das Serum wurde direkt ins Kniegelenk injiziert, und Frau Eberwald mußte es aus ihrer eigenen Tasche bezahlen, da die Krankenkasse die hohen Kosten für diese Spezialbehandlung nicht übernahm. Wäre die erhoffte Wirkung eingetreten, so hätten Frau Eberwald und ihr Mann ohne Zögern auch einen noch höheren Preis bezahlt; leider vertrug sie die kostspieligen Spritzen jedoch so schlecht, daß sich sowohl die Schmerzen als auch ihr allgemeiner Gesundheitszustand weiter verschlimmerten.

Es war nun schon drei Jahre her, seitdem die unerklärliche Versteifung des Knies begonnen hatte. Sie war 26 Jahre alt, und der Gedanke an die Zukunft lastete wie ein Alpdruck auf ihr. Wer sollte für die Kinder, den sechsjährigen Anton und den zweijährigen Matthias sorgen, wenn ihre Schwiegermutter dieser Aufgabe einmal nicht mehr gewachsen sein würde? Sie wolle sich nicht einmal vorstellen, meint Frau Eberwald heute, was aus ihr geworden wäre, hätte ihr damals nicht eine hilfsbereite Nachbarin, die den täglichen Anblick ihrer Qualen selbst kaum noch ertragen konnte, den Rat gegeben, sich an Herrn Neuner zu wenden.

Bei den Worten der Nachbarin erinnerte sie sich plötzlich, diesen Namen schon einmal gehört zu haben. Sie war fast noch ein Kind gewesen, als ihre schwerkranke Ziehmutter eine Urinprobe zum „Kräutler" hatte schicken lassen. „Da kann ich leider nichts mehr machen", hatte Herr Neuner dem Überbringer traurig den Kopf schüttelnd anvertraut. „Die Frau hat höchstens noch bis Anfang Jänner zu leben." Das war im Frühherbst gewesen, und am 6. Jänner war die Ziehmutter an Krebs gestorben. Die Genauigkeit von Herrn Neuners Diagnose hatte Frau Eberwald damals tief beeindruckt, jetzt aber lief ihr mit einemmal ein kalter Schauer über den Rücken. Was, wenn er ihr eine ähnliche Diagnose stellte? Doch daran wollte sie gar nicht denken; schon um der Kinder willen durfte sie die Hoffnung nicht aufgeben.

Tapfer versuchte sie ihre Bangigkeit zu verbergen und bat die hilfsbereite Nachbarin, mit einer Urinprobe von ihr zu Herrn Neuner zu fahren, da sie selbst sich ja kaum noch bewegen, geschweige denn das Haus verlassen konnte. Die Nachbarin erklärte sich dazu gerne bereit und vereinbarte sofort einen Termin. Mit klopfendem Herzen wartete Frau Eberwald an jenem Tag auf das vertraute Geräusch der Haustür. Sie fühlte, daß es ihre letzte Chance war. Endlich öffnete sich die Tür, und, ein großes Paket unter dem Arm, trat die Nachbarin lächelnd ein.

„Was hat er denn gsagt?" fragte Frau Eberwald atemlos. — „Daß dein Blut total versaut ist! Die nicht abgebaute Harnsäure hat sich in den Gelenken abgelagert, drum kannst du dich nicht mehr rühren. Leicht wird's nicht sein, hat er gmeint, weil dein Bein ja schon drei Jahr lang steif ist, aber wenn du machst, was er dir sagt, und die Geduld nicht verlierst, wirst du wieder gehen können. Das verspricht er dir, und wenn es Jahre dauern sollte! Die Mittel für die ersten drei Wochen hab ich mitgebracht, und wenn du die eingenommen hast, soll ich ihm wieder eine Urinprobe zur Kontrolle bringen."

Frau Eberwald fiel ein Stein vom Herzen. Noch am selben Abend begann sie, die Kräutertropfen einzunehmen, Nierentee zu trinken und die geschwollenen Gelenke mit Herrn Neuners Tinktur einzureiben. In der dritten Woche fühlte sie bereits eine so merkliche Erleichterung, daß sie sich zu ihrer Schwiegermutter bringen ließ, um ihre Kinder wiederzusehen. Als ihr der Jüngere voll Freude entgegenlief, breitete sie unwillkürlich die Arme aus, um ihn hochzuheben. Eine Sekunde später aber brach sie mit einem Schmerzensschrei zusammen, der bis auf die Straße zu hören war. Sie hatte die Geschwindigkeit des Heilungsprozesses weit überschätzt und für ihre Unvorsichtigkeit gebüßt.

Am Ende der dritten Behandlungswoche fuhr die Nachbarin neuerlich mit Frau Eberwalds Urinprobe zu Herrn Neuner, der erfreut eine leichte Besserung feststellte, wieder eine Medizin für die Patientin zusammenstellte und ihr ausrichten ließ, sie solle auf die schmerzenden Gelenke rotes Viehsalz auflegen und die Knie mit Murmeltierfett — einer in den Alpen seit altersher als Universalheilmittel geltenden Kostbarkeit — einreiben. So wurde die Behandlung, mit regelmäßigen Harnkontrollen in Abständen von drei Wochen, eineinhalb Jahre lang fortgesetzt. Bald konnte Frau Eberwald ihre Kinder wieder zu sich nehmen, und sobald ihr Zustand sich so weit gebessert hatte, daß sie selbst zu Herrn Neuner fahren konnte, massierte er ihr jedesmal, wenn sie zur Kontrolluntersuchung kam, das steife Knie. Nach Ablauf der erwähnten eineinhalb Jahre wurde außer der Kniemassage die Behandlung für sechs Monate unterbrochen und danach nochmals ein Jahr lang fortgesetzt.

In unvergeßlicher Erinnerung ist Frau Eberwald der Tag, an dem ihr Kniegelenk, während sie gerade beim Bodenaufwaschen war, um punkt drei Uhr nachmittags plötzlich nachgab und sie ihr linkes Bein nach nahezu sechs Jahren zum erstenmal wieder biegen konnte. Herr Neuner hatte sein Versprechen gehalten: sie konnte wieder gehen und genoß die wiedererlangte Gesundheit in vollen Zügen. Ihre grenzenlose Dankbarkeit für die Heilung konnte sie nur dadurch beweisen, daß sie sich seit ihrer Genesung, soweit es in ihren Kräften stand, der kranken Menschen in ihrer Umgebung annahm.

Fünf Jahre später aber mußte sie Herrn Neuners Hilfe wieder in Anspruch nehmen. Beunruhigt durch unerklärliche Schmerzen im Arm, die sich zur Brust hin zogen, meldete sie sich bei ihm an. Gerade noch rechtzeitig, wie sich herausstellte, denn seine Diagnose lautete: „Mein Gott, Brustkrebs!" Er schärfte Frau Eberwald ein, keine Zeit zu verlieren und seine Anweisungen genau zu befolgen, denn nur dann werde sie eine Operation vermeiden können. Außer der regelmäßigen Einnahme seiner Kräutermedizin sollte sie sich blauen Lehm besorgen, diesen mit Wasser, Schweineschmalz und einem Schuß Weinessig anrühren und auf die Brüste auflegen. Da der blaue Lehm jedoch ziemlich schwer erhältlich sei, würden es als Sofortmaßnahme auch Umschläge mit leicht erwärmten Zwiebelscheiben tun.

Frau Eberwald befolgte diese Ratschläge mit peinlichster Genauigkeit — und größtem Erfolg. Sehr bald schon kam es zu einer Rückbildung der beginnenden Verhärtungen in den Brüsten, und nach weniger als drei Monaten konnte Herr Neuner ihr bei der Kontrolluntersuchung anhand der Harnprobe die Mitteilung machen, daß sie die Gefahr endgültig überstanden habe und wieder völlig gesund sei.

22

Als lebendigen Beweis für ihre vollständige Genesung empfand sie dann die Ankunft eines dritten Kindes, das sie mit 38 Jahren — 15 Jahre nach der Geburt des zweiten — nach einer leichten, beschwerdefreien Schwangerschaft zur Welt brachte. Der Kleine war zwar kräftig und munter, litt aber während seiner drei ersten Lebensmonate an einer Darmträgheit, die den Arzt sehr beunruhigte, da er die Ansicht vertrat, daß das arme Kind lebenslänglich nicht ohne abführende Medikamente auskommen werde. Vertrauensvoll brachte Frau Eberwald ihren Sohn darauf zu Hans Neuner, der ihr den einfachen Rat gab, dem Baby an Stelle von Abführmitteln nichts als einen kleinen Löffel unzerstoßener, in Wasser oder Magermilch kurz aufgekochter Leinsamen in den Brei zu rühren. Tatsächlich regulierte dieses alte Hausmittel die Verdauung des Kindes innerhalb einer einzigen Woche ein für allemal.

Auf ihrem eigenen Leidensweg standen ihr allerdings noch einige Stationen bevor. Nach der Geburt begannen sie plötzlich wieder Nierenschmerzen zu plagen, und diesmal begab sie sich auf der Stelle zu Hans Neuner. Er schüttelte das Harnfläschchen, hielt es gegen das Licht und sah zu, wie darin feste Teilchen langsam zu Boden sanken. „Du mußt dich überanstrengt, oder etwas zu Schweres gehoben haben", sagte er mit einem bedächtigen Kopfschütteln. „Die Schmerzen können von einer Nierensenkung oder -vergrößerung, einem Harnleiterknick oder einer Harnleiterkrümmung, vielleicht auch einer sogenannten Doppelniere herrühren; mehr kann ich aus den Harnrückständen nicht herauslesen. Um ihre Ursache genau zu definieren, bedarf es einer klinischen Untersuchung, beziehungsweise eines Röntgenbefunds." Frau Eberwald versprach, sich untersuchen zu lassen und mit dem klinischen Befund wiederzukommen.

Im Krankenhaus stellte der Facharzt ein doppelt angelegtes Nierenbecken und einen offenbar durch äußere Gewalteinwirkung entstandenen Harnleiterknick fest, den sie sich, wie ihr nun einfiel, zugezogen haben mußte, als sie einem befreundeten Bauern beim Ziegelmachen geholfen hatte. Aufgrund dieses Befundes verordnete Herr Neuner seiner treuen Patientin Tees und Tropfen zur Durchspülung der Nieren und der Harnwege, Schweineschmalzumschläge gegen Verkrampfungen, Verspannungen und Entzündungsgefahr, sowie eine aus Kräuterauszügen hergestellte Einreibung zur Kräftigung der Muskulatur, was Frau Eberwald innerhalb kurzer Zeit von ihren Beschwerden befreite.

Zwei Jahre später aber trieben Magenweh und Seitenschmerzen sie noch einmal zu Herrn Neuner. Diesmal diagnostizierte er Gallensteine und gab ihr wiederum den Rat, sich zunächst in einer Klinik untersuchen zu lassen, wo man Größe und Anzahl der Steine genau feststellen könne. Das Untersuchungsergebnis versetzte die Ärzte in helle Aufregung: die Gallenblase sei prall gefüllt mit erbsengroßen Steinen, und es bestehe akute Lebensgefahr, wenn sie sich nicht sofort operieren lasse.

Angsterfüllt rief Frau Eberwald von der Klinik aus Herrn Neuner an, um ihn zu fragen, ob sie sich ins offenbar Unvermeidliche fügen müsse. „Nein", antwortete er zu ihrer großen Erleichterung mit fester Stimme, „nicht schneiden lassen. Es gibt eine Kur, mit der sich die Steine auf natürlichem Weg beseitigen lassen." Auf ihre eigene Verantwortung verließ Frau Eberwald das Krankenhaus und entschied sich für Hans Neuners Gallenkur.

Der erste Versuch mißlang jedoch, weil die Gallenwege offenbar zu stark verstopft gewesen waren. Herr Neuner verschrieb seiner Patientin daher eine zweimonatige Aufbaukur mit Tee, Kräutertropfen und einer entsprechenden Diät, bevor sie die Gallensteinkur ein zweites Mal machte. Und diesmal war ihr der erhoffte Erfolg beschieden: ohne äußeren Eingriff kam es zum Abgang von 27 erbsengroßen Gallensteinen! Die vorangegangene Aufbaukur hatte Frau Eberwald überdies so gekräftigt, daß sie sich um Jahre verjüngt fühlte. Wer der energischen, lebenssprühenden kleinen Frau heute begegnet, sieht ihr von dem langen Leidensweg nichts mehr an — ja es scheint vielmehr, als seien ihr ungeahnte Kräfte daraus erwachsen!

Während sie sprach, hat Frau Eberwald immer wieder nach Worten gesucht und dann mit einem hilfesuchenden Blick auf Hans Neuner geschaut, fast als wollte sie ihn um Verzeihung dafür bitten, daß ihr beim Erzählen immer hundert Dinge zugleich einfielen und es ihr deshalb vielleicht nicht recht gelang, seinen Leistungen gerecht zu werden und ihre Dankbarkeit so auszudrücken, wie sie es gerne wollte.

Als ich sie nach ihren Kindern frage, erzählt sie mir weitere Fälle, in denen Hans Neuner mehr gelungen ist, als die Ärzte für möglich hielten. Einmal konnte er die vom Arzt als dringend notwendig bezeichnete Mandeloperation des jüngsten Sohnes durch eine Heilpflanzenkur vermeidbar machen, die nicht nur die vorhandenen Eiterherde beseitigte, sondern auch der chronischen Anfälligkeit des Kindes für Halsentzündungen und Angina ein Ende setzte. Ein anderes Mal litt ihr Sohn an Erstickungsanfällen; der herbeigerufene Arzt diagnostizierte eine schwere Kehlkopfentzündung, deren Symptome, wie er befürchtete, auch nach dem Abklingen der Krankheit in abgeschwächter Form zurückbleiben würden. Innerhalb von sechs Monaten widerlegte Herr Neuner diese pessimistische Diagnose. Mit Hilfe seiner Kräutermedizin

und Umschlägen mit einem Gemisch aus Topfen (Quark) und Schweineschmalz, die über Nacht auf die Lymphdrüsenknoten aufgelegt
wurden, konnte die Kehlkopfentzündung vollständig zum Verschwinden gebracht werden, und es traten auch nicht die befürchteten
Nachwirkungen ein.

Frau Neuner hat eine zweite Flasche Südtiroler Rotwein auf den Tisch
gestellt; einen Augenblick hängt jeder schweigend seinen eigenen
Gedanken nach, dann sagt Frau Eberwald noch einmal mit großem
Nachdruck: „Nein, so viel Geld gibt's gar nicht, wie ich dem Herrn
Neuner schuldig wäre!" — „Nicht mir", entgegnet er fröhlich; „der
Natur, ihren Heilkräften und Dem, der sie und uns geschaffen hat."

Dann nimmt sein Gesicht unvermittelt jenen Ausdruck ernster Konzentration an, den ich immer an ihm gesehen habe, wenn es um seine
Arbeit ging.

„Ursprünglich ist Frau Eberwalds Knieversteifung wahrscheinlich auf
eine nicht beachtete Nierenerkältung zurückzuführen", erläutert er.
„Die Funktionstüchtigkeit der Niere wurde dadurch vermindert, was
sich ja schon bei der ersten Schwangerschaft angedeutet hat, als die Niere
monatelang stärker als sonst beansprucht wurde. Während der zweiten
Schwangerschaft kam es dann so weit, daß Harnsäure, Harnsalze und
Eiweißrückstände nicht mehr richtig abgeleitet wurden, sondern sich vor
allem an den unteren Extremitäten — den Knien und Fußgelenken — zu
stauen begannen. Diese nicht abgebauten Stoffwechselrückstände ver-
ursachen Entzündungen und Schwellungen im gesamten Stütz- und
Bewegungsapparat, die sehr schmerzhaft sind. Die Behandlung war in
diesem Fall deshalb so schwierig und so langwierig, weil die Krankheit
schon sehr lange angedauert hatte und daher Stoffwechsel, Blutreinigung, Leber- und Nierenfunktionen schon sehr schwach geworden
waren. Unter diesen Umständen ist nur eine Langzeittherapie zweckmäßig und erfolgversprechend; jede schnell wirkende Therapie würde
nämlich unweigerlich zu organischen Schädigungen führen. Die Zwi-
schenpausen, in denen die Behandlung vorübergehend ganz ausgesetzt
wird, sind notwendig, um die Belastung, welche die Behandlung für den
Organismus mit sich bringt, zu vermindern und den Körper eine Zeitlang seine Funktionen selbständig wiederaufnehmen zu lassen.

Bei Frau Eberwald hat die jahrelange Unbeweglichkeit eine Versteifung des Bewegungsapparates bewirkt, die nur mit Hilfe ableitender,
krampflösender und erweichender äußerlicher Maßnahmen rückgängig
zu machen war. Wirksam, aber sehr schmerzhaft sind Umschläge mit in
wenig Wasser aufgelöstem Viehsalz; ein anderes bewährtes Mittel zur

Behandlung von Versteifungen sind Einreibungen mit Murmeltierfett. Um aber das Übel an der Wurzel zu packen, ist vor allem die organische Anregung der Nieren- und Leberfunktionen durch genau aufeinander abgestimmte Pflanzenwirkstoffe unerläßlich. Nur so kann man erreichen, daß die angesammelten Stoffwechselrückstände über Harn und Darm allmählich ausgeschieden werden. Sobald Frau Eberwalds Organismus diese Aufgabe wieder ohne äußere Unterstützung erfüllen konnte, war sie gesund.

Der Brustkrebs ist dadurch entstanden, daß sich — wahrscheinlich durch Verkühlungen und Überanstrengung — lymphatische Stauungen ergaben, die sehr bald zu Verhärtungen ausarten. Es besteht dabei nicht nur die Gefahr einer akuten Entzündung, sondern auch die noch größere Gefahr schwärender Entzündungsprozesse, die in der Folge auf andere Organe übergreifen. Durch eine gezielte Lymphdrüsenbehandlung und ableitende Maßnahmen konnte dieser Prozeß — von dem etwas später außer den Brustdrüsen mit größter Wahrscheinlichkeit auch die Eierstöcke betroffen worden wären — glücklicherweise rechtzeitig aufgehalten werden. Da es sich um einen äußerst schnell verlaufenden Krankheitsprozeß handelt, war allerdings höchste Eile geboten. Es mußte rasch und mit relativ starken Mitteln eingegriffen werden, um Folgeerkrankungen vorzubeugen. Daß die Heilung völlig gelungen ist, beweist wohl auch die Geburt des kleinen „Nachzüglers".

Alles andere ist aus Frau Eberwalds Bericht, glaube ich, sehr klar hervorgegangen; sie erinnert sich daran sehr viel genauer als ich. Nur zu der Leinsamenkur, die ein altes und bewährtes Hausmittel gegen Darmträgheit ist, möchte ich hinzufügen, daß man von diesem Mittel nicht länger als zwei bis drei Wochen ohne Unterbrechung Gebrauch machen sollte, da es sonst leicht zu einer Gewöhnung kommen kann. Dasselbe gilt übrigens für das ebenso wirksame Leinöl, das aber wegen seines penetranten Geruchs mit Recht nicht sehr beliebt ist."

Damit ist dieses der Vergangenheit angehörende Thema abgeschlossen, und trotz der vorgerückten Stunde sprechen Frau Eberwald und Hans Neuner in heiterer Gelassenheit schon wieder über Möglichkeiten der Hilfe für Menschen, die heute in Not sind.

Außer den von Frau Eberwald selbst erwähnten äußerlichen Maßnahmen wurden folgende Mittel zur inneren Reinigung und Umstellung des Organismus angewandt:

Die Kräuterteemischungen Nierentee Nr. 4, Verkühlungs- und Harnsäuretee Nr. 29, sowie wassertreibender Tee Nr. 34, die Frau Eberwald über längere Zeit in der angegebenen Reihenfolge nacheinander trank. Vor allem der Nierentee sollte zumindest am Anfang häufig und in regelmäßigen Abständen getrunken werden.

Die Kräutertropfen zur Behandlung der Niere bestanden aus den Essenzen von Zinnkraut, Petersilienwurzel und Königskerze. Im Anschluß daran bekam Frau Eberwald für die versteiften Gelenke Hauhecheltinktur im Wechsel mit Bertramwurzeltinktur.

Nach dem Abklingen der akuten Beschwerden wurde die Behandlung mit einer Mischung aus Tinkturen von Kamille, Hauhechel, Weinblättern, Bertramwurzel, Odermennig und Birkenblättern fortgesetzt, die zur Kräftigung des Organismus und gleichzeitig zum Ableiten der überschüssigen Harnsäure beitrugen.

Zur Unterstützung und Beschleunigung des Genesungsprozesses diente schließlich eine nervenstärkende Tinktur aus Johanniskraut, Süßholzwurzel, Fenchel, Rosenblättern, Weißdorn und Kampfer, sowie das Vitamin C-haltige Stärkungsmittel Bio-forte.

Zum Ableiten der Gallensteine trinkt man morgens ein Weinglas voll kaltgeschlagenes Olivenöl und anschließend zwei Eßlöffel voll Zitronensaft. Nach einer halben Stunde dreht man sich auf die Seite, damit die Gallensteine besser abgehen können. Heiße Dampfbäder oder heiße Dampfwickel auf die Gallengegend wirken ableitend und wohltuend. An Tees ist eine Mischung aus Löwenzahnwurzeln, Schafgarbe, Wermut, Johanniskraut, Pfefferminze, Ringelblume und Beifuß zu empfehlen. Wirksam ist auch Harlemeröl, und zwar dreimal täglich je 15 Tropfen.

Eine andere alte Gallenkur wird wie folgt durchgeführt: Am ersten Tag der Kur nimmt man um 9 Uhr vormittags die letzte Mahlzeit zu sich. Um 19 Uhr trinkt man dann Tee aus 40 g Sennesblättern, 20 g getrocknetem und geschnittenem Manna und 10 g zerdrücktem Koriander. Für eine Tasse dieses Tees, der ungezuckert getrunken werden muß, wird gerade soviel Tee verwendet, als zwischen den Spitzen dreier Finger Platz findet. Gegen 20 Uhr kann dann eine leichte Mahlzeit eingenommen werden. Am zweiten Tag um 7 Uhr wieder eine Tasse desselben

Tees, um 10 Uhr müssen dann 180 g bestes kaltgepreßtes Olivenöl getrunken werden; dann legt man sich vier Stunden lang auf die rechte Seite und anschließend drei Stunden auf die linke. Während dieser Zeit sollen warme, trockene Umschläge auf die Magengegend gemacht werden. Um 17 Uhr sollen dann 50 g Rizinusöl eingenommen werden. Um 20 Uhr folgt ein leichtverdauliches Abendessen und ab dem nächsten Tag kann wieder normal gegessen werden.

Gegen Lymphstauungen beziehungsweise Brustkrebs empfehlen sich zur inneren Anwendung die homöopathischen Mittel Carbo vegetabilis D10, Calcera fluorica D12 und Silicea D12.

An Kräutertinkturen sind vor allem Fenchelsamen und Heidnisch Wundkraut von vorzüglicher Wirkung, unterstützend wirkt auch die Beimischung von Goldwurzelextrakt.

Die geeignetsten Teemischungen sind Drüsentee Nr. 114, und bei abnehmendem Mond Blutreinigungstee Nr. 2. (Blutreinigungstee darf immer nur bei abnehmendem Mond getrunken werden! Blutreinigungstee, der bei zunehmendem Mond getrunken wird, bleibt nicht nur ohne die gewünschte Wirkung, sondern kann höchst unangenehme Überraschungen bereiten. Leidet jemand beispielsweise an Hautausschlägen und trinkt dagegen bei zunehmendem Mond Blutreinigungstee, so kann er gewiß sein, daß die Hautunreinheiten nicht nur nicht verschwinden, sondern sich vielmehr schlagartig vermehren. So kommt es immer wieder vor, daß an sich ausgezeichnete Blutreinigungstees in Mißkredit geraten, nur weil die Mondphasen keine Beachtung fanden. Ähnlich wie den alten Bauernregeln nach Wurzelgemüse, die in die Erde hineinwachsen sollen, bei abnehmendem Mond zu pflanzen sind, Blumen oder Blattgemüse dagegen bei zunehmendem Mond, gilt in der Naturheilkunde die Regel, daß das Ableiten von Schadstoffen über die inneren Organe bei abnehmendem Mond zu erfolgen hat, während die Phase des zunehmenden Mondes etwa für Aufbaukuren besonders geeignet ist.)

Selbstverständlich ist auch hier die Umstellung auf vegetarische Kost unbedingt notwendig, um Gärungs- oder Verwesungsprozesse zu verhindern und durch eine Entlastung des Stoffwechsels den Abbau von im Organismus abgelagerten Stoffen zu fördern.

Zum Sohn von Frau Eberwald:

Bei der Bekämpfung einer eitrigen Mandelentzündung stehen zunächst sicher homöopathische Mittel im Vordergrund, wobei im

akuten Fall Drosera D4 und Spongia D4 stündlich abwechselnd verabreicht werden sollten.

Zum Spülen und Gurgeln bereitet man einen Aufguß von Malve,
Nelkenwurz und Kamille, dem einige Tropfen Arnikatinktur beigemischt werden.

Bei Angina wäre das Gastreu-Mittel Nr. 1 „Anginacit" der Firma
Reckeweg besonders empfehlenswert.

Die erste Kräutermedizin, von der stündlich fünf Tropfen eingenommen werden sollten, bestand aus Tinkturen von Hauhechel, Holunderblüten, Johanniskraut und Schafgarbe. Als Aufguß ist diese
Kräutermischung auch zum Gurgeln geeignet. Die zweite Kräutermedizin, die nur noch dreimal täglich einzunehmen war, setzte sich aus
Tinkturen von Tausendguldenkraut, Wermuth, Allant, Hirtentäschel,
Zichorienwurzel und Vogelknöterich zusammen.

Rasche Linderung bringen Halsumschläge mit erwärmtem Kräuteröl
(beziehungsweise Johanniskrautöl) oder Umschläge aus einem Gemisch
von ungesalzenem Schweineschmalz, fettem Topfen (Quark) und
gehackter roher Zwiebel. Ein früher allgemein übliches und, wie ich aus
eigener Erfahrung weiß, ganz besonders wirkungsvolles Mittel sind
Umschläge mit dem eigenen Urin. Wer es über sich bringt, dieses
bewährte alte Mittel auszuprobieren, wird schon nach etwa einer halben
Stunde eine wesentliche Besserung beobachten. Zur Linderung und
Beruhigung bei starken Beschwerden würde ich auch heiße
Kamillendunstwickel empfehlen. Dazu taucht man ein Tuch in
Kamillentee, drückt es aus und legt es so heiß wie möglich um den Hals;
alle zehn Minuten sollten diese Halswickel erneuert werden.

EIN KIND IN LEBENSGEFAHR

Auf meine Bitte hin hat Herr Neuner versprochen, sich am Wochenende die Zeit zu nehmen, mit mir gemeinsam einige seiner ehemaligen Patienten zu besuchen. Die provisorisch zusammengestellte Liste von Namen und Adressen ist so lang, daß ich nicht weiß, wo wir anfangen sollen; und kaum beginnt Herr Neuner sich mit dieser schwierigen Frage zu befassen, fallen ihm alle Augenblicke weitere Namen und andere erzählenswerte Krankengeschichten ein. „Mein Gott, die Frau Campiello", ruft er plötzlich aus, „die könnte Ihnen einmal die Geschichte von ihrem ersten Kind erzählen! Wir sollten sie jedenfalls besuchen, denn sie liegt nach einer Operation noch im Krankenhaus — vielleicht freut sie sich."

Gesagt, getan. Wenige Minuten danach stehen wir vor dem nicht sehr großen, aber ganz modern eingerichteten Krankenhaus der Stadt. Herr Neuner springt aus dem Wagen, eilt zum Kiosk, um ein Mitbringsel für die Patientin zu besorgen, und kommt mit einem Blumenstrauß und einer Bonbonnière zurück.

Im Treppenhaus erkennen ihn mehrere Leute, und fröhliche Grüße und Bemerkungen werden ausgetauscht. Selbst unter dem Pflegepersonal des Krankenhauses hat Herr Neuner zahlreiche Freunde und Patienten. Als wir das Krankenzimmer betreten, liegt Frau Campiello, umgeben von Familienangehörigen, schmal und blaß in ihrem Bett. Sie lächelt glücklich, als sie hinter dem großen Blmenstrauß Herrn Neuner erkennt, und wirft dann einen erstaunt fragenden Blick auf mich. Herr Neuner ergreift ihre Hand, erkundigt sich, wie es ihr gehe, und erklärt ihr, was der fremde Gast hier zu suchen hat.

Frau Campiello lädt mich freundlich ein, sie nach ihrer Entlassung aus dem Krankenhaus zu Hause zu besuchen, und nach einem kurzen, herzlichen Gespräch verabschieden wir uns wieder.

Etwa zehn Tage später stehe ich also, allein diesmal, vor Frau Campiellos Haus. Die jüngere Tochter, die ich von meinem Besuch im Krankenhaus schon kenne, führt mich in die Stube, wo ihre Mutter, in einen langen, warmen Morgenmantel gehüllt, neben dem Ofen sitzt. Sie sieht noch etwas müde und angegriffen aus, hat die Operation jedoch

30

ohne Komplikationen überstanden. Die Geschichte, die sie mir erzählt, liegt mehr als zwanzig Jahre zurück, und das Kleinkind von damals ist heute selbst schon Mutter.

Im Alter von zwei Jahren bekam Frau Campiellos älteste Tochter Keuchhusten. Tag und Nacht wurde sie von so heftigen Hustenanfällen geschüttelt, daß man sie aufsetzen und festhalten mußte, weil sie zu ersticken drohte. Das meiste von dem, was sie zu sich nahm, hustete sie kurz darauf wieder heraus, so daß die Mutter mit dem Wechseln der Bettwäsche kaum nachkam. Das einzige, was dem kleinen Mädchen Erleichterung verschaffte, waren Spaziergänge an der frischen Luft. Frau Campiello zog sie also warm an, nahm sie auf den Arm und ging mit ihr so oft wie möglich ins Freie, oder stellte zumindest ihr Bettchen ans offene Fenster.

Etwa eine Woche nach dem Ausbruch des Keuchhustens, der nicht besser werden wollte und den Organismus des Kindes schon ziemlich geschwächt hatte, begann das Mädchen plötzlich zu fiebern. Auf Brust und Hals zeigten sich die ersten roten Pünktchen, und bald darauf bedeckten sie den gazen glühendheißen kleinen Körper: die Masern waren ausgebrochen. Jetzt war guter Rat teuer; gegen die Hustenanfälle half nur frische Luft, wegen des hohen Fiebers aber war es nun nicht mehr möglich, die Fenster offen zu lassen, geschweige denn, mit dem Kind außer Haus zu gehen.

Man ruft also den Arzt, der die Kleine untersucht und ihr Medikamente verschreibt, die ihr jedoch keine Erleichterung bringen. Das Fieber will nicht sinken, und der Husten scheint täglich schlimmer zu werden. Die Großmutter kommt, um die erschöpften Eltern, die seit mehr als einer Woche Tag und Nacht am Krankenbett ihres Kindes gewacht haben, zeitweise abzulösen. In der folgenden Nacht aber ist die Kleine so beängstigend unruhig, daß der Vater nochmals den Arzt zu Hilfe ruft.

Dieser kommt, nachdem er das Kind abgehorcht und genau untersucht hat, kopfschüttelnd aus dem Krankenzimmer und sagt sehr ernst: „Versuchen Sie es mit heißen Körperwickeln, denn noch stärkere Medikamente kann ich ihr nicht verschreiben. Leider muß ich Ihnen aber sagen, daß es sehr schlimm aussieht; inzwischen ist nämlich auch noch eine Lungenentzündung im Anzug, und es steht zu befürchten, daß Ihr Kind den morgigen Tag nicht mehr erlebt."

Kaum hatte sich die Haustür hinter dem Arzt geschlossen, stürzte Frau Campiello in die Küche, um die von ihm verordneten Wickel vorzubereiten. Da aber fiel ihr die Großmutter in den Arm, die auf eine längere Erfahrung bei der Pflege kranker Kinder zurückblickte als die junge Mutter, und beschwor sie, die Anweisung des Arztes nicht zu befolgen. Das Kind sei schon viel zu geschwächt, das Herz würde die starke Belastung durch eine Schwitzkur im heißen Wickel nicht mehr verkraften können. Frau Campiello solle nur ganz ruhig bei der Kleinen bleiben und sie nicht aus den Augen lassen, sie selbst aber werde jetzt auf der Stelle zum „Neuner-Doktor" laufen, vielleicht könne der noch etwas machen.

Frau Campiello, durch die pessimistische Prognose des Arztes völlig verstört, war nur zu gerne bereit, sich an jeden Strohhalm zu klammern, und wartete ungeduldig auf die Rückkehr ihrer Mutter. Diese kam gegen Abend endlich wieder — in Begleitung von Herrn Neuner. Er hatte von der Diagnose des Arztes erfahren, sich die besorgniserregende Urinprobe angeschaut und daraufhin beschlossen, sofort mitzukommen, um zu retten, was noch zu retten war. Unterwegs hatte er die Großmutter zu ihrem weisen Rat beglückwünscht, dem todkranken Kind keine heißen Wickel mehr zu machen, denn auch seiner Ansicht nach hätten Herz und Kreislauf diese Roßkur nicht überstanden.

Mit den zwei Fläschchen Kräutertropfen, die er mitgebracht hatte, setzte Herr Neuner sich ans Bett der kleinen Patientin und verabreichte ihr in kurzen Abständen abwechselnd je einige Tropfen von den beiden speziell für sie zubereiteten Arzneien. Die ganze Nacht über wich er nicht von dem Krankenlager, bis die Fläschchen gegen Morgen leer waren und das Kind in tiefen, ruhigen Schlaf gefallen war. Steif vor Müdigkeit, aber über den Erfolg seiner Behandlung kaum weniger glücklich als die dankbaren Eltern, stand er auf und verließ auf Zehenspitzen das Zimmer.

Das Kind erwachte erst viele Stunden, nachdem Herr Neuner das Haus verlassen hatte. Es war beinahe zum Skelett abgemagert und schrecklich schwach, die dreifache Krankheit war jedoch — im wahrsten Sinn des Wortes über Nacht — abgeklungen, und langsam kam es wieder zu Kräften.

Wenige Tage darauf schaute der Arzt vorbei, um sich nach der kleinen Patientin zu erkundigen. In der Annahme, das Kind sei gestorben, da er seit seinem letzten Besuch nichts mehr gehört hatte, trat er mit trauriger und ernster Miene ein. Um so weniger konnte er sein Erstaunen verhehlen, als er von der unerwarteten Besserung erfuhr, von der er sich sogleich mit eigenen Augen überzeugte.

Keiner hätte ihm zu sagen gewagt, daß man hinter seinem Rücken beim „Kurpfuscher" gewesen war. Die Feindseligkeit der offiziellen

Ärzteschaft gegenüber der Naturheilkunde war zu jener Zeit — und ist es vielerorts auch heute noch — so stark, daß die meisten Ärzte sich strikt weigerten, jemanden nochmals zu behandeln, der ihnen einmal „untreu geworden war". Also verschwieg man die Wahrheit vorsichtshalber, denn begreiflicherweise wollte niemand das Risiko auf sich nehmen, eines Tages in Ermangelung ärztlicher Hilfe womöglich an einer Blinddarmentzündung zugrunde zu gehen.

Als der Arzt sich erkundigte, ob man seine Anweisungen befolgt habe, wagte daher auch Frau Campiello nicht, ihm zu gestehen, daß sie dem kranken Kind keine heißen Wickel gemacht hatte, sondern bejahte eilfertig die Frage. Später bereitete ihr diese unaufrichtige Antwort allerdings Gewissensbisse, denn es war vorauszusehen, daß der Arzt in einem ähnlichen Krankheitsfall die scheinbar so erfolgreiche Methode neuerlich verordnen würde . . .

Vorerst jedoch hatte Frau Campiello mit ihren eigenen Problemen genug zu tun. Unterstützt durch Kräftigungsmittel aus Herrn Neuners Kräuterapotheke machte die Genesung ihrer Tochter zwar rasche Fortschritte, doch als das Kind nach Wochen endlich das Bett verlassen durfte, war es von der langen, schweren Krankheit so geschwächt, daß es das Gehen, das es erst ein knappes Jahr zuvor gelernt hatte, ein zweites Mal erlernen mußte.

Etwa sechs Monate nach dem Ausbruch des Keuchhustens riet Herr Neuner Frau Campiello, ihr Kind röntgen zu lassen, um zu überprüfen, ob irgendwelche Lungenschäden zurückgeblieben seien. Frau Campiello fuhr also mit dem quicklebendigen kleinen Mädchen, dem von seiner schweren Erkrankung längst nichts mehr anzumerken war, in die nächste Klinik. Dort erklärte sie dem diensthabenden Arzt den Grund ihres Kommens und schilderte ihm den Verlauf der Krankheit, freilich ohne Hans Neuner oder seine Kräutertherapie dabei mit einem Wort zu erwähnen. Der Arzt machte ein Lungenröntgen, und nachdem er das Bild ausgewertet hatte, teilte er Frau Campiello mit, die Lunge ihrer Tochter sei tadellos in Ordnung, was ihn nach dem vorgelegten Krankheitsbericht übrigens sehr gewundert habe, denn normalerweise könne man die Spuren von Keuchhusten noch weit länger als sechs Monate nachher auf dem Röntgenbild deutlich erkennen.

Herr Neuner war über die Nachricht von dem verblüffenden Röntgenbefund erfreut, doch keineswegs erstaunt. Einmal mehr fand er die wundersame Wirkung der Pflanzenkräfte auf die Regenerationsfähigkeit des menschlichen Körpers bestätigt, für deren Anerkennung er seit Jahrzehnten mit so großem persönlichen Einsatz kämpft.

Herrn Neuners Kommentar:

Bei Frau Campiellos Kind bestand höchste Lebensgefahr. Die Herzbelastung war durch das hohe Fieber und die akute Lungenentzündung so groß, daß außer Kräutertropfen auch homöopathische Mittel zur Reanimierung der körpereigenen Abwehrkräfte eingesetzt werden mußten, und zwar abwechselnd alle zwei Stunden Aconitum D3 und Belladonna D4, außerdem zweimal im Lauf der Nacht 3 Tropfen Calcium carbonicum D12 zur Herzstärkung, und nach Mitternacht noch zweimal 4 Tropfen Phosphorum D12. Dazwischen kamen immer wieder Kräutertropfen aus Tinkturen von Königskerze, Huflattichblättern, Engelsüß, Isländisch-Moos und Sternanis zur Anwendung, und zwar jeweils 5 Tropfen in etwas Wasser.

Um zusätzliche Entzündungen der Luftröhre oder der Lungenspitzen zu verhindern, mußte das Kind stündlich auf die andere Seite gelegt werden. Zur Anregung der Herztätigkeit wurde die Herzgegend immer wieder leicht mit Bio-Agil eingerieben.

Die Reaktion des kindlichen Organismus auf diese Behandlung war so stark, daß gleichzeitig mit der Lungenentzündung auch die Masern und der Keuchhusten abgeklungen sind.

Sehr wichtig war eine Nachbehandlung mit aufbauenden, kräftigenden Mitteln: löffelweise das Stärkungsmittel Bio-Forte, ein Saft aus Enzianwurzel, Zitronenschale, Muskatnuß, Gewürznelken, Rosmarin und Thymian; zwei Wochen lang täglich ein Glas Milch mit einem Eiklar und 1 EL Bienenhonig abgerührt, sowie immer wieder Orangensaft. Zur Anregung der Nerven und der Blutzirkulation sollte außerdem jeden zweiten Tag der Körper des Kindes leicht mit Tannen-, Fichten- und Latschenkieferöl eingerieben werden.

In den Ortschaften und Einzelgehöften im weiten Umkreis von Herrn Neuners Heimatgemeinde wohnt wohl kaum eine Familie, aus der nicht zumindest ein Mitglied schon irgendwann als Patient bei ihm gewesen ist. Immer wieder muß er anhalten um den Gruß irgendeines Bekannten zu erwidern, und hätte er allen Einladungen Folge geleistet, die an diesem Sonntagnachmittag förmlich auf ihn einprasselten, hätten wir zwar hundert andere Geschichten im Köcher gehabt, bis zu unserem eigentlichen Ziel, Herrn Pfeiffers Haus, wären wir aber wohl niemals gekommen.

Dieses Haus, ein zierlicher alter Holzbau, steht auf einer Anhöhe am Rande des Dorfes, umgeben von einem Blumen- und Gemüsegärtchen, in dem jetzt im Herbst alles gleichzeitig reift und blüht, da die Wachstumsperiode in diesem hochgelegenen Gebirgstal ebenso kurz wie intensiv ist. Noch eindrucksvoller aber ist ein mit Früchten beladener Spalierbirnbaum, der so ungewöhnlich stattlich ist, daß es den Anschein hat, als stünde das kleine Haus an seinen mächtigen Stamm gelehnt. Er ist ein Prachtexemplar und der ganze Stolz des Hausherrn, eines ehemaligen Bergmannes, der sich seit seiner Pensionierung mehr als früher — und mit sichtlichem Erfolg — seinem Steckenpferd, der Obstbaumzucht, widmet.

Mit 38 Jahren erkrankte Herr Pfeiffer an Hautkrebs. Daß an die furchtbare Krankheit heute nur noch die tiefen Narben an seiner Nase erinnern und er mit seinen 70 Jahren ein völlig gesunder, lebensfroher Mann ist, verdankt er, wie er nicht oft genug betonen kann, nur Herrn Neuner und der Naturheilkunde. „I sag ja nix gegen die Ärzte — sie haben bestimmt ihr Bestes getan; aber du, du bist halt mei Lebensretter", sagt er zu Herrn Neuner, und dann beginnt er bei Schnaps, frischgepflückten Erdbeeren und Birnen zu erzählen, wie es dazu gekommen ist.

1984 bekam Herr Pfeiffer plötzlich rötliche Flecken im Gesicht — die ersten Anzeichen von Lupus erythematodes, einer Krankheit, die in Hautkrebs übergehen kann. Es ist anzunehmen, daß sie bei Herrn Pfeiffer durch ultraviolette Strahlung beim Elektroschweißen ausgelöst worden war. Nachdem alle seine Bemühungen vergeblich geblieben waren, schickte der Hausarzt Herrn Pfeiffer 1951 zum damals berühmtesten Spezialisten Österreichs. „Herr Pfeiffer", sagte er, „fahren Sie nach Wien. In vier Wochen sind Sie ausgeheilt." Herr Pfeiffer fuhr also nach Wien, blieb dort aber nicht vier, sondern acht Wochen. An der Klinik wurde er gründlich untersucht, und danach einer intensiven chemotherapeutischen Behandlung unterzogen. Zur Kontrolle machte man jede Woche eine Blutanalyse und stellte dabei fest, daß der Anteil an weißen Blutkörperchen stetig zunahm. Diese Befunde deuteten auf eine bedenkliche Entwicklung hin, doch Herr Pfeiffer wußte nichts von dieser Gefahr; er war nur verzweifelt, daß es ihm höchstens stundenweise besser ging, und gleich darauf meist ein Rückschlag mit Fieberanfällen und starken Hautschwellungen folgte. Nach acht Wochen wurde er schließlich wieder nach Hause geschickt.

Das war aber nur die erste Station auf Herrn Pfeiffers Leidensweg. Als er nach seiner Rückkehr zum Hausarzt ging, stellte dieser enttäuscht fest, daß der Zustand des Patienten sich in Wien nicht gebessert hatte, und schickte ihn zu einem anderen Spezialisten nach Innsbruck. Der Facharzt begrüßte ihn mit den wenig ermutigenden Worten: „Erwarten Sie, daß Sie geheilt werden?" — „Freilich, sonst gangert i ja nit zum Doktor, nit!" antwortete Herr Pfeiffer, damals noch hoffnungsvoll. Als aber die neuen Tabletten und Salben, die er verordnet bekam, den Fortgang der Krankheit auch nicht aufzuhalten vermochten, begann er den Mut zu verlieren. Wenn er in den Spiegel schaute, sah ihm ein Schreckbild entgegen. Schweren Herzens ging er zu seiner Braut und sagte ihr, daß er sie freigebe. Er wollte der geliebten Frau nicht zumuten, mit einem unheilbar kranken Mann zusammenzuleben. Sie wußte, wie es um ihn stand, aber ihr Entschluß stand ein für allemal fest: sie würde ihn niemals verlassen. Noch heute lebt Herr Pfeiffer in einer besonders glücklichen Ehe mit dieser Frau, die er allerdings erst offiziell heiratete, als er schon bei Herrn Neuner in Behandlung war, und endlich wieder daran glauben durfte, doch noch gesund zu werden. Daß er die schweren Jahre, die dazwischen lagen, überstand, hat er jedoch ganz bestimmt ihrer treuen Liebe zu verdanken, die seine Hoffnung und seinen Genesungswillen aufrechterhielt.

Der nächste Klinikaufenthalt dauerte vier Wochen. Da der erwartete Erfolg der medikamentösen Behandlung auch diesmal ausblieb, kamen die Ärzte auf die Idee, ihn zu einem Hautarzt nach München zu schicken, der mit dem zu dieser Zeit im Westen noch nahezu unbekannten chinesischen Heilverfahren der Akupunktur arbeitete und damit schon einige als aussichtslos geltende Fälle erfolgreich behandelt hatte. Siebenmal trat Herr Pfeiffer die Reise nach München an, bis der Münchener Arzt selbst schließlich auch diese Therapie als zwecklos erkannte und die Behandlung abbrach.

1960 kam er nochmals nach Wien, zu einem anderen Professor, und wurde wieder einer von strengen Blutbildkontrollen begleiteten chemotherapeutischen Behandlung unterzogen. Sie blieb ebenso ergebnislos wie neun Jahre zuvor die erste, und nach sechs Wochen hielt Herr Pfeiffer es in der Klinik nicht mehr aus. Überzeugt davon, daß ihm nicht zu helfen sei, fuhr er nach Hause zurück. Sein alter Hausarzt war inzwischen gestorben; der neue setzte die begonnene Therapie fort, versäumte es aber, durch Blutuntersuchungen die als gefährlich bekannten Nebenwirkungen des verwendeten Präparates zu überwachen. Durch puren Zufall traf Herr Pfeiffer im Jahr darauf, als er einen Freund in der Augenklinik besuchte, den Primararzt dieser Klinik im Krankenzimmer an. Der Professor musterte Herrn Pfeiffers zerfressenes Gesicht und fragte kurz angebunden: „Was haben Sie denn?" — „Lupus erythematodes, Herr Professor." — „Nein, ich wollte sagen, was nehmen Sie dagegen?" Herr Pfeiffer nannte den Namen des Medikaments. — „Das habe ich mir gedacht. Bitte kommen Sie mit mir hinüber ins Verbandzimmer, ich möchte mir nur kurz Ihre Augen ansehen." Verdutzt, aber widerspruchslos folgte Herr Pfeiffer dem Primarius, den er heute zu Recht als seinen Wohltäter preist. Denn als der verantwortungsbewußte Arzt die Untersuchung beendet hatte, legte er seinen Spiegel beiseite und sagte mit einem Seufzer der Erleichterung: „Sie haben Glück gehabt, mein Lieber, noch fehlt Ihnen nichts an den Augen. Aber wissen Sie, ich habe Fälle gehabt, die sind durch dieses Medikament *blind* geworden! Bei wem sind Sie zur Zeit in Behandlung? Ich muß den Kollegen sofort anrufen!"

Schon am nächsten Morgen bestellte der Hausarzt Herrn Pfeiffer in seine Ordination und sagte in seiner langsamen, bedächtigen Art: „Ich habe mit dem Professor gesprochen; ja, Pfeiffer, diese Tabletten müssen wir jetzt wohl seinlassen." An ihrer Stelle verordnete er Herrn Pfeiffer ein anderes Präparat, das zwar das Augenlicht des Patienten nicht gefährdete, ihn aber binnen kurzer Zeit so sehr schwächte, daß er beim Gehen schon nach wenigen Schritten in Schweiß ausbrach und sich schweratmend hinsetzen mußte.

Seinen früheren Beruf als Bergmann hatte Herr Pfeiffer kurz nach Ausbruch der Krankheit natürlich aufgeben müssen und ihn in der Zwischenzeit mit dem geruhsameren und gesünderen Beruf eines Aufsichtsjägers vertauscht. Aber auch dieser Tätigkeit sah er sich nun nicht mehr gewachsen, wie er seinem Arbeitgeber mitteilen mußte. Doch eben als er nach dieser Aussprache erschöpft und niedergeschlagen das Zimmer des Revierbesitzers verließ, hatte das Schicksal endlich Erbarmen mit ihm. Auf dem Gang begegnete Herr Pfeiffer nämlich einem früheren Arbeitskollegen, der ihm, nachdem er ihm sein Leid geklagt hatte, den Rat gab, zu Herrn Neuner zu gehen.

So kam Herr Pfeiffer 1962, nach vierzehn Jahren erfolgloser medikamentöser Behandlung, erstmals zum „Kurpfuscher" Neuner. Lange Erklärungen konnte er sich ersparen — die Haut hing ihm in Fetzen vom Leib, und sein Gesicht war so verschwollen, daß er kaum noch aus den Augen sah. „Wie schaust denn du aus!" sagte Herr Neuner nur erschüttert; dann griff er zum Mikrophon, um seinen Mitarbeitern die Zusammensetzung der Kräutermedizin durchzugeben. „Es ist ein sehr stark wirkendes Mittel", setzte er hinzu, „Wenn du was spürst, mußt du ein paar Tage aussetzen."

Fünf Tage, nachdem Herr Pfeiffer mit der Einnahme begonnen hatte, stellten sich, wie erwartet, heftige Reaktionen ein: in Wellen überkamen ihn hitzige Fieberanfälle, und am ganzen Körper spürte er ein seltsames Prickeln. Vom Postamt rief er Herrn Neuner an, um ihm seine Zustände zu schildern. „Das hör ich gern", erwiderte Herr Neuner erfreut, „Setz die Mittel jetzt einmal vier oder fünf Tage ganz aus, dann nimm sie einmal im Tag, und sobald du das gut verträgst, zweimal im Tag. Wenn die Reaktionen aber zu stark sind, mußt du zwischendurch wieder aussetzen." Herr Pfeiffer hielt sich genau an diese Anweisungen, und als die ersten drei Fläschchen Kräutertropfen leer waren, fuhr er wieder zu Herrn Neuner. „Naja, schlechter ist es jedenfalls nicht geworden", meinte dieser ohne die Miene zu verziehen und gab ihm eine neue Serie Kräutertropfen mit. Es sollten nicht die letzten sein.

Sehr bald schon zeigte sich eine so ermutigende Besserung, daß Herr Pfeiffer wieder an die Zukunft zu denken wagte. Jetzt holte er endlich auch die Hochzeitsfeier mit seiner treuen Schicksalsgefährtin nach, die ihm inzwischen einen Sohn und eine Tochter geboren hatte. Bis die zerstörte Haut sich wieder vollständig neu gebildet hatte, dauerte es insgesamt drei Jahre; ein weiteres Jahr brauchte Herr Neuner, um den durch die lange Krankheit und die Chemotherapie schwer in Mitleidenschaft gezogenen Kreislauf seines Patienten wieder ins Gleichgewicht zu bringen.

Gemessen und ruhig hat Herr Pfeiffer in seiner ausdrucksvollen Mundart, die sich auf dem Papier leider nicht wiedergeben läßt, seine

Geschichte erzählt, und Herrn Neuner dabei immer wieder ernst und unverwandt in die Augen geschaut. Es ist eine sehr tiefe Beziehung, die zwischen Heiler und Geheilten entsteht.

Nach einem Augenblick des Schweigens legt Herr Pfeiffer seine Hand auf Herrn Neuners Arm und fügt mit einem nachdenklichen Lächeln hinzu: „Und i moan, vor acht Jahrn is dös gwesn, da habn wir uns troffen bei an Musikfest, und da bist du umikemman zu mir. — Sepp, wia gehts denn dir? — Ja mei, Hans, ganz guat! — Sepp, heut kann i dir's ja sagn: du wärst schon unter der Erden, wennst nit zu mir kemman wärst; Leukämie is im Anzug gwesn, Blutkrebs. — Ja, und jetzt trinken ma an Wein auf dös!"

Beim Wein unterhalten wir uns noch lange über die wundersamen Heilkräfte der Natur. „Diese Fälle, Sepp", sagt Herr Neuner beim Abschied, „werden auch nicht zu meiner Glorifizierung aufgeschrieben, sondern um zu beweisen, daß die Naturheilkunde auch ihre Berechtigung hat und zu Unrecht verfolgt wird. Sie sollen für die Nachwelt eine Lehre sein. Und wenn Leute wie du bereit sind, die Wahrheit ihrer Aussagen, wenn es notwendig sein sollte, auch vor Gericht zu beeiden, dann ist das nicht nur Dankbarkeit mir gegenüber, sondern Dankbarkeit der Schöpfung gegenüber."

Herrn Neuners Kommentar:

Als Herr Pfeiffer zum erstenmal zu mir kam, war durch die lange Krankheit und die medikamentöse Behandlung außer den Bindegeweben auch das Lymphgefäßsystem sehr stark angegriffen. Das Lymphgefäßsystem aber ist ein wichtiges Abwehrsystem des Körpers, und wird es außer Funktion gesetzt, so kommt es unter ungünstigen Umständen zum Ausbruch von Leukämie oder Blutkrebs, was dann meistens sehr rasch zum Tod des Patienten führt. Zu allererst mußte also diese Entwicklung aufgehalten werden. Herrn Pfeiffers heftige Reaktionen auf meine Behandlung waren ein Beweis dafür, daß dies gelungen ist; das heißt, daß das körpereigene Abwehrsystem wieder zu funktionieren begonnen hatte.

In diesem Fall schien der Lupus erythematodes auf Hautverbrennungen zurückzuführen zu sein, die das Unterhautzellgewebe so schwer schädigten, daß dadurch der gesamte Stoffwechsel in Mitleidenschaft gezogen wurde. Dazu kam noch die lange Medikamenteinnahme, die zu schweren Störungen im Säure-, Wasser- und Mineralstoffhaushalt des Körpers geführt hatte. Die Behandlung mußte also in erster Linie auf eine Entsäuerung, Entwässerung und Entgiftung des Organismus ausgerichtet sein, zu der es wiederum einer Anregung der stark abgesunkenen Reaktionsfähigkeit aller für die Stoffwechselvorgänge verantwortlichen Organe bedurfte.

Unbedingt geboten war eine salz- und fleischlose Kost, bei der überdies auch weißer Zucker, Zitrusfrüchte, Beerenobst, Tomaten und Nüsse gemieden werden sollten.

Die ersten Kräutertropfen bestanden aus Tinkturen von Huflattich, Labkraut, Zinnkraut, Erdrauchblättern und Ringelblume; dazu wurde Stoffwechselreinigungstee Nr. 19 und bei abnehmendem Mond Blutreinigungstee Nr. 2 gegeben. Nachdem die ersten Reaktionen abgeklungen waren, Storchenschnabel, Eichenrinde, Wegwarte, Stiefmütterchen und Spitzwegerich. Im Wechsel mit dem Stoffwechseltee Nr. 19 war nun Nierentee Nr. 4 zu trinken. Zur Leberentgiftung folgte eine Tropfenserie aus Tinkturen von Schöllkraut, Ringelblume, Tausendguldenkraut, Kamille und Pfefferminzblättern in Kombination mit dem Lebertee Nr. 17. Später wurde mit Blutreinigungstee Nr. 2 und Tinkturen von Bittersüß, Stiefmütterchen, Liebstöcklwurzel, Holunderblättern und Wacholderbeeren eine gezielte Blutreinigungskur durchgeführt, danach wiederum eine Stoffwechselreinigungskur mit Stoffwechseltee Nr. 19 und Tinkturen von Holunderblättern, Eichenrinde, Augentrost und Ehrenpreis.

Da diese wechselnden Anregungen den Kreislauf belasten, mußte morgens Kreislauftee Nr. 20 getrunken werden und die jeweilige Kur einmal im Tag durch eine Gabe Kreislauftropfen aus Tinkturen von Weißdorn, Baldrianwurzel, Orangenblättern und Kampfer ergänzt werden.

Zur äußerlichen Behandlung diente eine Hautsalbe aus Eichenrinde, Storchenschnabel, Ringelblume, Holunderrinde und Berberitzenrinde, in ungesalzenem Schweineschmalz ausgezogen. Außerdem riet ich Herrn Pfeiffer, zwischendurch immer wieder frische Breitwegerich- beziehungsweise Holunderblätter auf die besonders angegriffenen Hautpartien aufzulegen.

Nach einem halben Jahr sollte alle vierzehn Tage ein Vollbad mit einem Absud von Storchenschnabel, Wegwarte und Eichenrinde gemacht werden, oder aber ein Lehmbad, das je nach der Konstitution des Patienten bis zu sechs Stunden dauern kann, wobei natürlich ständig heißes Wasser nachgegossen werden muß. Nach etwa einem Jahr kämen auch Moorbäder in Frage.

Hat die Krankheit ihren Höhepunkt einmal überschritten, erweist sich auch eine Moorerde-Trinkkur` (täglich ein Kaffeelöffel in Wasser aufgelöst) als äußerst wirksam zur Leberreinigung und zur Anregung der Gallensekretion.

Zur Unterstützung des Entgiftungsprozesses und zur Förderung der Blutbildung empfiehlt sich immer wieder einmal eine dreiwöchige Trink-kur mit einem Viertelliter Roterübensaft (Rote Bete) pro Tag. Anschließend könnte man zur Auffrischung der Körpersäfte und zur Anregung des gesamten Stoffwechsels auch einige Tage lang Rettichsaft, dann wieder zwei Wochen lang Brennesselsaft trinken.

Aus dem Bereich der Homöopathie bieten sich in einem Fall wie diesem vor allem Thuja D6, Ledum D10, Kalium jodatum D12 und Arsenicum jodatum D12 an, sowie zur Kreislaufunterstützung das Gastreu-Mittel Nr. 67 der Firma Reckeweg.

Die gesamte Behandlung nahm Jahre in Anspruch, und während dieser Zeit kamen die angeführten Mittel je nach den Reaktionen und dem Befinden des Patienten in den verschiedensten Abwandlungen und Kombinationen zur Anwendung. Die Leberdiät mußte bis zur vollstän-digen Ausheilung durchgehalten werden, und ebenso lange durfte die Haut keiner direkten Sonnenbestrahlung ausgesetzt werden. Die genaue Einhaltung all dieser Behandlungsvorschriften war hier lebenswichtig, da die Krankheit nicht stehengeblieben wäre, sondern meiner Diagnose nach bereits in Blutkrebs überzugehen drohte.

Zur Heilung hat jedoch die seelische Unterstützung, die Herr Pfeiffer bei seiner Frau gefunden hat, sicher ganz wesentlich beigetragen.

IST SCHUPPENFLECHTE HEILBAR?

Als wir während der Fahrt einmal zufällig auf das Thema Schuppenflechte zu sprechen kommen, beschließt Herr Neuner spontan, einen
ganz in der Nähe wohnenden Patienten zu besuchen, der von Beruf Jäger
und Förster ist. Herr Ratzenböck, ein sehr gut aussehender,
gertenschlanker Mann um die fünfzig, steht in der Tür, von Kopf bis Fuß
in Grün gekleidet, und streckt uns freundlich die Hände entgegen.
Erfreut über Herrn Neuners unangemeldeten Besuch, bittet er uns
herein.

Daß er im Nebenberuf Tierpräparator ist, hätte er gar nicht zu sagen
brauchen, denn die Zeugnisse seiner Kunst — von den seltenen großen
Kolkraben mit ihrem blauschwarz schimmernden Gefieder bis zum
winzigen weißen Hermelin — machen das ganze Haus zu einem natur-
historischen Museum. Dem Jäger sind mein Staunen und meine Bewunderung nicht entgangen. Schmunzelnd meint er, daß jedes dieser
Prachtexemplare seine eigene Geschichte habe, und man ein ganzes
Buch darüber schreiben könnte, wie er zu den einzelnen Vögeln und
Wildtieren gekommen sei. Diesmal wolle er allerdings über seine Erfahrungen mit Herrn Neuners Heilkunst berichten.

Vor etwa zwanzig Jahren bemerkte Herr Ratzenböck, daß seine Haut
sich stellenweise abzuschuppen begann. Er schenkte dieser seltsamen
Veränderung zunächst keine Beachtung, doch als der flechtenartige
Ausschlag allmählich auf den ganzen Körper übergriff, versuchte seine
Frau ihn zu überreden, doch einmal einen Arzt aufzusuchen. In der
vergeblichen Hoffnung, der lästige Ausschlag würde vergehen wie er
gekommen war, zögerte er zwei Monate, bis er sich endlich dazu
entschloß.

„O je, armer Teufel!" sagte der Arzt, als Herr Ratzenböck seine
Kleider abgelegt hatte. „Ja, wieso denn, was meinen Sie damit?" fragte
der ahnungslose Patient entsetzt. — „Du hast Schuppenflechte, und das
ist leider nicht heilbar. Woher diese Krankheit kommt, weiß kein
Mensch, deshalb ist es bisher auch keinem gelungen, ein Mittel dagegen
zu finden."

Als er nach Hause kam, stand Herrn Ratzenböck der Schrecken noch
ins Gesicht geschrieben. Da sowieso keine Aussicht auf Heilung be-

stand, warf er die Zinksalbe, die der Arzt ihm als Linderungsmittel verschrieben hatte, wütend in eine Schublade. Die Vorstellung, für den Rest seines Lebens als Aussätziger gebrandmarkt zu sein, quälte ihn vor allem seiner Frau und der zwei kleinen Kinder wegen, die nicht nur seinen Anblick, sondern auch das Getuschel und Gerede der Leute zu ertragen haben würden.

In dieser ausweglos scheinenden Lage kam ihm plötzlich der Gedanke, er könnte es nun, da er nichts mehr zu verlieren hatte, vielleicht doch noch mit der Naturheilkunde versuchen, von der er bis dahin nicht allzuviel gehalten hatte. Drei Tage später schickte er seine Frau zu Herrn Neuner.

„Ich habe ihr eingeschärft", erzählt Herr Ratzenböck, „sie darf Ihnen ja nicht sagen, was ich hab; denn daß Sie das tatsächlich aus dem Urin erkennen können, hab ich, ehrlich gesagt, nie recht geglaubt. Mein Cousin, der hat Stein und Bein drauf geschworen, daß Sie immer wissen, wo's fehlt. Aber ich war da, wie gesagt, äußerst mißtrauisch — bis ich es am eigenen Leib erlebt hab. Auf den Kopf zu haben Sie der Frau damals gesagt: „Der hat die Schuppenflechte!" Sechzig Prozent bringen Sie weg, vierzig Prozent nicht, haben Sie ihr gleich dazugesagt; ich kann mich noch ganz genau daran erinnern, wie sie mir das ausgerichtet hat."

„Das ist richtig", unterbricht ihn Herr Neuner, „es gelingt mir in vielen Fällen, die Schuppenflechte wegzubringen, sie zurückzudrängen sozusagen. Aber ich muß dabei unbedingt betonen: heilen im eigentlichen Sinn kann ich sie auch nicht, das kann bisher niemand."

„Ich jedenfalls", fährt Herr Ratzenböck fort, „gehöre Gott sei Dank zu den Vielen, denen Sie helfen konnten. Die Kräuterheilmittel, die Sie meiner Frau damals für mich mitgegeben haben, hab ich vielleicht ein oder zwei Monate lang eingenommen, dann war der Ausschlag spurlos verschwunden, und er ist in den zwanzig Jahren seither auch nie mehr wiedergekommen. Ich mach bestimmt keine Reklame, hab ich nie gemacht, aber das werde ich Ihnen nie vergessen! Und in dem Buch können Sie mich ruhig namentlich nennen: das stimmt, und das vertret ich jedem gegenüber. Da hab ich keine Bedenken, nein wirklich nicht!"

Er füllt drei Stamperln randvoll mit selbstgebranntem Beerenschnaps und hebt sein Glas auf das Wohl von Herrn Neuner, der seinem Gastgeber so strahlend zunickt, als freute auch er sich über einen Bekehrten mehr als über neunundneunzig unkritische Gläubige.

Dann erzählt der Jäger, wie Jahre später ein zweites Erlebnis seine letzten Zweifel an Herrn Neuners diagnostischen Fähigkeiten beseitigte. Seine damals dreizehnjährige Tochter litt zu dieser Zeit an einem sehr unangenehmen Hautausschlag, der ihren ganzen Rücken bedeckte, und er selbst hatte ein Fußleiden. Mit zwei Urinproben im Rucksack fuhr Herr Ratzenböck also nach Kirchbichl. Als er seine Urinprobe vor Herrn Neuner auf den Tisch stellte, rückte dieser die Brille zurecht, musterte seinen Patienten von oben bis unten und fragte mit offenkundigem Befremden: „Ja, sagen Sie, haben Sie denn einen Ausschlag am Buckel?" Herrn Ratzenböck stieg die Schamröte ins Gesicht bei dem Gedanken, Herr Neuner könnte womöglich glauben, daß er die Fläschchen absichtlich vertauscht hatte, um ihn auf die Probe zu stellen oder gar zu foppen. Er entschuldigte sich vielmals, klärte das ihm so peinliche Versehen auf und kehrte mit der gefestigten Überzeugung nach Hause zurück, daß Herrn Neuners sagenhafter Ruf auf nachprüfbarer Wahrheit beruhte. Die Heilmittel, die er erhalten hatte, befreiten ihn und seine Tochter übrigens binnen weniger Wochen von ihren Leiden.

Im Lauf der Jahre schickte Herr Ratzenböck mehrmals an Schuppenflechte erkrankte Leidensgenossen zu Herrn Neuner, darunter eine Frau aus Hopfgarten, bei der die Krankheit ein weit fortgeschrittenes Stadium erreicht hatte, obwohl sie jahrelang bei Spezialisten in der Schweiz und in Italien in Behandlung gewesen war. Die Ärmste war durch die schuppigen Flecken im Gesicht und und am ganzen Körper derart entstellt, daß sie kaum noch das Haus zu verlassen wagte. „Die Frau hat wirklich furchtbar ausgeschaut, wie sie das erstemal zu Herrn Neuner gefahren ist," erzählt Herr Ratzenböck, „und sie war dann wahnsinnig dankbar, denn innerhalb von sechs Monaten hat sie sich in einen anderen Menschen verwandelt. Sie war nicht ausgeheilt, aber man hat so gut wie nichts mehr gesehen."

„Wenn die Krankheit weit fortgeschritten ist", erklärte Herr Neuner, „dauert die Behandlung natürlich länger. Sehr wichtig ist dabei eine Diätkost, bei der Zitrusfrüchte, Beerenobst, Vollmilch, Fettkäse, überhaupt alle tierischen Produkte und Alkohol strengstens gemieden werden sollten. Um die ausgetrocknete Haut ein wenig zu fetten, verwendet man am besten eine Kräutersalbe. Bei Herrn Ratzenböck ist es deshalb so schnell gegangen, weil wir die Krankheit im Anfangstadium erwischt haben."

„Haben Sie irgendwelche Anhaltspunkte, woher diese Krankheit eigentlich kommt?" fragte ich.

„Ja, also, ich habe da meine eigenen Vorstellungen", antwortet Herr Neuner." Meiner Ansicht nach ist es eine nervöse Stoffwechselerkrankung, die vor allem im Eiweiß-, Fett- und Säurehaushalt des Körpers krankhafte Veränderungen bewirkt. Deshalb müssen alle stark säure-, fett- oder eiweißhaltigen Nahrungsmittel zunächst gemieden werden, um Leber und Nieren während des Genesungsprozesses zu entlasten. Die Schuppenbildung ist nämlich nichts anderes als das Abstoßen von Stoffen aus dem Unterhautzellgewebe, die der Körper nicht mehr auf normalem Weg verarbeiten oder abbauen kann, und daher auf andere Weise auszuscheiden versucht. Die überschüssigen Stoffe werden über die Talgdrüsen abgeschoben. Die zuerst überfettete und übersäuerte Haut wird trocken und brüchig, und die Verbindung zum zellbildenden Unterhautgewebe ist unterbrochen. Wenn man die Schuppen entfernt, ist die Haut darunter deshalb rötlich und sehr verletzlich, weil sich die schützende Lederhaut nicht mehr richtig bilden kann.

Es gibt übrigens verschiedene Arten der Schuppenflechte — eine davon ist die sogenannte Mehlflechte, eine Erkrankung der Kopfhaut — aber keine ist im eigentlichen Sinn heilbar. Erst gestern war eine Patientin bei mir, der habe ich vor fünfzehn Jahren die Schuppenflechte weggebracht — ich sage nicht geheilt! —, und fünfzehn Jahre war alles in bester Ordnung. Jetzt haben sie und ihr Mann ein neues Haus gebaut, die Schwiegereltern sind eingezogen, und es kommt ständig zu Reibereien und Unstimmigkeiten. Vor einer Woche, sagt sie, ist die Schuppenflechte wieder aufgetreten — durch die Aufregung wahrscheinlich!

Eigentlich sollte man also meinen, daß ein Jäger — ein sehr naturverbundener Mensch, der die Ruhe selbst ist, sich vernünftig ernährt und höchstens hie und da ein Schnapsel trinkt —, für diese Krankheit nicht anfällig ist. Wenn er sie trotzdem kriegt, muß irgendeine andere Störung ie Ursache für diese Veränderungen im Eiweiß-, Fett- und Säurehaushalt sein. Erkennen kann ich sie aus den Ausscheidungsstoffen im Urin, deren Zusammensetzung dann ebenfalls ganz spezifische Veränderungen aufweist. Der Urin ist ein Ausscheidungsprodukt, vergleichbar mit der Asche im Ofen. Was bei der Verbrennung zurückbleibt, fällt durch den Rost, und der Fachmann kann daraus Rückschlüsse auf das verwendete Brennmaterial ziehen. Aus der Konsistenz der Asche kann er erkennen, ob Papier, Holzwolle, Hartholz, Weichholz, Kohle oder Koks verheizt worden ist.

Angenommen, ich sage einem Ofensetzer, er soll mir einen schönen Kachelofen bauen. Als Fachmann wird er mich fragen; ‚Womit wollen Sie ihn heizen? Mit Holz?.‘ — ‚Ja freilich, mit Holz.‘ Dann gehe ich nach zwei Wochen zu ihm hin und sage: ‚Hören Sie einmal, was haben Sie mir denn da für eine Fehlkonstruktion hingestellt? Der Ofen zieht nicht, sondern qualmt und raucht ganz fürchterlich!‘ Daraufhin kommt er sich die Sache ansehen, schaut ins Ofenloch, untersucht die Asche und sagt:

‚Ja, wenn Sie mir sagen, daß Sie mit Holz heizen wollen, statt dessen aber Kohle oder Koks verwenden, dann dürfen Sie sich nicht wundern, daß dabei natürlich die für einen Holzbrandofen vorgesehene Verkleidung kaputtgeht!'

‚Sag mir, was du ißt, und ich sage dir, wie krank du bist', heißt das auf die Heilkunde übertragen. Weil die Rückstände der Stoffwechselprozesse über die Nieren ausgeschieden werden, kann ich mir aus dem Urin ein Bild über die Störungen innerhalb dieser Vorgänge machen. Dazu gehört allerdings eine wahrscheinlich angeborene Kombinationsgabe, die niemand durch Lernen erwerben kann. Es ist zum Beispiel ein. Unterschied, ob es sich um Schuppenflechte oder — weil dieser Fall vorhin erwähnt worden ist — um einen Ausschlag am Rücken handelt. Der Ausschlag hängt mit einer mangelhaften Blutreinigung zusammen, die Schuppenflechte dagegen ist eine Stoffwechselerkrankung. Um diesen Unterschied im Urin feststellen zu können, muß man natürlich ein sehr geschultes Auge. haben. Die Unterscheidungsmerkmale sind oft so fein und unscheinbar, daß man sie mit freiem Auge kaum noch erkennen kann; deswegen setze ich mir dazu meistens die Brille auf.

Die Therapie, die ich anwende, besteht darin, die erkannten Störungen oder krankhaften Veränderungen in den Körperfunktionen mit Hilfe pflanzlicher Wirkstoffe möglichst behutsam wieder umzustimmen, um die normale Funktionsweise wiederherzustellen. Gerade bei der Schuppenflechte müssen wir versuchen, durch dieses Buch Hoffnung zu erwecken, denn allein in Deutschland leben mehr als zwei Millionen Menschen, die daran leiden."

Es wurde in Deutschland sogar ein Schuppenflechte-Verein gegründet, dessen Vorsitzender der Vorstand einer Hautklinik ist. An diesen Verein hat Herr Ratzenböck über seine „Heilung" durch Herrn Neuner geschrieben, doch sein ausführlicher Bericht wurde nicht einmal zur Kenntnis genommen. Wer die Allopathie für alleinseligmachend hält, könne es sich wohl nicht erlauben, die „angeblichen Erfolge" eines Heilpraktikers ernst zu nehmen, meint er in einem Tonfall, der verrät, wie sehr ihn diese — wenngleich keineswegs unerwartete — Reaktion verärgert und enttäuscht hat.

Herr Neuner aber, der über das Stadium der Erbitterung längst hinausgewachsen ist, scheint nicht gewillt zu sein, sich als verkannter Prophet bemitleiden zu lassen. Begütigend zwinkert er seinem eiferndem Getreuen zu und läßt das Gespräch hoffnungsvoll und versöhnlich ausklingen: „Freilich muß die Naturheilkunde immer noch um ihre Existenzberechtigung kämpfen", sagt er gelassen, „aber allmählich beginnt unsere Arbeit Früchte zu tragen. Unter den jungen Ärzten gibt es schon viele, die sich sehr ernsthaft mit Homöopathie, Akupunktur und den Methoden der Naturheilkunde beschäftigen — die Zeit arbeitet für uns, glaube ich.‟

Herrn Neuners Kommentar:

Es ist noch heute nicht auszumachen, was die Ursache für das Auftreten der Schuppenflechte bei Herrn Ratzenböck gewesen ist. Sehr oft tritt diese Krankheit als Spontanreaktion nach unterdrückten Gemütsaffekten auf, besonders häufig nach Enttäuschungen oder einem psychischen Schock. Ver*druß* oder Ver*drieß*lichkeit hat — worauf die Lautverwandtschaft der Wörter hinweist — vor allem auf die *Drüsen* negative Auswirkungen, wobei in erster Linie die Ausscheidungsdrüsen (Talgdrüsen, Schweißdrüsen usw.) häufig gestörte Reaktionen zeigen. Aus diesem Grund sind Schuppenflechte-Kranke vom behandelnden Arzt oder Heiler zunächst vorsichtig auf ihre seelische Verfassung hin zu überprüfen, wobei vor allem Enttäuschungen besondere Beachtung geschenkt werden sollte.

Die Haut, sagt man, ist der Spiegel der Seele; sie ist aber auch das größte Atmungs- und Ausscheidungsorgan des Körpers und reagiert als solches auf organische Störungen mit Ausscheidungsveränderungen. An der Art der Flechte kann der Fachmann daher auch eventuelle organische Krankheitsursachen erkennen: ein gestörter Fetthaushalt und eine verminderte Blutreinigung weisen zum Beispiel auf eine Leberfunktionsstörung hin, Veränderungen im Wasser-, Säure- und Eiweißhaushalt auf eine Funktionsstörung der Niere, die bekanntlich das Hauptreinigungsorgan des Stoffwechsels ist.

Bei Schuppenflechte ist daher die Zufuhr von Nährstoffen zu unterbinden, die eine Überfettung oder Übersäuerung der Gewebe begünstigen. Ebenso wie beim Milchschorf der Kleinkinder sind hier allem voran die süße Vollmilch und alle ihre Produkte (wie Butter, Rahm oder Fettkäse) zu nennen, da diese nicht nur zu fetthaltig, sondern auch zu eiweißreich sind. Dasselbe gilt für alle anderen sehr eiweißreichen tierischen Produkte wie Fleisch, Innereien, Speck, Wurstwaren, Eier, Bratensoße und Mayonnaise. Zu meiden sind außerdem Zitrusfrüchte, Beerenobst jeglicher Art, Trauben und folglich auch Wein. Besonders empfehlenswert während des Heilungsprozesses sind dagegen saure

Milch, Buttermilch, Kefir und Joghurt (ohne Beerenzusatz!), sowie Maismehl (Polenta, Türkensterz), Essig- oder Gewürzgurken und rohes Sauerkraut.

An Heilmitteln gibt man von homöopathischer Seite gerne Kali; chloratum D12, Sepia D12 und Mercurium bijodatum D12. Von den Schüßler-Mitteln wird mitunter auch Natrium phosphoricum D12 seine Wirkung nicht verfehlen.

Besonders gut bewährt hat sich eine Teemischung aus Erdrauchblättern, Löwenzahn, Kerbelkraut, Rosmarin und Gnadenkraut; bei Verdacht auf eine Leberbeteiligung ist es sicher zweckmäßig, noch die Ringelblume hinzuzufügen. Von diesem Tee, den man wie alle anderen Heilkräutertees mit heißem Wasser aufgießt, nur vier Minuten ziehen läßt und dann am besten in einer Thermosflasche aufbewahrt, sollte man im Lauf des Tages einen halben Liter schluckweise warm trinken.

Zur äußerlichen Anwendung empfehle ich Bio-Neuner Bor-Salbe; man kann sich aber auch selbst eine Salbe zubereiten, wobei man als Salbengrundlage ungesalzenes Schweineschmalz oder Vaseline verwendet und mit einem Auszug aus Tannennadeln, Bittersüß, Malve, Storchenschnabel und Erdrauchblättern vermischt. Diese Salbe wird zwei- bis dreimal am Tag leicht auf der Haut verrieben.

Sehr gut wären zwei- bis dreimal wöchentlich zwanzigminütige Vollbäder in unverdünnter Molke (jene Flüssigkeit, die bei der Käseherstellung zurückbleibt), wobei natürliche, frische Molke den am Markt erhältlichen Extrakten vorzuziehen ist. Als Badezusatz, oder überhaupt als Körperreinigungsmittel, ist auch ein Absud von Weizenkleie empfehlenswert. Wie erwähnt, wirken fettende Salben lindernd.

Als wichtigster Rat aber wäre einem Schuppenflechte-Kranken zu empfehlen, seine seelischen Probleme möglichst selbst zu ergründen und nach einer Lösung zu suchen. Sehr hilfreich in solchen Fällen ist Beten, Meditation oder Yoga. Gelingt es dem Leidenden aber nicht, selbst mit sich fertig zu werden, sollte er sich einem Seelenarzt (Geistlicher), einem Psychologen oder einem Tiefenpsychologen anvertrauen.

Bekannt ist, daß die Schuppenflechte sich beim Aufenthalt an südlichen Meeren schnell bessert, nach 8 bis 14 Tagen unter Umständen sogar verschwindet. Sie tritt zwei Monate danach aber neuerlich auf, sodaß durch einen Aufenthalt am Meer allein kein anhaltender Heilerfolg zu erhoffen ist.

VORBEUGEN IST SINNVOLLER ALS HEILEN

In der Familie Moser ist die durch ungezählte Generationen überlieferte Tradition der Anwendung von Naturheilmitteln niemals abgerissen. Die fröhliche, resolute Frau, die bereitwillig ihre Arbeit unterbricht, um auf meine Fragen zu antworten, hat von ihrem Großvater nicht nur die apfelroten Wangen geerbt, sondern auch dessen Eß- und Lebensgewohnheiten übernommen. Mit der gleichen Selbstverständlichkeit, mit der der Durchschnittsamerikaner Vitaminpillen schluckt, trinken Frau Moser und ihre Familie vorbeugend die verschiedenen Kräuterteemischungen aus Herrn Neuners Heilkräuter-Apotheke.

Was diese Frau Tag für Tag leistet, kann sich ein Stadtmensch kaum vorstellen: Sie hat drei Kinder, ein Haus und eine eigene Landwirtschaft zu versorgen, erledigt für ihren Mann, der ein Sägewerk betreibt, die Büroarbeit und „springt halt überall ein, wo Not am Mann ist".

„An Arbeit fehlt's mir nie, und deswegen kann ich mir Kranksein und im Bett liegen eigentlich gar nicht leisten", sagt sie lachend. „Von die Tabletten halt i nix, i nimm s'ganze Jahr keine — durch die Pillenschluckerei wird man nur zur Zimperlichkeit erzogen. Statt auf das schnellwirkende Kunstzeug, bei dem man von den Nebenwirkungen oft gar nix weiß, verlass ich mich lieber auf unsere Kräuteln, das is ja doch Natur, und wenn's nicht hilft, so schadt's wenigstens nix! Aber meistens hilft's, und dann funktioniert der Gesamtorganismus irgendwie tadellos; manche sind halt empfindlicher, da wirkt's schneller, und bei anderen dauert's vielleicht ein bissel länger. Aber wenn du's an dir selber erlebt hast, wie's bei was Argem geholfen hat, dann nimmt dir keiner mehr die Überzeugung!

Mein Mann, der seit früher Jugend unter furchtbaren Kopfschmerzen gelitten hat, war am Anfang, als wir ganz jung verheiratet waren, ein bissel skeptisch. Damals hat er noch als Holzknecht gearbeitet, und wenn er am Abend zurückkommen is, hat er sich auf die Ofenbank gelegt, und da hat ihn keiner anrühren oder anreden dürfen, so arg waren die Schmerzen! Also, ich weiß, was das heißt — hab mitgemacht genug, weil nix dagegen genutzt hat. Und endlich is er doch zum Herrn Neuner gegangen, den ich seit meiner Schulzeit schon kenn — wir haben sogar miteinander Theater gespielt vor langer, langer Zeit. Der hat sich also den Urin angeschaut und hat gemeint, er muß sich einmal verkühlt haben — entweder mit verschwitztem Kopf an eine kalte Wand gelehnt haben oder in Zugluft gekommen sein. Er hat meinem Mann Kräutertropfen und eine Einreibung geben, und seitdem er die Mittel nimmt, is das alles weit besser geworden, kein Vergleich mehr mit früher.

Nie vergessen werd ich aber den 2. Jänner vor zehn Jahren: Ein saukalter Tag war's, mein Mann is in aller Herrgottsfrüh plötzlich aufgewacht, hat schwer nach Luft gerungen, sich ans Herz gegriffen und gesagt, ich soll das Fenster ganz weit aufmachen trotz der eisigen Kälte draußen. Ich bin furchtbar erschrocken, bin hinausgelaufen, um die Einreibung vom Herrn Neuner zu holen, und hab ihn damit in der Herzgegend fest eingerieben. — Heute bin ich fest davon überzeugt, daß das die Rettung war — s'mag vielleicht nit stimmen, aber i laß mir das nit nehmen! Und dann hab ich den Arzt gerufen. Unser Hausarzt hat aber nicht Dienst gehabt, also hab ich seinen Stellvertreter angerufen und ihm gleich am Telefon gesagt, ich vermute, daß es der niedere Blutdruck ist, weil mein Mann seit jeher unter chronisch niedrigem Blutdruck zu leiden g'habt hat. Obwohl ich ihm das ausdrücklich gesagt hab, hat er ihm aber weder den Puls gefühlt, noch den Blutdruck gemessen, sondern hat sich ans Fußende vom Bett gestellt und hat gesagt: ,Jaja, Herr Moser, das kommt davon! Sie sind ein starker Raucher, und das ist eben die Reaktion!' Da hab ich einen Zorn gekriegt und hab wütend gesagt: ,Herr Doktor, das kann nicht sein, weil mein Mann seit über zwölf Jahren schon nicht mehr raucht!' Im Moment hat er nit gwußt, was er drauf antworten soll, und hat nur gsagt: ,Kommen Sie um acht Uhr zu mir in die Ordination und holen Sie die Tabletten, die ich ihm verschreiben werde. Im Augenblick ist die Sache für den Patienten sehr schlimm, aber das geht bald vorüber.'

Auf die Tabletten is meinem Mann so schlecht geworden, daß er gemeint hat, es sprengt ihm den Kopf auseinander. ,Die nimm i nimmer', hat er mit zittriger Stimme gesagt, ,i laß mi net umbringen!' Er war so schwach, daß er die Hand nimmer heben hat können! Ich hab den Doktor wieder angerufen und gsagt: ,Herr Doktor, was soll ich machen, er ist so schwach, daß er sich nicht mehr rühren kann, und er kann auch nicht mehr essen!' — ,Essen braucht er auch nichts, er soll nur trinken', war die Antwort. Jetzt hab ich's mit der Angst zu tun bekommen, das war mir nicht mehr geheuer! Ich hab den Herrn Neuner angerufen und ihm den Zustand meines Mannes geschildert. ,Das kann nur der Blutdruck sein', hat er gesagt, ,komm schnell her!'

Mein Mann hat die Kräutermedizin und den Blutdrucktee, die ich ihm mitgebracht hab, eingenommen, und nach zehn Tagen war er so weit, daß er wieder aufstehen und ein paar Schritte gehen konnte. Mühsam hab ich ihn dann überredet, doch noch eine fachärztliche Untersuchung und ein EKG machen zu lassen — und obwohl es zu dem Zeitpunkt mit ihm schon eineinhalb Wochen aufwärts gegangen war dank Herrn Neuners Medizin, war sein Blutdruck immer noch auf 85!

„Ja, da wundert's mich nicht, daß Sie so schwach sind', hat der Arzt gesagt. Mein Mann hat natürlich weiter fleißig Herrn Neuners Tropfen und seinen Tee eingenommen, und nach ungefähr drei Wochen konnte er langsam wieder zu arbeiten beginnen. Wenn er heut etwas spürt, schwindlig oder schwach wird, trinkt er gleich wieder seinen Tee; der liegt immer bereit, und er schwört darauf!"

Eines der schwierigsten Probleme, denen der Heilpraktiker gegenübersteht, liegt darin, daß er — wie die Mehrzahl der in diesem Buch aufgezeichneten Fälle beweist — sehr oft erst hinzugezogen wird, wenn alle anderen Mittel versagt haben. Je weiter aber eine Krankheit fortgeschritten ist, um so langwieriger ist die Behandlung, und oft wird der Heilerfolg außerdem noch durch vom Organismus nicht mehr abbaubare Medikamentenrückstände beeinträchtigt oder gefährdet. In dieser Hinsicht ist Frau Moser eine rühmliche Ausnahme: „I geh erst gar nirgends anders hin, sondern immer glei zum Neuner!" sagt sie, „und wenn's sein muß — wenn's zum Operieren is oder so — schickt er dich sowieso sofort zum Arzt! Aber solange es geht, versuch ich mit den Heilkräften der Natur auszukommen."

Als Frau Moser ein junges Mädchen war, stellte sich ihre Regel alles andere als regelmäßig ein und war überdies immer mit solchen Schmerzen verbunden, daß sie oft weinend in ihre Kopfkissen biß. Hans Neuner arbeitete zu dieser Zeit noch nicht als Heilpraktiker, und so brachte Frau Mosers Mutter ihre Tochter nach Natters zu einem anderen Heilpraktiker, der, wie sie mir erzählte, immer noch tätig ist und sich seit einiger Zeit mit einer jungen Ärztin zusammengeschlossen hat, um sich gegen die Angriffe der Gesundheitsbürokratie abzusichern. Durch die Naturheilmittel, die sie von diesem Mann bekam, normalisierte sich ihr Zustand binnen kürzester Zeit vollkommen.

Als sie, viele Jahre später, das nächstemal Hilfe benötigte, brauchte sie nicht mehr so weit zu fahren, sondern konnte sich schon an Hans Neuner wenden. Vor etwa 15 Jahren — ihre Mutter lag nach einem Unfall gerade mit schweren Verletzungen im Krankenhaus und ihre Kinder waren noch ganz klein — spürte Frau Moser plötzlich stechende Schmerzen in der Lungengegend. Tagsüber, solange sie ständig auf den Beinen war, kamen sie ihr nicht so sehr zu Bewußtsein; nachts aber konnte sie vor Schmerz nicht mehr schlafen. Sollte sie jetzt auch noch krank werden, käme das einer Katastrophe gleich! Sie rief Hans Neuner an, brachte ihm eine Urinprobe, und er stellte eine Rippenfellreizung fest.

Nicht einen Tag unterbrach Frau Moser ihre Arbeit und die täglichen Besuche bei ihrer Mutter im Krankenhaus. Sie nahm regelmäßig die Kräutertropfen, die sie von Herrn Neuner erhalten hatte, und machte sich über Nacht auf seinen Rat hin Umschläge mit selbst ausgelassenem Schweineschmalz — „Da bin ich allerdings eisern dahinter gwesen!", sagt sie lachend. Auf diese Weise übertauchte sie die beginnende Rippenfellentzündung, bevor sie noch Fieber bekam. Auch als sie einige Jahre darauf den gleichen, nun schon bekannten Schmerz wieder verspürte, gelang es, die Krankheit im Anfangsstadium zu erwischen und mit Herrn Neuners Naturheilmitteln auszukurieren.

„Es gibt in der Natur gegen fast alles was", sagt Frau Moser — auch gegen eine der geheimnisvollsten und unberechenbarsten Krankheiten, die wir kennen: gegen Allergien. Einmal im Sommer, erzählt sie, hatte sie plötzlich den Eindruck, als hätte ein Blitzstrahl ihre eine Körperhälfte durchzuckt: die ganze Seite glühte wie Feuer und schmerzte wahrhaft höllisch. Außerdem kam ihr vor, als sei sie auf einem Auge blind geworden oder sähe nur noch undeutlich und verschwommen. Ihr schwindelte, doch kaum legte sie sich einen Augenblick hin, wurde ihr schwarz vor den Augen. Von tiefer Angst und Besorgnis erfaßt, ließ sie sich noch am selben Tag zu Hans Neuner bringen, nahm vorsichtshalber eine Urinprobe mit und bat, ausnahmsweise zwischen zwei angemeldeten Patienten vorgelassen zu werden. Herr Neuner sah sich den Urin an und sagte: „Schaut aus wie eine Allergie; bist du beim Heuen gewesen?" — „Nein, sie haben mich daheim gar nimmer aus dem Haus gehen lassen, so wie ich beinander bin! Ich kanns nicht enträtseln, woher das kommt. Johannisbeeren hab ich eingekocht, aber das tu ich jedes Jahr und bisher war ich nie so empfindlich drauf!" Kopfschüttelnd meinte Herr Neuner, es rühre wahrscheinlich doch von den Beeren her, und gab ihr seine Allergietropfen mit. Sie bewirkten eine sofortige Besserung, und innerhalb weniger Tage war der Spuk vorüber. Frau Moser aber brauchte nicht nur das eine Fläschchen auf, sondern holte sich zur Sicherheit noch ein zweites, um nur ja nicht von jenen entsetzlichen Zuständen neuerlich heimgesucht zu werden.

Es gibt natürlich auch Fälle, gegen die kein Kraut gewachsen zu sein scheint. Hier kann auch die Naturheilkunde dem Betroffenen höchstens

Erleichterung verschaffen und die organischen Funktionen des Körpers so unterstützen, daß er die Belastung besser übersteht. Diese Erfahrung machte Frau Moser mit den sogenannten inneren Venen, vor allem während ihrer Schwangerschaften: „Es war, wie wenn elektrische Stromstöße die Beine durchzucken würden! Von außen war überhaupt nix zu sehen, die Füßte waren weder rot noch geschwollen, aber es war ein so unangenehmer Schmerz, daß ich's im Bett nicht ausgehalten hab. Beim ersten Kind war's am schlimmsten; da bin ich oft schon so fertig und mit den Nerven herunter gewesen, daß ich mich einfach über den Tisch gelehnt und geheult hab. In der Nacht hab ich drei, allerhöchstens vier Stunden schlafen können, die restliche Zeit war ich ununterbrochen unterwegs. Nicht einmal zum Plaudern hab ich mich hinsetzen können, ich mußte alles im Stehen machen; zur Not hab ich sitzend essen können, mehr konnt ich mir aber schon nicht mehr leisten. Der Herr Neuner hat mir geraten, heiße Schweineschmalzumschläge zu machen, aber mehr hat er auch nicht tun können. Solang ich das Schmalz ganz heiß aufgelegt hab, ist's gegangen. Wenn's mir dann gelungen ist, sofort einzuschlafen, war's gut; aber sobald das Zucken wieder begonnen hat, war an Schlafen nicht zu denken. Bei den zwei anderen Kindern war's auch nicht besser, nur hab ich mich da schon von Anfang an drauf eingestellt und hab's dadurch leichter ertragen. Wenn das Kind dann da war, hab ich wieder halbwegs meine Ruh gehabt, und heut ist es — genau umgekehrt — so, daß das Kribbeln wiederkommt, wenn ich sehr müde bin; und dann weiß ich, ich muß sofort schlafen gehen. Bei der Jüngsten war ich zur Entbindung im Spital, und dort haben die Ärzte festgestellt, daß ich viel zu wenig Blut hab — so als wär ich lang krank gewesen. — Aber ich bin sechs Jahre davor, bei der Geburt des zweiten Kindes, das letzte Mal im Bett gelegen — und eine Geburt ist schließlich keine Krankheit! Damals hab ich jedenfalls eine Bluttransfusion bekommen, und danach hat mein Mann gesagt: ‚So, jetzt ist's genug, man kann doch nie wissen — und wenn ich dann womöglich mit den kleinen Kindern allein dasteh . . . ‘ Und das hab ich schon eingesehen, obwohl wir beide gern noch mehr Kinder gehabt hätten.“

Daß Frau Moser aber trotz ihrer Veranlagung zu schwachen Venen ohne weitere Komplikationen immerhin drei gesunde Kinder zur Welt bringen konnte, verdankt sie ihrem ausgezeichneten allgemeinen Gesundheitszustand, den sie selbst auf ihre natürliche Lebensweise und auf Herrn Neuners Kräuterkuren zurückführt: „Hin und wieder, vor allem im Winter, machen wir regelmäßig eine richtige Kur mit Neuner-Tees. Es gibt für alles was, Kreislauftee, Venentee oder — was ich jetzt gerade gut brauchen kann — Wechseltee bei Einsetzen der Menopause. Man kann auch ein wenig abwechseln, bei abnehmendem Mond zum Beispiel mit Blutreinigungstee. Das halt ich dann aber wirklich ein: den ganzen Winter hindurch trink ich jeden Abend vor dem Schlafengehen eine Schale Tee (im Sommer, wo man sich viel mehr im Freien bewegt, frisches Obst und Gemüse hat und überhaupt weniger krankheitsanfällig ist, braucht man's nicht so notwendig), und ich bin das ganze Jahr nicht krank. Und das ist bestimmt nicht nur Einbildung — wer's nie selbst versucht hat, weiß gar nicht, wie wohl man sich nach einer solchen Kur fühlt!"

Immer häufiger hat während der letzten Stunde jemand den Kopf bei der Küchentür hereingesteckt, ihn taktvoll gleich wieder zurückgezogen und leise die Tür geschlossen, um uns nicht zu stören. Jetzt aber ist es höchste Zeit für Frau Moser, zu ihrer Arbeit zurückzukehren, und als ich mich vor dem Haus von ihr verabschiede, denke ich, von plötzlicher Dankbarkeit erfüllt, wieviel ich auf meinen Fahrten von Menschen wie dieser Frau gelernt habe.

Herrn Neuners Kommentar:

Die Ursache von Herrn Mosers niedrigem Blutdruck ist nicht genau zu ergründen, da sie bis in seine Kindheit zurückreichen dürfte. Wahrscheinlich aber handelt es sich um die Spätfolge einer übertauchten oder falsch behandelten Infektionskrankheit. Zu niedriger Blutdruck läßt sich nicht ein für allemal normalisieren, wohl aber durch anregende Kräutertees wie beispielsweise den Kreislauftee Nr. 20 weitgehend regulieren. Zusätzlich wären die homöopathischen Tropfen Camphora D3, oder auch Oleander D3 in Kombination mit Crataegus D3 und Ferratrum album D6 empfehlenswert.

Einem Menschen, der mehr Zeit für sich hat, würde ich raten, morgens nach dem Aufstehen Wechselduschen oder Wechselfußbäder zu machen, zumindest aber durch Abreiben oder Bürsten der Haut die Blutzirkulation anzuregen. Ganz ausgezeichnet bewährt sich auch das von Pfarrer Kneipp empfohlene Barfußlaufen im taunassen Gras, das natürlich nur während der schönen Jahreszeit in Frage kommt: Nachdem man etwa eine Viertelstunde barfuß gelaufen ist, trocknet man die Füße nicht ab, sondern zieht Wollsocken, feste Schuhe und warme Kleidung an und geht noch eine weitere Viertelstunde spazieren.

Der Genuß von schweren Speisen belastet den Kreislauf, weshalb alle

Gerichte aus der Bratpfanne gemieden werden sollten, ebenso wie Innereien, Räucherfleisch und Wurstwaren. Sehr empfehlenswert sind dagegen Milchmixgetränke, Obst und Obstsäfte, aber auch ein Schluck Obstbranntwein am Morgen oder ein Glas Wein zum Mittagessen.

Herrn Mosers intensive Kopfschmerzen rühren wahrscheinlich von einer Erkältung her, die zu Nerven- und Blutgefäßverkrampfungen führte. Er dürfte sich mit verschwitztem Kopf an eine kalte Wand gelehnt haben, in Zugluft geraten sein oder eine Grippeinfektion nicht ernst genug genommen haben, was zu schwer wiedergutzumachenden Folgeschäden führen kann. Zur Behandlung derartiger Kopfschmerzanfälle eignen sich Kopfumschläge mit rohen Kartoffelscheiben, ein Kräutertee aus Lindenblüten, Holunderblättern, Gänsefingerkraut, Eberescheninde und Melissenblättern, der tagsüber immer wieder schluckweise warm getrunken werden sollte, sowie ein- bis zweimal wöchentlich vor dem Zubettgehen Kopfdampfbäder mit einem Teeaufguß aus Kamille, Majoran und Schlüsselblume, wonach der Kopf allerdings sehr gut abgetrocknet und warm gehalten werden muß. Eine raschere Linderung hartnäckiger Kopfschmerzen bewirkt auch das Einreiben von Stirn, Schläfen und Genick mit Bio-Agil. Ein weiteres bewährtes Mittel sind ableitende Fußbäder — unter Zusatz von zwei Eßlöffeln Essig und zwei Eßlöffeln Salz —, die einige Tage lang sechsmal täglich, danach bis zum Abklingen der Schmerzen dreimal täglich genommen werden sollten. Gelsemium D6 oder, bei fieberhaften Begleiterscheinungen, Aconitum D6 können die Behandlung unterstützen.

Zu Frau Moser: Bei Problemen mit den Venen ist zur innerlichen Anwendung vor allem der Venentee Nr. 44 zu empfehlen. Will man selbst eine Teemischung zusammenstellen, so sollte sie zumindest Ringelblume, Arnika, Mistel, Andorn, Labkraut und Hirtentäschel enthalten. Zur äußerlichen Anwendung empfehle ich eine Salbe aus Erdrauch, Arnika, Ringelblume, Braunwurz, Ackerdistel und Beinwell (in Schweineschmalz oder Vaseline ausgezogen), die man zweimal täglich vom Knöchel aufwärts leicht in die Beine einmassiert.

Frau Mosers allergische Reaktionen waren meiner Ansicht nach auf eine Übersäuerung des Stoffwechsels zurückzuführen, die sich durch ableitende Maßnahmen regulieren läßt. Zu diesem Zweck eignen sich der Stoffwechseltee Nr. 19 oder ein Aufguß aus Brennesselblättern, Ackerschachtelhalm, Birkenblättern, Sauerampfer, Ginster, Wegwarte und Wacholderbeeren, der im Lauf des Tages immer wieder schluckweise warm getrunken werden sollte. In akuten Fällen zusätzlich

Tropfen aus Tinkturen derselben Kräuter. Von homöopathischer Seite wären dreimal täglich je zehn Tropfen Rhus toxicodendron D6, Arsenicum album D6 und Solidago D6 zu empfehlen. Unerläßlich ist eine entsprechende Diät: auf alle Fälle zu meiden sind Zitrusfrüchte, Beerenobst, Alkohol, scharfe Gewürze, Schweinefleisch, geräuchertes (gepökeltes) Fleisch, Wurstwaren und Vollmilchprodukte. Besonders empfehlenswert zum Ableiten über den Darm sind dagegen saure Milch, Buttermilch, Joghurt und rohes Sauerkraut.

DER TOD IST KEIN GEGNER

Herr Randacher bewohnt mit seiner Frau eine geräumige Wohnung in einem modernen Wohnhaus. Zur Urlaubszeit vermietet er diese Wohnung zum Teil an Gäste. Er arbeitet als Bahnbeamter, seine Freizeit aber verbringt er mit der Pflege der Volksmusik, denn Herr Randacher ist ein im weiten Umkreis seiner Heimatgemeinde bekannter Harfenspieler. Das schöne große Instrument füllt eine Ecke der gemütlichen Stube und gerät jedesmal, wenn die Türe sich öffnet, in leise Schwingungen.

Herrn Randachers Krankengeschichte begann um die Weihnachtszeit des Jahres 1952 beim sogenannten „Anklöpfeln". Dieser alte Tiroler Brauch ist eine der vielen Formen des Adventsingens; Burschen und Mädchen ziehen von Haus zu Haus, „klopfen an", und singen mehrstimmig die traditionellen Adventlieder, die in volkstümlicher Weise die biblische Geschichte von der Menschwerdung Christi nacherzählen. Zum Zeichen der Gastfreundschaft wird den Sängern von den Hausleuten heute freilich nicht mehr Brot und Salz, sondern — wie es landauf landab vor allem während der kalten Jahreszeit der Brauch ist — das berühmte „Stamperl" Schnaps angeboten. Die Gläser sind zwar klein, aber der Schnaps ist stark, und bei der Anzahl der Häuser, in denen die jungen Leute an einem solchen Winternachmittag einkehren, summieren sich die Promille, wenn einer nicht sehr aufpaßt, bald zu einer ganz beträchtlichen Menge.

„S'is zwar nit schön, wenn i dös sag", erzählt Herr Randacher und legt noch bei der Erinnerung daran das Gesicht zerknirscht in gequälte Falten, „aber damals hab i, leider Gottes, zuviel von dem Branntwein erwischt. Vom nächsten Tag an hab ich nur noch gebrochen, drei Tage lang. Es war ganz furchtbar, und ich bin immer matter geworden. Der Hausarzt hat mich zum Durchleuchten in die Klinik geschickt. ‚Um Gottes Willen, wie schaut's denn bei Ihnen aus', hat der Röntgenologe ausgerufen, ‚Ihre Magenschleimhäute sind ja total verbrannt!' Er hat mir dann verschiedene Tabletten verordnet, die ich sechs Monate lang vorschriftsmäßig eingenommen habe; aber statt besser ist es immer schlechter geworden. Acht Kilo habe ich abgenommen — was sehr viel ist weil ich schon von Natur aus ein sehr magerer Bursche war. Dann sind allmählich schwere Magenschmerzen hinzugekommen, weil ich die

Tabletten nicht vertragen habe. Ich konnte eigentlich nur noch Schleimsuppen aus Gerste oder Hafer essen — eine Diät, die sogar den Stärksten
auf die Dauer arbeitsunfähig macht! Schließlich konnte die Mutter, bei
der ich damals noch gewohnt habe, es nicht mehr mitansehen und hat
gesagt: „Jetzt gib mir einmal deinen Urin, und ich geh damit zum
Neuner-Hansl!' Die Mutter hat ihn gekannt, weil er früher einmal schon
für den Vater so was Gutes gehabt hat, wie der schwerkrank war. Sie
geht also hin, der Neuner schaut den Urin an — die Mutter hat kein Wort
gesagt — und ruft: ‚Um Gott's willen, was hat denn der Bub am Magen?
Da muß sofort was geschehen!'

Er hat ihr drei Flascherln Kräutertropfen und einen Tee für mich
mitgegeben, die ich von dem Tag an anstelle der Tabletten genommen
habe, und hat mir eine Diät verordnet, an die ich mich strikt gehalten
habe: kein Alkohol natürlich, keine tierischen Fette, keine scharfen oder
schweren Speisen und keine Zitrusfrüchte. Nach ungefähr einem Monat
habe ich deutlich die ersten Anzeichen einer Besserung gespürt, und
nach drei Monaten war ich buchstäblich wie neugeboren: Ich konnte
wieder alles machen, ohne Erschöpfung arbeiten, und ich habe auch
wieder zugenommen. Nach sieben Monaten hatte ich mein Normalge-
wicht erreicht und durfte es mir sogar hin und wieder leisten, ein Glaserl
Wein zu trinken — obwohl ich mir geschworen hatte, nie wieder auch
nur einen Tropfen Alkohol anzurühren! So leichtsinnig ist man, kaum
daß die Schmerzen vorüber sind! Zur Sicherheit habe ich aber noch ein
ganzes Jahr lang den Tee weitergetrunken, und sobald ich irgend etwas
gespürt habe, die Tropfen — homöopathische, glaube ich, waren das
damals — wieder eingenommen. Seither kann ich — obwohl ich seit
jeher einen empfindlichen Magen habe und zum Beispiel in Schmalz
Herausgebackenes schon als Kind nicht vertragen habe — eigentlich
alles essen; sogar schwere Mahlzeiten am Abend machen mir überhaupt
nichts aus.

Und außer dem guten Ausgang hat dieses schlimme Erlebnis noch
einen ganz großen Vorteil gehabt: wir sind Freunde geworden, der Hansl
und ich. Wir sind beide musikbegeistert und haben seither auch viele
Male gemeinsam musiziert, er auf der Zither und ich auf meiner Harfe.

Dazu muß ich Ihnen übrigens noch eine komische Geschichte
erzählen. Es ist jetzt auch schon über zehn Jahre her, da habe ich den
Hansl auf einem Gesangsabend getroffen und ihm erzählt, daß seit
einiger Zeit alles, was ich eß, gallbitter schmeckt, sogar wenn's Schokolade ist. An sich ist das ja nichts so Schlimmes, daß ich ihn unbedingt
damit belästigt hätte, wenn ich ihn an dem Abend nicht zufällig getroffen

hätte. Aber er hat gleich gesagt: ‚Aha, das kommt von der Bauchspeicheldrüse', hat mir am nächsten Tag Tropfen hergerichtet, und so wahr ich da sitze: Innerhalb von drei Tagen war's weg — aus und vorbei, als wenn nie was gewesen wäre! Und ich muß ehrlich sagen, ich hab nach den drei Tagen die Tropfen auch nicht mehr weitergenommen, wie das immer so ist, sobald man nichts mehr spürt, obwohl man das wahrscheinlich nicht tun sollte. Es ist aber seither nicht wiedergekommen.

Ja, das hätte ich beinahe vergessen, noch ein drittes Mal habe ich ihm meine Heilung zu verdanken: Angefangen hat es damit, daß ich plötzlich so furchtbar ermattet war, mich einfach nicht mehr wohl gefühlt habe in meiner Haut. Ich bin also zum Arzt gegangen — das muß man ja tun, um sich krankmelden zu können — und der hat mich zur Untersuchung in die Klinik geschickt. ‚O je', hat der Facharzt dort gesagt, ‚Sie haben etwas mit der Leber, und zwar was Ernstes, Ihre Werte sind ziemlich schlecht.' Er hat mir Medikamente verschrieben und mir eingeschärft, sehr aufzupassen und unbedingt zur Nachuntersuchung zu kommen. Am nächsten Tag bin ich zum Hansl gegangen und habe ihm wortlos meine Urinprobe auf den Tisch gestellt. ‚Ist der von dir?' sagt er. — ‚Ja.' — ‚Na sowas, ich habe gar nicht gewußt, daß es um deine Leber so schlecht steht!' Auf den ersten Blick hat er es gesehen! Eine Woche lang habe ich die Tabletten noch genommen, darauf aber regelmäßig furchtbare Magenschmerzen bekommen. Also habe ich sie ganz abgesetzt, nur noch die Kräutertropfen und den Tee vom Neuner eingenommen und Diät gehalten: Kein Tropfen Alkohol vor allem! Der Hansl hat ohnehin gesagt, er bewundert mich, daß ich's zusammenbringe, bei Hochzeiten, Taufen und Festen immer nur meinen Apfelsaft zu trinken. Dafür ist es mir bald wieder ganz gut gegangen, und nach drei Monaten bin ich zur Nachuntersuchung in die Klinik gefahren. ‚Daß sowas überhaupt möglich ist!' hat der Arzt ausgerufen. ‚Alles in Ordnung — weder Fett im Blut, noch Leberwerte, noch Zucker! Die wirken ja Wunder, diese Tabletten!' Ich habe ihn in dem Glauben belassen und bin zum Hansl gefahren, weil ich mir gedacht habe: jetzt muß ich ihm aber wirklich gratulieren! Und das Interessante ist, daß ich direkt dankbar sein muß für die Krankheit, die mir zu dieser Kur verholfen hat, denn ich habe mich danach so wohl gefühlt wie nie zuvor!"

Als enger Freund Hans Neuners weiß Herr Randacher besser als jeder andere, wie kostbar dessen Zeit ist, und scheut daher davor zurück, ihn mit Kleinigkeiten zu behelligen. In ernsteren Fällen aber hat auch er schon viele Freunde und Bekannte, denen die Schulmedizin nicht helfen konnte, zu ihm geschickt. Besonders deutlich erinnert er sich noch an die

Krankengeschichte von Herrn Stüwe, einem deutschen Urlaubsgast, der mehrmals bei ihm gewohnt hatte. Als sie an einem Abend gemeinsam um den Stubentisch saßen, fiel Herrn Randacher plötzlich auf, daß sein Gast ständig die Hände unter dem Tisch zu verstecken trachtete. Da erst bemerkte er, daß die linke Hand von einem furchtbaren Ausschlag entstellt war. Unwillkürlich stieg ein Grausen in ihm auf, gleich darauf aber schämte er sich für diese Reaktion und fragte seinen Gast mitleidig, was denn mit seiner Hand los sei. Dem armen Menschen war es offensichtlich furchtbar peinlich, daß man sein Leiden entdeckt hatte — er mußte mit der Intoleranz seiner Mitmenschen schon schlimme Erfahrungen gemacht haben. Dann erzählte er, daß er bereits seit Jahren verzweifelt von einem Arzt zum anderen laufe, der geheimnisvolle Ausschlag sich jedoch trotz aller Medikamente so sehr verschlimmert habe, daß er sich kaum noch auszugehen getraue. Gleich am nächsten Tag meldete Herr Randacher seinen Gast bei Hans Neuner an, der ein Versagen der Nebenniere diagnostizierte und dem Patienten Tees und Kräutertropfen mitgab.

Bald darauf fuhr Herr Stüwe nach Hause zurück; doch als er im Sommer darauf wiederkam, erkannte Herr Randacher seinen langjährigen Gast kaum wieder: Nicht nur die Haut an der Hand hatte sich so vollständig regeneriert, daß nichts, auch nicht die kleinste Narbe an die entstellende Krankheit erinnerte, sondern der ganze Mensch steckte „in einer neuen Haut." Wie in den meisten Fällen dieser Art war die psychische Belastung noch viel schwerer zu ertragen gewesen als es die rein körperlichen Beschwerden gewesen waren. Nun, da Herr Stüwe von dieser drückenden Last endlich befreit war, hatte er sein Selbstbewußtsein wiedergefunden und sich in einen fröhnlichen, ausgeglichenen Menschen verwandelt.

Diese Geschichte hatte uns nachdenklich gestimmt. Wir sprachen darüber, wie viele Menschen es gibt, die sich von einer hartnäckigen Krankheit das Leben vergällen lassen, nur weil sie allzu früh resignieren, wenn die Schulmedizin sie für unheilbar erklärt. Ihnen sollen Geschichten wie diese neuen Mut und neue Hoffnung geben. Dabei geht es gar nicht um den objektiven Schweregrad einer Erkrankung; wie das Beispiel von Herrn Stüwe zeigt, können auch verhältnismäßig harmlose organische Funktionsstörungen das Lebensgefühl des Patienten schwerstens beeinträchtigen und ihn so niederdrücken, daß auch seine Umgebung in Mitleidenschaft gezogen wird.

Gerade in solchen Fällen aber kann die Naturheilkunde unschätzbare Dienste leisten, denn ihr geht es nicht um spektakuläre Siege — ihre

60

immer noch bestrittene Wirksamkeit läßt sich an sogenannten „aufgegebenen Fällen" nur am augenfälligsten unter Beweis stellen —, sondern ihr liegt in erster Linie daran, schon bei den frühesten Störungsanzeichen die Selbstheilungskräfte des Körpers auf natürliche Weise anzuregen, so daß sich der Organismus aus eigener Kraft gegen Krankheiten oder schädliche Einflüsse zur Wehr zu setzen vermag. Vor allem darin ist sie der Allopathie weit überlegen, denn die meisten chemischen Arzneimittel nehmen dem kranken Organismus durch künstliche Stützungsmaßnahmen vorübergehend einen Teil seiner Arbeit ab und bewirken — von ihren Nebenwirkungen einmal abgesehen — allein dadurch ein weiteres Absinken der schon geschwächten körpereigenen Abwehr- und Regenerationskräfte, was wiederum häufig zu einer regelrechten Abhängigkeit von diesen Medikamenten führen kann.

Das Ziel der Naturheilkunde dagegen ist die Wiederherstellung des natürlichen Gleichgewichtes unter Berücksichtigung der Wechselwirkung zwischen Körper und Seele, wobei die Rolle seelischer Faktoren im Gesundungsprozeß gar nicht hoch genug eingeschätzt werden kann. Wunder wirken kann die Naturheilkunde ebensowenig wie jede andere Sparte der Heilkunst. Ihre Stärke liegt eben darin, daß sie gar keine Wunder zu wirken versucht, sondern sich in aller Demut ganz der weisen und strengen Gesetzmäßigkeit der Natur unterordnet.

Diese Haltung bestimmt auch ihre Einstellung gegenüber dem Tod, den sie nicht als unliebsamen Störfaktor betrachtet, sondern als Teil der natürlichen Ordnung achtet. So kämpft Hans Neuner nicht gegen den Tod, sondern für das Leben. (Vielleicht wird mancher jetzt kopfschüttelnd fragen: „Ist denn das nicht das Gleiche in Grün?" In unserem Zeitalter der schrankenlosen „Machbarkeit" mag es bisweilen so scheinen; aber jedem, der das Gefühl dafür verloren hat, welch grundlegenden Unterschied es bedeutet, ob man gegen den Tod oder für das Leben kämpft, dem sei der Besuch einer unserer hochmodernen Intensivstationen angeraten, wo — im wahrsten Sinn des Wortes „um jeden Preis" — der Tod um Tage, Stunden oder Minuten hinausgezögert wird.) Geht es nicht einzig und allein darum, dem Menschen bis zur Stunde seines Todes ein möglichst eigenständiges, bewußtes — kurzum menschenwürdiges Leben zu ermöglichen?

Damit habe ich den allgemeinen Teil unseres langen, einmütigen Gesprächs in wenigen Sätzen zusammenzufassen versucht; die persönlichen Erlebnisse, die Herr Randacher zur Illustration dazu beigesteuert hat, soll wieder er selbst erzählen:

„Mein Vater war damals schon 70 und ist immer noch auf die Jagd gegangen. Ich habe ihn begleitet, und dabei ist mir aufgefallen, daß er sehr schnell ermüdet, und überhaupt furchtbar schwach geworden ist. Es war Krebs, Magen- und Leberkrebs. Meine Mutter ist zum Neuner gegangen. Heilen konnte er ihn nicht, das hat er auf den ersten Blick erkannt, aber er hat ihm Mittel gegeben, die ihm doch so geholfen haben, daß es ihm dann bis zu seinem Tod eigentlich sehr gut gegangen ist.

Und beim Schwiegervater war's eigentlich auch so. Der hat sein Leben lang nichts getrunken, nicht geraucht und ganz bescheiden gelebt, aber mit 65 hat auch er Lungenkrebs gekriegt und furchtbare Schmerzen. Es war schon nicht mehr mitanzusehen, wie er gelitten hat. Da ist die Mutter dann zum Herrn Neuner gegangen, und wie sie zurückgekommen ist, hat man ihr gleich angesehen, wie erleichtert und froh sie ist. Der Neuner hat ihr nichts Schlechtes gesagt — ,Nana, da können wir schon noch was machen' oder so — vielleicht auch nur, um sie zu schonen; aber sie war nimmer so traurig und verdrossen, und dem Schwiegervater ist es die nächste Zeit bis zum Tod dann noch so unglaublich gut gegangen, daß er bis kurz davor sogar wieder gearbeitet hat. Und da muß ich sagen, nicht, weil ich sein Freund bin und Reklame für ihn machen möcht, aber der Trost und Zuspruch, den er den Menschen, die zu ihm kommen, geben kann, ist was Unglaubliches — abgesehen von der todsicheren Diagnose und den Heilmitteln! Wenn er von der Früh an arbeitet, den ganzen Tag mit Kranken zu tun hat — und was für Krankheiten manchmal! —, ist er am Abend immer noch gut aufgelegt und hat noch für jeden ein freundliches Wort; das ist wirklich unwahrscheinlich! Und warum die Ärzte ihn nicht in Ruh lassen und keiner von ihm lernen will, ist mir vollkommen unbegreiflich."

Herrn Neuners Kommentar:

Durch den übermäßigen Genuß von Alkohol — noch dazu in Form von hochprozentigem Schnaps — wurden die Magenschleimhäute so stark verätzt, daß fast nichts von ihnen übrigblieb, und die aufgenommene Nahrung daher nicht mehr verarbeitet werden konnte. Nur durch ganz vorsichtig und schwach dosierte Kräutertropfen (nicht durch homöopathische Mittel, wie Herr Randacher meinte) und eine entsprechend abgestimmte Kräuterteemischung war es möglich, die noch verbliebenen Schleimhäute allmählich zu kräftigen und zu regenerieren. Der Tee war aus Kalmuswurzel, Enzianwurzel, Bittersüß, Vogelknöterich und Huflattich zusammengesetzt. Dazu wurden während der ersten drei Wochen Tropfen aus Tinkturen von Wermut, Cardobenediktenkraut, Bitterkraut und Melisse verabreicht; während der nächsten drei Wochen Tropfen aus Tinkturen von Enzianwurzel, Wegwarte, Zinnkraut und Pfefferminzblättern, und danach — in Kombination mit dem Magentee Nr. 33 — drei Wochen lang Tinkturen von Kalmuswurzel, Tausendguldenkraut, Zinnkraut und Rosmarin. Vom Kräutertee sollte Herr Randacher ganz zu Beginn stündlich zwei bis drei Eßlöffel zu sich nehmen, später schluckweise viermal täglich eine halbe Tasse, und ab der sechsten Behandlungswoche dreimal täglich eine ganze Tasse. Bei den Kräutertropfen wurde mit einer Dosis von dreimal täglich zehn Tropfen begonnen, die ab der sechsten Behandlungswoche auf dreimal täglich fünfzehn Tropfen gesteigert werden konnte. Zum Auskurieren wurden die oben angeführten Tropfenmischungen in derselben Reihenfolge nochmals gegeben, diesmal aber alle zwei Wochen gewechselt.

Die Kost bestand anfangs natürlich hauptsächlich aus Schleimsuppen, gebähtem Weißbrot und Kamillentee, später kamen Hirse, Graupen (Rollgerste), Spinat und andere extrem leichtverdauliche Speisen hinzu, aber erst in der sechsten Behandlungswoche durfte zum erstenmal auch zartes Hühnerfleisch und Kalbsfrikassee gegessen werden.

Zum Glück war Herr Randacher Nichtraucher; wie er selbst erzählte, hatte er allerdings noch längere Zeit strengstes Alkoholverbot!

Die Behandlung bei Gelbsucht wird an anderer Stelle ausführlich besprochen; was jedoch seine akute Bauchspeicheldrüsenerkrankung betrifft, hat sich reine Tausendguldenkrauttinktur in Tropfenform als wirksam erwiesen.

Der an Leber- und Magenkrebs erkrankte Vater von Herrn Randacher erhielt zuerst Kräutertropfen aus Tinkturen von Ringelblume, Tausendguldenkraut, Ginster und Zinnkraut; danach eine Mischung aus Tinkturen von Odermennig, Sauerampfer, Schöllkraut und Wegwarte, abwechselnd mit einer Mischung aus Tinkturen von Tausendguldenkraut, Löwenzahn, Odermennig und Kamille. Dazu Lebertee Nr. 17, bei abnehmendem Mond Blutreinigungstee Nr. 2. Selbstverständlich war außerdem eine strenge Leberdiät einzuhalten; gegen den Durst ist für Leberkranke mit abgekochtem Wasser verdünntes Preiselbeerkompott besonders empfehlenswert.

Um das Hautjucken zu verringern, sollten zweimal wöchentlich Körperwaschungen mit einem Absud von Weizenkleie gemacht werden.

Zur Entgiftung über die Haut wären ab und zu auch Umschläge mit einem Gemisch von grauem Lehm (Tonerde), ungesalzenem Schweineschmalz, Kamillenblüten und Leinöl anzuraten, die vier Tage hintereinander in der Lebergegend aufgelegt werden sollten, und zwar am ersten Tag eine Stunde, am zweiten zwei, am dritten drei und am vierten Tag vier Stunden lang.

Bei der Behandlung des Schwiegervaters kamen Tinkturen aus Eberwurz, Bibernelle, Wermut und Brombeere zur Anwendung, später Tinkturen aus Angelikawurzel, Fenchel, Tausendguldenkraut und Benediktenkraut. Magentee Nr. 8 und eine entsprechende Magenschonkost ergänzten die Behandlung.

Herrn Randachers Urlaubsgast litt an einem Ekzem, das bei Übersäuerung des Stoffwechsels auftritt und auf eine Störung der Nebennierenfunktion schließen ließ. Die Haut wird zu Recht oft als zweite Niere bezeichnet, denn Stoffwechselrückstände, mit denen die geschädigte oder überlastete Niere nicht mehr fertig wird, werden häufig über die Haut abgeschoben. Viele Hautkrankheiten sind daher Anzeichen für eine Unstimmigkeit der Nierenfunktion. Auch gilt die Haut ja, wie erwähnt, als Spiegel der Seele und deutet damit auf die tiefere Ursache vieler Hautkrankheiten hin, die tatsächlich sehr oft in psychischen Störungen — Angstzuständen, Enttäuschungen usw. — zu suchen ist. (Bei Frauen sind nicht selten auch die psychischen Veränderungen, die mit einer Schwangerschaft verbunden sind, beziehungsweise die Umstellung von der Ernährung der Leibesfrucht auf die des eigenen Organismus das auslösende Moment.)

Ein in solchen Fällen gerne verordnetes Pharmazeutikum ist der chemische Ersatz eines Produktes der Nebennierenrinde, mit dem tatsächlich oft rasche Wirkungen zu erzielen sind. Auf die Dauer kann dieses Medikament jedoch zu Störungen der Nebennierenfunktion führen, und deren Aktivität — da sie durch die künstliche Zuführung ihres Produktes „arbeitslos" wird — weiter herabsetzen. Die meisten Chemotherapeutika dieser Art sind effektvoll, aber nicht unbedenklich. Man sollte nicht vergessen, daß Heilmittel gefährlicher sein können als die Krankheit selbst.

Die naturheilkundliche Behandlung ist darauf ausgerichtet, die ableitenden Funktionen von Niere und Nebenniere anzuregen, wozu vor allem Zinnkraut, Brennessel, Petersilienwurzel, Ehrenpreis und Goldrute — als Tee und als Tinktur — geeignet sind. Die genaue Zusammensetzung hängt von vielen Faktoren ab und ist letztlich eher eine Gefühlssache.

Aus dem breiten Spektrum homöopathischer Mittel einzelne Substanzen besonders hervorzuheben, wäre in einem solchen Fall ebenfalls nicht sinnvoll, da deren Auswahl nicht nur auf spezifische Besonderheiten des Krankheitsbildes, sondern auch auf den Menschentyp abzustimmen ist.

Salben können zwar lindernd wirken, von weit größerer Bedeutung ist jedoch auch hier die Einhaltung einer Diät. Obst (einschließlich Marmelade, Sirup usw.), vor allem aber Beerenobst und Zitrusfrüchte sind bei fast allen Hautausschlägen, Flechten und Ekezemen unbedingt zu meiden, da die Fruchtsäuren den Heilungsprozeß aufhalten oder sogar verhindern können. Dasselbe gilt für Wein, andere alkoholische Getränke, scharf gewürzte Speisen, Schweinefleisch, Wurstwaren, Fisch, Nüsse, Tomaten usw. Zur Durchspülung der Nieren sollte man sehr viel trinken, in erster Linie harnsäuretreibende Tees (z. B. Nr. 19, Nr. 4), aber auch Quell- und Mineralwasser, Hagebutten- oder Haustee, und zur Nachbehandlung bei abnehmendem Mond Blutreinigungstee Nr. 2.

SYMPTOM: GRÜNER STAR

In einem Villenviertel im Stadtgebiet von Salzburg steht ein echtes, altes Blockhaus zwischen Bäumen und blühenden Gewächsen so versteckt, daß ich es ohne Herrn Ostermanns genaue Wegbeschreibung bestimmt nicht gefunden hätte. Die Hausfrau, eine zierliche blonde Dame, führt mich in einen großen, sonnendurchfluteten Wohnraum, wo sie in Gesellschaft jener Bekannten auf mich gewartet hat, die ihr als erste aus eigener Erfahrung von Herrn Neuner erzählt hatte.

Diese energische, grauhaarige Dame begrüßt mich mit rauher Herzlichkeit, und während Frau Ostermann sich um das Wohl ihrer Gäste kümmert, schildert sie mir in knapper Kurzfassung, wie sie nach einer Gallenoperation, nach der es ihr sehr schlecht ging, zu Herrn Neuner kam, der ihre versagenden Leber- und Gallenfunktionen mittels zu Tabletten gepreßter indischer Kräuter — einem ziemlich kostspieligen Präparat, das er über einen englischen Freund bezog — binnen kurzer Zeit vollständig wiederherstellte.

Dann hat unsere Gastgeberin das Wort. Ihre Stimme ist hell und sanft, doch wenn sie ,mein Sohn' sagt, schwingt ein gutturaler Unterton mit, der ahnen läßt, daß die Wochen, von denen sie hier erzählt, zu den schlimmsten ihres Lebens gezählt haben.

Ihr Sohn war gerade zehn Wochen alt, als sein anhaltendes, klägliches Weinen sie eines Nachmittags darauf aufmerksam machte, daß irgend etwas nicht stimmte. Sie hob das Kind aus der Wiege und sah zu ihrem Entsetzen, daß eines seiner auffallend großen, blauen Augen, die beim Füttern zwei Stunden vorher noch so gestrahlt hatten, plötzlich weiß geworden war! Ohne eine Minute Zeit zu verlieren, fuhr sie zum Kinderarzt. „Grüner Star", lautete die Diagnose; „der Wasserdruck im Auge ist so stark angestiegen, daß der Sehnerv abgedrückt zu werden droht. Fahren Sie von hier auf schnellstem Weg ins Krankenhaus! Es brennt wirklich, da geht es um jede Stunde — das Kind muß sofort operiert werden!"

Im Krankenhaus bestätigte man zwar, daß der Augendruck gefährlich hoch sei, meinte aber, das Kind sei für eine Operation noch zu klein, so daß nur eine medikamentöse Behandlung in Frage käme. Man gab dem Kleinen eine Injektion, die jedoch nicht die gewünschte Wirkung hervorrief. Verzweifelt alarmierte Frau Ostermann ihren Mann. Nach Rücksprache mit dem Kinderarzt, der darauf beharrte, daß das Augenlicht des Kleinen nur durch eine sofortige Operation zu retten sei, setzte Herr Ostermann sich mit einem befreundeten Arzt in Wien in Verbindung, der ihm versprach, an seiner Klinik alles Nötige zu veranlassen. Auf eigene Gefahr holten die Eltern das Kind daraufhin aus dem Salzburger Krankenhaus, unterschrieben den entsprechenden Revers und brachen noch am selben Abend nach Wien auf.

Während der nächtlichen Fahrt löste sich zu allem Unglück auch noch ein Rad vom Wagen. Herr Ostermann verständigte den Pannendienst und versprach, so schnell wie möglich nachzukommen, während seine Frau einen Lastwagenfahrer aufhielt, der so freundlich war, sie bis vor das Eingangstor des Wiener Krankenhauses zu bringen. Dort stand sie also im Morgengrauen mit dem weinenden Kind auf dem Arm; niemand war auf ihre Ankunft vorbereitet, doch da sie sich nicht abweisen ließ, brachte man sie in einem leerstehenden Nebenraum unter.

Um sechs Uhr früh hielt Frau Ostermann das Warten schließlich nicht mehr aus, drang bis zum diensthabenden Arzt vor, und berief sich auf den Freund ihres Mannes. Es wurde ein Konsilium einberufen, doch keiner der anwesenden Ärzte fühlte sich der schwierigen Aufgabe gewachsen. Inzwischen war auch Herr Ostermann in Wien angekommen, und den tiefbesorgten Eltern wurde endlich mitgeteilt, man habe mit dem berühmtesten Augenspezialisten Wiens Verbindung aufgenommen, und der Professor habe sich bereit erklärt, die Operation durchzuführen.

Tatsächlich stand er bereits vor dem Tor, als Herr und Frau Ostermann die Klinik erreichten, übernahm das Kind ohne alle Formalitäten und operierte es — da ein solcher Fall glücklicherweise selten ist und ihm selbst noch niemals untergekommen war — im Hörsaal, in Anwesenheit seiner Studenten und Assistenten. Durch einen kleinen Schnitt seitlich der Pupille wurde der Flüssigkeitsstau im Augapfel erfolgreich beseitigt. Die Eltern erledigten nachträglich alle Formalitäten, fuhren zurück nach Salzburg, und holten ihren kleinen Sohn eine Woche darauf wieder ab. Es sei alles in Ordnung, sagte ihnen der Primarius, doch müsse das Kind zur regelmäßigen Überprüfung des Augendrucks unbedingt unter fachärztlicher Kontrolle bleiben.

Eine Woche nach der Entlassung aus dem Krankenhaus ließ Frau Ostermann bei einem angesehenen Salzburger Augenarzt den Augendruck des Kindes, das wieder gesund und munter zu sein schien, zum erstenmal nachmessen. „Fahren Sie gar nicht erst nach Hause, sondern am besten gleich von hier aus wieder nach Wien", sagte dieser, kaum daß er die Untersuchung abgeschlossen hatte. „Ich rufe sofort den Professor an, um Sie zur Operation anzumelden: Diesmal ist es auf beiden Augen, und in ein paar Stunden wird es wieder so weit sein wie vor vierzehn Tagen!"

Frau Ostermann verständigte ihren Mann, sie packten in fliegender Hast die Koffer und fuhren mit dem Kind nach Wien. Dort war zur Operation bereits alles vorbereitet. Wie befürchtet, mußte der Professor diesmal beide Augen operieren, und erst eine Woche darauf konnten die inzwischen natürlich schon sehr nervösen und verzagten Eltern das Kind wieder abholen. Auf ihre bange Frage, wie diese Sache denn nun weitergehen sollte, erhielten sie eine Antwort, die selbst ihre schlimmsten Befürchtungen noch übertraf: Bis zu seinem zweiten oder dritten Lebensjahr müßten sie mit dem Kind halt zwei- bis dreimal im Monat nach Wien kommen, meinte der Professor, indem er den Ernst der Lage zu bagatellisieren versuchte, und da werde dann eben jedesmal ein kleiner Schnitt gemacht werden; eine andere Lösung gebe es leider nicht.

Ratlos und bestürzt fuhren Herr und Frau Ostermann nach Hause. Abgesehen von der finanziellen Belastung und dem Zeitaufwand, der mit den regelmäßigen Fahrten nach Wien verbunden sein würde, konnten sie sich auch nicht vorstellen, wie das damals erst drei Monate alte Kind die langwierige Behandlung, den ständigen Ortswechsel und die langen Trennungszeiten überstehen sollte, ohne schwere physische und psychische Schädigungen davonzutragen.

Der Überdruck im Auge ist doch wahrscheinlich nur ein Symptom, überlegten sie, dem irgendeine organische Störung zugrunde liegt — und diese Überlegung brachte sie auf den Gedanken, den für seine Gesamtschau organischer Zusammenhänge berühmten Naturheiler in Tirol um Hilfe zu bitten.

„Ich habe zu Hause also gleich den Herrn Neuner angerufen", erzählt Frau Ostermann, „und habe ihm die Situation geschildert. ,Jaja, ich weiß', hat er gesagt, ,ich hab das ja am eigenen Leib erlebt! Kommen Sie sofort her. Sie brauchen das Kind nicht mitzunehmen, eine Urinprobe genügt.' Wir haben es natürlich doch mitgenommen, denn es war ja noch zu klein, als daß wir es bei irgend jemandem einfach zurücklassen konnten. Der Herr Neuner hat uns dann gesagt, er glaube schon, daß er dem beikommen wird können. Er hat ein ganz kleines Flascherl Kräutertropfen zurechtgemacht, von denen ich dem Kleinen jede Stunde zehn Tropfen eingeben mußte. Ich kann mich daran so genau erinnern, als ob es gestern gewesen wäre! Darauf hat der Bub sehr stark uriniert — also, es ist nur so herausgeflossen aus ihm! Und vielleicht eine Woche, nachdem das Flascherl zu Ende war, bin ich wieder zum Augenarzt gegangen, um den Augendruck messen zu lassen. Der konnte sich gar nicht fassen: Also einen solchen Erfolg nach einer Operation hätte er noch nie erlebt!

Sie können sich vorstellen, wie glücklich wir waren; aber auch der Herr Neuner war sehr glücklich über diesen raschen und vollständigen Erfolg! Damit war's nämlich zu Ende. Ich bin trotzdem noch viele Jahre zu diesem teuren Augenarzt gegangen, und habe alle sechs Monate den Augendruck messen lassen, weil mir der Herr Neuner gesagt hat: ‚Bleiben Sie unter Kontrolle, man kann nie wissen, was plötzlich noch vorkommt.‘ Es ist aber in all den Jahren zu keinem Rückfall mehr gekommen.

Wie er dann in die Schule gekommen ist, hat er aber schon Schwierigkeiten mit dem zweimal operierten Auge gehabt; es ist durch die zwei Schnitte doch so stark verletzt worden, daß er auf diesem Auge nur noch fünfzehn Prozent Sehfähigkeit hat, also fast nichts mehr sieht. Das andere, auf dem er nur einmal operiert wurde, hat Gott sei Dank nicht oder kaum gelitten; das ist offenbar gut gegangen, auf dem Auge sieht er normal.

„Mein Gott“, entfährt es mir und Frau Ostermanns aufmerksam zuhörendem Gast beinahe gleichzeitig; „da kann man sich vorstellen, was geschehen wäre, wenn er bis zu seinem zweiten oder dritten Lebensjahr mehrmals im Monat geschnitten hätte werden müssen!“

Frau Ostermann schüttelt energisch den Kopf: „Nein, nein — das ist gar keine Frage — der wäre blind geworden, da wäre gar nichts zu machen gewesen! Daß er sein Augenlicht größtenteils behalten hat, das verdankt er nur der Behandlung vom Herrn Neuner, der mit seiner Kräutermedizin nicht das Symptom, sondern die auslösende Ursache der Krankheit behandelt hat. Er hat mir das damals so erklärt, daß bei dem Kind die Niere nicht richtig gearbeitet hat. Dadurch ist es zu Wasseransammlungen gekommen, die sich bei ihm in den Augen angestaut haben. Der Bub hat von Geburt an ganz besonders große Augen gehabt, und während der Schwangerschaft habe ich komischerweise immer sehr, sehr großen Durst gehabt. Ich habe fast keine feste Nahrung vertragen, sondern nur getrunken und getrunken. Übrigens war ich zu der Zeit bei einem sehr guten Arzt in Behandlung, aber nicht einmal der ist auf die Idee gekommen, daß vielleicht mit der Niere etwas nicht in Ordnung sein könnte, wenn schon die Mutter vor der Geburt so viel trinkt. So wenige sind Ärzte; die meisten sind nur Fachärzte. Aber wirkliche Helfer . . . ? Unser Kinderarzt hat als einziger damals gesagt:

‚Es ist ganz gleich, wer ihm geholfen hat; die Hauptsache ist, er ist gerettet!' Und das ist die Größe von einem wirklichen Arzt."

Kurz danach kommt das einstige Sorgenkind herein, und bittet seine Mutter um die Erlaubnis, einen Schulfreund besuchen gehen zu dürfen. Beim Anblick des großen, schlaksigen Jungen, der inzwischen fast sechzehn Jahre alt ist und sich in seiner Haut sichtlich wohl fühlt, stelle ich mir wieder einmal verwundert die Frage, wieso nicht einmal die „wirklichen Ärzte" daran interessiert sind, von Herrn Neuner zu lernen. Daß mir noch am selben Abend ein anderer von Herrn Neuners Patienten — als einziger von allen, mit denen ich gesprochen habe! — über einen Arzt berichten wird, der sich anders verhielt, ahne ich freilich noch nicht, als ich von der gastfreundlichen Salzburger Familie Abschied nehme.

Herrn Neuners Kommentar:

Dank meiner eigenen Erfahrungen mit dem Grünen Star war es für mich leichter, die Behandlung durchzuführen. Es stand von Anfang an fest, daß der Wasserhaushalt des Kindes so gestört war, daß es zu einem starken Druckanstieg und zu Wasseransammlungen nicht nur im Augapfel, sondern auch zwischen Binde- und Netzhaut gekommen war, wie man am plötzlichen Weißwerden des Auges erkennen konnte. Da man hier also auch von einer Augenwassersucht sprechen könnte, war es naheliegend, die Ursache des Leidens in einer Nierenfunktionsstörung zu suchen, denn vor allem dieses Organ ist für die Regulierung des Wasserhaushalts verantwortlich.

Es war nicht mit Sicherheit auszumachen, wodurch es bei einem so kleinen Kind zu dieser schweren Nierenfunktionsstörung gekommen sein mochte; es könnte eine verschlagene Infektion oder ein Medikament der Grund gewesen sein — möglicherweise war es aber auch die Spätfolge einer Schwangerschaftsstörung der Mutter. Da auch der Urin die entsprechenden Nierenbilder sowie Symptome von Ödemen aufwies, erschien es mir jedenfalls einfach und klar, daß der Weg zur Heilung nur über die Nieren zu suchen war. Die Richtigkeit dieser Annahme ist durch den Erfolg der Behandlung ja auch bestätigt worden.

In Anbetracht der Tatsache, daß ein so kleines Kind hauptsächlich von Milch lebt, mußte bei der notwendigen Diät vor allem darauf geachtet werden, an Stelle von Vollmilch entrahmte, also entfettete Milch zu verwenden. Größeren Kindern und Erwachsenen würde ich in einem solchen Fall zu einer allgemeinen, reizarmen Nierendiät raten.

Die eigentliche Behandlung zur Reinigung und Anregung der Nieren begann, wie meist bei Grünem Star, mit Nierentee Nr. 4 und Nierentropfen aus Tinkturen von Zinnkraut, Ehrenpreis, Berberitzenrinde, Wacholderbeeren und Petersilienwurzel — beides, dem Alter des Kindes entsprechend, natürlich sehr schwach dosiert.

Später wurde mit augenwirksamen Substanzen fortgefahren: Augentee Nr. 106 und Tropfen aus Tinkturen von Breitwegerich, Augentrost, Fenchel, Zinnkraut, Garten- oder Mauerraute, Fermentilwurzel und Brombeerblättern. Wie bei den meisten Tinkturen gibt man ein bestimmtes Mittel nur zwei bis drei Wochen lang, bei Mischungen verändert

man zumindest das Mengenverhältnis der einzelnen Bestandteile, bzw. läßt die eine oder andere Substanz ganz weg. Um Spitzenwirkungen zu erzielen, verwendet man zunächst am besten nur Breitwegerich und Augentrost, und geht nach fünf bis sechs Tagen über auf Fencheltinktur im Wechsel mit Zinnkrauttinktur usw.

Eine Auflage aus fettem Topfen (Quark) vermischt mit ungesalzenem Schweineschmalz, die man einmal im Tag ein bis vier Stunden lang auf die geschlossenen Augenlider legt, würde eine angenehme Kühlung bewirken, kommt bei einem Baby aber natürlich nicht in Frage. Zur Anregung der Nierenfunktion ist es außerdem sehr zweckmäßig, auf die Nierengegend und die Fußsohlen etwa eine halbe Stunde lang rohe Zwiebelscheiben aufzulegen, bzw. die Fußsohlen mit Zwiebelsaft einzureiben.

Die Augenoperationen sollten wahrscheinlich eine momentane Senkung des Augendrucks bewirken, konnten aber nicht zu einem anhaltenden Heilerfolg führen, da durch diese Eingriffe ja nur das Symptom beseitigt, nicht aber die Wurzel des Übels erfaßt wird. Wie bei allen anderen Krankheiten muß die erste Frage die nach der Ursache sein, denn nur, wenn die Behandlung dort ansetzt, kann es zu einem dauerhaften Heilerfolg kommen. Das müßte für jeden Arzt oder Heiler eigentlich eine Selbstverständlichkeit sein.

EIN ARZT ZEIGT INTERESSE

Obwohl ich, nach langen Irrfahrten durch die bayerische Landschaft, das Sägewerk von Herrn Oberauer erst nach Einbruch der Dunkelheit erreiche, ist für den Hausherrn der Feierabend noch nicht angebrochen, und so ist es seine vitale junge Frau, die mir von seiner Krankheit und Heilung berichtet. Es ist ihr ein besonderes Anliegen, über Herrn Neuners Leistungen zu sprechen, denn ohne seine Hilfe wäre ihr Mann arbeitsunfähig geblieben, ja, sie stünde mit ihren zwei Kindern heute höchstwahrscheinlich allein auf der Welt.

Es fing damit an, daß Herr Oberauer bei jeder Bewegung Schmerzen im rechten Arm verspürte und diesen bald nur noch mit Hilfe des linken Armes heben konnte. Ziemlich beunruhigt ging er zu einem Orthopäden, mit dem er persönlich eng befreundet war. Der Arzt machte eine Röntgenaufnahme und stellte fest, daß sich im Muskelgewebe des Oberarmes grießförmige Kalkablagerungen festgesetzt hatten.

Eine Cortison-Injektion brachte Herrn Oberauer vorübergehend eine gewisse Erleichterung, doch der Arm blieb unbeweglich, und bald setzten auch die Schmerzen heftig wieder ein. Eine zweite Röntgenaufnahme zeigte, daß die Kalkpartikel im Oberarm inzwischen eine mehr als handtellergroße Platte gebildet hatten, die bereits von außen, durch die Haut hindurch, fühlbar war. Der Orthopäde konnte seinem bedauernswerten Freund die Wahrheit nicht länger verschweigen. Schweren Herzens klärte er ihn darüber auf, daß eine Operation zwar theoretisch möglich, praktisch aber kaum durchführbar sei, da sie mit einem zu großen Risiko verbunden wäre. Die Kalkplatte sei mit dem umliegenden Gewebe nämlich so fest verwachsen, daß man sie nicht mehr herauslösen könne, ohne einen Nerv zu verletzen und dadurch eine vollständige Lähmung herbeizuführen. Auch eine medikamentöse Therapie im eigentlichen Sinn gebe es leider nicht; das einzige Mittel, das ihm als Arzt zur Verfügung stünde, seien Cortison-Injektionen zur Verminderung der unerträglichen Schmerzen.

Herr Oberauer erschrak, und als er seine Situation überdachte, packte ihn die Verzweiflung. Was sollte aus ihm und seiner Familie werden, wenn er lebenslänglich arbeitsunfähig wäre? Der fünfundvierzigjährige

Mann wußte weder aus noch ein, und doch hatte sein Leidensweg erst begonnen. Im Verlauf eines halben Jahres bildeten sich nämlich ähnlich große Kalkplatten auch im linken Oberarm und im rechten Oberschenkel, sowie vorläufig noch unzusammenhängende Kalkablagerungen im linken Schenkel. Der starke, fröhliche Mensch war bald nur noch ein Schatten seiner selbst.

„Was er zu ertragen hatte, ist unvorstellbar", sagt seine Frau, schaudernd bei der bloßen Erinnerung an jene Zeit. „Er konnte weder arbeiten noch schlafen und war total heruntergekommen. Sein Oberarm war dünner als der von einem Kind, da hat direkt ein Muskelschwund stattgefunden! Gesessen ist er mit den Armen am Tisch aufliegend, allein das Aufstehen vom Sessel war eine Qual. Und seine Schlafstellung" — bei den folgenden Worten steht sie auf und kniet vor ihrem Stuhl nieder, um seine Körperhaltung darzustellen — „war am Boden kniend, mit herunterhängenden Armen, den Kopf auf einen Fauteuilsitz gelegt; so konnte er ungefähr zwanzig Minuten schlafen; dann ist er wieder schlaflos gesessen, mit fürchterlichen Schmerzen. Liegen war schon unerträglich für ihn, weil die Kalkplatten auf die Nerven am Oberschenkel gedrückt haben, und um aus dem Bett zu steigen, hat er Krücken gebraucht!

Wir haben uns dann sehr besorgt an einen bekannten Spezialisten in München gewendet, den unser Arzt uns empfohlen hat, und haben ihn gefragt, was wir tun sollen: Die Sache wird immer akuter, in immer kürzeren Abständen braucht er das Cortison, und trotzdem wird es nur noch ärger und ärger. Aber auch dieser Spezialist hat uns gesagt, daß es einfach nichts anderes gibt als das Cortison."

Nicht klüger als zuvor machten Herr und Frau Oberauer sich auf den Heimweg; ihre letzten Hoffnungen schienen gescheitert zu sein. Der Facharzt hatte mit solcher Entschiedenheit gesprochen, daß sich wohl jeder weitere Versuch erübrigte. Die Medizin vermochte in einem Fall wie diesem nicht mehr zu tun, als mit starken Medikamenten vorübergehend die Schmerzen zu betäuben; damit hatte man sich abzufinden, und — was niemand laut zu sagen wagte — auch die schwer vorausberechenbaren Nebenwirkungen dieser Medikamente in Kauf zu nehmen. Frau Oberauer war sich jedoch im Klaren darüber, daß es so nicht mehr lange weitergehen konnte.

Als ihre in Tirol lebende Schwester anrief und in beschwörendem Tonfall sagte: „Ihr dürft's nicht aufgeben! Fahrt's zum Neuner hinaus, das müßt's ihr noch probieren!", besann sie sich keinen Augenblick und fuhr mit einer Urinprobe des Kranken nach Kirchbichl: „Diese vielen

Kalkablagerungen an den unmöglichsten Stellen kommen daher, daß mein Mann zu viel Harnsäure hat, hat der Herr Neuner sofort gesagt. Dadurch kann er den Kalk, den jeder Mensch im Körper hat, nicht mehr ausscheiden. Außerdem hat er durch die vielen starken Medikamente natürlich Organschädigungen davongetragen. ‚Noch kann ich ihm wahrscheinlich helfen', hat er mir damals wortwörtlich gesagt, ‚aber wenn ihr ein halbes Jahr später gekommen wärt, wären meine Mittel schon zu schwach gewesen!' Dann hat er mir eine Medizin mitgegeben und Nierentee — von dem sollte mein Mann so viel wie möglich trinken, damit die giftigen Rückstände möglichst schnell ausgeschwemmt werden. Bis die Kalkplatten weg sind, hat der Herr Neuner aber von vornherein gesagt, wird's ein Jahr dauern."

Herr Oberauer nahm seine Kräutermedizin mit peinlicher Genauigkeit ein und trank literweise Nierentee, doch es wollte sich zunächst keine Besserung einstellen. Er machte trotzdem weiter, und nach sechs Wochen begann endlich die ersehnte Wirkung einzusetzen: So lange hatte es gebraucht, bis sein durch Medikamentenrückstände überlasteter Organismus so weit gereinigt war, daß die Organe ihre Funktionen wieder aufnehmen und mit Hilfe der regenerierenden Pflanzenwirkstoffe den eigentlichen Heilungsprozeß in Gang setzen konnten.

„Ungefähr nach sechs Wochen", erzählt Frau Oberauer, „hat mein Mann auf einmal gesagt: ‚Du, i glaub, jetzt wird's besser! I hab heut zum erstenmal in der Nacht wieder schlafen können!' Um mich nicht zu stören, ist er sonst nämlich immer im Wohnzimmer gesessen, und damals ist er die erste Nacht ins Schlafzimmer herübergekommen, hat sich hingelegt, und die Schmerzen waren so erträglich, daß er eingeschlafen ist! Und von da an ist es jeden Tag sichtlich ein kleines bisserl aufwärtsgegangen. Von Oktober an sind wir regelmäßig immer die Medizin holen gefahrn, und im März hat der Herr Neuner gsagt: ‚So, jetzt laßt's die Röntgenaufnahme machen, jetzt is er g'sund!' — Dadurch, daß mein Mann so viel Tee getrunken hat und seine Tropfen so fleißig eingnommen hat, hat's nur ein halbes Jahr gedauert statt ein Jahr!

Wir sind also dann zu unserem Arzt hingegangen, und da hat der gesagt, ja, er hätte schon erfahren, daß wir bei einem Heilpraktiker sind. Ich hab ihm nämlich am Beginn der Behandlung beim Herrn Neuner g'sagt, er soll nicht mehr spritzen, sondern soll mir das Cortison und so weiter in Tablettenform geben; weil die Tabletten, die konnt ich wegwerfen, aber die Spritzen, die hat er drin, nit! — ‚Den Kalk kann der dir nicht weggebracht haben, Fritz', hat er zu meinem Mann gesagt, ‚aber allein, daß er dich schmerzfrei gemacht hat, ist eine sagenhafte Leistung von dem Mann!' — Also, der hat ganz selbstverständlich einem Natur-heiler sein Recht gelassen: ‚Der Mann kann was; hat er wortwörtlich gesagt, ‚ich geh jetzt die Röntgenaufnahme machen.‘ Und dann kommt er raus, mit dem Röntgenbild in der Hand, und sagt: ‚Fritz, ich werd verrückt — der Kalk ist weg! Ich sag dir, ich hätte nie geglaubt, daß es sowas gibt, wenn ich nicht hier meine eigenen Röntgenaufnahmen vor und nach der Behandlung von diesem Herrn Neuner vor Augen hätte! Nie im Leben hätte ich das überhaupt für möglich gehalten! Aber wir haben es ja schwarz auf weiß, und ich muß dir sagen: ich möchte den Mann kennenlernen!'"

Frau Oberauer war die erste und bislang einzige unter Herrn Neuners Patienten, die mir von einem Arzt berichtete, der so reagierte. „Ist es zu dieser Begegnung gekommen?" frage ich daher sofort. „Leider Gottes nicht", antwortet sie traurig, „denn der Mann hat ein halbes Jahr darauf einen Herzinfarkt gehabt; der war noch nicht tödlich. Er hat danach wieder zu arbeiten angefangen, hat viel zuviel gearbeitet, hat dann einen zweiten und dritten Herzinfarkt erlitten und ist gestorben, ohne den Herrn Neuner kennengelernt zu haben. Gerade heut ist sein Sterbtag. Er war, wie gesagt, Orthopäde und konnte nicht ohne Handschuhe gipsen, weil er ein furchtbares Ekzem an den Händen gehabt hat. Er selber hat immer behauptet, es käme vom Gipsen, aber ich hab ihm mehr als einmal gesagt: ‚Hubert, weißt was, du trinkst zuviel Bier, du hast vielleicht auch zuviel Harnsäure! Schau, du hast jetzt nach deinem Herzinfarkt zehn Wochen lang keinen Gips angerührt, und trotzdem sind deine Hände Fleisch! Geh doch einmal zum Neuner, wirst sehen, der hilft dir!' — ‚Ja', hat er gsagt, ‚ich geh zu dem Mann, aber nicht nur wegen meinem Ekzem. Ich möchte ihn kennenlernen, weil das mit der Auflösung der Kalkplatten wirklich eine unwahrscheinliche medizini-sche Leistung ist.‘ Und wenn er nicht so bald darauf gestorben wär, wäre er bestimmt hingegangen, hundertprozentig!"

Nach dem Tod des Arztes bat Frau Oberauer dessen Witwe um die Röntgenbilder und brachte sie Herrn Neuner, damit er endlich ein unanfechtbares Beweisstück in Händen hätte. „Und die hat er, der Herr Neuner", sagt sie stolz. „Und ich bin jederzeit bereit, das alles zu bezeu-gen, denn er hat bei meinem Mann wirklich etwas Einmaliges geleistet! Man hört in letzter Zeit übrigens immer mehr von dieser Krankheit — und das Leben ist vorbei für diese Leute, so wie es für meinen Mann vorbei gewesen wäre, wenn wir den Herrn Neuner nicht gehabt hätten!"

Herrn Neuners Kommentar:

Als gutsituierter Mann, dessen Tätigkeit überdies mit schwerer körperlicher Arbeit verbunden ist, hat Herr Oberauer sicher immer gut und reichlich gegessen. Außerdem aber dürfte er sich einige Male erkältet haben. Durch den Genuß von Alkohol und sehr fett- und eiweißreicher Nahrung wird die Niere belastet, und wenn eine Verkühlung hinzukommt, können schwere Funktionsstörungen die Folge sein. Zusammen mit der Schilddrüse regulieren Niere und Nebenniere auch den Kalkhaushalt des Körpers. Ist ihre Funktion gestört, so lagern sich Kalk und andere feste Stoffe im Muskel- und Bindegewebe des Körpers ab, statt über den Harn ausgeschieden zu werden. Davon betroffen sind zunächst vor allem die meistbeanspruchten Muskel des Bewegungsapparates, später auch die Wirbelsäule.

Bei Herrn Oberauers Behandlung bestand das erste Ziel darin, durch eine Nierenreinigungskur die Rückstände der bis dahin angewendeten Präparate zur Ausscheidung zu bringen. Indem sie die Schmerzen lindern täuschen diese Medikamente eine Besserung vor; gerade in diesem Fall aber lief die Behandlung dem Heilungsprozeß genau entgegen. Da es sich dabei um einen synthetischen Ersatz eines Nebennierenproduktes handelte, wurde die ohnehin schon verminderte Funktion der Nebenniere durch die künstliche Zufuhr dieses Wirkstoffes noch weiter herabgesetzt.

Zur Anregung der natürlichen Nierenfunktion erhielt Herr Oberauer Nieerentee Nr. 4, sowie Kräutertropfen aus Tinkturen von Goldrute, Birkenblättern, Schafgarbe, Ebereschenblättern und Zinnkraut. Nachdem die Nierenfunktion wieder einigermaßen in Gang gebracht worden war, mußte danach getrachtet werden, den Stoffwechsel von den abgelagerten Schlacken, Salzen, Phosphaten und Uraten zu befreien. Um immer wieder neue Anregung zu bewirken, erhielt Herr Oberauer abwechselnd stoffwechseltreibenden Tee Nr. 30, und Rheuma- und Gichttee Nr. 29; dazu eine Kräutertinktur, die Auszüge folgender Heilpflanzen enthielt: Hirtentäschel, Wollkraut, Leinsamen, Bockshornklee, Erdrauchblätter, Bertramwurz, Löffelkraut und Weinblätter. Auch hier wurde das Mischungsverhältnis bei jeder Gabe verändert — das eine oder andere Heilkraut fallweise auch ganz weglassen —, um den anregenden Effekt zu steigern.

Entscheidend für den Erfolg der Behandlung war natürlich auch die Einhaltung einer Diät, bei der Fleisch- und Wurstwaren aller Art, weißer

Zucker, Schokolade, Tomaten, Butter, Fettkäse, Nüsse, Hülsenfrüchte und Alkohol unbedingt gemieden werden mußten.

Die äußerliche Behandlung bestand aus verschiedenen erweichenden Auflagen und Umschlägen. Dazu eignen sich die Salbe Nr. 8, Umschläge mit dem eigenen Urin, das Auflegen frischer Huflattich- und Holunderblätter, die vorher geklopft oder zerquetscht werden, um sie geschmeidig zu machen; schließlich Umschläge mit grauem oder blauem Lehm (Tonerde) — verknetet mit Essigwasser, etwas in Schweineschmalz gedünsteter Zwiebel, Kamillen, Leinöl und, nach Möglichkeit, auch Kaminruß —, die mehrmals täglich eine bis eineinhalb Stunden lang so warm wie möglich aufgelegt werden sollten. Zwischendurch kann man auch immer wieder gewärmte Heublumensäcke auflegen, auch gedämpfte Weizenkleie oder im Backofen vorgewärmten Bachsand (nicht Mehlsand!) als warmes Sandsäckchen. Sehr wirkungsvoll ist die Anwendung von Biofit, einer Spezialeinreibung, die sich aus Ameisengeist, Berggeist, Kiefernöl, Eukalyptusöl, verschiedenen Kräutern und Murmeltierfett zusammensetzt. Reines Murmeltierfett, das ebenfalls weichmachende Substanzen enthält, sollte man nur tropfenweise drei- bis viermal in der Woche auf den verhärteten Stellen leicht verreiben.

Wie bei allen Krankheiten oder Funktionsstörungen hängt der Erfolg der Behandlung nicht nur von der intensiven und regelmäßigen Anwendung der empfohlenen Heilmittel ab, sondern vor allem auch von der persönlichen Einstellung des Kranken. Eine negative Einstellung blockiert die Reaktion des Körpers, während eine positive Einstellung und der feste Wille, gesund zu werden, über das Nervensystem entspannend auf die Gewebe und die verschiedenen Stoffwechselvorgänge wirken, was für den Heilungsprozeß von entscheidender Bedeutung ist.

Zu dem Ekzem des Orthopäden möchte ich sagen, daß es auf drei mögliche Ursachen zurückzuführen gewesen sein dürfte: Er kann es dadurch bekommen haben, daß er sich von einem ekzembefallenen Menschen im Unterbewußtsein angeekelt gefühlt hat. Ebenso kann sich eine psychische Störung, ein Angstproblem zum Beispiel, in Form eines Ekzems äußern — andere Menschen bekommen aus demgleichen Grund Migräne oder Magenschmerzen. Die Herzinfarkte würden allerdings den Rückschluß zulassen, daß er an einer unerkannten Leberfunktionsstörung litt, und dadurch zuviel Cholesterin, Fett- und Gallenstoffe im Blut hatte, was ebenfalls die Entstehung eines Ekzems auslösen kann. Es wäre für den Mann wohl das Wichtigste gewesen, rechtzeitig seine Leberfunktion überprüfen zu lassen, und vor allem eine Blutreinigungskur zu machen. Dann wäre wahrscheinlich nicht nur das Ekzem verschwunden, sondern es wären ihm wohl auch die Herzinfarkte erspart geblieben.

Die außerordentliche Bedeutung der Blutreinigung wird von der Schulmedizin heute leider negiert, oder — was noch schlimmer ist — belächelt. „Mit dem Blutreinigen geben sich hundertjährige Frauen ab, aber nicht wir!", habe ich einen Arzt einmal sagen gehört. Worauf ich ihm geantwortet habe: „Sie haben ganz recht, Herr Doktor, deswegen sind diese Frauen auch hundert Jahre alt geworden!"

Früher wurde die Blutreinigung sehr viel ernster genommen. Man hat sogar Schröpfköpfe angesetzt und zur Ader gelassen, vor allem im Frühjahr, wenn das Blut „zu dick" geworden war. Während des Winters gab es hierzulande ja kein frisches Gemüse; die Leute haben viel Fleisch und Mehlspeisen gegessen, also eine sehr fette, kalorienreiche Kost. Und im Frühjahr, wenn es dann warm geworden ist, haben die älteren Leute Schlaganfälle bekommen, weil ihr Blut zu dick für die warme Jahreszeit war.

Aus diesem Grund haben alle Religionen Fastenzeiten eingeführt, denn früher war es an Stelle der Ärzteschaft ja die Priesterschaft, die für das Volk gedacht hat. Heute wird das Fasten leider fast gar nicht mehr, jedenfalls viel zuwenig beachtet und geübt. Aus Egoismus und Unterhaltungssucht haben die Menschen verlernt, freiwillig auf etwas zu verzichten, und so schieben sie jeden Gedanken an eine Einschränkung mit allen möglichen und unmöglichen Ausreden beiseite. Nicht umsonst haben die Ärzte früherer Jahrhunderte die Blutmischungen, Blutsäfte und Blutsalze immer wieder so genau beschrieben und gelehrt. Heute aber werden an Stelle von Blutreinigungskuren Antibiotika verschrieben, was wieder andere Störungen hervorrufen kann und zu neuen Krankheitsbildern führt. Für uns Naturheiler dagegen spielt die Blutreinigung eine sehr, sehr wichtige Rolle, und deshalb haben wir in vielen Fällen mehr Erfolg als jene Leute, die ihre Bedeutung nicht anerkennen wollen oder sie gar ins Lächerliche ziehen.

„WETTEN, DASS DU NIMMER G'SUND WIRST?"

Frau Deffregger ist gelernte Schneiderin, übt ihren Beruf aber schon seit vielen Jahren nur noch als Nebenbeschäftigung aus, um für ihren Mann und ihre drei schon fast erwachsenen Kinder dasein zu können. Langweilig ist ihr bestimmt nie; in der einfach und sehr persönlich eingerichteten Wohnstube sieht man überall die Spuren ihrer vielfältigen Tätigkeiten, und immer wieder steckt jemand den Kopf bei der Tür herein, der irgend etwas braucht. Mit Humor und Gelassenheit erfüllt sie alle Wünsche, und ehe mir die Unterbrechung recht zu Bewußtsein gekommen ist, ist sie schon wieder zurück und fährt fort, in so einfacher und selbstverständlicher Weise von ihrer Krankheit und Heilung zu erzählen, daß mir manchmal die Gänsehaut über den Rücken läuft.

1964, im Alter von vierzehn Jahren, wurde das bis dahin kerngesunde, sportbegeisterte Mädchen plötzlich schwer krank. Ein halbes Jahr lag sie mit hohem Fieber und so starken, vom Oberarm ausstrahlenden Gliederschmerzen im Bett, daß sie sich nicht einmal mehr aus eigener Kraft aufrichten konnte. Der alte Hausarzt tippte erst auf eine Muskel-, dann auf eine Nervenentzündung, doch obwohl seine therapeutischen Versuche ohne jeden Erfolg blieben, wachte er eifersüchtig über sein Monopol und lehnte fast beleidigt alle Vorschläge ab, einen Facharzt beizuziehen. Hinter seinem Rücken konsultierte Frau Deffreggers Vater, nachdem er dem langsamen Siechtum seiner Tochter sechs Monate lang mit wachsender Besorgnis zugesehen hatte, endlich doch einen anderen Arzt. Auch dieser erkannte die Ursache der hartnäckigen Schmerzen nicht, es gelang ihm jedoch, wenigstens das Fieber so weit zu senken, daß das Mädchen das Bett verlassen konnte. Unvergeßlich ist Frau Deffregger das seltsame Gefühl, das sie beim ersten Aufstehen empfand: ihre Beine schienen kein Ende nehmen zu wollen, so stark war sie während des langen Liegens gewachsen! Sie war nun ein Meter siebzig groß, wog aber nur noch 35 Kilo.

Sobald sie sich einigermaßen auf den Beinen halten konnte, brachte ihr Vater sie zu einem Spezialisten, der den besonders heftig schmerzenden Oberarm röntgte. Der Röntgenbefund war eindeutig: durch eine fortgeschrittene Osteomyelitis oder Knochenmarksentzündung war der Oberarmknochen stellenweise bereits von Eiter zerfressen. „Und das war no der kleinste Leidensweg", setzte Frau Deffregger hinzu, „weil der richtige Leidensweg hat danach erst angfangen!"

Das zum Skelett abgemagerte Kind wurde ins Krankenhaus eingeliefert und zum erstenmal am Oberarm operiert. Das Penicillin war eben erfunden worden; in der kleinen Tiroler Stadt aber war es damals, kurz nach Kriegsende, noch nicht erhältlich, und so hatten die Ärzte die größte Mühe, die Knochenmarkseiterungen zumindest vorübergehend zum Stillstand zu bringen. Kaum jedoch hatte die erste Operationswunde sich endlich geschlossen, setzten die Fieberanfälle von neuem ein, die Schmerzen wurden unerträglich, und wieder mußte das Mädchen mit dem Rettungswagen ins Krankenhaus gebracht werden.

Allein am Oberarm wurde sie siebenmal operiert, doch es traten immer neue Infektionsherde auf, aus denen die Splitter herauseiterten, die der Knochen abgestoßen hatte. Obschon sie ständig starke, entzündungshemmende Medikamente einnahm, und ihr Vater vom Beginn der fünfziger Jahre an endlich auch das kostbare Penicillin für sie besorgen konnte, breitete die Entzündung sich unaufhaltsam weiter aus. Außer den Oberarmoperationen mußte sie im Lauf der folgenden sieben Jahre noch mehrere Operationen an den Beinen, eine am Hüftknochen, sowie eine qualvolle Punktion der untersten Wirbel über sich ergehen lassen.

In den Pausen zwischen den zahlreichen Krankenhausaufenthalten überwand Frau Deffregger mit geradezu unvorstellbarer Willenskraft den ununterbrochen nagenden Schmerz, der ihren rechten Arm und die Beine zeitweise fast vollständig lähmte, und absolvierte erfolgreich ihre Schneiderlehre. Daß sie ihren so mühevoll erlernten Beruf jemals ausüben würde, wagte allerdings kaum jemand anzunehmen. Jedesmal, wenn sie wieder ins Krankenhaus mußte, erzählt Frau Deffregger, merkte sie deutlich, wie leid sie den Ärzten tat, die ihr vergeblich zu helfen versuchten: „So jung, und aussichtslos!', werd a jeder si denkt haben. Und zum Trost haben's halt g'sagt: ‚Ja mei, samma froh, wann's nit ärger wird!' Die haben ja gmoant, überleben werd i's eh nit; und wenn i noch a Zeitlang am Leben bleib, geht's halt so lang so weiter, bis auch das Herz von den dauernden Eiterungen so stark angegriffen is, daß es aus dem Grund zu Ende geht. Und auch von die schweren Medikamente, die i ständig einnehmen hab müassen, war i ja schon total fertig."

Man kann nur noch hoffen und beten, dachten die gläubigen Eltern, und sie unternahmen mehrere Wallfahrten, um die Gottesmutter um die Genesung ihrer Tochter anzuflehen. Im bayrischen Marienwallfahrtsort Altötting begegneten sie 1952 einer alten Frau aus ihrer Gegend, die von dem Naturheiler in Kirchbichl erzählte und ihnen den Rat gab, zu ihm zu fahren. Herr Neuner stand zu dieser Zeit erst am Beginn seiner Tätigkeit als Heilpraktiker und war selbst in der näheren Umgebung seiner Heimat noch fast unbekannt. Er hatte sich notdürftig auf einem zugigen Dachboden eingerichtet, wo er auch seine ersten Patienten empfing.

„Wir sind also hin zu ihm", berichtet Frau Deffregger, „und er hat aus dem Urin a sofort gsehn, was es is. Aber weil's eben so lang verschleppt worn is, und so lang gar nit erkannt, hat er gsagt: ‚Dirndl, es wird lang dauern, aber i hoff ganz fest, daß wir di wieder gsund kriagn!' Und dann bin i ja jahrelang zum Herrn Neuner gangen. Zuerst, wie die Eiterungen ganz arg waren, hab i wieder operieren gehn müaßn, aber dann hat er mir außer den Tees und Tropfen auch noch Zugsalben, Umschläge und so Zeugs geben, daß dös von selber aufbrochen is und i gar nimmer ins Krankenhaus gehn hab brauchen. Daß wir überhaupt dasitzen, is im Grunde genommen das Werk vom Herrn Neuner, weil i hab ja dann keine anderen Medikamente mehr gnommen, gar nix, nur seine Mittel! Und heut bin i verheiratet und hab drei erwachsene Kinder — dös hätt ja koa Mensch glaubt, daß i dös no derleben könnt!"

Mit dem Hausarzt, der das schwerkranke Mädchen unbedingt an die Innsbrucker Universitätsklinik überweisen wollte, gab es anfangs natürlich große Schwierigkeiten. Frau Deffreggers Vater, der ein unbedingtes Vertrauen zu Herrn Neuner gefaßt hatte, verriet dem Arzt nämlich nicht, womit seine Tochter nun behandelt wurde, weigerte sich jedoch standhaft, sie aus dem Haus zu geben. Bis die vereiterten Knochen vollständig ausgeheilt waren, dauerte es ganze fünfzehn Jahre, aber der Genesungsprozeß setzte schon sehr bald nach dem Beginn von Herrn Neuners Behandlung ein. Die Abstände zwischen den einzelnen Krankheitsschüben wurden immer größer, und ihre Heftigkeit verminderte sich von Mal zu Mal. Wenn es Frau Deffregger längere Zeit besser ging, setzte sie die Kräuterarznei so lange aus, bis sie wieder Schmerzen verspürte. Die letzten Rückfälle erlitt sie während ihrer beiden ersten Schwangerschaften, da ihr Organismus dieser erhöhten Beanspruchung noch nicht ganz gewachsen war. Dank Herrn Neuners Hilfe klangen die Entzündungen aber relativ rasch wieder ab, alle drei Kinder kamen völlig gesund zu Welt, und 1967 — nach 21 Jahren! — konnte die Krankheit schließlich als endgültig ausgeheilt angesehen werden.

Frau Deffregger schiebt den Ärmel ihres Pullovers hinauf, um mir die Operationsnarben zu zeigen: Wie tiefe, dunkelrote Krater haben sie sich ins Fleisch eingegraben, doch sie bereiten ihr seit vielen Jahren nicht die geringsten Schmerzen mehr, und auch bei Wetterumschwüngen oder dergleichen machen sie sich niemals unangenehm bemerkbar.

„Heut erst hab i so nachdenkt über mei Krankheit", sagt Frau Deffregger versonnen, „und wann i mi so zurückerinner', kimmt mir vor, es war a Traum. Dös kann i mir überhaupt nimmer vorstellen — weil was das für Schmerzen sind, dös is ja unheimlich! Und was die Eltern damals mitgmacht haben — Tag und Nacht — das kann ma si erst richtig vorstellen, wenn man dann selber Kinder hat . . . Und jetzt spür i nix, überhaupt nix mehr — dös is schon a Wunder, gel?"

Sie lächelt, noch ganz in Gedanken versunken, dann beginnt sie plötzlich hellauf zu lachen und erzählt mir, was ihr eben wieder in den Sinn gekommen ist: „Da is damals in der Nachbarschaft so a kloans Büabl — heut is er Rechtsanwalt — gwesen, so a liabs Kindl! Der is allweil bei mir am Bett gsessen, und da hat er amol — der wird halt ghört haben dahoam, was die Erwachsenen so über mi reden — gsagt zu mir: ‚Du Christl, da trau i ma hunderttausend Schilling wetten, und no zehne dazua, daß du nimmer gsund wirst!' Und wie er dann erwachsen gwesen is, hab i zu eahm gsagt: ‚Gel, jetzt magst du aber sparen, daß du mir dös zruckzahlst, was du damals mit mir gwettet hast!'"

Später hat Frau Deffregger natürlich auch ihre Angehörigen zu Herrn Neuner gebracht. Als sie jung verheiratet war, litt ihr Mann unter fürchterlichen Nierenkoliken. Ohne erst einen Arzt aufzusuchen, begab er sich gleich zu Herrn Neuner, erhielt eine Tropfenkur, die Steine und Grieß zur Auflösung brachte, trank danach noch längere Zeit regelmäßig Herrn Neuners Nierentee, und ist seit nun bald zwanzig Jahren von seinem Leiden befreit.

Bei ihrem Sohn, der schon mit sechzehn Jahren unter denselben Nierenschmerzen zu leiden hatte wie sein Vater, traten dagegen Komplikationen auf. Der Stein, der sich bei ihm gebildet hatte, war von anderer chemischer Zusammensetzung und so groß, daß er sich durch die pflanzlichen Wirkstoffe nicht auflösen ließ. Auf Herrn Neuners Rat ging Frau Deffregger mit ihrem Sohn also zu einem Facharzt, der aufgrund seiner Befunde erklärte, die Niere des jungen Menschen sei völlig kaputt und müsse herausoperiert werden. Verzweifelt über diese erschreckende Diagnose fuhr Frau Deffregger mit einer Urinprobe wieder zu Herrn Neuner, der sie tröstete und ihr versicherte, daß die Niere selbst vollkommen in Ordnung sei und nur der Stein operativ entfernt werden müsse. Tatsächlich förderte die Operation einen einzigen, außergewöhnlich großen Stein zutage, während das Organ selbst sich als völlig intakt erwies. Seither hat Frau Deffreggers Sohn keinerlei Beschwerden mehr. Nur zur Vorbeugung trinkt er hin und wieder noch Herrn Neuners Nierentee, den seine Mutter ebenso wie Grippe-, Blutreinigungs- und

82

andere Kräutertees in ihrem Küchenschrank immer in Reserve hält.

Auch viele ihrer Freunde, erzählt Frau Deffregger, verlassen sich nur noch auf Herrn Neuner. Eine Bekannte war schwer an Rheumatismus erkrankt und sollte in der Klinik einer Spezialbehandlung mit Gold-Injektionen unterzogen werden. Die Ärzte warnten sie dringend davor, die Behandlung eigenmächtig abzubrechen, da sie sonst damit rechnen müßte, nach spätestens sechs Monaten für immer an den Rollstuhl gefesselt zu sein. Ungeachtet dieser Warnung vertraute die junge Frau sich Herrn Neuner an, setzte alle Medikamente ab und kam nur noch zu den vorgeschriebenen Kontrolluntersuchungen ins Krankenhaus. Mit unverhohlenem Staunen registrierten die Ärzte eine nicht für möglich gehaltene Besserung, und als die Patientin ihnen freimütig mitteilte, daß sie diese Besserung allein den Kräuterpräparaten eines Heilpraktikers verdanke, schrieben sie von da an ohne nähere Angaben neben jeden Untersuchungsbefund: „Die bisherige Behandlung fortsetzen."

„Sie sehen also", meint Frau Deffregger fröhlich, „wir haben mit dem Herrn Neuner nur die allerbesten Erfahrungen gemacht! Wenn irgend-was is, dann gehn wir zu ihm; und i glaub a, da muaß no was Seelisches mitspielen bei ihm, der hat a ganz a besondere Kraft. Er hat uns aber auch immer gesagt: ‚Verderbt's es euch nit mit dem Hausarzt, weil ma woaß ja nie — es kann momentan a Lungenentzündung sein, Blinddarm oder sonst was, wo man ihn wirklich dahaben muaß!' Was aber die Medizin von Herrn Neuner betrifft, sag i halt allweil: es gibt keine Nebenwirkungen! Weil was ma da einnimmt, greift die Krankheit an, aber nie die Organe. Und sollte es ausnahmsweise einmal nit helfen, so trägt man jedenfalls keinen Schaden davon."

Herrn Neuners Kommentar:

Für mich gab es nur einen Weg, der Osteomyelitis beizukommen, nämlich über die Blutreinigung und die Wiederherstellung des natürli-chen Gleichgewichtes der Blutsäfte und Blutsalze. Neben der Blutreini-gung war deshalb eine Entschlackungstherapie zum Abbau der Schadstoffe, die sich im Knochengewebe — vor allem des Oberarmkno-chens — angesammelt hatten, notwendig. Der Heilungsprozeß geht allerdings sehr langsam vor sich, da die entzündungshemmenden Medi-kamente — die Antibiotika und so weiter — nicht nur die Krankheitser-regenden Mikroorganismen abtöten, sondern auch ungewollte

Nachwirkungen und Funktionsstörungen im übrigen Körper — speziell im lymphatischen Bereich, in Blut und Drüsen — nach sich ziehen. Aus diesem Grund war es unumgänglich, von vornherein darauf hinzuweisen, daß die Behandlung Jahre dauern würde.

Die Kräutertropfen zur Stoffwechsel- und Blutreinigung, von denen dreimal täglich zehn Tropfen einzunehmen waren, bestanden aus Tinkturen von Schafgarbe, Holunderblättern, Angelikawurzel, wildem Stiefmütterchen, Sandelholz, Löwenzahnwurzel und Wacholderbeeren, wobei die Zusammensetzung alle zwei bis drei Wochen verändert wurde. Je nach ihrer Wirkungsweise und der augenblicklichen Verfassung der Patientin wurde die eine oder andere Tinktur zeitweilig ganz weggelassen, von anderen Bestandteilen dafür wieder etwas mehr genommen. Die Mengenverhältnisse bei der Zusammensetzung der Tinkturen hängen also von den jeweiligen Symptomen und Reaktionen des Patienten ab, weshalb es nicht möglich ist, genauere Angaben darüber zu machen.

Da gleichzeitig auch die Blutzusammensetzung verbessert werden mußte, erhielt Frau Deffregger als Zwischenmittel immer wieder eine Arznei aus Tinkturen von Liebstöckl, Süßholzwurzel, Schlüsselblume, Erdrauchblättern, Brombeerblättern, Walnußblättern und Ringelblume. Stoffwechseltee Nr. 19 und bei abnehmendem Mond Blutreinigungstee Nr. 2 ergänzten die innerliche Behandlung.

Empfehlenswert zur Unterstützung des Genesungsprozesses sind außerdem noch die homöopathischen Mittel Silicea D12, Calcera jodata D12 und Calcera fluorica D12.

Eine wesentliche Rolle zur Erweichung und Auflösung der Eiterherde an den von der Krankheit befallenen Körperpartien spielten aber auch die folgenden äußerlichen Maßnahmen: Warme Umschläge mit Bockshornklee- oder Leinsamen, die zuvor in warmem Wasser eingeweicht und zu einem Brei verrührt wurden; weiters eine Salbe aus gestoßenen, in Schweinefett ausgezogenen Beinwellwurzeln und zwischendurch immer wieder Auflagen mit frischen, geschmeidig geklopften Huflattich- und Holunderblättern.

Durch die jahrelang durchgeführte Blutreinigung, die Regulierung der Blutzusammensetzung und die damit verbundene Umstellung der Stoffwechselprozesse haben sich Frau Defreggers organische Funktionen allmählich wieder völlig normalisiert, und so konnte sie auch gesunden Kindern das Leben schenken.

Zu Herrn Deffregger:

Bei ihm hat es sich wohl um einen Säurestein gehandelt, der sich mit ableitenden Mitteln von innen her auflösen läßt, wodurch eine vollkommene Heilung möglich ist. Außer dem Nierentee Nr. 4 war dazu natürlich eine zusätzliche Behandlung mit Tinkturen von Hauhechel, Wegwarte, Vogelknöterich, Hirtentäschel und Brennesselwurzeln nötig, wobei anfangs viermal täglich, später dreimal täglich dreißig Tropfen in etwas Wasser verdünnt genommen werden sollten.

Unerläßlich für den Behandlungserfolg ist in solchen Fällen eine Nierenstein-Diät, bei der vor allem Tomaten, Spinat, Rhabarber, Spargel, Äpfel, Hülsenfrüchte, Nüsse, Vollmilch und Vollmilchprodukte, geräucherte Fleisch- und Wurstwaren, fettes Fleisch, Innereien, alle scharfen Gewürze und Branntwein zu meiden sind. Wichtig ist es dagegen, möglichst viel zu trinken, und zwar nicht nur Tee, sondern auch Wasser und — für viele sicher besonders erfreulich — Bier, da dieses steinlösend und wassertreibend wirkt.

Bei Koliken empfiehlt es sich sehr, heiße Kamillen- oder Zinnkrauttee-Wickel zu machen, die alle zehn Minuten erneuert werden sollten. Außerdem ist besonders darauf zu achten, daß die Nierengegend durch warme Kleidung immer gut geschützt ist.

Ausgesprochen förderlich ist es, viel zu gehen, und nach der ersten Behandlungswoche würde ich raten, täglich einige Male über einen Berghang oder eine Treppe hinauf- und hinunterlaufen, um eine Erschütterung zu bewirken, die den Stein in Bewegung setzt.

Bei Frau Deffreggers Sohn scheint es sich dagegen um einen Oxalat-Stein gehandelt zu haben, der von innen nicht auflösbar ist. Er muß also auf mechanischem Weg entfernt werden; danach aber ist es unbedingt anzuraten, möglichst viel Nierentee zu trinken, um die Nieren- und Harnwege durchzuschwemmen und dadurch neuerlichen Ablagerungen vorzubeugen. Gerade nach der operativen Entfernung von Nierensteinen kommt es nämlich im Verlauf der folgenden sechs bis vierundzwanzig Monate sehr häufig wiederum zu Steinbildungen.

KNOCHENMARKSENTZÜNDUNG

Dieser Bericht über einen anders verlaufenen Fall der berüchtigten Knochenmarksentzündung oder Osteomyelitis ist einem glücklichen Zufall zu verdanken. Durch die Vermittlung einer anderen Patientin Herrn Neuners, die sich spontan bereit erklärt hatte, ihn anzurufen, lernte ich den bei Innsbruck lebenden ehemaligen Forstwirt Ingenieur Euler kennen, einen ernsten und nachdenklichen Mann mit einer seltenen Aufgeschlossenheit für geistige Fragen. Nach einem ebenso angeregten wie lehrreichen Gespräch über metaphysische Aspekte von Krankheit und Heilung, die der Entdeckung oder Wiederentdeckung harren, gab er mir den folgenden konzentrierten Bericht von der mehr als zwanzig Jahre zurückliegenden Heilung seines Sohnes:

„Mein ältester Sohn hat sich im Alter von sechseinhalb Jahren, Anfang Juli 1959, beim Überqueren eines Gebirgsbaches eine Erkältung zugezogen. Noch am selben Abend ist Fieber aufgetreten, dem wir aber zunächst keine besondere Bedeutung zugemessen haben. Es ist dann aber bis über 40 Grad hinaufgegangen, und wir haben unseren alten Hausarzt zu Rate gezogen, der sofort erkannt hat, was es ist, uns aber nichts gesagt hat. Mit den alten Hausmitteln — Huflattichblätterumschlägen und Ichthyolsalbe — hat er später gesagt, wollte er seinen Verdacht auf eine Entzündung im Knie konkretisieren, um den Eiterherd dann durch eine Operation beseitigen zu können. Das ist ihm nicht mehr gelungen. Es war schon zu spät, die Entzündung hat auf das Knochenmark übergegriffen. Als einziges Mittel blieb ihm dann das Pencillin, mit dem er das Fieber zwischen 38 und 40 Grad halten konnte. Der Florian hatte so heftige Schmerzen, daß er nichts mehr vertragen konnte. Das einzige, was ihn von diesen Schmerzen noch etwas ablenken konnte, war die Gesellschaft seiner ungefähr gleichaltrigen Cousine, die sich zu ihm ins Bett legen durfte.

Der Arzt hat uns dann nach ungefähr drei Wochen zum Röntgenologen überwiesen — davor war das Kind nicht transportfähig, so weit hat's gefehlt. Er hat uns geraten, nicht die Rettung zu rufen, sondern selbst zu fahren. Wir haben eine Tragbahre gebastelt, sind zum nächsten Röntgenologen gefahren, und haben den Florian untersuchen lassen. Und dieser Arzt hat mir dann reinen Wein eingeschenkt: Es sei, wie man im

Volksmund sagt, beinahe Matthäi am letzten. Wir müßten den Buben aber, hat er gesagt, trotzdem hinaus in die Klinik bringen. Vielleicht sei doch noch irgend etwas möglich, wenn er, als Röntgenologe, uns auch keine großen Hoffnungen machen könne.

Und da haben wir ihn eine Nacht noch nach Hause genommen, daß auch die Mutter ihn noch bei sich haben konnte, und sind am nächsten Tag zum Professor P. nach Innsbruck gefahren. Der Professor hat ihn gründlichst untersucht und ihn dann in ein Gipsbett gelegt. Er hatte keine andere Wahl, man konnte nichts tun als absolute Ruhigstellung im Gipsbett, sonst nichts. Zweimal in der Woche durften wir das Kind besuchen und haben da immer gesehen, daß auf der Tafel an seinem Bett nichts stand, er also keiner Behandlung unterzogen wurde. Der Professor sagte uns, er könne ihm nichts mehr geben; der Hausarzt habe ein ausreichendes Depot an Antibiotika angelegt, mehr zu geben sei nicht mehr möglich. Und so ist er wochenlang da droben gelegen, was für uns natürlich sehr deprimierend war.

Und wie es so zugeht, komme ich durch Zufall mit einem Agrarier ins Gespräch, der fragt: ‚Wie geht's dir?‘ Sag ich: ‚Mir geht's gut, aber dem Kind sehr schlecht.‘ Habe ihm die Sache dann kurz erzählt, darauf sagt er: ‚Warum gehts net zum Keandler?‘ Sag ich: ‚Wer ist das? Noch nie gehört!‘ — ‚Ein Naturheiler namens Neuner, drunten im Wörgler Boden.‘ Der Mann erzählte mir dann, er habe einen Sohn, der durch eine Verletzung im Stall — einen Kuhtritt — etwas Ähnliches gehabt hätte und vom Herrn Neuner geheilt worden ist. Daraufhin sagte ich mir: hilft's nicht, schadet's wenigstens nichts! Jetzt mußte ich nur, wie der Bekannte mir erklärt hatte, zu einer Urinprobe des Buben kommen, also versuchen, aus dem Spital eine solche zu erhalten. Darauf bin ich zum Professor P. gegangen und habe ihm gesagt: ‚Herr Professor, der Bub kriegt bei Ihnen nichts mehr, Sie können ihm nichts mehr geben — könnten wir ihn nicht nach Hause nehmen? Er kann daheim ja auch still liegen!‘ Darauf antwortet mir der Professor: ‚Wenn Sie sich verpflichten, das Kind jeden Monat wieder zur Kontrolle zu bringen, ohne weiteres.‘ Auf das bin ich eingegangen, habe das Kind mit dem Gipsbett ins Auto geladen und bin mit ihm heimgefahren.

Am nächsten Morgen um vier in der Früh habe ich einen Urin genommen und bin damit hinunter zum Herrn Neuner. Am Vormittag hab ich ihm das Flaschel gezeigt und gesagt, daß wir da einen sehr schweren Fall haben, und von der Klinik aus wenig Hoffnung besteht, daß eine Heilung überhaupt noch möglich ist. Darauf nimmt er das Flaschel, schüttelt es, hält es gegen das Fenster hin, und dann sagt er: ‚Du brauchst keine Angst haben, das bringen wir wieder hin. Da hab ich schon schwerere Fälle gehabt!' Damit ist mir ein großer Stein vom Herzen gefallen. Ich war auch ganz offen und willig und zuversichtlich, daß er helfen kann. Habe dann also diese Safteln übernommen, bin damit heimgefahren, und habe diese Kur, oder wie man's nennen soll, regelmäßig mit dem Kind gemacht.

Alle vier Wochen habe ich beim Herrn Neuner dann Heilmittel nachgeholt, und ebenfalls alle vier Wochen habe ich das Kind zur Kontrolle in die Klinik hinuntergebracht. Und nach dem dritten oder vierten Mal — es dürfte also im Jänner oder Februar gewesen sein, denn im Oktober war ich zum erstenmal drunten beim Herrn Neuner — bin ich wieder zur Nachuntersuchung in die Ambulanz der alten Orthopädie gekommen. Wer sie gekannt hat, weiß, wie groß dieser Raum war; nur unterteilt mit diesen weißen Leichtüchern, die an Drähten aufgehängt werden, so daß kabinenartige Abteilungen entstehen. Man konnte aber natürlich jedes Wort hören, das nebenan gesprochen wurde. Wir wurden, wie immer, zuerst zur Röntgenuntersuchung geführt. Ich habe die Röntgenbilder dann gebracht, und der Prof. P. hat mit seinem Kollegen die Bilder angeschaut. Und dann habe ich ihn — ich höre es wie heute — sagen gehört: ,Das is ja a Wunder — da kenn i mi nimmer aus!' Da war mir natürlich schon klar, wodurch dieses Wunder entstanden ist! Ich habe mich aber wohl gehütet, dem Professor zu sagen, daß da jemand anderer eingegriffen hat, weil ich ja nicht wußte, wie lange ich noch in die Klinik kommen muß und so weiter.

Im März, bei der nächsten Untersuchung, hat der Professor dann das Gipsbett aufgeschnitten, so daß er nur noch in der Gipsschale liegen mußte, der Sohn, und zwar nur mehr bei Nacht, während er sich untertags schon frei bewegen konnte. Danach ist eine rasche Besserung eingetreten. Bei der Erstkommunion — also ungefähr Ende April — ist der Florian jedenfalls schon dabeigewesen, so rasch hat sich die Heilung vollzogen!

Ich bin dann noch jahrelang hinunter zum Herrn Neuner, zum Teil für mich selber, zum Teil für den Florian und viele Bekannte und Verwandte — auch da wäre manches zu erzählen! —, bis wir dann gesehen haben: Es ist alles in Ordnung, es ist nicht mehr notwendig, und uns verabschiedet haben.

Nach sieben oder acht Jahren, gegen Weihnachten, bekam der Florian aber ganz plötzlich wieder starke Schmerzen. Wir haben natürlich Fieber gemessen: Er hatte kein Fieber, aber die Schmerzen wurden immer stärker. Da bin ich wieder mit seinem Urin zum Herrn Neuner gefahren, habe ihm die Situation geschildert, in der der Florian ist, und ihn gefragt, was wir tun sollen. Der Neuner schaut wieder den Urin an, und sagt dann mit ernster Miene, daß das in seiner Praxis der erste Fall dieser Art ist, bei dem er derzeit nicht mehr weiterweiß. Er kann uns derzeit keinen anderen Rat geben, als nun tatsächlich zum Chirurgen zu gehen und den Buben operieren zu lassen. Er ist am Ende, er weiß kein anderes Mittel.

Mir hat seine Aufrichtigkeit sehr imponiert, und weil er das gesagt hat, bin ich sofort nach Neujahr mit dem Buben nach Innsbruck zum Prof. P. gefahren, der mich, nachdem ich ihm die Symptome geschildert habe, ziemlich barsch angefahren hat: ‚Warum bringen's ihn net früher? Der muß doch Fieber haben!' — ‚Nein, er hat keines!' Darauf hat er ihm selber Fieber gemessen und mußte feststellen, daß er tatsächlich keines hatte. Die Operation war erfolgreich und, soweit ich sagen kann, einwandfrei, und nach einer Nachuntersuchung sechs bis acht Wochen später ist der Sohn als geheilt entlassen worden.

Er ist heute neunundzwanzig Jahre alt, soweit gesund, treibt Sport, geht radfahren, schwimmen, und spürt höchstens noch bei einem starken Wetterumschwung ein leichtes Ziehen im Knie. Das eine ist vielleicht noch zu sagen, daß nämlich das kranke Bein um zwei Zentimeter länger wurde. Er muß also eine Einlage tragen, damit das Skelett gleichmäßig belastet wird. In jeden Schuh, den er kauft, läßt er sich einen Keil einlegen; doch auch wenn er im Sommer barfuß geht, spürt er nichts — das ist also wirklich nichts Schlimmes. Daß er den ersten Krankheitsanfall damals als Sechsjähriger überlebt hat, ist aber, davon bin ich überzeugt, allein das Werk vom Herrn Neuner und seiner Heilkunst."

Herrn Neuners Kommentar:

Erkältung beziehungsweise Unterkühlung hatte bei Herrn Eulers Sohn zu einem Entzündungsprozeß im Bein geführt. Die dadurch entstehenden Sekrete und Stoffwechselrückstände konnten vom Organismus nicht mehr abtransportiert werden, so daß es in der Folge zu Schwellungen und schließlich zum Übergreifen der Entzündung auf die Beinhaut und das Knochenmark kam. Mit Hilfe von Penicillin und anderen Antibiotika lassen sich zwar die fieberhaften Schübe niederhalten, also die Krankheitssymptome teilweise unterdrücken, eine Heilung ist damit allerdings schwerlich zu erzielen. Um nämlich die Ursache des Krankheitsprozesses zu beheben, muß man versuchen, über Durchblutung und Stoffwechsel einen Abtransport der krankheitsauslösenden Rückstände zu ermöglichen, da die Entzündung sonst immer weiter um sich greift, was lebensgefährliche Folgen haben kann.

Ähnlich wie im vorigen Fall bewährten sich bei der Behandlung Pflanzenwirkstoffe mit ableitender Wirkung, namentlich Arnika, Mistel, Kampfer, Isländisches Moos, Frauenmantel und Geißfuß, sowie Beinwell, Engelwurz, Meisterwurz und Bibernellwurzel zur Anregung des Knochenwachstums.

Zur Unterstützung des Reinigungsprozesses und zur Förderung der Regeneration des Knochengewebes wären zusätzlich die homöopathischen Mittel Calcera jodata D12, Kalium phosphoricum D12 und Symphytum D6 zu empfehlen, dazu Echinacea zur Bekämpfung der Knochenmarkseiterung.

Ratsam in akuten Fällen sind Umschläge mit blauem oder grauem Lehm (Tonerde) — abgerührt mit Essigwasser, Schweineschmalz, Kamillenblüten und etwas gehackter Zwiebel —, die mindestens zwei Wochen lang drei- bis viermal täglich jeweils etwa 75 Minuten lang aufgelegt werden sollten. Nach längerer Pause kann diese Behandlung später bei Bedarf wiederholt werden.

Wie auch im vorher besprochenen Fall sollte die Kost besonders reich an kalk- und mineralstoffhaltigen Lebensmitteln sein.

Die Krankheitssymptome, die viele Jahre später auftraten, waren kein Rückfall im eigentlichen Sinn, sondern es hat sich höchstwahrscheinlich ein nicht mehr durchbluteter Knochensplitter abgelöst, der nur operativ entfernt werden konnte. Da der Allgemeinzustand des Jungen zu diesem Zeitpunkt ausgezeichnet war, bedeutete dieser Eingriff auch kein Risiko mehr.

Der Umstand, daß das kranke Bein heute sogar länger ist als das gesunde (während üblicherweise ja das Gegenteil einzutreten pflegt), ist selbst für mich erstaunlich, wenn auch erklärbar: Die Behandlung hat offenbar nicht nur den erwünschten Umstimmungsprozeß in Gang gesetzt, sondern scheint eine stark vermehrte Zufuhr von Aufbaustoffen bewirkt zu haben, wofür die Erreichung der beachtlichen Körpergröße von einem Meter sechsundachtzig spricht. Es ist kaum anzunehmen, daß nach der operativen Entfernung des abgelösten Knochensplitters nochmals irgendwelche Schwierigkeiten auftreten werden, so daß Folgeschäden ebenso wie negative Auswirkungen auf die Nachkommenschaft ausgeschlossen werden können.

„SIE SIND GESUND, SIE WISSEN ES NUR NICHT!"

Viel mehr Menschen als man glauben möchte, leiden darunter, daß ihr Wunsch nach Kindern unerfüllt bleibt. Für die meisten von ihnen bedeutet schon die Erkenntnis dieser Tatsache einen so schweren seelischen Schock, daß sie es gar nicht wagen, offen darüber zu sprechen. Ob der Grund — „die Schuld," wie es schrecklicherweise oft heißt — beim Mann oder bei der Frau liegt, kann die Schulmedizin heute zwar mit einiger Sicherheit feststellen; über die eigentlichen Ursachen der Unfruchtbarkeit aber herrscht häufig Unklarheit, so daß viele Behandlungsversuche selbst dann fehlschlagen, wenn es sich nicht um prinzipiell unheilbare Unfruchtbarkeit oder Zeugungsunfähigkeit handelt, die es natürlich auch gibt.

Unter den vielen Fällen, in denen Herr Neuner mit seinen Mitteln helfen konnte, möchte ich zuerst den einer Freundin erwähnen, die keine Ahnung hatte, daß ich ein Buch über Herrn Neuner zu schreiben plante, als sie mir von ihrer Begegnung mit ihm erzählte. Wir kannten uns schon als Kinder, und ich erinnere mich, wie glühend ich sie eine Zeitlang darum beneidete, daß sie mit sechzehn oder siebzehn immer noch „wie ein Bub" aussah. Später lachten wir beide darüber, aber zur Sprache kam das Thema zwischen uns erst an dem Tag, an dem ich sie zum erstenmal nach langer Zeit besuchte, um ihren damals zwei Wochen alten Sohn — ein kraftstrotzendes, seine Lebensfreude bereits höchst energisch bekundendes Kind — kennenzulernen. Wie ich seine Mutter kannte, die wie eh und je mit würdevoller Gelassenheit im Türkensitz auf dem Boden saß, wäre sie auch viel zu stolz gewesen, vor dem unerwartet glücklichen Ausgang der ganzen Geschichte auch nur ein Wort darüber zu verlieren.

Ihre Eltern, erzählte sie mir jetzt, waren über die Verzögerung der körperlichen Entwicklung ihrer Tochter besorgt gewesen und hatten sie, als sie sechzehn war, zu einem der angesehensten Gynäkologen der Stadt geschickt. Er verordnete ihr Hormon-Präparate und teilte ihr zu ihrem nicht geringen Schrecken mit, daß ihre Körperfunktionen etwa denen einer Frau nach dem Wechsel entsprächen, weshalb sie einen vorzeitigen Alterungsprozeß aller ihrer Organe nur durch die regelmäßige Einnahme der verschriebenen Hormonpräparate verhindern oder zumindest aufhalten könne. Er wiederholte diese Ermahnungen bei jeder der folgenden Konsultationen und verunsicherte sie dadurch so sehr, daß seine Worte ihr von da an wie eine stille Drohung in den Ohren klangen, auch wenn sie sich aus Überdruß und Trotz später lange Zeit einfach weigerte, ständig Medikamente zu schlucken. Jeder Blick in den Spiegel hätte ihr allerdings ein Trost sein müssen, denn ihr Aussehen war der schlagende Beweis gegen die Theorie des vorzeitigen Alterns!

Mit fünfundzwanzig fragte sie ihren Gynäkologen, was sie tun sollte, um ein Baby bekommen zu können. Er setzte ihr auseinander, es sei schon schwierig genug, ihren gestörten Hormonhaushalt so weit zu regeln, daß ihr Körper sich selbst einigermaßen erhalten könne; den Gedanken an ein eigenes Kind müsse sie sich leider ein für allemal aus dem Kopf schlagen. Andere Ärzte drückten sich etwas taktvoller aus, vertraten im Prinzip aber dieselbe Ansicht.

Vier Jahre später wurde die Mutter meiner Freundin sehr schwer krank, und sie fuhr ihretwegen zu Herrn Neuner. Unterwegs fiel ihr ein, daß sie ihn bei der Gelegenheit auch in eigener Sache um Rat fragen könnte. Sie war dann fast enttäuscht, als er beim Anblick ihres Urinfläschchens nur freundlich nickte und ihr ohne weiteren Kommentar einen Tee und etliche Fläschchen Kräutertropfen bereitlegen ließ. Da ihr diese Naturheilmittel schon aus weltanschaulichen Gründen sympathischer waren als irgendwelche Chemieprodukte, hatte sie bei der Einnahme keinerlei innere Widerstände zu überwinden, wollte sich aber auch keinen trügerischen Hoffnungen über ihre Wirksamkeit hingeben. Pünktlich befolgte sie also Herrn Neuners Anweisungen und harrte neugierig der Dinge, die da kommen sollten.

Nach ungefähr drei Monaten hatte sie plötzlich das Gefühl, als ginge in ihrem Körper eine Veränderung vor sich. Sie wollte es zunächst gar nicht glauben, doch die klinischen Tests ließen keinen Zweifel zu: sie war schwanger! Ängstlich besorgt, ob das kleine Wesen in ihrem Leib auch tatsächlich lebensfähig sei, ließ sie während der ersten Monate alle nur möglichen Kontrolluntersuchungen vornehmen. Die geradezu vorbildlichen Befunde zerstreuten jedoch bald alle ihre Befürchtungen, so daß sie ihrer Freude freien Lauf lassen konnte.

Genau wie sie es sich immer gewünscht hatte, brachte sie das Kind mit Hilfe einer eigens dafür ausgebildeten Hebamme zu Hause zur Welt, bei vollem Bewußtsein und ohne irgendwelche Komplikationen. Ihr Sohn, der bei der Geburt mehr als vier Kilogramm wog, ist vollkommen gesund, und sie hat ihn, wie sie mir später erzählte, sechs Monate lang gestillt — was ihm allem Anschein nach ebenso gutgetan hat wie ihr.

An Herrn Neuner schrieb sie einen Dankbrief, und auch ihren Gynäkologen benachrichtigte sie von der glücklichen Geburt ihres Sohnes. Letzterer hat auf ihren Brief allerdings nicht einmal mit einem formellen Glückwunschtelegramm reagiert.

Herrn Neuners Kommentar:

Bei dieser jungen Frau hat es sich eindeutig um eine leichte Unterentwicklung der Unterleibsorgane gehandelt, verbunden mit einer schlechten Blutzirkulation. Kalte Füße, Krämpfe und Rückenschmerzen während der Menstruation waren der klare Beweis dafür, daß sie sich in der Pubertät eine starke Erkältung zugezogen hatte, eine „Unterleibsblutverkühlung", wie man im Volksmund bei uns sagt.

Durch eine gezielte Förderung der Durchblutung wird automatisch auch die Gebärmutter gekräftigt und die Hormondrüsentätigkeit angeregt. Das läßt sich mit den einfachen Mitteln Frauenmantel und Schafgarbe in verhältnismäßig kurzer Zeit erreichen. Zusätzlich wären auch noch einige Gaben der homöopathischen Mittel Belladonna D6, gemischt mit Camphora D3 und Oleander D6 zu empfehlen, zur Anregung der Drüsentätigkeit zweimal wöchentlich eine Gabe Thuja D6 und Spongia D12, sowie Lycopodium D6 zur Anregung von Hypophyse, Leber und Niere.

Sehr wichtig ist es dabei, der Frau das Gefühl zu geben, daß sie nicht krank, sondern vollkommen gesund ist. Hier trifft der Ausspruch zu: „Sie sind gesund, Sie wissen es nur nicht!"

Die relativ einfache Behandlung genügte vollauf, um die etwas schwachen Reaktionen des Organismus zu verstärken und dazu beizutragen, der jungen Frau das Mutterglück zu bescheren.

DAS WUNSCHKIND

Frau Haslach, eine rundliche, ansteckend gut gelaunte, etwa fünfundvierzigjährige Hausfrau mit hellen Augen und feinen Gesichtszügen ist
in einer Siedlung unweit von Kirchbichl zu Hause. Mein überfallsartiger
Besuch bringt sie nicht im geringsten aus der Fassung, und obwohl sie
gerade Gäste erwartet, will sie mich nicht unverrichteter Dinge weggehen lassen. „Kemman's nur eini, dös is ja schnell erzählt", sagt sie
lachend und führt mich in ihre blitzsaubere, gemütliche Wohnküche.

Einige Zeit nach der Geburt ihres ersten Sohnes, erzählt sie,
wünschten ihr Mann und sie sich sehnlichst ein zweites Kind. Während
jedoch die erste Schwangerschaft völlig normal verlaufen war, kam es
danach immer schon in den ersten drei bis vier Schwangerschaftsmo-
naten zu starken Blutungen, und obwohl Frau Haslach ständig lag und
alle ärztlichen Anweisungen genau einhielt, erlitt sie drei Fehlgeburten
hintereinander. Nach dem dritten Abortus erklärten die Ärzte einstimmig, daß sie die Hoffnung auf ein zweites Kind nun endgültig begraben
müsse, weil ihre Mutterbänder viel zu schwach seien und es keine
Möglichkeit gebe, diese teilweise wohl veranlagungsbedingte Schwäche
auszugleichen.

Erschöpft von den seelischen und körperlichen Qualen, die sie durch-
gestanden hatte, nahm Frau Haslach den deprimierenden Bescheid
schweren Herzens zur Kenntnis, war innerlich aber immer noch nicht
bereit, sich in ihr Schicksal zu fügen. Als sie über Bekannte von Herrn
Neuner hörte, der, wie es hieß, schon mehreren Frauen in ihrer Lage
geholfen hatte, machte sie sich — aus Angst vor Enttäuschungen allerdings ohne allzu große Hoffnungen — auf den Weg nach Kirchbichl.

„I hab dem Herrn Neuner dös halt alles erzählt", berichtet sie, „und
dann hat er gesagt: ‚Nana, dös is nit aussichtslos, dös werden wir schon
schaffen!'" Er gab ihr eine vierteilige Serie Kräutertropfen und eine
Einreibung mit, die sie mehrmals täglich in die Bauchdecke einmassieren
sollte. Frau Haslach war über seine Zuversicht so freudig überrascht,
daß sie sich mit Feuereifer in die Behandlung stürzte, alle Anweisungen
striktest befolgte und auch die gebotene sexuelle Enthaltsamkeit gerne in
Kauf nahm.

Die Geduldprobe dauerte allerdings weniger lang, als ihr Mann und sie es sich vorgestellt hatten. Bereits nach etwas mehr als drei Monaten sagte Herr Neuner mit einem kurzen Blick auf die mitgebrachte Urinprobe schmunzelnd: „So, jetzt könnt's ihr euch ein Baby anschaffen!" Und binnen kürzester Frist war das ersehnte Wunschkind auch schon unterwegs. Herr Neuner versorgte die werdende Mutter weiterhin mit Heilmitteln, meinte aber, sie brauche nicht im Bett zu bleiben, sondern könne ruhig ein ganz normales Leben führen. Das einzige, was er ihr verbot, waren Schwimmen und Gartenarbeit.

Im dritten Schwangerschaftsmonat setzten jedoch plötzlich wieder leichte Blutungen ein. Frau Haslach erschrak furchtbar und bat ihren nicht minder besorgten Mann, sofort zu Herrn Neuner zu fahren. Herr Neuner ließ ihr ausrichten, sie solle sich nicht aufregen, ein paar Tage liegen, bis die Blutungen aufgehört hätten, und vorschriftsgemäß die zwei Fläschchen Kräutertropfen einnehmen, die er ihrem Mann mitgegeben hatte. Noch heute, sagt Frau Haslach lachend, lasse sie sich nicht davon abbringen, daß in einem der beiden Fläschchen Urin gewesen sei; doch in ihrem unerschütterlichen Vertrauen zu Herrn Neuners Fähigkeiten wäre sie alles zu schlucken bereit gewesen!

Wie dem auch sei, die Blutungen kamen jedenfalls unverzüglich zum Stillstand und setzten auch nicht wieder ein. Frau Haslach wurde zwar von einem wahren Heißhunger geplagt und nahm ziemlich stark zu, hatte sonst aber keinerlei Beschwerden, so daß Herr Neuner die Behandlung im siebenten Schwangerschaftsmonat für abgeschlossen erklärte und ihr keine Heilmittel mehr verordnete.

Pünktlich zum vorausberechneten Termin brachte die überglückliche Mutter — fast zehn Jahre nach der Geburt ihres ersten Kindes — einen fast fünfeinhalb Kilogramm schweren, vollkommen gesunden Jungen zur Welt. Er ist heute sechzehn Jahre alt, aber die Freude, die seine Geburt auslöste, klingt noch jetzt in Frau Haslachs Stimme nach, wenn sie mit einem strahlenden Lächeln sagt: „Mit Gottvertrauen und mit der Hilfe von Herrn Neuner haben wir es also wirklich geschafft!"

Herrn Neuners Kommentar:

Bei Frau Haslach waren nicht nur die Mutterbänder etwas zu schwach, sondern sie litt auch an einer nicht erkannten Nierenfunktionsstörung. Diese manifestierte sich in einer Störung des Eiweiß- und des Hormonhaushalts, was wiederum zur Folge hatte, daß die Gebärmutter nur ungenügend mit den nötigen Aufbaustoffen versorgt wurde. Während der Schwangerschaften blieb daher natürlich auch die Leibesfrucht unterernährt, weshalb es im dritten oder vierten Monat mehrmals zu einem Abortus gekommen war.

Das Ziel der Behandlung bestand also in erster Linie darin, die Funktionen der Niere, der Nebenniere und der Hormondrüsen anzuregen, beziehungsweise umzustimmen. Zur Anwendung kamen, als Tinkturen in Tropfenform, Zinnkraut, Malve, Wacholderbeeren, Königskerze, Wasserdost und Borretsch; dieselbe Mischung auch als Kräutertee, und zur Unterstützung zusätzlich die homöopathischen Mittel Pastoris D6 und Lycopodium D6.

Die Blutung im dritten Schwangerschaftsmonat konnte mit Hilfe von Auszügen aus Blutwurzel, Waldmeister, Taubnesselblüten, Arnika, Engelwurz, Gänsefingerkraut und Schafgarbe gestillt werden, wobei zusätzlich Belladonna D6 und Thuja D6 empfohlen wurden. Die Annahme, daß die Arznei Urin enthalten hätte, ist natürlich unsinnig und nur mit dem möglicherweise etwas penetranten Geruch der Kräutertinktur zu erklären. Ich selbst habe in meiner bisherigen Praxis noch nie zu diesem Mittel gegriffen; allerdings war ja das Trinken des eigenen Urins zu therapeutischen Zwecken (vor allem gegen Magen- und Nierenleiden) in früheren Zeiten tatsächlich recht verbreitet und soll beispielsweise in Indien auch heute noch üblich sein.

MUTTERSCHAFT

Anders lagen die Dinge bei Frau Christine Öttinger, die gemeinsam mit ihrem Mann ein großes Hotel in einem Südtiroler Kurort leitet. Der außergewöhnlich hübschen, mädchenhaft schlanken Frau möchte man ihre vierzig Jahre ebensowenig glauben wie den Leidensweg, den sie hinter sich hat.

Wegen einer schweren Lungentuberkulose, an der sie 1966 im Alter von 25 Jahren erkrankte, lag Frau Öttinger länger als ein Jahr im Krankenhaus. Während dieser Zeit begann sie an Unterleibsschmerzen zu leiden, die — entgegen den hoffnungsvollen Voraussagen der Ärzte — auch dann nicht aufhörten, als die Tbc bereits vollständig ausgeheilt war. Sie ließ sich deshalb von ihrem Gynäkologen gründlich untersuchen, und in der Annahme, es handle sich um eine Eileiterentzündung, behandelte er sie monatelang mit entsprechenden Medikamenten und Injektionskuren. Da trotzdem keine Besserung eintrat, entschloß sie sich, den Chefarzt der nächsten Frauenklinik aufzusuchen. Der angesehene Facharzt zögerte nicht, ihr nach einer oberflächlichen Routineuntersuchung mitzuteilen, sie hätte eine Eileitertuberkulose. Frau Öttinger jagte diese Diagnose im ersten Moment zwar einen furchtbaren Schrecken ein, dann aber erschien sie ihr völlig aus der Luft gegriffen und wenig glaubwürdig, da sie aus Erfahrung wußte, daß Tbc sich nicht so rasch und einfach feststellen läßt. Als sie ihrem Gynäkologen davon berichtete, zeigte er sich entrüstet über diesen seiner Ansicht nach leichtfertig geäußerten Verdacht, den er aufgrund seiner eigenen, sehr gewissenhaft erstellten Untersuchungsbefunde als absolut unbegründbar zurückweisen mußte.

Den Gedanken an Tbc schlug Frau Öttinger sich also aus dem Kopf, aber die Beschwerden machten ihr weiterhin sehr zu schaffen. Der Versuch, die Antibabypille als therapeutisches Mittel einzusetzen, war kläglich fehlgeschlagen, da sie sogar die schwächsten dieser Hormonpräparate so schlecht vertrug, daß sie sie schleunigst wieder absetzen mußte.

Böse Stunden durchlebte die junge Frau auch, als ein anderer Arzt die Befürchtung äußerte, sie hätte möglicherweise Brustkrebs. Zum Glück stellte sich bei der histologischen Analyse jedoch eindeutig heraus, daß es sich bei den knotenförmigen Verhärtungen in beiden Brüsten um gutartige Gewebsveränderungen handelte.

Gegen die seelischen Ängste, die sie ausgestanden hatte, erschienen der jungen Frau die körperlichen Beschwerden nur noch halb so schlimm, und im Einvernehmen mit ihrem Gynäkologen beschloß sie, die Sache bis auf weiteres einfach auf sich beruhen zu lassen. Tatsächlich ließen die Unterleibsschmerzen in den folgenden Jahren allmählich nach, und als sie im Herbst 1970 heiratete, fühlte sie sich so wohl wie schon lange nicht. Sie übersiedelte mit ihrem Mann in eine andere Südtiroler Stadt, und beide freuten sich darauf, möglichst bald eine Familie zu gründen.

Ihr Glück blieb jedoch nicht länger als zwei Monate ungetrübt, denn im Januar 1971 mußte Frau Öttinger mit plötzlichen, starken Blutungen ins Krankenhaus eingeliefert werden, wo man von einer Eileiterschwangerschaft sprach und sie kurz darauf operierte. Ihr Mann hatte sie begleitet, und als sie in tiefer Bewußtlosigkeit aus dem Operationssaal zurückgebracht wurde, wartete er längere Zeit vergeblich darauf, daß sie aus der Narkose erwachte, bis ihm ihre Blässe und Reglosigkeit schließlich so unheimlich wurden, daß er den Stationsarzt alarmierte. Auf diese Weise konnte man gerade noch rechtzeitig feststellen, daß die junge Frau nahe daran war zu verbluten, da bei der Operation offenbar andere Organe verletzt worden waren. Sie mußte ein zweites Mal operiert werden, und lag viele Wochen mehr tot als lebendig im Krankenhaus.

Endlich war sie wieder zu Hause, doch ihre Genesung machte keine Fortschritte, denn trotz aller Medikamente, die sie erhielt, wollten die Blutungen sich nicht zum Stillstand bringen lassen. Bei den Nachuntersuchungen wurde außerdem erstmals deutlich ausgesprochen, daß sie kaum noch Hoffnungen auf eigene Kinder hätte, was ihren Mann und sie tief bedrückte.

Im Frühjahr kam Herr Neuner zufällig auf Besuch zu ihren Eltern, in deren Hotel er schon oft gewohnt hatte. Frau Öttingers Mutter zählte seit vielen Jahren zu seinen treuen Patientinnen, und auf ihren Rat hin klagte die junge Frau ihm ihr Leid. Er versprach, ihr etwas gegen die anhaltenden BLutungen zu schicken, und kurz darauf kam mit der Post ein Fläschchen Kräutertropfen, die sie sofort einzunehmen begann. Innerhalb von drei Tagen setzte Herrn Neuners Medizin ihren Blutungen ein Ende! Frau Öttinger vermag heute selbst nicht mehr zu sagen, warum sie nach diesem überzeugenden Behandlungserfolg nicht gleich auf den Gedanken kam, ihn auch wegen ihres angeblich unerfüllbaren Wunsches nach einem Kind um Rat zu fragen.

98

Statt dessen fuhr sie zu einem berühmten Primararzt, der ihr nach der Untersuchung eröffnete, daß einer ihrer Eileiter entfernt worden sei, wovon sie selbst bis dahin keine Ahnung gehabt hatte, da man sie im Krankenhaus weder vor noch nach der Operation davon in Kenntnis gesetzt hatte. Weil überdies der zweite Eileiter verlegt sei, hätte sie so gut wie keine Chance, ein Kind zu empfangen, meinte der Professor und setzte dann mit gerunzelten Brauen hinzu: „Aber meiner Ansicht nach steckt da noch mehr dahinter!" Er machte Frau Öttinger den Vorschlag, eine sogenannte „amerikanische Ausblasung" vornehmen zu lassen, worauf sie ihm ausweichend antwortete, daß sie sich das noch überlegen wolle. Wieder zu Hause, sprach sie darüber mit ihrem Gynäkologen, der ihr von dieser Ausblasung abriet. Wenn die Sache nämlich beim erstenmal mißlinge, meinte er, hätte sie damit alle Chancen verspielt. Sie solle lieber abwarten und die Hoffnung nicht aufgeben, da seiner Erfahrung nach bei Frauen oft gänzlich unerwartete Veränderungen eintreten könnten.

Für den Augenblick fühlte Frau Öttinger sich durch diese Worte zwar getröstet, doch sie wollte nichts versäumen, und als sie von einer Kapazität in München erfuhr, hatte sie nichts Eiligeres zu tun als dorthin zu fahren. „Aussichtslos", meinte der Münchner Frauenarzt aufgrund der Untersuchungsbefunde kopfschüttelnd, und wieder bekam Frau Öttinger den ihr nun schon wohlbekannten Satz zu hören: „Aber meiner Ansicht nach steckt da noch mehr dahinter!" Diesmal wurde ihr geraten, sich einer komplizierten, mit einem operativen Eingriff verbundenen Untersuchung zu unterziehen, was sie aus Angst vor dem Skalpell jedoch ablehnte, zumal dadurch bestenfalls Klarheit, nicht aber Abhilfe geschaffen worden wäre.

Bei ihrer Rückkehr aus München war sie an einem moralischen Tiefpunkt angelangt, und in ihrer jämmerlichen Niedergeschlagenheit erinnerte sie sich plötzlich wieder an Herrn Neuner. „Ich bin mit meinem Urinflascherl also zu ihm hingefahren", erzählt sie, „und er hat mir das ganz einfach so erklärt, daß mein Organismus nach der Tuberkulose alle Aufbaustoffe — Kalk und so weiter — für die Regeneration der Lungen verbraucht hat. Der Unterleib ist dadurch einfach zu kurz gekommen! ‚Der ist eingeschrumpft und vertrocknet wie eine Dörrzwetschke', hat er mir damals wortwörtlich gesagt, ‚aber da läßt sich schon was machen!'"

Die Arzneien, die Herr Neuner für sie zusammenstellte, nahm Frau Öttinger von da an regelmäßig ein, blieb aber auch weiterhin ständig unter ärztlicher Kontrolle. So war ungefähr ein halbes Jahr vergangen, als sie zu ihrer Besorgnis wieder ein schmerzhaftes Ziehen im Unterleib verspürte. Sie vereinbarte daraufhin einen Termin bei Herrn Neuner und für denselben Tag auch einen Untersuchungstermin an der Klinik. In Begleitung ihres Mannes fuhr sie am Morgen dieses Tages zuerst zu Herrn Neuner, der die mitgebrachte Urinprobe aufmerksam inspizierte, zufrieden mit dem Kopf nickte und nur sagte: „Na also, jetzt sind wir ja schon soweit!" In fröhlicher Stimmung fuhr das Ehepaar Öttinger dann gleich weiter zum Krankenhaus, wo sie sich eine Bestätigung von Herrn Neuners optimistischer Diagnose erhofften.

Das genaue Gegenteil war leider der Fall. Nach der Untersuchung sprach der Primarius ein ernstes Wort mit Frau Öttinger, die sich immer noch hartnäckig gegen jeglichen Eingriff sträubte, und teilte ihr mit, daß sie unter den gegebenen Voraussetzungen leider keinerlei Aussichten auf ein Kind hätte. Auf dem Heimweg brach Frau Öttinger in lautes Schluchzen aus, und ihr Mann versuchte vergeblich sie zu trösten, indem er ihr Herrn Neuners zuversichtliche Worte in Erinnerung rief.

Sie fühlte sich elend, alles tat ihr weh, und nicht nur im Unterleib, sondern auch in den Brüsten spürte sie jetzt ziehende Schmerzen, was die schreckliche Vermutung in ihr wachrief, sie habe womöglich Krebs. Bleich vor Angst ging sie zu ihrem Gynäkologen und bat ihn, ihr reinen Wein einzuschenken. Der erfahrene Arzt ließ sich ihre Beschwerden schildern, untersuchte sie und begann auf einmal schallend zu lachen: „Schwanger sind Sie!" sagte er und weidete sich an der fassungslosen Verblüffung seiner Patientin. Das also hatte Herr Neuner gemeint, als er sagte: „Na also, wir sind ja schon soweit!" Überglücklich stürzte Frau Öttinger nach Hause, um ihrem Mann die freudige Nachricht zu überbringen, daß er nun doch Vater werden würde.

Die Tropfenkur, die Herr Neuner ihr zuletzt mitgegeben hatte, war ja bereits ein auf die Schwangerschaft abgestimmtes Heil- und Stärkungsmittel gewesen, und in den folgenden Monaten wurde diese Kur fortgesetzt. Ihr erstes Kind, eine Tochter, kam nach einer beschwerdefreien Schwangerschaft ohne Komplikationen und vollkommen gesund zur Welt. Frau Öttinger selbst war zu diesem Zeitpunkt 31 Jahre alt. Zwei Jahre später wurde ihr zweites Kind geboren, und im Abstand von knapp einem Jahr folgte das dritte und jüngste. Während aller drei Schwangerschaften war Frau Öttinger bei Herrn Neuner in Behandlung, und seine Naturheilmittel verschafften nicht nur ihr selbst Wohlbefinden, sondern hatten, wie sie glaubt, auch einen sehr günstigen Einfluß auf Entwicklung und Konstitution der Kinder, die alle ungewöhnlich kräftig und widerstandsfähig sind. Übrigens verschwanden nach der ersten Geburt auch die Knoten in den Brüsten, und nachdem sich zwischendurch ein einziger nochmals nachgebildet hatte, ist Frau Öttinger seit der zweiten Geburt endgültig davon befreit.

Das Hotel, das sie mit ihrem Mann führt, ist das ganze Jahr über geöffnet, und obwohl die junge Wirtin daneben auch noch Haushalt und Kinder versorgt, hat sie sich seit Jahren keinen Urlaub mehr gegönnt. Daß sie ungeachtet dessen so gut aussieht und sich so wohl fühlt, führt sie auf die Naturheilmittel zurück, die sie sich alljährlich von Herrn Neuner geben läßt.

„Das müssen Sie unbedingt sagen", meint Frau Öttinger zum Abschluß, „daß ich wirklich von einer Kapazität zur anderen gefahren bin, die mir alle wenig oder gar keine Chance gegeben haben, jemals Kinder zu bekommen. Und ich hab etwas festgestellt: Je höhergestellt die Ärzte waren, um so komplizierter und abwegiger waren ihre Diagnosen! Mein alter, einfacher Gynäkologe, den ich dann auch bei der Geburt meiner Kinder immer dabeigehabt habe und der auch jetzt noch mein Arzt ist, der war der einzige, der mir gesagt hat, ich soll da nix machen lassen, weil sich bei einer Frau immer noch plötzlich was ändern kann. Und der Herr Neuner mit seiner natürlichen Denkweise, der hat das als so eine einfache, simple Sache angesehen! Weil er eben so natürlich denkt, ist er draufgekommen!"

Herrn Neuners Kommentar:

Als Sofortmaßnahme gegen die nicht aufhörenden Blutungen besorgte ich Frau Öttinger die homöopathischen Mittel Crocus D6 und Ibecacoanha D6 und gab ihr zusätzlich eine Teemischung aus Blutwurzel, Waldmeister, Mistel, Taubnesselblüten, Arnika, Engelwurz, Gänsefingerkraut und Schafgarbe.

Wie sie selbst berichtet, habe ich ihr zu Beginn der späteren Behandlung erklärt, daß während und nach der Tuberkulose alle verfügbaren Aufbaustoffe zur Heilung und Regeneration der Lunge gebraucht wurden, so daß andere Organe, vor allem aber die Drüsen, einfach unterversorgt waren. Eine Umstimmung der gestörten Stoffwechselprozesse konnte in diesem Fall also nur über eine Beeinflussung der auch für den Hormonhaushalt verantwortlichen Drüsen erreicht werden. Als besonders wirksam erweisen sich hier Frauenmantel, Silbermantel und Schafgarbe; als Mineralsalzlieferanten und Blutbildungsmittel kamen Kresse, Brennessel und Sauerampfer hinzu und, ihrer reinigenden Wirkung wegen, schließlich noch Stiefmütterchen und Holunderblätter. Außer den Tinkturen aus den genannten Heilpflanzen, die in wechselnder Zusammensetzung kombiniert wurden, erhielt Frau Öttinger eine Teemischung aus Silbermantel, Majoran, Bitterklee, Eberwurz, Hauswurz, Walnußblättern, Gänseblümchen, Gundelrebe und Hauhechel. Zur Unterstützung wurden zusätzlich die homöopathischen Mittel Calcera carbonica D12, Jodum D12, Sepia D12 und Secale cornutum D12 empfohlen, die abwechselnd je eine Woche lang eingenommen werden sollten; daneben zur Leberkräftigung und zur Blutverbesserung täglich eine Gabe China D6.

Wichtig ist natürlich auch eine entsprechende, mineralstoffreiche Aufbaukost mit viel frischem Gemüse — vor allem Roten Rüben (Rote Bete), Karotten (Möhren), Sellerie und Rettich — aber auch Beerenobst (Erdbeeren, Himbeeren, Preiselbeeren) und möglichst naturbelassenem Getreide. Besonders zu empfehlen sind stärkende Honiggetränke wie Honigwasser mit einem Schuß Apfelessig oder Honigmilch mit Eigelb, als Speisewürze möglichst viel Wacholderbeeren, und zur Kalkzufuhr täglich einen gestrichenen Kaffeelöffel fein zerriebene Eierschalen.

Zur Kräftigung der Unterleibsorgane wäre jeden zweiten Abend, unmittelbar vor dem Zubettgehen, ein fünfzehn- bis zwanzigminütiges Sitzbad ratsam, das folgendermaßen zubereitet wird: Man läßt Eichenrinde 15 bis 20 Minuten lang kochen, nimmt den Absud vom Feuer und fügt Kamillenblüten, Ringelblume und Schafgarbe hinzu, die man vor dem Abseihen etwa 10 Minuten darin ziehen läßt.

Von ausschlaggebender Bedeutung für den Erfolg der Behandlung, über den ich mich nicht weniger gefreut habe als die Eltern selbst, war die seelische Verfassung der Patientin. Frau Öttinger mußte davon überzeugt werden, daß sie im Grunde genommen gesund war, und gar kein Anlaß zur Sorge bestand. Über das vegetative Nervensystem führen Ängste nämlich zu Verspannungen und Verkrampfungen sämtlicher innerer Organe, was nicht nur die Abwehrkraft des Organismus schwächt, sondern auch seine Reaktions- und Regenerationsfähigkeit schwer beeinträchtigt.

Zur Kräftigung ihres Allgemeinzustandes bekommt Frau Öttinger alljährlich eine Teemischung aus Eisenkraut, Schafgarbe, Rosmarin, Leberblümchen, Nelkenwurz, Odermennig, Meisterwurz, Schlüsselblume und Löwenzahn, die — jeweils eine Woche lang — im Wechsel mit dem Blutbildungstee Nr. 21 getrunken werden kann. Im Bedarfsfall wird diese Kur durch Tropfen aus den Tinkturen der oben genannten Heilpflanzen ergänzt.

VATER WERDEN WAR NICHT LEICHT

Das Ehepaar Moosbrugger hat fünf Jahre lang vergeblich auf Nachwuchs gewartet. Herr Moosbrugger ist Briefträger in einem alten oberösterreichischen Marktflecken, und seine Frau führt eine Gemischtwarenhandlung im Erdgeschoß ihres Wohnhauses, an dessen Tür manche Stammkunden noch lange nach der Sperrstunde anzuklingeln pflegen. Obwohl ihr mehr als ausgefüllter Arbeitstag um sechs Uhr früh beginnt, bringt die mütterliche blonde Frau es nicht übers Herz, sie abzuweisen. Von der Großherzigkeit dieser Menschen zeugt aber auch ihre fast südländische Gastfreundlichkeit, die mir unvergeßlich bleiben wird.

Herr Moosbrugger ist der Inbegriff einer Frohnatur und liebt es über alles, von vielen Menschen umgeben zu sein. Ausgerechnet ihm, dem geborenen Familienvater, teilte der Arzt im zweiten oder dritten Ehejahr aber mit, daß er zeugungsunfähig sei. Herr Moosbrugger ließ sich daraufhin zu einem Facharzt überweisen, der die Spermienbildung mittels einer Injektionskur anzuregen versuchte. Da der erhoffte Erfolg ausblieb, verordnete er ihm eine zweite Kur à vierzehn Injektionen, und als auch diese nichts bewirkte, fuhr Herr Moosbrugger zu einem anderen Spezialisten nach Salzburg. Er könne ihm keine großen Hoffnungen machen, meinte der Facharzt, verordnete ihm aber wiederum eine Injektionskur. Auf dem Rezept entzifferte Herr Moosbrugger den Namen desselben kostspieligen Präparats, von dem er sich bereits 28 Ampullen vergebens hatte spritzen lassen, worauf er enttäuscht beschloß, sein sauerverdientes Geld nicht noch ein drittes Mal in diese wenig erfolgversprechende Therapie zu investieren.

Inzwischen hatte sich auch seine Frau auf der gynäkologischen Station des Krankenhauses untersuchen lassen. Sie hätte eine extrem kleine, birnenförmig eingeschnürte Gebärmutter, konstatierte der Primarius mit sorgenvoller Miene; wenn sie Kinder haben wolle, sollte sie sich daher unbedingt operieren lassen. Dazu konnte Frau Moosbrugger sich jedoch nicht recht entschließen, und solange ihrem Mann nicht geholfen werden konnte, dachte sie, hätte es ja auch gar keinen Sinn.

Nach viereinhalbjähriger Ehe waren beide bereit, sich gottergeben in ihr Schicksal zu fügen, und wahrscheinlich wären sie noch heute kinderlos, hätte Herr Moosbrugger nicht zufällig einen alten Schulfreund wiedergetroffen, der ihm von Herrn Neuner erzählte. Dieser Schulfreund, ein Metzger, hatte jahrelang unter sehr starken Rückenschmerzen gelitten, die von den Ärzten als Symptom einer Nierenerkrankung gedeutet und — wenn auch erfolglos — demgemäß behandelt worden waren. Herr Neuner aber hatte aus der Urinprobe des Mannes ersehen, daß seine Nieren völlig in Ordnung waren, und hatte ihm geraten, sich die Wirbel einrenken zu lassen — was ihn tatsächlich mit einem Schlag von seinem Leiden befreite und von Herrn Neuners diagnostischen Fähigkeiten restlos überzeugte.

Auf die dringende Empfehlung dieses Bekannten fuhren Herr Moosbrugger und seine Frau im Herbst 1969 nach Kirchbichl. „I bin nämlich zweimal Bruch operiert worden“, erzählt er, „und dös hab i dann dem Herrn Neuner gsagt. ‚Ja‘, hat er zu mir gsagt, ‚und da is dös oane Mal pfuscht worden!‘ (Ob bei der ersten oder bei der zweiten Operation, hat er mir allerdings net verraten!) Und dadurch sind die Samenstränge teilweise unterbunden worden. Er hat mir a Medizin verschrieben und no gsagt, er kann mir nix garantieren, aber i soll im Fruajahr halt wiederkemman. Und wie i dann wieder hinkemma bin, hat er zu mir gsagt: ‚Ja jetzt, jetzt gfallt’s mir scho bedeutend besser! So wird’s recht!‘ Dös is gwesen im Mai 1970 — und ein Monat drauf hat’s eh schon eingschlagen ghabt! Am 1. März 1971 is unsere erste Tochter geboren.“

„I hab mein’ Urin damals auch mitghabt“, schaltet Frau Moosbrugger sich ein, „weil sie mir im Spital doch gsagt haben, i soll mi operieren lassen. Und da hat der Herr Neuner mir dazumals gsagt: ‚Nana, da fehlt nix, gar nix!‘ Dös wär also ganz umasunst gwesen, die Gebärmutteroperation! Aber wir ham’s ja zuerst überhaupt net glaben kennan, wie’s dann wirklich soweit war!“

Die mit stürmischer Freude begrüßte kleine Erdenbürgerin blieb nicht lange allein. 1973 bekam sie einen Bruder, und 1976 war sie bereits das Älteste von fünf Geschwistern!

Nachdem sie es bei der Geburt der ersten beiden Kinder sehr schwer gehabt hatte, erzählt Frau Moosbrugger, erhielt sie von Herrn Neuner einen Entbindungstee, den sie sich während der letzten sechs Wochen ihrer dritten Schwangerschaft mehrmals täglich zubereitete. Als es dann soweit war, hoffte sie zwar, diesmal weniger lange leiden zu müssen; daß die Entbindung aber nur eine knappe halbe Stunde dauern würde, das hatte sie nicht erwartet. Auf noch eindrucksvollere Weise bewies dieser Tee seine Wirksamkeit ein Jahr darauf bei Frau Moosbruggers vierter Entbindung. Als er seine Frau ins Krankenhaus brachte, erzählt der stolze Vater, fürchtete er fast, sie würde schon im Auto niederkommen.

„Da bring i a Wöchnerin, bei der pressiert's!" rief er den Schwestern zu, und während sie auf schnellstem Weg in die Entbindungsstation gebracht wurde, holte er das Gepäck aus dem Auto. Er hatte den Koffer kaum abgegeben, da sah er einen Arzt aus dem Kreißsaal kommen, bei dem er sich nach seiner Frau erkundigte. „Ein Mädchen haben Sie, gratuliere!" sagte der Arzt hastig im Vorübergehen. Verdutzt sah Herr Moosbrugger auf die Uhr: seit der Ankunft im Krankenhaus waren genau 15 Minuten vergangen! Er fuhr rasch nach Hause, um die freudige Nachricht seiner Mutter zu überbringen, die fast ein wenig enttäuscht meinte: „Nur eins? Ich hätt beinah gedacht, es werden Zwillinge!" Wie bestellt kam in diesem Augenblick die Nachbarin gelaufen, die Anrufe für die Moosbruggers übernahm, solange sie noch keinen eigenen Telefonanschluß hatten, und rief ihnen zu: „Es is grad ein Anruf aus dem Krankenhaus gekommen — nein, keine Angst, es is nix passiert —, aber ihr habt's einen Buben auch noch!"

„Ja", bestätigt Frau Moosbrugger lächelnd, „in einer Viertelstunde waren die Zwillinge beide da! Sie haben 6 Kilo ghabt miteinand — 3,10 und 2,90 Kilo — und die Schwester hat gsagt: ‚Da hama endlich wieder amal Zwillinge, die net in' Brutkasten müaßen!' Den Entbindungstee hab i auch einer Bekannten geben, die hat auch gsagt, sie kann ihn nur weiterempfehlen!"

Von den fünf Moosbrugger-Kindern waren bisher zwei bei Herrn Neuner in Behandlung. Thomas, der Zweitgeborene, litt im Alter von sieben Monaten an so schweren, asthmaartigen Erstickungsanfällen, daß sein kleines Gesicht ganz blau anlief und akute Lebensgefahr bestand. In höchster Eile brachten die Eltern ihn ins Krankenhaus, wo sie ihn nur durch eine dicke Glasscheibe hindurch sehen durften, wenn sie zu Besuch kamen. Welche therapeutischen Maßnahmen im Krankenhaus zur Anwendung kamen, wissen sie nicht; jedenfalls bewirkten sie aber keine anhaltende Besserung, denn innerhalb weniger Wochen mußte der kranke Säugling viermal hintereinander neuerlich ins Krankenhaus eingeliefert werden.

„Und dann hab i gsagt: jetzt halt i dös nimmer aus, jetzt fahr i doch noch zum Herrn Neuner", erzählt die Mutter. „Es is mir gleich, ob's hilft oder nicht — schlimmer kann's gar net werden!" Auf die Medizin, die Herr Neuner ihr mitgab, verschlechterte der Zustand des Kindes sich am erten Tag jedoch so sehr, daß Frau Moosbrugger glaubte, die Behandlung gleich wieder abbrechen zu müssen. Schon am nächsten Tag aber zeigten sich die positiven Folgen dieser starken Reaktion. Der Kleine begann so stark zu urinieren, daß das Bettzeug zum Auswinden naß war, obwohl er jede Stunde frisch gewechselt wurde: Durch die Kräuterextrakte war es gelungen, den Schleim, der die Atemwege verlegte, zu lösen und über Nieren und Harnwege abzuleiten. Die Erstickungsanfälle nahmen damit ein jähes Ende, und nach wenigen Wochen war das Kind geheilt. Nur im Herbst, wenn vom nahen Fluß die kalten Nebel aufzusteigen beginnen, holen die Eltern bei Herrn Neuner eine vorbeugende Medizin, die ihren Sohn den ganzen Winter über vor Bronchialerkrankungen schützt. Wie Herr Moosbrugger erzählt, erlitt der Junge unerklärlicherweise Jahre später noch einen einzigen kurzen Anfall, der zeitlich genau mit dem großen Erdbeben in Friaul zusammenfiel.

Das zweite Sorgenkind war Florian, der Zwilling, der mit drei Jahren einen so schlimmen, juckenden Hautausschlag am ganzen Körper bekam, daß stellenweiße große, offene Wunden entstanden. Von der Salbe, die der Arzt verschrieben hatte, verbrauchte Frau Moosbrugger täglich eine halbe Tube, ohne daß sich die geringste Besserung zeigte. Auf ihre verzweifelten Anfragen antwortete der Arzt, da sei leider nichts zu machen; den Ausschlag, der ihren kleinen Sohn so plagte, nenne man „Vierziger", weil er entweder 40 Tage oder 40 Wochen oder 40 Jahre dauere.

Die vierzig Tage waren längst verstrichen, und statt mit Zittern und Bangen das Ende der vierzigsten Woche abzuwarten, fuhr Frau Moosbrugger wieder zu Herrn Neuner. „Wenn sie es nicht wissen, die Ärzte, dann sollen sie auch nichts sagen", meinte dieser ärgerlich, als sie ihm die „Vierziger"-Theorie unterbreitete. Seiner Ansicht nach handle es sich um eine Allergie, die vor allem von innen her behandelt werden müsse, da der Ausschlag ja nur das äußerliche Symptom einer organischen Funktionsstörung sei. Der Bub bekam Kräutertropfen und eine Hautsalbe und durfte längere Zeit weder Beeren noch Zitrusfrüchte essen, mit dem Ergebnis, daß der Ausschlag rapid zurückging und allmählich zur Gänze verschwand.

Nachdem Frau Moosbrugger ihre muntere Kinderschar versorgt hat, berichtet sie zuletzt noch von einer persönlichen Erfahrung. Sie hatte sich an einem rostigen Angelhaken den Fuß verletzt, bekam routinegemäß eine Tetanus-Injektion — und glaubte kurz darauf, ihre letzte Stunde hätte geschlagen. Wie viele Patienten vertrug sie das Impfserum sehr schlecht. Innerhalb einer Stunde sackte ihr Blutdruck auf 70 ab, und sie mußte mit dem Rettungswagen ins Krankenhaus gebracht werden, wo man ihr eine Gegeninjektion gab. Damit nicht genug, begann sich um die Einstichstelle nun auch noch ein gewaltiger Abszeß zu bilden. Die Ärzte im Krankenhaus erschraken und wollten sie sofort operieren. Da sie der Kinder wegen aber zu Hause unabkömmlich war, mußte sie versprechen, gleich nach dem Wochenende wiederzukommen. Nach den bösen Überraschungen, die sie erlebt hatte, zog Frau Moosbrugger es begreiflicherweise allerdings vor, sich so rasch wie möglich mit Herrn Neuner in Verbindung zu setzen. Er gab ihr den Rat, einen Umschlag aus leicht aufgeschlagenem Eiklar über den Abszeß zu legen — und dieses einfache Hausmittel ersparte ihr tatsächlich die Operation: Im Zentrum des Abszesses öffnete sich nämlich ein fast fingerdickes Loch, das rasch wieder verheilte, nachdem der gesamte Eiter von selbst ausgeflossen war!

Die Liste der Geschichten, die der Briefträger aus seinem großen Bekanntenkreis noch zu erzählen wußte, ist zu lang, um hier Platz zu finden. Dank Herrn Neuners Heilerfolgen ist in dieser Gegend Oberösterreichs eine große Gemeinde von begeisterten Anhängern der Naturheilkunde entstanden, die einander auch gegenseitig nach Kräften helfen und unterstützen — womit sie dem zentralen Anliegen dieser Lehre wohl die schönste Ehre erweisen.

Herrn Neuners Kommentar:

Zeugungsunfähigkeit kann verschiedene Ursachen haben: zum Beispiel eine verschlagene Mumpsinfektion nach dem zwölften Lebensjahr, andere Infektionskrankheiten oder schwere Erkältungen, und natürlich auch hormonelle Störungen. Alle diese Ursachen waren bei Herrn Moosbrugger aber mit Sicherheit nicht ins Kalkül zu ziehen, und der Behandlungserfolg zeigte, daß die Annahme richtig war, es handle sich um eine Verlegung des Samenstranges infolge der Bruchoperation.

Die Tropfen, die für Herrn Moosbrugger zusammengestellt wurden, bestanden aus Tinkturen von Haselnußrinde, Bärentraubenblättern, Schafgarbe und Arnika. Zur Unterstützung eignen sich zusätzlich die homöopathischen Präparate Vipurnum oppulum D6 und Magnesium phosphoricum D12. Zur äußerlichen Anwendung kam eine Salbe aus Vogelknöterich, Breitwegerich, Käsepappel und Arnika (in Schweineschmalz oder Vaseline ausgezogen), mit der die Operationsnarbe regelmäßig eingerieben werden sollte, um die Verspannungen zu lösen.

Bei Frau Moosbrugger war, wie sich zeigte, die Gebärmutter tatsächlich völlig in Ordnung und bedurfte keiner Behandlung. Dafür hat der Entbindungstee Nr. 134, der während der letzten sechs Wochen vor der

Niederkunft getrunken wird und Geburten in der Regel fast problemlos macht, auch bei ihr seine vorzügliche Wirkung nicht verfehlt.

Über den Sohn Thomas wäre zu sagen, daß seinen Atembeschwerden eine verminderte Nierenfunktion zugrunde lag, die zu Störungen des Wasser-, Säure- und Eiweißhaushalts und in Verbindung damit zu übermäßiger Schleimproduktion geführt hatte. Zur in diesem Fall notwendigen Nierenreaktionsbehandlung eignen sich die homöopathischen Mittel Berberis vulgaris D12 und Solidago D6, sowie ein Tee aus Zinnkraut, Königskerze, Ehrenpreis und Salbei, der in kurzen Abständen immer wieder schluckweise gegeben wird. Wie zu erwarten war, hat die Wiederherstellung der Nierentätigkeit schon am nächsten Tag zum Abgang des Schleims über den Harn geführt, wodurch sich auch die asthmatischen Beschwerden gebessert haben.

Sein Bruder Florian litt ganz offensichtlich an Milchschorf, einer bei Kleinkindern ziemlich häufigen Erkrankung, die auf eine Störung des Milchsäurehaushalts zurückzuführen ist. Süßmilch ist für den kleinen Patienten in diesem Fall das schlechteste, heilsam sind dagegen Sauermilchprodukte (saure Milch, Buttermilch, Joghurt, Magerquark) und rohes Sauerkraut, deren regelmäßiger Genuß unbedingt zu empfehlen war. Als Tee eignet sich hier eine Mischung aus Süßholzwurzel, Tannennadeln, Berberitzenwurzel, Zinnkraut und Schafgarbe, die öfters im Tag schluckweise gegeben werden soll. Von unterstützender Wirkung wären außerdem noch die homöopathischen Präparate Graphites D12, Kalium chloratum D12 und Arsenicum album D6.

Frau Moosbruggers Injektionsabszeß war wohl noch nicht reif zur Entleerung, und eine Behandlung mit Antibiotika hätte sicher unerwünschte Nachwirkungen gehabt. Die Zusammenziehung des Abszesses durch das Auflegen von leicht geschlagenem Eiklar beweist, wie wirksam gewöhnliche, althergebrachte Hausmittel sein können. Sicher hätte auch ein Pflaster aus einer Mischung von einem Eßlöffel Roggenmehl und einem Eßlöffel Bienenhonig seine Wirkung nicht verfehlt; da es sich jedoch um einen Injektionsabszeß handelte, war hier das Eiklar sicher günstiger, weil es sich besonders gut dazu eignet, Flüssigkeitsansammlungen im Unterhautzellgewebe aufzusaugen.

Auf der Liste jener Patienten, die Herr Neuner selbst mit mir besuchen fährt, steht auch Herr Schwarzauer, der Bürgermeister eines Tiroler Erholungsdorfes. Er übt dieses Amt seit vielen Jahren mit offenbar ererbter Begabung aus, denn als er zum erstenmal gewählt wurde, war sein Vater noch als Bürgermeister einer anderen Ortschaft tätig. So ergab sich der seltene Fall, daß eine Familie zur selben Zeit gleich zwei Bürgermeister stellte!

Bevor er zu erzählen beginnt, nimmt Herr Schwarzauer sichtlich bewegt eine gerahmte Photographie vom Kaminsims, auf der zwei lachende Kinder in zünftiger Schiausrüstung zu sehen sind. „Meine Enkel", sagt er stolz, und zu Herrn Neuner gewendet: „Die Kinder von dem kleinen Robert, den du uns damals geheilt hast. So vergeht die Zeit!" Unterstützt von seiner Frau gibt er dann einen präzisen und um größte Korrektheit bemühten Bericht vom Verlauf der Ereignisse:

„1951, im Alter von neun Jahren, hat unser Sohn Robert — wahrscheinlich durch eine Verkühlung beim Sport — Gelenksrheumatismus bekommen. Der Hausarzt, der ihn untersucht hat, hat das sofort richtig erkannt. Da aber damals die Kinderlähmung noch sehr verbreitet war, wurde er zur Vorsicht in die Klinik nach X. geschickt. Dort hat man uns zum Glück bestätigt, daß kein Verdacht auf Kinderlähmung besteht. Gleichzeitig hat man uns aber erklärt, daß das Kind trotzdem in großer Gefahr schwebt, weil Gliederrheumatismus sich sehr leicht aufs Herz schlagen kann."

„Die Stationsschwester", wirft seine Frau ein, „hat uns ein Kind gezeigt, das nach Hause entlassen worden war unter der Bedingung, daß es striktest geschont wird, und vor allem nicht zur Schule geht, bevor der Spitalsarzt die ausdrückliche Erlaubnis dazu erteilt. Die Eltern haben sich nicht daran gehalten, das Kind stieg zu Hause zwei bis dreimal am Tag die Treppen hinauf, und mußte drei Wochen später wieder ins Spital eingeliefert werden. ‚Gesund kann es jetzt nie mehr werden', hat die Schwester gesagt, ‚höchstwahrscheinlich wird es sehr bald sterben.' Das hat man uns als warnendes Beispiel vorgehalten; Sie können sich vorstellen, wie uns zumute war!"

„Unser Robert lag sechs Wochen im Spital", erzählt Herr Schwarzauer weiter. „Er durfte sich nicht rühren, erhielt Antibiotika und starke Herzmittel und wurde strengstens überwacht. Während der Zeit ist im selben Zimmer wieder ein Kind gestorben, und die behandelnde Ärztin hat uns noch einmal eingeschärft: ‚Sie sehen, wie gefährlich diese Krankheit ist; wenn Sie nicht sehr vernünftig sind, müssen Sie mit dem Schlimmsten rechnen!‘ Nach den sechs Wochen Spitalsaufenthalt hat man uns den Buben deshalb auch nicht mitgegeben, sondern er wurde uns mit der Rettung gebracht. Das Tückische an dieser Krankheit ist nämlich, daß der Patient keine Schmerzen hat und es gar nicht bemerkt, wenn er sich bei der geringsten Anstrengung einen nicht wieder gutzumachenden Herzschaden zuzieht.

Eine Woche lang haben wir das Kind streng nach den Anweisungen der Ärztin zu Hause gepflegt, dann sind wir zum Herrn Neuner gefahren. Der hat sich den Urin angeschaut und gesagt: ‚Das Virus ist noch drin, ihr müßt sehr aufpassen!‘ Genau dasselbe hat der Professor auf der Klinik drei Wochen später bei der ersten Nachuntersuchung auch gesagt. Dreimal in Abständen von vier Wochen ist das so gegangen: am Weg zur Nachuntersuchung sind wir beim Herrn Neuner vorbeigefahren, der gesagt hat: ‚Na, da is noch ein Erreger drin!‘ und von dort in die Klinik, wo der Professor nach der Blutuntersuchung festgestellt hat: ‚Es ist schon etwas besser, aber der Erreger ist noch da.‘ Beim vierten Mal hat der Herr Neuner endlich gesagt: ‚Wir haben es geschafft! Der Erreger ist dahin, und damit auch die Gefahr fürs Herz.‘ Und wie immer wurde seine Diagnose noch am selben Tag vom Professor bestätigt. Das war genau sechs Monate nach dem Ausbruch der Krankheit.

Dazu muß gesagt werden, daß wir seit der Entlassung aus der Klinik alle verschriebenen Medikamente ausgesetzt und — ohne Wissen der Klinik natürlich — nur noch die Kräutertropfen und den Tee von Herrn Neuner zur Anwendung gebracht haben. Die Heilung ist daher einzig und allein auf seine Heilkräuterkunst zurückzuführen.

Von den Gleichaltrigen in der Klinik sind währenddessen viele gestorben; alles Kinder, bei denen die Eltern nicht höllisch aufgepaßt haben. Ein Neffe meiner Frau ist im Alter von neunzehn Jahren an dieser heimtückischen Krankheit gestorben. Bei unserem Buben hat man eine leichte Herzverformung festgestellt, ein kugelförmiges Herz, wie die Mediziner es nennen. Er ist zu Hause die ganze Zeit gelegen, wir haben ihn überhaupt nicht aufstehen lassen. Auch nach der Ausheilung durfte er übrigens noch fünf Jahre lang keinen Sport betreiben.

Zum Beweis, wie großartig die Behandlung von Herrn Neuner gewirkt hat, muß ich dazu aber noch etwas erzählen: Der Robert hat dann später,

110

als er schon längst erwachsen war, sehr viel geraucht. Mit vierunddreißig bekommt er plötzlich fürchterliche Herzschmerzen, geht zum Spezialisten und erwähnt natürlich den Gelenksrheumatismus, den er als Kind gehabt hat. Der Arzt hat ihn daraufhin durchuntersucht, konnte aber nicht die leiseste Spur mehr erkennen, so vollständig war die Krankheit ausgeheilt! Er wollte es einfach nicht glauben und hat deshalb auf dem Fragebogen in der Rubrik ‚bisherige Erkrankungen‘ hinter die Angabe ‚Gelenksrheumatismus‘ ein Fragezeichen gesetzt!"

Herr Neuner beginnt zu lachen, und alle stimmen in dieses befreiende Lachen ein; in dem Blick des Elternpaares liegen solche Freude und Dankbarkeit, daß sie keiner Worte bedürfen.

Er würde mir gerne auch die nicht weniger eindrucksvolle Geschichte von der Heilung seines Vaters erzählen, sagt Herr Schwarzauer beim Abschied. Da er aber nicht selbst dabeigewesen sei, solle ich sie mir lieber von seiner im Nebenhaus wohnenden Schwester berichten lassen, die den Vater damals gepflegt habe.

Obwohl es inzwischen Nacht und für einen Besuch eigentlich schon viel zu spät ist, empfängt Herrn Schwarzauers Schwester Herrn Neuner und mich sehr herzlich, schaltet den Fernsehapparat ab und lädt uns ein, in ihrem altmodisch gemütlichen Wohnzimmer Platz zu nehmen. Ihr Vater ist seit zwanzig Jahren tot, und die Geschichte seiner Krankheit liegt mehr als dreißig Jahre zurück; dennoch, meint sie lächelnd, erinnere sie sich noch so deutlich daran, als wäre es gestern gewesen.

„Mit 63 hat mein Vater eine schwere Gelbsucht bekommen. Die eigentliche Ursache hat der Arzt zunächst nicht erkannt und ihm zu einer Gallenoperation geraten. Dabei hätte der Vater sich gar nicht operieren lassen müssen, denn bei der Operation hat sich dann herausgestellt, daß er keine Gallensteine hatte, sondern an einer leichten Leberschrumpfung litt. Das sei nicht so schlimm, hat man ihm in der Klinik gesagt; deswegen würde er nicht sterben, wenn er sich nur mit Essen und Trinken mäßige, also Diät halte, und vor allem beim Alkohol aufpasse, der bei Sitzungen bekanntlich immer reichlich fließt.

Ungefähr zwei Jahre lang ist es ihm danach recht gut gegangen, dann hat er plötzlich eine schwere Leberentzündung bekommen. Kein Medikament hat etwas genutzt. Nach kurzer Zeit konnte er sich nicht mehr rühren, und unser damaliger Arzt hat nichts mehr getan und ihm auch keine neuen Medikamente mehr verschrieben, weil er ihn schon aufgegeben hatte. ‚Entweder es geschieht sofort etwas, oder der Vati stirbt‘, hat die Mutter damals gesagt. Und da sie immer schon viel von dir gehalten hat, Hans, hat sie gemeint: ‚Der letzte Ausweg wär' noch der Hansl, aber der allerletzte!'

Einen Urin hat der Vater damals gehabt, wie Jauche so dunkelbraungrün! Und wie wir damit zu dir gekommen sind, hast du gesagt, wenn du nicht wüßtest, daß bei uns alles in Ordnung geht, weil wir alte Freunde sind, würdest du die Finger davon lassen, weil du nicht mehr garantieren könntest, ob die Behandlung noch etwas nützen wird. ‚Krebs hat er keinen', hast du gesagt, ‚aber eine schwere Leberentzündung. Die Milz ist ebenfalls entzündet, und wahrscheinlich ist auch die Bauchfellentzündung schon im Anzug. Wenn er die Bauchfellentzündung noch nicht hat, könnt ihr euch noch ein bißchen Hoffnung machen; wenn er sie schon hat, dann ist nichts mehr zu machen. Er steht ja schon mit einem Fuß im Grab, aber wir wollen alles probieren, was wir noch tun können. In 48 Stunden muß es sich entscheiden, ob es hin oder her geht: wenn er bis dahin die Gelbsucht kriegt, dann ist er über dem Berg.'

Den letzten Satz habe ich nie mehr vergessen, denn der Vati hat die Gelbsucht doch schon einmal gehabt, und seither hat er sich immer ängstlich genau angeschaut, weil er überzeugt war, daß er sterben muß, wenn er sie noch einmal kriegt. Du hast uns einen Tee mitgegeben, zwei kleine Flascherln Kräutertropfen und blauen Lehm für heiße Umschläge gegen die Entzündungen. Den Lehm mußten wir dem Vater alle zwei Stunden frisch auflegen, so heiß er ihn ertragen konnte, und ihm dazu alle zwei Stunden abwechselnd ein paar Tropfen aus den beiden Flascherln eingeben. Es war eine richtige Roßkur — die Haut ist ihm in Fetzen vom Bauch gegangen, so heiß haben wir ihm die Lehmumschläge aufgelegt!

Und nach genau 48 Stunden ist das eingetreten, was du vorausgesagt hast. Der Doktor war zufällig gerade um die Zeit beim Vater oben und ist nach der Untersuchung sehr ernst zu uns in die Stube heruntergekommen. ‚Jetzt hat er zu allem Überfluß auch noch die Gelbsucht', hat er gesagt, ‚es ist vollkommen aussichtslos.' Wie ich das gehört habe, bin ich aufgesprungen, bin ins Krankenzimmer hinaufgerannt und habe gesagt: ‚Vati, Du brauchst keine Angst mehr haben! Der Hansl hat gesagt, wenn du die Gelbsucht kriegst, bist du gerettet!' Da war er beruhigt und ist tief und fest eingeschlafen. Weitere 48 Stunden später konnte er sich schon alleine im Bett umdrehen. Wir haben ihm aber auch fleißig weiter seine Umschläge gemacht und wirklich Tag und Nacht eisern durchgehalten.

Nach acht Tagen ist der Vati bereits mit der Mutter dort drüben auf dem Bankerl am Hügel gesessen. Da kommt auf einmal der damalige Bürgermeisterstellvertreter vorbei, sieht meinen Vater dort sitzen und macht ein Gesicht, als wäre ihm ein Gespenst erschienen! Warum, haben wir im Augenblick gar nicht gewußt; erst nachher haben wir erfahren, daß er eigentlich gekommen war, um seinen Abschiedsbesuch zu machen, weil der Bürgermeister angeblich im Sterben liege, Leberkrebs habe, und es im Dorf unten hieß: ‚Ihr könnt's schon die Kränze binden für das Begräbnis vom Bürgermeister!‘

Wie schnell es dann mit dem Vater bergauf gegangen ist, hätte keiner für möglich gehalten, der ihn während seiner Krankheit gesehen hat. Die Entzündung war weg, nach acht Tagen konnte er, wie gesagt, schon außer Haus gehen, und von seiner Schwäche hat er sich auch erstaunlich rasch erholt. Er hat danach noch zehn Jahre gelebt, durfte alles essen — wenn wir auch seinetwegen mit Speck und Schweinefleisch etwas sparsamer geworden sind — und hat mit der Leber nie mehr irgendwelche Beschwerden gehabt. Gestorben ist er im 75. Lebensjahr an einem Schlaganfall. Aber daß er uns diese letzten zehn Jahre noch erhalten geblieben ist, das haben wir nur dir zu verdanken, Hansl!"

Herr Neuner hört aufmerksam zu; er hatte diesen lange zurückliegenden Fall schon fast vergessen, aber allmählich steigt die Erinnerung in ihm wieder auf. „Ich habe damals gesagt", ergänzt er Frau Schwarzauers Bericht, „daß die Gelbsuch innerhalb von 48 Stunden wieder ausbrechen muß, weil diese Reaktion das Zeichen für den durch die Behandlung eingeleiteten Gesundungsprozeß ist: sobald ihre Funktion wiederum angeregt war, mußte die Leber die angespeicherten Gallengrundstoffe auf dem schnellsten Weg — also auch über die Blutbahn — ausscheiden, um ihre Arbeit wieder aufnehmen zu können. Über das Blut hat sich der Körper der angesammelten Giftstoffe entledigt, und die Gelbsucht war nichts anderes als das äußere Symptom dieser lebensnotwendigen Reaktion. Mit Hilfe pflanzlicher Wirkstoffe konnte die Blutreinigung so wirksam unterstützt werden, daß es bis zur vollständigen Genesung nicht lange gedauert hat, obwohl der Arzt den Patienten schon aufgegeben hatte. Die Anbetung der Chemie ist also nicht alleinseligmachend, und hoffentlich tragen unsere Berichte dazu bei, daß das alte Wissen um die Heilkräuter und andere Naturheilmittel, wie z. B. den blauen Lehm, nicht verloren geht. Allerdings ist die Grenze zwischen echtem Samaritertum und Scharlatanerie nirgends so schwer zu ziehen wie gerade hier."

Herrn Neuners Kommentar:

Durch Unterkühlung beziehungsweise Erkältungen wurden beim Sohn der Schwarzauers die Abwehrkräfte des Organismus so geschwächt, daß er sich gegen Infektionen nicht mehr zur Wehr zu setzen vermochte und ein Krankheitserreger sich daher ungehindert einnisten konnte. Der hier erwähnte Erreger ist für ein Kind lebensbedrohend, und es ist vollkommen richtig, daß absolute Ruhe geboten ist, da akuter Gelenksrheumatismus einen lebenslänglichen Herzmuskelschaden zur Folge haben kann.

Aus der Sicht der Naturheilkunde kann dem Erreger die Lebensmöglichkeit dadurch entzogen werden, daß man die Körpertemperatur erhöht und gleichzeitig durch entsprechende pflanzliche Wirkstoffe die Stoffwechselvorgänge intensiviert und beschleunigt, um dadurch eine Auflösung und Ableitung jener Schadstoffe in Gang zu setzen, die sich an den Gelenken, im Bindegewebe und im Blut angesammelt haben. Es bedarf hier allerdings nicht nur einer Stoffwechselumstimmung, die über eine Anregung der Leber-, Nieren- und Drüsenfunktionen zu erreichen ist, sondern es muß daneben unbedingt auch das Herz gestützt werden. Dafür bietet sich vor allem der Weißdorn an, der allen Arzneien beigemischt wurde.

Ansonsten enthielten diese Arzneien die fieber- und schweißtreibenden Tinkturen von Lindenblüten und Holunderblüten sowie die ableitend wirkenden Tinkturen von Wegwarte, Huflattich und Breitwegerich. Als Ergänzung Rheuma-Tee Nr. 29, der von Kindern nur schluckweise, dafür aber mehrmals täglich warm getrunken werden sollte.

Zur Unterstützung wären die homöopathischen Mittel Kalium jodatum, Ledum und Mercurius corrusivis zu empfehlen, alle in der relativ hohen Potenz D12, da es sich um entzündliche Prozesse handelt.

Die Kost sollte nach Möglichkeit weder tierische Fette noch tierisches Eiweiß enthalten.

Um die Entzündung in den Gelenken durch Hitzeentzug zu besänftigen, kann man — allerdings sehr vorsichtig! — Umschläge mit einer Mischung aus Topfen (Quark) und Schweineschmalz oder grauem bzw. blauem Lehm mit Schweineschmalz auflegen.

Nachdem der Erreger besiegt war, erhielt Robert Schwarzauer als Langzeittherapie Tropfenmischungen aus Tinkturen von Birke, Beinwell, Johanniskraut, Hauhechel, Ehrenpreis, Benediktenkraut und Kalmuswurzel, wobei die Zusammensetzung je nach dem Zustand des

Patienten alle zwei bis drei Wochen verändert wurde. Sobald die akuten Beschwerden merklich zurückgegangen waren, konnten beispielsweise Beinwell, Hauhechel und Benediktenkraut etwas sparsamer verwendet, Birke und Johanniskraut dafür vermehrt eingesetzt werden. Der Rheuma-Tee Nr. 29 kann ohne Bedenken monatelang beibehalten werden, daneben sollte jedoch täglich eine halbe Tasse Herztee Nr. 127 oder Herz- und Nerventee Nr. 1 getrunken werden.

Zum Großvater:

Die Behandlung stützt sich genau wie bei Leberentzündung hauptsächlich auf die Essenz (Tinktur) der Berberitzenrinde (zweite oder Innenrinde), die im Wechsel mit den Essenzen von Ringelblume, Huflattich und Bertramwurzel verabreicht wird. Da höchste Lebensgefahr bestand, war es in diesem Fall notwendig, alle zwei Stunden 15 Tropfen zu geben, um eine möglichst rasche Reaktion einzuleiten; außerdem natürlich immer wieder schluckweise Lebertee Nr. 17. Wäre es nämlich nicht gelungen, die Durchblutung der Leber zu fördern und eine rasche Öffnung der Leberkanäle zu erreichen, so wäre die Leberfunktion binnen weniger Tage unweigerlich zum Erliegen gekommen. Mit dem Erguß der Gallensekrete in die Blutbahn war die Gefahr gebannt, und der Patient erholte sich vehältnismäßig rasch.

Um das durch diese Roßkur stark beanspruchte Herz zu entlasten ist es zweckmäßig, während der ersten vier Tage zusätzlich noch zweimal täglich 10 Tropfen Weißdorn- und Baldrianwurzeltinktur zu geben.

Es versteht sich von selbst, daß der Patient außer Kamillentee und gebähtem Weißbrot zunächst keine Nahrung zu sich nehmen durfte; nach drei Tagen wäre mit abgekochtem Wasser verdünntes Preiselbeerkompott gegen den Durst anzuraten.

Zu den heißen Lehmwickeln ist noch zu bemerken, daß man nicht vergessen sollte, als Linderungsmittel zwischendurch immer wieder ungesalzenes Schweineschmalz aufzulegen.

UNERKANNTE GELBSUCHT

Unser nächstes Ziel ist ein einsamer, hoch gelegener alter Bergbauernhof. Die Bäuerin, eine hochgewachsene, dunkelhaarige Frau mit einer Haut wie ein Pfirsich und wachen Augen, die sie unglaublich jung erscheinen lassen, führt Herrn Neuner und mich in die kleine Gaststube, die sie für hungrige Wanderer eingerichtet hat, in der wir an diesem Septembersonntag aber die einzigen Gäste sind. Frau Erlbacher ist sichtlich erfreut über Herrn Neuners unvorhergesehenen Besuch, doch als ich sie bitte, mir die Krankengeschichte ihres Mannes zu erzählen, zögert sie zunächst und meint verlegen, ihr Mann sei leider nicht zu Hause, und sie fürchte, es werde ihm gar nicht recht sein, daß jeder erfahre, wie krank er gewesen sei.

Bei diesen Worten ist ihr das Blut in die Wangen gestiegen, und hilfesuchend blickt sie zu Herrn Neuner, der ihr versichert, er verstehe das sehr gut und achte ihren Standpunkt. „Es sollen weder alte Wunden aufgerissen werden, noch will ich meinen Namen an die große Glocke hängen", setzt er hinzu. „Mein Leben neigt sich schon dem Ende zu, aber vielleicht können Erfahrungsberichte wie der von der Heilung deines Mannes anderen Menschen, die von den Heilkräften der Natur nichts wissen, Hoffnung und Lebensmut wiedergeben, wenn sie in eine ähnlich verzweifelte Lage geraten sind. Das ist der einzige Sinn und Zweck dieses Buches."

In den Augen der Bäuerin spiegelt sich der seelische Aufruhr, den diese ruhigen Worte offenbar in ihr ausgelöst haben. „Mein Gott, Hans", stößt sie hervor, „so war's doch nicht gemeint! Aber du weißt ja, wie dumm die Leute reden und wie schüchtern der Meinige sein kann!"

Plötzlich ist der Bann gebrochen; bald verliert sie auch ihre anfängliche Scheu vor mir, der Fremden, und mit einem letzten mißtrauischen Blick auf das Tonbandgerät beginnt Frau Erlbacher zu erzählen. Um ihren druckreifen Bericht allgemeinverständlich zu machen, habe ich nur darauf verzichtet, ihre zillertalerische Aussprache und kaum bekannte Tiroler Redensarten zu transskribieren.

„Vor vierzehn Jahren war mein Mann zur Mandeloperation im Krankenhaus. Einen Tag nach der Operation hat er aufstehen dürfen und ist auf den Gang hinausgegangen. Da sieht er auf der Bank vor seinem

Zimmer einen alten Mann sitzen, der von oben bis unten ganz gelb war. Nun ist der Toni einer, dem vor Krankheiten furchtbar graust; aber der gelbsüchtige alte Herr sagt gleich, er soll sich doch zu ihm setzen und ein bissel mit ihm tratschen. Also redet er eine Weile mit ihm — nicht lang, sagt er, weil es ihn vor Grausen bald so geschüttelt hat, daß er schleunigst wieder in sein Bett zurückgekehrt ist. Aber dadurch, daß er ja eine offene Wunde gehabt hat, kann sich die Krankheit wohl trotzdem übertragen haben.

Ich bin ihn an dem Tag besuchen gekommen; da hat er recht gut ausgeschaut. Aber schon am nächsten Tag ist er mir so komisch vorgekommen, als ob er Fieber hätte. Ihm ist dauernd kalt und es schüttelt ihn richtig — er fühlt sich gar nicht wohl, klagt er. Natürlich hat er das auch den Ärzten und Schwestern gesagt, die auch festgestellt haben, daß er tatsächlich Fieber hat, sich aber nicht weiter darüber aufgeregt haben. Nach einer Woche haben sie ihn wieder nach Hause geschickt; auf die Idee, daß er Gelbsucht haben könnte, ist keiner gekommen.

Er war also dann zu Hause und das Fieber ist nicht heruntergegangen. Zwischen neununddreißig-fünf und 40 Grad Fieber hat er gehabt, den ganzen Winter lang, von September bis April! Dann sind noch Herzanfälle dazugekommen, und der Hausarzt, der immer wieder kommen mußte, hat eines Tages gemeint: ‚Ja, also ich weiß nicht, gelb bist du nicht, auch unter den Augen nicht — aber hast du einmal Gelbsucht gehabt?‘ Er kann sich nicht erinnern, hat der Toni geantwortet. Daraufhin hat der Arzt eine Harn- und eine Blutprobe mitgenommen, aber herausgefunden wurde nichts. Das heißt, wir haben nichts mehr von ihm gehört, und wie ich nachgefragt habe, ob denn aus der Klinik noch kein Befund gekommen sei, hat er nur gesagt: ‚Nein — also wird ihm schon nichts fehlen.‘ Offen gesagt glaube ich, daß er die Proben einfach verschlampt hat und sie überhaupt nie weggeschickt worden sind. Das war später dann mein Verdacht, weil am Blut hätte man die Krankheit ja erkennen müssen! Aber ich mach ihm keinen Vorwurf, weil unser Doktor damals der einzige Arzt weit und breit war: Er hat mehrere, weit auseinanderliegende Dörfer zu betreuen gehabt, und war wirklich Tag und Nacht unterwegs; da kann so etwas schon leicht einmal passieren.

Der Toni ist unterdessen immer schwächer und schwächer geworden, und im April hat er dann zu mir gesagt: ‚Weißt, die letzte Hoffnung ist jetzt noch der Keandler. Wenn du nicht zu ihm hinunterfährst, werd ich glatt müssen sterben!‘ Damals hat ja der ganze Berg schon nicht mehr geglaubt, daß der noch einmal mit dem Leben davonkommen wird . . ."

Nur einen Augenblick stützt Frau Erlbacher die Ellbogen auf die

Tischplatte und verbirgt ihr Gesicht in den geöffneten Händen. Dann wischt sie sich mit den Handballen energisch das Wasser aus den Augenwinkeln, versucht zu lächeln, und fährt zu Herrn Neuner gewendet fort:

„Ja, und dann bin ich halt hinuntergegangen zu dir, und bevor ich das Urinflascherl noch richtig ausgepackt gehabt hab, hast du gesagt: ,Ja sag einmal, warum bist du denn nicht früher gekommen, der hat ja die innere Gelbsucht!' Mein Gott, weil man halt immer auf die Ärzte vertraut und meint, die müßten sich schon auskennen, nur deswegen bin ich nicht gleich zu dir gefahren! — ,Ja, Wunder wirken kann ich nimmer', hast du gesagt. ,Meines Erachtens sind das die letzten drei Tage, die er überhaupt noch am Leben bleiben kann.' Dann bist du aufgestanden, hast zwei Flascherln genommen und selbst etwas zusammengemixt. Das hast du mir mitgegeben und gesagt: ,In drei Tagen muß sie herausschlagen, die Gelbsucht; wenn nicht, dann geht es hoffnungslos zu Ende mit ihm.'

Und tatsächlich; am dritten Tag war er von Kopf bis Fuß ganz gelb! Den werd ich mein Lebtag nicht vergessen, diesen Tag!

Aber nachher ist er wochenlang dagelegen, zu schwach, um selber essen zu können. Löffelweise habe ich ihm das Essen eingeben müssen. Sehr langsam ist das Fieber zurückgegangen, und gegen Ende August konnte er zum erstenmal ins Freie hinausgehen. Damals habe ich ihm den Liegestuhl auf die Wiese hinausgetragen — er hätte ihn nicht einmal aufheben können, so geschwächt war er.

Von der verschleppten Gelbsucht hat er natürlich einen Leberschaden zurückbehalten. Dagegen hat er auch wieder eine Kräutermedizin vom Herrn Neuner bekommen, dazu ganze Berge von verschiedenen Tees und eine strenge Diätvorschrift natürlich. Diese Diät haben auch die Kinder und ich immer eingehalten, damit wir miteinander essen können und er nicht allein zuschauen muß."

„Wunderbar", ruft Herr Neuner aus, und schlägt vor Begeisterung mit der flachen Hand auf den Tisch. „Das ist es, was ich immer gesagt habe: Glaube, Hoffnung und Liebe — wenn einer mit Liebe behandelt wird, dann ist das mehr wert als jede Medizin!"

„Und geschadet hat es uns allen nicht, im Gegenteil", setzt Frau Erlbacher fröhlich hinzu. Wie gerufen steckt in diesem Augenblick das älteste der drei Kinder, denen Vaters Diät offensichtlich nicht geschadet hat — ein bildschönes zwanzigjähriges Mädchen — den Kopf bei der Tür herein und bittet die Mutter um die Autoschlüssel. Als ihr Vater krank wurde, war sie noch nicht sechs, die Geschwister vier und zwei Jahre alt, und neben Kindern und Haushalt hatte Frau Erlbacher damals noch zwei Höfe zu bewirtschaften.

118

„Nach einem halben Jahr hat er sich dann langsam erholt", fährt sie fort, „aber richtig arbeiten konnte er ja noch viele Jahre lang nicht, weil der Körper durch die Krankheit so geschwächt war. Dazu kommt, daß er, als Folge einer schweren Angina im Alter von vierzehn und einer Diphtherie im Alter von achtzehn Jahren, schon vorher einen Herzmuskelfehler gehabt hat. Weißt du noch, Hansl, schon damals nach der Diphtherie, als er beim besten Willen nicht arbeiten konnte und die Ärzte kein Mittel gegen die Herzmuskelschwäche wußten, ist er zu dir gekommen, und du hast ihm so geholfen, daß er wieder vollkommen arbeitsfähig war. Da hat auch deine Medizin Wunder gewirkt, die sich keiner erklären konnte!"

„Nein", antwortet Herr Neuner kopfschüttelnd, „daran erinnere ich mich gar nicht mehr."

„Und ziemlich genau ein Jahr nach dem nicht erkannten Ausbruch der Gelbsucht, im September 1966, hast du mir geraten, ich soll meinen Mann zur Nachuntersuchung in die Klinik bringen, um feststellen zu lassen, wie weit er geheilt ist und ob irgendwelche Schäden zurückgeblieben sind. Eine Woche ist er zur Durchuntersuchung in der Universitätsklinik gelegen. Die Ärzte dort haben gar nicht glauben wollen, daß er die Gelbsucht gehabt hat! Sie konnten feststellen, daß alles wieder einwandfrei funktioniert und die Leber zwar etwas geschwächt ist, aber keinerlei Bedenken hinsichtlich bleibender Schäden bestehen. Nur gegen seine eigentliche Krankheit, die total zerrütteten Herznerven, ist kein Kraut gewachsen, haben sie in der Klinik behauptet. Da müßte er selber dazu beitragen, daß es besser wird; müßte sich zusammennehmen und versuchen, seine Übersensibilität zu überwinden. Es ist zwar wahr, daß man den Willen und die Bereitschaft aufbringen muß, zum Gesundwerden selbst etwas beizutragen, aber daß gegen die Herznervenzerrüttung kein Kraut gewachsen ist, stimmt nicht: wenn der Toni die Kräutermedizin vom Neuner-Hansl hat, dann geht es ihm wesentlich besser!

Jedenfalls gibt es bei uns seither nur noch einen Arzt, das ist der Neuner. Sogar der Herzmuskelschaden, der nicht mehr kurierbar ist, hat sich mit Hilfe seiner Tropfen und Tees so weit gemildert, daß mein Mann heute wieder alle Arbeiten in der Landwirtschaft leisten kann, wenn er sich auch leichter überanstrengt als ein anderer. Neun Jahre lang habe ich die schweren Arbeiten allein machen müssen, denn die starken Motoren der Landmaschinen rütteln und beuteln einen durch und durch, und diese starken Vibrationen hat sein angegriffenes Herz nicht vertragen. Aber Gott sei Dank haen wir ihn dagehabt, und er hat alle

Arbeiten anschaffen können — das war schon eine sehr große Erleichterung für uns!"

Nachdenklich schaut sie auf ihre Hände und spricht dann stockend, mit belegter Stimme weiter: „Weil, wenn du diesen Menschen nicht da hättest, und drei kleine Kinder . . . Wie der Neuner-Hansl damals gesagt hat: ‚Drei Tage lebt er noch, ich kann dir aber nicht versprechen, daß ich noch helfen kann' — das möcht' ich keinem Menschen wünschen, was ich damals empfunden hab . . . Während der neun Jahre hab ich manchmal gedacht, ich könnt' nicht mehr. Nur weil man jung ist, und einfach den Mut hat, sich zu sagen: ‚Es muß gehen!', baut man darauf. Und es ist auch alles gegangen, Hansl! Solange die Schwiegereltern noch gelebt haben, haben sie beide sehr mitgeholfen; ja, und von Jahr zu Jahr ist es besser geworden. Heute würde doch kein Mensch mehr glauben, daß er einmal so schwer krank war — es glaubt ja schon keiner, daß er fünfzig Jahre alt ist! Nur schneeweiß ist er damals geworden, wie er so lange im Bett gelegen ist."

Ich habe bald Gelegenheit, mich mit eigenen Augen von ihren Worten zu überzeugen, denn schon kurze Zeit später kommt Herr Erlbacher nach Hause. Seine Frau fällt ihm um den Hals, stellt ihn vor und setzt sich dann neben ihn auf die Bank, den Kopf an seine Schulter gelehnt. Mir wird bei dem Anblick warm ums Herz — den weißhaarigen Bauern mit dem ausdrucksvollen Gesicht und der jugendlich schlanken Gestalt und die wie ein kleines Mädchen lachend und errötend an ihn geschmiegte Frau hat das Schicksal weder gebrochen noch gebeugt, sondern offenbar zu einem unzertrennlichen Liebespaar zusammengeschmiedet. In schönstem Zillertalerisch entspinnt sich dann eine Unterhaltung über verschiedene Aspekte der Naturheilkunde, die mir der Aufzeichnung wert erscheint, obwohl sie mit der Geschichte von Herrn Erlbachers Heilung nicht in unmittelbarem Zusammenhang steht.

Auf meine Frage, ob sie selbst auch eine Patientin von Herrn Neuner sei, erzählt mir Frau Erlbacher, daß sie im Alter von neunzehn Jahren wegen eines Zwölffingerdarmgeschwürs in ärztlicher Behandlung gewesen war, die Medikamente, die man ihr verschrieben hatte, aber so schlecht vertrug, daß ihre besorgten Eltern sie zu Herrn Neuner schickten. „Das Zwölffingerdarmgeschwür lassen wir einstweilen", sagte dieser, „viel wichtiger sind die Nieren, die durch die Medikamentenrückstände schwer geschädigt sind!" Mit Diät, Kräutertropfen und Tees brachte er innerhalb eines Jahres erst die Nieren und dann den Zwölffingerdarm vollkommen in Ordnung.

120

Unterdessen unterhält sich Herr Neuner mit dem Bauern über die alte Kunst des Pendelns oder Rutengehens, die von aufgeklärten Wissenschaftlern heute meist nur mitleidig belächelt wird, in allerletzter Zeit aber wieder an Ansehen zu gewinnen scheint. Im Lauf seiner Tätigkeit hat Herr Neuner die Erfahrung gemacht, daß die Erdstrahlung einen entscheidenden Einfluß auf die körperliche Gesundheit und das seelische Wohlbefinden des Menschen ausüben kann. „Ist euch noch nie aufgefallen", sagt er, „daß alte Häuser manchmal ganz komisch dastehen? Normalerweise hat man die Häuser früher gegen Sonnenaufgang hingestellt oder, innerhalb geschlossener Ortschaften, auf die Kirche zu. Wenn sie anders stehen, so rührt das meistens daher, daß ein Wünschelrutengeher beim Abschreiten des Bauplatzes eine schädliche Erdstrahlung festgestellt hat. Konnte man das Gebäude nicht an einem anderen Ort errichten, legte man den Grundriß so fest, daß zumindest die Wohnräume und die Stallungen außerhalb des Strahlungsbezirks zu liegen kamen. Beim heutigen Städtebau wird darauf leider überhaupt keine Rücksicht mehr genommen; die Häuser werden einfach so hingebaut, wie es dem Bauherrn vom rein ökonomischen Standpunkt aus am günstigsten erscheint. Daß Schlaflosigkeit, Konzentrationsstörungen, nervöse Erkrankungen, aber auch die Anfälligkeit für Krebs und andere schwere Krankheiten sprunghaft ansteigen, ist unter anderem sicher auch darauf zurückzuführen!"

In Hochhäusern, in denen die meisten Bewohner denselben Hausarzt konsultierten, konnte man bei einer wissenschaftlichen Untersuchung über die Wirkung der Erdstrahlung auf den Menschen die Beobachtung machen, daß die Besitzer übereinanderliegender Wohnungen häufig über ähnliche Beschwerden klagten, während in anderen Trakten desselben Hauses keinerlei auffällige Übereinstimmungen dieser Art festzustellen waren und deren Bewohner im Durchschnitt überdies ganz allgemein weniger krankheitsanfällig zu sein schienen. Diese Untersuchungsergebnisse bestätigten mit geradezu verblüffender Genauigkeit die Resultate, zu denen ein erfahrener Rutengeher bei der Untersuchung der betreffenden Wohnungen gekommen war.

Manchmal würde es genügen, das Bett oder den Arbeitstisch ein Stück zu verschieben, doch leider sind vor allem die modernen Einbauwohnungen innenarchitektonisch so genau vorausgeplant, daß dies praktisch nicht möglich ist. Die Wirksamkeit der Strahlung ist je nach Art des Schwingungskegels sehr unterschiedlich. Sie hängt nicht nur von der Größe des Strahlungsherdes ab, sondern auch von seiner Lage. Liegt beispielsweise eine unterirdische Wasserader nicht sehr tief, wirkt sie in einem größeren Umkreis, dafür aber weniger stark. Liegt sie dagegen sehr tief unter der Erdoberfläche, ist ihr Wirkungsradius kleiner, ihre Intensität jedoch um so größer.

Welches Ausmaß die Erdstrahlenbelastung erreichen kann, beweist die Geschichte eines Südtiroler Juwelierehepaares, das zu Herrn Neuner kam; zuvor hatten die beiden — vollkommen vergeblich — Nervenspezialisten in ganz Europa aufgesucht.

„Die zwei jungen Leutchen", erzählt Herr Neuner, „haben, wenn sie bei mir waren, immer so jämmerlich geweint und geschluchzt, daß das mit Nervosität allein nicht mehr zu erklären war. Nach einem halben Jahr hab ich ihnen gesagt: ‚Da stimmt was nicht, das geht nicht mit rechten Dingen zu!' Und sobald ich einmal in der Gegend war, bin ich sie besuchen gefahren. Vor den Schaufenstern des Juwelierladens waren acht bis zehn Zentimeter dicke Scheiben, die man nicht einmal mit dem Hammer hätte einschlagen können. Ich habe darum sehr erstaunt gefragt, wieso denn die Scheiben verklebt seien. Er weiß nicht, woher das kommt, erzählt mir darauf der Hausherr, aber sie waren kaum in das Haus eingezogen, da ertönt plötzlich ein fürchterlicher Krach. Ein Einbruch? - Nein, die Scheiben sind zersprungen, ganz von selbst, und sie zerspringen immer wieder!

‚Da also liegt der Hund begraben', sag ich, ‚ein Rutengeher muß her!' Unheimlich war das! Der Rutengeher ist gekommen und hat festgestellt, daß die Strahlenbelastung an dieser Stelle zwölf, also den höchsten Wert auf seiner zwölfteiligen Meßskala erreichte. Die Gewalt dieser Strahlung hat die Scheiben gesprengt und Risse in den Mauern verursacht; kein Wunder also, wenn auch die Menschen in dem Haus total durchgedreht haben! ‚Da gibts nur eins', sag ich, ‚das Geschäft verkaufen und in ein anderes Haus übersiedeln!' Das haben die beiden gemacht, und seither sind sie gesund. Aus war es mit den nervösen Störungen, deretwegen sie von einem Arzt zum anderen gerannt sind und Unsummen für neurologische Spezialbehandlungen im In- und Ausland ausgegeben haben! So krasse Beispiele sind gottlob selten, aber auch harmlosere Störungen, wie etwa das Bettnässen, können für die Betroffenen und ihre Angehörigen sehr unangenehm sein und darüber hinaus oft nachhaltige psychische Schäden zur Folge haben."

„Jetzt, wo du das sagst, Hans", meint Frau Erlbacher nachdenklich, „fällt mir ein, daß ein Verwandter von mir noch mit fünfzehn ins Bett gemacht hat, und auch sein Vater und dessen Geschwister waren Bettnässer — die haben alle im selben Zimmer geschlafen! In der ganzen Nachbarschaft hat man sich darüber lustig gemacht, weil jeden Morgen die Leintücher zum Trocknen am Balkon vor dem Kinderzimmer gehangen sind! Übrigens erzählt die Mutter heute noch, daß ich, wie ich auf die Welt gekommen bin, Tag und Nacht so geschrien hab, daß sie sich beim Babysitten rund um die Uhr abwechseln haben müssen. Der Arzt, zu dem sie mich gebracht haben, hat aber nur festgestellt: ‚Die ist gesünder als ihr, der fehlt gar nichts.‘ Und so haben sie mich halt schreien lassen, bis wir nach einem halben Jahr in ein anderes Haus im Tal übersiedelt sind. Von dem Tag an war das Geschrei schlagartig zu Ende. Man hat es sich damals damit erklärt, daß mir am Berg oben wahrscheinlich die Luft zu dünn war; aber es kann wohl sein, daß es in Wirklichkeit auch mit irgendwelchen unterirdischen Wasseradern zusammengehangen ist."

„Ja", erwidert Herr Neuner, „es ist anzunehmen, daß du auf einer solchen Wasserader gelegen bist. Das kommt sehr oft vor, und wenn man beispielsweise beobachtet, daß ein kleines Kind sich immer in eine Ecke seines Bettes drängt, so sollte man das unbedingt ernst nehmen. Es kann nämlich sehr leicht sein, daß sein Bett im Bereich eines gesundheitsschädlichen Strahlungsfeldes steht, was sich auf die Entwicklung des Kindes hemmend auswirken kann. Der Mensch ist ein sogenannter Strahlenflüchter, dessen Eigenschwingungen durch die Fremdschwingungen der Erdstrahlen gefährlich gestört werden können. Manche Tiere, wie zum Beispiel die Katze, gelten als Strahlensucher, und fühlen sich daher besonders wohl an Plätzen, die der Mensch meiden sollte. Kühe dagegen reagieren auf die Erdstrahlung ganz ähnlich wie wir. Ich erinnere mich an einen Bauern, der mit dem Urin seiner Kuh zu mir kam, in der Annahme, das Tier hätte einen Tumor im Gehirn, weil es dauernd mit dem Kopf wackelte. Ich habe ihn gefragt, wie das denn mit den Kühen war, die vorher an diesem Platz gestanden sind, und es hat sich herausgestellt, daß sie alle kränklich oder unfruchtbar waren. Auf meinen Rat hat der Bauer einen Rutengeher kommen lassen, das Tier anderswo untergestellt, und kurz darauf war der ‚Tumor‘ wie weggeblasen."

Ob er denn selber mit der Wünschelrute umgehen könne, fragt ihn der Hausherr. „Nein", antwortet Herr Neuner, „bei mir funktioniert die Rute nicht, weil ich eine viel zu starke Eigenstrahlung habe. Jeder Mensch hat eine bestimmte Eigenstrahlung, und nur Menschen, deren Eigenschwingung innerhalb eines ganz bestimmten, mittleren Schwingungsbereichs liegt, sind zum Pendeln oder Rutengehen befähigt. Aber ich habe meine Rutengänger, und wenn bei einem Patienten manchmal gar keine Besserung eintreten will, dann rate ich ihm, sein Haus oder seine Wohnung auf Strahleneinflüsse untersuchen zu lassen. Bis jetzt hat es sich fast immer bestätigt, daß entweder das Bett auf einer unterirdischen Wasserader stand oder ein Strahlungsfeld unter dem Haus war."

Wenn unter diesem Haus Strahlungsquellen liegen, so müssen menschenfreundliche und gesprächsfördernde Schwingungen von ihnen ausgehen, denke ich beim Abschied, als Herr Erlbacher uns in der Dunkelheit noch bis zum Hoftor begleitet.

Herrn Neuners Kommentar:

Eine nicht manifest ausgebrochene Gelbsucht kann sich über Monate hinziehen. Weil der Gallenausfluß aus der Leber behindert war, konnten auch die Gallenfarbstoffe nicht in die Blutbahn gelangen, so daß die charakteristische Verfärbung der Haut und des Augapfels ausblieb, und die Gelbsucht für den Arzt daher schwer zu diagnostizieren war.

Bei Herrn Erlbacher war es zu einer gefährlichen Ansammlung der Gallenabsonderungen innerhalb der Leber gekommen, wodurch die Leberkanäle mit der Zeit so verstopft wurden, daß die Leberfunktion allmählich zum Erliegen zu kommen drohte. Sinken diese lebenswichtigen Funktionen der Leber ab, so führt das zu einer zunehmenden Selbstvergiftung des gesamten Organismus. Die Folge ist eine fortschreitende Verschlechterung des Allgemeinzustandes.

Offenbar ist die Gelbsucht bei Herrn Erlbacher, der eine frische Operationsnarbe hatte und dessen Abwehrkräfte durch den Eingriff geschwächt waren, durch direkte Ansteckung übertragen worden. Man sollte aber auch den seelischen Schock beim Anblick des Gelbsuchtkranken nicht unterschätzen: Ein solcher Schock allein könnte genügen, um eine (allerdings nicht infektiöse) Leberfunktionsstörung bis hin zur Gelbsucht auszulösen, und zwar auf dem Weg über das vegetative Nervensystem, das ja auch die Leber- und Gallenfunktionen steuert. In diesem besonderen Fall scheinen beide Faktoren — die Infektion und die Schockwirkung — zusammengekommen zu sein. Dadurch, daß man die Krankheit so lange nicht erkannte, war das Blut des Patienten bereits total vergiftet, denn die Leber ist unter anderem auch das Hauptblutbildungs- und Blutreinigungsorgan des Körpers.

Die zur Öffnung der Leberkanäle sowie zur Entkrampfung des Leberüberzuges und der Gallenblase notwendige Umstimmung konnte nur durch eine sehr intensive Anregung der Leberfunktion noch im letzten Augenblick herbeigeführt werden. Man geht dabei natürlich das Risiko ein, daß infolge dieser starken Anregung der Tod unter Umständen um einige Stunden oder sogar um einen ganzen Tag früher eintritt. Dieses Risiko mußte man in dem Fall jedoch auf sich nehmen, da keine andere Möglichkeit mehr bestand.

Es ist selbstverständlich, daß der schon geschwächte Organismus des Kranken nicht mehr viel auszuhalten vermochte. Trotzdem durfte Herr Erlbacher drei Tage lang nichts als Kamillentee und gebähtes Weißbrot zu sich nehmen. Von den Tinkturen, die er stündlich abwechselnd einnehmen sollte, bestand die eine aus Berberitzenrinde und Schöllkraut, während die andere Ringelblume, Wermut und Tausendguldenkraut enthielt. Außerdem sollte er im Lauf des Tages mindestens fünf- bis sechsmal eine kleine Tasse Lebertee Nr. 17 schluckweise trinken. Dieser Tee kann übrigens monatelang ohne Schwierigkeiten oder Nebenwirkungen regelmäßig getrunken werden.

Die Tropfen wurden dagegen nach drei Wochen gewechselt. Das zweite Stadium der Behandlung mußte vor allem auf eine Beruhigung des vegetativen Nervensystems und die Lösung der Verkrampfungen ausgerichtet sein. Dazu dienten Tropfen aus Tinkturen von Fenchel, Pfefferminze und Hopfen im Wechsel mit einer Mischung aus den Tinkturen von Eisenkrautwurzel, Melissenblättern, Passionsblume, Akelei und Kornblume. Von diesen beiden Arzneien waren nur noch zweimal täglich je dreißig Tropfen einzunehmen.

Nach weiteren zwei Wochen wurde der Umstimmungsprozeß verlangsamt. Es wurden nur noch dreimal täglich dreißig Tropfen aus den Tinkturen von Allantwurzel, Brennesselblättern, Hauhechel, Berberitzenrinde und Vogelknöterich gegeben, deren Mischungsverhältnis im Verlauf der folgenden sechs Wochen zweimal verändert wurde.

Als Langzeittherapie wurde dann fortgefahren mit Tinkturen von Eisenkraut, Berberitzenrinde, Gartenraute, Zichorienwurzel, Wermut und Ringelblume (in mengenmäßig unterschiedlicher Zusammensetzung). Unerläßlich war es, daß Herr Erlbacher sich viele Monate lang an eine fleischlose und möglichst fettarme Kost hielt: Leichte Mehl-, Brot- und Gemüsesuppen, Biskuit, Kartoffeln, Sojamehl als Eiweißlieferant und Bienenhonig an Stelle von weißem Zucker. Blähende Nahrungsmittel mußten selbstverständlich gemieden werden. Durch Getreide, Obst und Gemüse erhält der Körper alle Nährstoffe, die er braucht, und ihr hoher Gehalt an Ballaststoffen sorgt überdies auf natürliche Weise für einen geregelten Stuhlgang, was ebenfalls sehr wesentlich ist. Wie man sieht, hat diese mit Recht als „Vollwertkost" bezeichnete Ernährungsweise auch den übrigen Familienmitgliedern gutgetan.

Eine weitere wichtige Maßnahme sind häufige Waschungen oder Bäder zur Reaktivierung der Haut. Wenn die Poren nicht regelmäßig von den Ausscheidungen der Schweiß-, Talg- und Duftdrüsen gereinigt werden, kann die Haut ihre vielfältigen Stoffwechselfunktionen nur ungenügend erfüllen.

Bei der Behandlung des Herzmuskelschadens sind Tinkturen von Weißdorn, Allantwurzel, Herzbeere, Waldmeister, Baldrianwurzel, Orangenblättern und Nelkenwurz — in unterschiedlichen Mengenverhältnissen gemischt — zur Anwendung gekommen. Je nach seinem Befinden nahm der Patient davon dreimal täglich zehn bis dreißig Tropfen mit etwas Wasser verdünnt. Dazu Herztee Nr. 127 sowie Herz- und Nerventee Nr. 1.

Belebend für Kreislauf und Nerven und entlastend für das Herz sind ableitende Fußbäder mit einem Aufguß von Brombeerblättern, Gänsefingerkraut und Baldrian. Außerdem fördert es die Durchblutung der Herzkranzgefäße, kräftigt die Herznerven und belebt die Herzmuskeltätigkeit, wenn man die Herzgegend mehrmals täglich mit Bio-agil einreibt.

Bei der Kost sind auch hier schwere, vor allem aber blähende Speisen zu meiden, die eine Hebung des Zwerchfells zur Folge haben könnten. Das Zwerchfell drückt nämlich dann auf die Herzspitzen bzw. die Körperschlagader, wodurch der Blutkreislauf beeinträchtigt wird. Verboten sind Reizmittel wie Alkohol, schwarzer Tee, Kaffee und Nikotin, weil sie eine zu starke Belastung für die Herzkranzgefäße bedeuten.

Eine Ausnahme bildet der „Herzwein": Herbem, naturbelassenem Weißwein setzt man pro Liter einen gehäuften Eßlöffel Rosmarinblätter zu, läßt ihn zwei Wochen stehen, und trinkt davon dann morgens und abends je ein Stamperl (etwa zwei Eßlöffel).

Sehr oft liegen Herzkrankheiten verborgene Ursachen zugrunde, die für den Laien nicht erkennbar sind, sondern von einem erfahrenen Arzt aufgedeckt werden müssen. Dazu gehören vor allem Infektionskrankheiten aller Art, Eiterherde und chronische Entzündungen (an Rachenmandeln, Zähnen, Ohrspeicheldrüse, Schilddrüse, Kiefernebenhöhlen usw.), organische Erkrankungen wie Lungen-, Leber- oder Nierenleiden und Stoffwechselerkrankungen wie Rheumatismus. Auf die Dauer können aber auch nervliche und psychische Belastungen — vor allem Ängste, Ärger, Zorn, Schlafbrechen (Schichtarbeit) oder Schlafmangel — zu schweren Beeinträchtigungen der Herztätigkeit führen. Bei Herrn Erlbacher waren alle diese Aspekte zu berücksichtigen, wobei in seinem Fall die Folgen der vorangegangenen Virus-Erkrankungen im Vordergrund standen. Nur auf lange Sicht war es möglich, sein Herzleiden so weit zu bessern, daß er allmählich wieder in die Lage versetzt wurde, auch schwere körperliche Arbeiten zu verrichten. Es ist aber sicher so, daß auch heute noch äußere Einflüsse wie plötzliche Wetterumschwünge, Föhn, Aufregungen, Kummer oder Ärger Herzbeschwerden bei ihm auslösen können. Deshalb wird Herr Erlbacher wahrscheinlich bis an sein Lebensende zwei- bis dreimal im Jahr herzstützende Mittel nehmen müssen.

Zu Frau Erlbacher:

Es waren sicher Ursachen nervlicher Natur, die bei Frau Erlbacher dazu geführt haben, daß sich nicht nur der Magen, sondern auch der Zwölffingerdarm immer wieder verkrampften. Die medikamentöse Behandlung hat ihrerseits jedoch Rückstände im Organismus hinterlassen, die zu einer Überbelastung der Niere geführt haben.

Um an die Wurzel des Übels heranzukommen, mußte deshalb zuerst über eine Entschlackung und Anregung der Nieren die Stoffwechselreinigung gefördert, und eine Umstimmung des Säure-, Eiweiß- und Wasserhaushalts bewirkt werden. Das wurde mit dem Nierentee Nr. 4 und Nierentropfen aus Tinkturen von Zinnkraut, Wacholderbeeren, Anis und Petersilienwurzel erreicht.

Erst nach dieser inneren Reinigung konnte die eigentliche Behandlung von Magen und Zwölffingerdarm beginnen. Sie erfolgte mit Tinkturen von Kalmuswurzel, Angelikawurzel, Bittersüß, Holunderblättern, Ginster und Tausendguldenkraut. Nach vier Wochen wurde dann übergegangen zu einer Mischung aus Koriander, Enzianwurzel, Anis, Schafgarbe und Eberwurz. Als Zwischenmittel waren zwei Wochen lang zweimal täglich zehn Tropfen Benediktenkrauttinktur zu nehmen.

Nach dem Nierentee erhielt Frau Erlbacher Magen- und Zwölffingerdarmtee Nr. 134 und zum Schluß Magentee Nr. 9, um auch die Gastritis zum Abklingen zu bringen.

Bei der Magenschonkost sollten vor allem Kaffee und schwarzer Tee gemieden werden, ebenso alle scharfen Gewürze, Salz, Essig, Ketchup, blähende Nahrungsmittel wie Kohlgemüse und Hülsenfrüchte, aber auch Fleisch (besonders Schweinefleisch, fettes und geräuchertes Fleisch) sowie Wurstwaren aller Art. Auf geregelten Stuhlgang sollte geachtet werden; bei schlechter Verdauung helfen am besten und schonendsten ganze, in warmer Milch eingeweichte Leinsamen.

Auf der Suche nach der Adresse eines Patienten, bei dem wir angesagt sind, fährt Herr Neuner im Schrittempo durch die sonntäglich stillen Straßen einer größeren Ortschaft und hält Ausschau nach einem Passanten, den er um den Weg fragen könnte. Plötzlich öffnet sich eine Haustür, und aufgeregt mit den Armen rudernd kommt ein jüngerer Mann durch den Vorgarten auf uns zugelaufen. „Na sowas, seh ich recht? Das ist doch der Herr Neuner!" ruft er freudestrahlend aus und reißt mit Schwung die Wagentür auf. Jetzt erkennt auch Herr Neuner seinen ehemaligen Patienten und Musikerkollegen Oswald Trattner, schüttelt ihm herzlich die Hand und läßt sich nach kurzem Zögern dazu überreden, die Feste zu feiern wie sie fallen und die freundliche Einladung auf eine Tasse Kaffee anzunehmen.

Mit berechtigtem Stolz führt Herr Trattner uns durch das geräumige, modern eingerichtete Haus, das er und seine Frau größtenteils mit ihren eigenen Händen erbaut haben. Er ist ein drahtiger, aber ungewöhnlich sensibel wirkender Mann mit einer zarten, sehr weißen Haut, hellen Augen und einer melodischen Stimme. Die fahrige Bewegung, mit der er sich immer wieder die glatten blonden Haare aus der Stirn streicht, hat allerdings so große Ähnlichkeiten mit der Verlegenheitsgeste eines zu rasch aufgeschossenen Schuljungen, daß ich ihn vielleicht deshalb für viel jünger als 47 Jahre gehalten hätte.

Als Herr Neuner ihm vom eigentlichen Zweck unserer Fahrt und dem geplanten Buch erzählt, hört er eine Weile sehr aufmerksam zu, fährt sich ein paarmal durch die Haare und meint dann plötzlich mit einem fragenden Seitenblick auf mich: „Da könnt' ich ja auch etwas dazu beisteuern!" Das braucht er nicht zweimal zu sagen; eine Minute später steht zwischen den Kaffeetassen das Tonbandgerät auf dem Tisch.

Vor sechzehn oder siebzehn Jahren, erzählt Herr Trattner, begannen sich bei ihm in den Achselhöhlen und in der Beuge nacheinander mehrere Schweißdrüsenabszesse zu bilden. Es blieb ihm nichts anderes übrig als zu warten, bis die schmerzenden Eiterbeulen sich bläulich verfärbten, was bedeutete, daß sie reif waren, aufgeschnitten zu werden. Der Gang zum Arzt, der diese kleine Operation besorgte, verlor für Herrn Trattner allmählich seine Schrecken, denn kaum war ein Abszeß einigermaßen abgeheilt, kam bereits das nächste zum Vorschein. Um so mehr aber litt er unter einem allgemeinen Schwächegefühl und immer unerträglicher werdenden Schmerzen, da die ohnehin übersensible Haut in Beuge und Achselhöhlen durch die wiederholten Eiterungen und Operationen immer empfindlicher wurde.

Der Arzt versuchte, der Entwicklung neuer Eiterherde durch eine Penicillinkur vorzubeugen. Als der gewünschte Erfolg jedoch ausblieb, schickte er seinen bedauernswerten Patienten zu einem Spezialisten nach Innsbruck, der den leider ebenso erfolglosen Versuch unternahm, die Abszesse durch eine Strahlenbehandlung zu veröden. Nachdem Herr Trattner die weite Fahrt nach Innsbruck viele Male vergeblich auf sich genommen hatte, wurde ihm nach einer Durchuntersuchung mitgeteilt, daß man in seinem Fall nur noch die Möglichkeit einer größeren Schweißdrüsenoperation sehe, die allerdings nicht ganz ohne Risiko sei. Da Herr Trattner sich zu dieser Operation nicht gleich entschließen konnte, bat er um Bedenkzeit. Auf der Heimfahrt ließ er sich die Sache durch den Kopf gehen, und während er sorgenvoll hin und her überlegte, kam er auf den Gedanken, sich an Herrn Neuner zu wenden, den er bis dahin nur vom Hörensagen gekannt hatte.

Als er wenige Tage später mit seiner Urinprobe vor ihm stand, sagte Herr Neuner ohne einen Augenblick zu zögern, daß er ihm helfen könne. Allerdings trinke er zuviel und schlafe zuwenig. „Das hat genau gestimmt", sagt Herr Trattner nachdenklich nickend zu Herrn Neuner, „i war schon bei der Musi und hab sehr viel gspielt damals, oft bis in die Nacht hinein. Dann hast mir du was von deine Kräutertropfen mitgeben, das hab i peinlichst genau eingnommen. Und danach hab i noch einen einzigen Abszeß kriagt, dös war überhaupt der größte — an den kann sich auch der Doktor bis heut noch erinnern! Der is mir damals nämlich beinah zurückgschreckt davor, er wollt mich damit unbedingt ins Krankenhaus schicken. ‚Das kann ich nicht aufschneiden', hat er gsagt, ‚das ist ja eine richtige Operation!' — ‚Ja, meinen Sie denn, daß mir das noch was ausmacht?' hab i gsagt. ‚Das macht mir schier die größte Freud — i hab doch schon weit über vierzig aufschneiden lassen!'

Noch bei der Erinnerung an diese Szene lacht Herr Trattner fröhlich in sich hinein. Der tatsächlich von erstaunlicher Abhärtung zeugende Galgenhumor des Patienten scheint jedenfalls den Arzt dazu bewogen zu haben, ihn von seinem Riesenabszess zu befreien, wofür Herr Trattner seinem Hausarzt noch heute sehr verbunden ist. In einem letzten, heftigen Ausbruch hatte sein Körper sich während Herrn Neuners Blutreinigungskur noch einmal gewaltsam der angesammelten Giftstoffe entledigt; danach aber blieb Herr Trattner lange Zeit von Abszessen verschont, fühlte sich ausgeglichener und gesund wie ein Fisch im Wasser.

Einige Jahre später befiel ihn jedoch plötzlich ein offenbar allergischer Ausschlag. Sobald ihm Weingeruch oder Zigarettenrauch in die Nase stieg, ja selbst wenn er nur leicht ins Schwitzen kam, verspürte er einen beißenden Juckreiz. Auf Gesicht und Armen bildeten sich kurz darauf kleine rote Pünktchen, die sich rasch über den ganzen Körper ausbreiteten und vor allem im Gesicht zu regelrechten Beulen anwuchsen. Gleichzeitig schwollen auch Hände und Füße so stark an, daß er sein Musikinstrument nicht mehr festhalten konnte und in keinen Schuh mehr hineinpaßte. Er mußte das Musizieren aufgeben, und als die allergischen Anfälle sich häuften, hatte er allmählich das peinliche Gefühl, seinen „Aussatz" auf jeden Menschen zu übertragen, dem er nur die Hand gab, obgleich er inzwischen wußte, daß seine Krankheit nicht ansteckend war.

Nachdem nämlich der Methylalkohol, der ihm von seinem Arzt verschrieben worden war, nicht die geringste Wirkung gezeigt hatte, ging er zu Herrn Neuner, der ihn darauf vorbereitet hatte, daß der Heilungsprozeß mindestens ein halbes Jahr in Anspruch nehmen würde. „Du hast eine Allergie", sagte er zu Herrn Trattner, „dein Blut ist stark verunreinigt, und außerdem hast du dir wahrscheinlich die Nieren verkühlt. Bis sich das wieder eingependelt hat, dauert es seine Zeit; das geht nicht von heut auf morgen."

Er sollte recht behalten: Ziemlich genau sechs Monate, nachdem Herr Trattner mit der Einnahme der Kräuterheilmittel begonnen hatte, verschwanden die allergischen Ausschläge eines Tages ebenso unvermittelt wie sie gekommen waren. Welche Leistung Herr Neuner damit vollbracht hat, weiß wahrscheinlich nur derjenige zu schätzen, der auf eigene Erfahrungen mit einer allergischen Krankheit zurückblickt.

Wieder vergingen einige Jahre, in denen Herr Trattner keinerlei Beschwerden hatte. Dann überanstrengte er sich beim Hausbau und bekam zu seinem nicht geringen Schrecken nochmals zwei Abszesse. An dem Tag, an dem er Herrn Neuner deshalb anrief, waren sie zufällig beide zur Goldenen Hochzeit eines gemeinsamen Freundes eingeladen. „Du Hansl, bei mir fehlt's wieder", sagte Herr Trattner am Telefon. „I hab wieder zwei Abszesse, und der Ausschlag kimmt a wieder." Als sie sich am Abend dann bei dem Fest trafen, steckte Herr Neuner ihm wortlos die versprochenen Heilmittel zu.

Um seine nachträglich aufsteigende Rührung zu verbergen, fügt Herr

Trattner seiner Erzählung an dieser Stelle mit etwas rauher Stimme hinzu: „Musikanten helfen ja sonst aa im Leben zsamm, nit?" — „Ja eben, eben", antwortet Herr Neuner energisch nickend.

Die mitgebrachte Medizin tat innerhalb weniger Wochen ihre Wirkung. Der Ausschlag verschwand, ehe er noch richtig zum Ausbruch gekommen war, und es bildeten sich keine neuen Abszesse mehr. Herr Trattner fühlte sich den Anstrengungen des Hausbaues wieder vollkommen gewachsen und verbrachte danach bei bester Gesundheit einige glückliche Jahre in seinem neuen Haus.

1978 aber traf ihn aus heiterem Himmel ein furchtbarer Unglücksschlag. Er verlor auf tragische Weise seine Frau, ohne die zu leben er sich nicht vorstellen konnte. Der Schock über ihren plötzlichen Tod erschütterte gleichermaßen sein seelisches wie sein körperliches Gleichgewicht. Er stand kurz vor einem Nervenzusammenbruch, bekam plötzlich heftige Gichtschmerzen in den Gelenken und bemerkte, daß seine Fingernägel nicht fest und glatt, sondern weich und verschrumpelt nachwuchsen.

Mühselig und niedergeschlagen schleppte er sich wieder zu Herrn Neuner, der ihn zu trösten versuchte und ihm versprach, daß er ihn von seinen nervösen Störungen und seiner Gicht heilen könne, wenn er nur Geduld und Ausdauer habe. Durch die starke seelische Erschütterung und die damit verbundene Nervenbelastung sei die Kette eben wieder an ihrer schwächsten Stelle gerissen.

„Ja, Gicht ist eine ganz typische Folge von schlechtem Blut und Harnübersäuerung", erklärt Herr Neuner. „Und da gibt es nur ein Mittel dagegen: Blutreinigung. Das ist allerdings eine langwierige Sache, denn so wie es längere Zeit gedauert hat, bis der Körper all die Gifte und Schlackstoffe angesammelt hat, braucht es auch seine Zeit, bis er sich wieder davon befreien kann. Diese Verschmutzung kann man nit einfach mit Reibsand oder Drahtbürsten ausputzen, sondern der Körper muß sich durch einen langsamen Selbstreinigungsprozeß allmählich wieder umstellen. Da helfen nur Geduld und Ausdauer."

„Freilich, das hast du mir auch gleich gesagt", erwidert Herr Trattner und nickt zustimmend. „Aber deine Medizin, merk i, die schlagt bei mir an: weil wenn i sie nehm, dann werd i a bißl müd, ruhiger, und auch potenzmäßig spür i, daß es nachläßt. Daß deine Medizinen bei mir wirken, hab i immer ganz deutlich gspürt. Und genau das gleiche hat auch meine Frau gsagt, wie du ihr damals die Schuppenflechte weggebracht hast."

Einmal nämlich, erzählt Herr Trattner, bekam seine Frau plötzlich einen flechtenartigen Ausschlag, dessen Ursache sie sich nicht erklären konnte. Erst hoffte sie, er werde von selbst wieder verschwinden, doch da er sich statt dessen zunehmend verschlimmerte, ging sie nach einigen Wochen schließlich zum Arzt. Der Arzt diagnostizierte Schuppenflechte und verschrieb ihr, da er nicht mehr für sie tun konnte. Methylalkohol zur Linderung des Juckreizes. Damit war natürlich nichts getan, wie Herr Trattner aus eigener Erfahrung wußte. „Versprich mir, daß du zum Neuner-Hansl gehst", sagte er zu seiner Frau, als er sich vor einer mehrwöchigen Auslandsreise von ihr verabschiedete.

Bei seiner Rückkehr fiel sie ihm erleichtert um den Hals. „Ein Glück, daß du jetzt nit da warst", meinte sie lächelnd, „ich hab so furchtbar ausgschaut, grad so, als ob mir am ganzen Körper der Kalk herunterrieseln würde!" In diesem Zustand war sie zwei Wochen zuvor bei Herrn Neuner erschienen, dessen Heilmittel eine rapide Besserung bewirkt hatten. Sechs Wochen später war ihre Haut wieder vollkommen rein, und während der zehn Jahre bis zu ihrem Tod erlitt sie auch keinen Rückfall mehr.

Die Erinnerung an seine Frau hat Herrn Trattner sichtlich aufgewühlt. Er ist unvermittelt sehr blaß geworden, doch er tut sein Bestes, um sich nichts anmerken zu lassen. Eifrig beginnt er mit dem Kaffeegeshirr auf dem Tisch zu hantieren, und läßt sich von Herrn Neuner dann dankbar in ein unbeschwertes Gespräch über Musik verwickeln. Als er anschließend auf seine Pensionsgäste zu sprechen kommt, sprudelt er plötzlich hervor, wir müßten, wenn wir schon da seien, übrigens unbedingt noch zu Frau Zeyrich hinübergehen, die schon seit Jahren ihren Urlaub in seinem Haus verbringe und Herrn Neuner als ihren Lebensretter betrachte. Alles weitere sollte sie uns am besten selber erzählen.

„Wer weiß, was dieser Tag heut noch an Überraschungen für uns bereithält", sagt Herr Neuner schmunzelnd zu mir, während Herr Trattner seine Hausgäste um ihr Einverständnis fragen geht. „Das hätt mir die Frau Zeyrich nie vergeben, wenn ich ihr dich vorenthalten hätt, Hansl", meint er schelmisch, als er uns wenige Augenblicke später in das liebevoll eingerichtete Gästezimmer führt, wo Frau Zeyrich, ihr Mann und ein Bekannter schon die Stühle zusammengerückt haben, und nun in aller Eile Kaffee und Kuchen auftischen, um ihre Jause mit uns zu teilen.

Frau Zeyrich stammt aus der Gegend um Frankfurt am Main; sie ist eine kleine, rundliche Frau von etwa 55 Jahren mit dichten, dunklen Locken und sparsamen Gesten, und strahlt eine beinahe phlegmatische

Gutmütigkeit aus. Ohne sich nur einen Augenblick zu zieren, beginnt sie, die Hände im Schoß gefaltet, zu erzählen:

„Angefangen hat es mit solchen Atembeschwerden, daß ich nichts mehr essen konnte. Das Essen hat sich im Schlund festgesetzt, das ging einfach nicht runter. Ich bin erst mal zum Hausarzt gegangen, der sagte, es wäre eine Verkrampfung. Er hat mir Tabletten verschrieben, die aber absolut nicht geholfen haben. Als nächstes bekam ich sehr stark geschwollene Hände, konnte mich nicht mehr selbst an- und ausziehen, mir keine Scheibe Brot mehr abschneiden, und auch die Knie waren angeschwollen und dadurch so steif, daß ich kaum noch gehen konnte.

Es soll, hat der Facharzt damals gesagt, eine rheumatische Nervenentzündung gewesen sein. Aber von den Medikamenten, die er mir gegeben hatte, bekam ich zu allem anderen noch solche Magenschmerzen, daß ich mich oft nur so gekrümmt habe. Da mußte ich die Medikamente dann einfach weglassen. Zum Arzt gehen wollte ich auch nicht mehr — wozu auch? — er konnte mir ja doch nicht helfen. Ich hatte inzwischen schon mehr als 20 Pfund abgenommen; ich bin am Tisch gesessen und konnte einfach nichts hinunterbringen. Wenn ich im Bett lag, konnte ich nicht mehr alleine aufstehen, da mußte mein Mann mir aufhelfen, weil ich völlig steif war und einfach keine Luft kriegte. Ich konnte nichts mehr arbeiten, mich nicht einmal mehr ohne fremde Hilfe ankleiden, und nachts habe ich vor Schmerzen natürlich auch nicht viel geschlafen. Die Bekannten haben, wenn sie mich gesehen haben, immer gesagt: Du mußt unbedingt wieder zu einem Arzt gehen! Ich wußte ja schon, daß es nichts nützt, aber zweimal habe ich's dann doch wieder probiert; habe wieder Medikamene gekriegt, und sie so lange genommen, bis diese furchtbaren Magenkrämpfe wieder da waren. Und schließlich habe ich mir gedacht: Es wird eben nichts mehr; es hat alles keinen Zweck, das Ende ist da. Ich mache halt noch irgendwie weiter, so lange es geht. Arzt kann mir keiner helfen, mag also kommen, was will.

Nur weil mein Sohn — der war damals 18 Jahre alt — sich so gewünscht hat, das letztemal mit uns zusammen hierher nach Tirol zu fahren, und ich dem Jungen den Spaß nicht verderben wollte, habe ich zu mir gesagt: ,Du mußt fahren!' und habe mich einfach dazu gezwungen. Wir kannten ja die Leute schon, und wußten, daß es uns hier immer gutgeht. Ich habe mir eingeredet, daß es mir an der frischen Luft sogar n'bißchen besser gehen würde. Egal wie — vor dem Ende wollte ich jedenfalls mit meinem Mann und meinem Sohn wenigstens noch einmal hierherfahren. So weit war ich damals."

Mit verschränkten Armen in seinen Sessel zurückgelehnt, den Blick starr auf die Tischkante geheftet, hat Herr Zeyrich seiner Frau zugehört und dabei nur manchmal schweigend genickt. Auch er muß diese Zeit wie einen schweren Alptraum durchlebt haben. Als sie jetzt wieder zu sprechen beginnt, löst er seinen Blick von der Tischkante und lächelt ihr aufmunternd zu.

„Ja, und dann bin ich auf den Rat unserer Gastgeber zu Ihnen gegangen", fährt sie zu Herrn Neuner gewendet fort. „Da ist ein Nerv eingeklemmt. Stellen Sie sich mal gerade hin!' haben Sie bloß gesagt, haben meinen Kopf genommen und kurz gedreht, daß es nur so gekracht hat. Es war ein ganz kurzer Schmerz, dann war alles vorbei, und plötzlich hatte sich auch der Krampf gelöst. Sie haben mir aber auch einen Tee und Medizinen migegeben, die so großartig gewirkt haben, daß ich schon kurze Zeit später wieder essen, gehen und meine Hände benutzen konnte!"

„Es waren mehrere Wirbel verdreht", fügt Herr Neuner erklärend hinzu, „und durch die chiropraktische Einrenkung der Wirbelsäule hat sich auch die krampfartige Verspannung des Brustkorbs und des Genicks gelöst. Die Magenschmerzen sind durch das Absetzen der allopaschen Medikamente von selbst vergangen, und durch die Kräutertees, Kräutertropfen und Einreibungen haben sich im Lauf mehrerer Monate auch die Schwellungen allmählich zurückgebildet."

„Ja", stimmt Frau Zeyrich zu, „das hat alles in allem fast ein Jahr gedauert, aber danach habe ich mich wirklich wie neugeboren gefühlt. Und heute, sechs Jahre danach, bin ich eigentlich völlig beschwerdefrei; nur manchmal, im Herbst, wenn das Wetter sehr feucht und kalt ist, spüre ich noch leichte Schmerzen in den Gelenken. Wenn mich unsere Gastgeber aber nicht zu Ihnen gebracht hätten, wäre das, denke ich, bestimmt mein letzter Urlaub gewesen. Und wie ich dann nach Deutschland zurückgekommen bin, und es mir von Tag zu Tag besser ging, da waren meine Bekannten richtiggehend sprachlos: das könnte doch gar nicht sein, daß es so etwas gäbe! Wissen Sie, es gibt viele Leute, die gegen die Heilpraktiker sind — und ich glaube, sie haben auch Angst um das bißchen Geld, das sie bezahlen müssen. Um zu erkennen, daß die Gesundheit unbezahlbar ist, muß man vielleicht selbst einmal so schwer krank gewesen sein."

„Ja freilich", lacht Herr Neuner, „Sokrates hat schon gesagt: Durch Leiden wird man weise. Ein Gesunder hat viele Wünsche — ein Kranker hat nur einen: wieder gesund zu werden. Also muß der Sokrates wohl auch krank gewesen sein, sonst wäre er nicht so weise geworden."

Mit diesen Worten erhebt er sich, wir bedanken uns herzlich für die zweite unverhoffte Kaffeejause dieses Nachmittags, und verabschieden uns dann noch von Herrn Trattner, der uns mit seinen Gästen taktvoll allein gelassen hat. In der Eile hätten wir beinahe vergessen, ihm jene Frage zu stellen, der wir dieses erfreuliche Zwischenspiel eigentlich zu verdanken hatten: die Frage nach dem kürzesten Weg zum Haus von Herrn Imling.

Herrn Neuners Kommentar:

Chronische Abszeßbildung ist ein sicheres Anzeichen für eine Vergiftung des Organismus, wobei vor allem Blut und Lymphe betroffen sind. Mit der operativen Entleerung eines Abszesses kann man nur das Symptom vorübergehend beseitigen, und die heute allgemein übliche Behandlung mit Antibiotika ist zwar sehr wirksam, zieht aber meist andere, häufig schwerwiegende Störungen nach sich. Aus der Sicht der Naturheilkunde muß die Behandlung bei chronischer Abszeßbildung oder Furunkulose daher auf eine gründliche Blut- und Stoffwechselreinigung ausgerichtet sein, die durch Maßnahmen zur Verbesserung der Blutzusammensetzung zu ergänzen ist, da ja Verwesungsprozesse innerhalb des Körpers auf ein sehr schlechtes Blutbild hinweisen.

Zu dieser Therapie gehört in erster Linie eine strenge Diät, bei der der Genuß von Eiweiß und tierischen Fetten weitgehend eingeschränkt werden sollte. Verboten sind vor allem Schweinefleisch, Wurstwaren, weißer Zucker, Schokolade und Süßigkeiten aller Art; besonders zu empfehlen sind dagegen Obst, Beerensäfte, Blatt- und Wurzelgemüse, nicht zu vergessen Knoblauch und Kerbel, die zu den wirksamsten Blutverdünnungsmitteln zählen. Sehr günstig wäre bei abnehmendem Mond täglich ein Eßlöffel Bierhefe, in etwas Wasser aufgelöst.

Die Kräutertropfen, deren Zusammensetzung im Lauf der Behandlung mehrmals variiert wurde, bestanden aus Tinkturen von Wollkraut, Huflattich, Veilchenwurzel, Blutwurz, Holunderblättern, Walnußblättern, Bibernelle, Vogelknöterich und Breitwegerich; bei abnehmendem Mond zusätzlich Blutreinigungstee Nr. 2. In schweren Fällen wie bei Herrn Trattner muß diese Blutreinigungskur mindestens ein halbes Jahr lang durchgeführt werden.

Zu Beginn der Abszeßbildung wäre zudem auch das homöopathische Mittel Mercurius solubilis D12 zu empfehlen, wenn das Geschwür sich zusammenzuziehen beginnt Heppar sulphuris D12 und bei Durchbruch des Eiters Silicea D12. Nach Abschluß des Reinigungsprozesses könnten zweimal täglich zehn Tropfen Phosphor D12 zur Blutverbesserung beitragen.

Die Reifung eines Abszesses läßt sich durch Umschläge mit Kamillentee, faulen Äpfeln, oder auch einem heißen Brei aus Leinsamen beziehungsweise Bockshornkleesamen beschleunigen; die weitaus wirkungsvollste Auflage aber ist erfahrungsgemäß ein Gemisch aus einem Eßlöffel Roggenmehl und einem Eßlöffel Bienenhonig, das zu einer Zusammenziehung des Abszesses innerhalb von drei bis vier Tagen führt.

Von größter Wichtigkeit ist die Reinhaltung der Haut. Um Hautreizungen oder -entzündungen zu vermeiden, sollte man zum Waschen auf keinen Fall chemische Präparate, sondern am besten einfache Kernseife verwenden, aber auch nicht vergessen, die Unterwäsche oft genug zu wechseln. Vorteilhaft ist außerdem häufiges Schwitzen — sei es durch Bewegung, Dampfbäder, Sauna oder Sonnenbäder — wobei man allerdings sehr darauf achten muß, sich danach nicht zu verkühlen. Die Dauer der Sonnenheilbäder sollte anfangs 15 Minuten nicht überschreiten und nur sehr langsam und mäßig gesteigert werden. Es ist also dringend davor zu warnen, den Körper stundenlang der prallen Sonne auszusetzen, da dies selbst für gesunde Menschen äußerst schädlich ist!

Der juckende Ausschlag in Verbindung mit einer Nasenschleimhautreizung war kennzeichnend für eine Übersäuerung des Stoffwechsels, die ihrerseits auf einer Verminderung der Nierentätigkeit beruhte. Die auslösende Ursache dürfte wie bei den meisten Nierenfunktionsstörungen eine starke Verkühlung gewesen sein. Hier war die Blutreinigung zwar auch wichtig, im Vordergrund stand jedoch eine Anregung der Nieren- und Nebennierentätigkeit. Verwendet wurden dazu Tinkturen von Zinnkraut, Brennessel, Birkenblättern, Hagebutten und Basilikum, sowie als Zwischenmittel einmal täglich zehn Tropfen Storchenschnabeltinktur. Nierentee Nr.4 und später Stoffwechselreinigungstee Nr. 19 ergänzten die Behandlung.

Wie labil der Stoffwechsel nach einer schweren „Blutverkühlung" und jahrelanger Abszeßbildung immer noch war, zeigen Herrn Trattners mehrmalige Rückfälle. Durch Überanstrengung und eine neuerliche Erkältung beim Hausbau sind sowohl die Abszesse als auch der Ausschlag wiedergekommen, und die vorhin beschriebene Blut- und Stoffwechselreinigungskur, einschließlich der Diät, mußte nochmals wiederholt werden.

Eine schwere Stoffwechselstörung signalisierten aber auch die

Gelenksschmerzen und die Veränderungen der Fingernägel unmittelbar nach dem Tod seiner Frau. Die starke seelische Erschütterung löste eine ganze Reihe von Organfunktionsstörungen aus, die zu symptomatischen Veränderungen im Bereich der Stoffwechselprodukte führten: Über die Niere zu einer Veränderung der Harnsalze und des Harnsäurespiegels, über die Drüsen (vor allem die Schilddrüse) zu Veränderungen der Jodsalze, und über die Leber zu Veränderungen der Fettsäuren. Die Folge waren Schwellungen und Entzündungen im ganzen Körper. Da bei Herrn Trattner damals außerdem ein Nervenzusammenbruch zu befürchten war, mußten die oben angeführten Mittel zur Blut- und Stoffwechselreinigung durch nervenstärkende Mittel ergänzt werden, namentlich Tinkturen von Himmelschlüssel, Hopfenblüten, Baldrianblüten, Zitronenmelisse und Waldmeister, sowie durch den Herz- und Nerventee Nr. 1.

Zur Schuppenflechte seiner Frau wäre dasselbe zu sagen wie zum Fall Ratzenböck, auf den ich hier verweisen möchte.

Zu Herrn Trattners Urlaubsgast:

Bei Frau Zeyrich lag ursprünglich sicher eine starke Verkühlung vor, die zu Verspannungen und Verkrampfungen führte, von denen auch die Wirbelsäule und der Trapezmuskel betroffen waren. Am Anfang wäre die ganze Sache durch eine chiropraktische Behandlung und ein Mittel gegen Erkältungen wohl sehr einfach zu beheben gewesen, da die Behandlung aber nicht rechtzeitig erfolgte, kam es zu schweren Stoffwechselstörungen, die sich wie rheumatische Beschwerden im gesamten Organismus niederschlugen.

Ich bin überzeugt, daß auch die von Frau Zeyrich konsultierten Ärzte aus ihrer Sicht nur das Beste gewollt und getan haben. Die von ihnen verordneten Medikamente sind zweifellos wirksam, doch werden sie von vielen Patienten nicht vertragen, weil sie häufig Verspannungen und Verkrampfungen des Verdauungstraktes oder eine Verstimmung der Verdauungssäfte zur Folge haben. Es hat sich ja auch gezeigt, daß mit dem Absetzen der Medikamente Frau Zeyrichs Magenbeschwerden zurückgegangen sind. Aus meiner Sicht ist es nicht richtig, Medikamente einzusetzen, von denen man weiß, daß sie derartige Nebenwirkungen mit sich bringen.

Zur Entspannung empfiehlt sich eine Behandlung mit Tee und Kräuterauszügen von Gänseblümchen, Kamille, Melisse, Goldrute, Augentrost und Hafer, sowie bei Verkühlungen von Birkenblättern, Erdrauchblättern, Huflattich, Brennessel und Holunderblättern. Tiefwirkende Einreibungen aus Kräuterölen (Biofit-Einreibung) können durch eine Förderung der Durchblutung den krampflösenden und entschlackenden Effekt dieser Kur unterstützen; Linderung bringt das Auflegen von erwärmten Heublumensäcken. Tierisches Eiweiß und tierische Fette, vor allem aber der Genuß von Alkohol, der zu Reizzuständen und Stauungen in der Blutbahn führt, sollten während der Behandlung gemieden werden. Besondere Vorsicht ist bei Zugluft geboten!

Im Haus des Land- und Forstarbeiters Imling erwartet Herrn Neuner
ein festlicher Empfang. Der Hausherr, ein kräftig gebauter Mann, ist
kein Freund von großen Worten; aber was Herr Neuner vor mehr als 25
Jahren für ihn getan hat, betont er, werden ihm seine Frau und er ihr
Lebtag nicht vergessen.

Herr Imling war 24 Jahre alt und noch ledig, als er am Weihnachtstag
auf einer Eisplatte ausrutschte und unsanft aufs Steißbein fiel. Da von
außen nicht die geringste Verletzung zu sehen war, maß er diesem
lächerlichen Vorfall zuerst gar keine Bedeutung bei, wunderte sich aber,
daß er mehrere Tage später immer noch ziemlich heftige Schmerzen
verspürte. Am Silvesterabend war er zu einem Fest eingeladen, wo man
ihm zur Begrüßung ein Glas Wermut anbot. Er hatte das Glas kaum zur
Hälfte geleert, da überfiel ihn der Schmerz plötzlich mit solcher Gewalt,
daß er sich mit zusammengebissenen Zähnen schleunigst auf den Heimweg machte, um so rasch wie möglich ins Bett zu kommen.

Nach einer schlaflosen Nacht begab sich der schmerzgeplagte junge
Mann am Neujahrstag endlich zu einem Arzt, der sich seine
Beschwerden genau schildern ließ, ihn untersuchte und sofort in die
Klinik überwies. Dort wurde ihm am 2. Januar der Blinddarm entfernt.
Die Operation war zur vollsten Zufriedenheit der Ärzte verlaufen, den
unglücklichen Patienten aber schmerzte nicht nur die frische
Operationswunde, sondern weit ärger noch plagten ihn nach wie vor die
Schmerzen am unteren Ende der Wirbelsäule, derentwegen er ins
Krankenhaus eingeliefert worden war. Seine Klagen wurden jedoch auf
die leichte Schulter genommen, und man schickte ihn nach einer
ergebnislosen Durchuntersuchung wieder nach Hause.

Die Blinddarmnarbe verheilte, die Schmerzen blieben, an Arbeiten
war nicht mehr zu denken, und nach knapp drei Monaten lag Herr
Imling wiederum auf dem Operationstisch: Diesmal mußten seine
Rachenmandeln daran glauben. Wie sich allerdings nur allzubald
herausstellte, erzielte leider auch diese Operation nicht den gewünschten
Erfolg, sondern hatte nur zur Folge, daß Herr Imling, der wie die
meisten Zillertaler ein begeisterter Sänger war, seine Stimme teilweise
einbüßte.

Heute läßt diese absurde Geschichte sich wie eine Komödie erzählen, Herr Imling aber erlebte und erlitt sie damals als eine reine Tragödie. Da er vor seiner geheimnisvollen Erkrankung noch nicht lange genug regulär angestellt und versichert gewesen war, stellte die Krankenversicherung nach der Mandeloperation alle weiteren Zahlungen ein, und der mittellose junge Mensch stand finanziell vor dem Nichts, da sein Zustand es ihm nicht erlaubte, irgendeine Arbeit anzunehmen.

Er fühlte sich elender als jemals zuvor. Vergeblich rätselten die Ärzte über die wahre Ursache seiner unausgesetzten Schmerzen. Zu guter Letzt machten sie aufs Geratewohl seine Zähne dafür verantwortlich und gaben ihm den Rat, sie ziehen zu lassen. „Gott sei Dank", schnaubt Herr Imling, „sind meine Zähne aber so tadellos gsund gwesen, daß si koa Zahnarzt gfunden hat, der sie hätt aussireißen wollen — sonst hätt i die a no lassen müaßen!"

Verärgert über diesen lästigen Patienten, der halsstarrig behauptete, sich vor Schmerzen kaum rühren zu können, obwohl keine der zahlreichen Untersuchungen auf einen objektiven Grund für sein Leiden schließen hatte lassen,bezichtigten die behandelnden Ärzte Herrn Imling schließlich, ein notorischer Simulant und Querulant zu sein, und drohten ihm, ihn zur Heilung von seinen Einbildungen ins Gipsbett zu legen.

Wütend über diese Unterstellungen, in seiner persönlichen Ehre gekränkt und mit begreiflicherweise schwer angeschlagenem Vertrauen in die ärztliche Kunst, verließ Herr Imling das Krankenhaus und kehrte kränker als zuvor nach Hause zurück. Sein einziger Trost während dieser schweren Zeit war seine Verlobte, die ihn um keinen Preis im Stich lassen wollte und ihn monatelang liebevoll und geduldig pflegte. Im Dorf sprach es sich bald herum, wie es um den jungen Mann stand, und mitleidige Bekannte überredeten den Verzweifelnden dazu, Herrn Neuner aufzusuchen.

Aus der Urinprobe, die er ihm mitgebracht hatte, erkannte Herr Neuner mit einem Blick, daß eine Geschwulst, die offenbar so tief lag, daß sie nicht einmal durch eine Röntgenspezialuntersuchung zu lokalisieren gewesen war, die eigentliche Ursache von Herrn Imlings Schmerzen sein müsse. „Die Geschichte war so", erklärt Herr Neuner, „daß sich durch den Sturz auf die Eisplatte ein innerer Bluterguß gebildet hat, der nicht austrocknen konnte und daher zu schwären angefangen hat. Dabei hat sich allmählich eine krankhafte Gewebsentwicklung — ein Abszeß oder Tumor — gebildet. Nachdem die betreffende Stelle aber hinter dem Kreuzbein lag, war sie von außen therapeutisch nicht zugänglich, sondern es mußte durch erhöhte Blutzufuhr eine stärkere Durchblutung hervorgerufen werden, um einen Abtransport der rückgestauten Stoffe zu ermöglichen. Das kann man nur durch gezielte Überwärmungsbäder und Umschläge erreichen; gleichzeitig aber müssen blutreinigende Mittel verabreicht werden, die einen inneren Auflösungsprozeß einleiteten."

Herr Neuner gab seinem Patienten also Tropfen und Tee zur Anregung der Blutzirkulation mit, verordnete ihm heiße Umschläge und schickte ihn dann, um die Aufweichung des Abszesses zu beschleunigen, in ein Moorbad. Um die Kosten der Badekur und des Hotelaufenthalts bestreiten zu können, mußte Herr Imling, der ja seit Monaten keine Einnahmen mehr hatte, die einzige Kuh verkaufen, die ihm als Erbanteil aus dem Elternhaus noch zustand. Eine Kuh war damals ungefähr viertausendfünfhundert Schilling (etwa sechshundertvierzig D-Mark) wert, und diese Summe verschlang der vierzehntägige Kuraufenthalt bis auf den letzten Groschen.

Als Herr Imling nach der Kur wieder zu Herrn Neuner kam, stand eindeutig fest, daß dessen erste Diagnose vollkommen richtig gewesen war. Der diffuse Streuschmerz in der Kreuzgegend hatte sich in ein stechendes Pochen verwandelt, das den bevorstehenden Aufbruch der Geschwulst ankündigte. Etwas mehr als ein Jahr war seit dem folgenschweren Sturz inzwischen vergangen. Eine weitere Woche lang legte Herrn Imlings Verlobte dem erschöpften Kranken unermüdlich heiße Pflaster auf und bereitete ihm nach Herrn Neuners Anweisungen verschiedene warme Umschläge mit Lehm, Topfen, Zwiebeln, Leinöl, ja sogar Schmierseife und Kaminruß, die während des Tages alle zwei Stunden gewechselt werden mußten.

Er spüre eine starke Spannung und ein schmerzhaftes Ziehen im Kreuz, sagte der Patient immer wieder, doch obwohl er von der anstrengenden Behandlung schon so mitgenommen war, daß er Schweißausbrüche hatte und am ganzen Leib zitterte, waren immer noch keinerlei äußere Anzeichen eines Abszesses zu erkennen. Am Ende der Woche aber sagte Herr Imling eines Morgens zu seiner Freundin: „Weißt was, heut Nacht ist's mir grad so vorgekommen, als wenn einer hineingeschnitten hätt!" Geistesgegenwärtig bat die junge Frau dessen Mutter, sich mit einer Urinprobe des Kranken sofort auf den Weg zu Herrn Neuner zu machen. „Gott sei Lob und Dank, daß ihr so viel Verstand gehabt habt, gleich zu kommen, sonst wäre womöglich das ganze Blut vergiftet worden! Dieses verflixte Abszeß ist nämlich so tief gesessen, daß es nach innen aufgebrochen ist", sagte Herr Neuner mit einem Seufzer der Erleichterung. Er gab der besorgten Mutter starke, blutreinigende Kräuterextrakte mit und schärfte ihr ein, sich sofort wieder an ihn zu wenden, falls der Zustand des Patienten sich nicht bessern sollte.

Glücklicherweise bestand jedoch kein Anlaß zur Sorge mehr: Endlich von allen Schmerzen befreit, erholte Herr Imling sich mit erstaunlicher Geschwindigkeit. „Drei Wochen drauf", erzählt er schmunzelnd, „hab i mit Stolz wieder holzgearbeitet — vermessen und die Prügel abgschnitten. Und im Februar hamma dann s'Holz gführt, ganz alloan, mit'n Roß!"

Als es Frühling wurde, feierte Herr Imling Hochzeit mit seiner treuen Gefährtin und bat Herrn Neuner, sein Trauzeuge zu sein. Er ist jetzt seit einem Vierteljahrhundert glücklich verheiratet und Vater von fünf gesunden Kindern, die er zur Ehrfurcht vor der Naturheilkunde erzogen hat. „I bin a oanfacher Mann", sagt er ernst, „aber es wird mir koa Mensch übelnehmen, wenn i sag, daß mei Vertrauen in die Kliniken so ziemlich dahin is. I hab nur den Blinddarm und die Mandeln lassen müaßn, aber was müaßn denn andere lassen! Der Herr Neuner war mei Rettung, mei letzter Ausweg — no dazua, wo i aus der Krankenkasse gfeuert worden bin! Die Kliniken machen Milliarden Defizite, und wir, die Steuerzahler, müaßn's zahln. Aber oaner, der mit seine unschädlichen Naturmittel so vielen Menschen gholfen hat, den wollen's einsperren, nur weil er nit studiert hat . . .!"

Herrn Neuners Kommentar:

Als ableitende Mittel zur Blutreinigung riet ich Herrn Imling die homöopathischen Präparate Heppar sulphuris D12, später Silicea D12; zusätzlich Arnikatinktur, und alle vier Tage eine Gabe Echinacea D3. Blutreinigende und auflösende Kräuterteemischungen (Nr. 2, Nr. 19) ergänzten die innerliche Behandlung.

Anstelle von Moorbädern könnte man auch tägliche, fünfzehnminütige Sitzbäder verordnen. Dazu verwendet man entweder einen Absud von Zinnkraut und Arnika, oder man läßt Eichenrinde eine Viertelstunde

lang kochen, nimmt das Kochgeschirr vom Feuer, fügt je nach Wassermenge Kamille, Brombeerblätter und Malven hinzu, läßt nochmals vier Minuten ziehen, seiht den Sud ab und gießt ihn dem Sitzbad zu.

Als auflösende Umschläge könnte man noch heißen Leinsamenbrei

142

oder einen Brei aus Bockshornkleesamen auflegen. Noch stärker wirkt ein Eßlöffel Roggenmehl vermischt mit einem Eßlöffel Bienenhonig, der mindestens vier Stunden, am besten über Nacht, aufgelegt werden sollte.

Auch hier spielt eine Kost ohne Fleisch und ohne Alkohol während des Genesungsprozesses eine wichtige Rolle. Dagegen sollten frische Fruchtsäfte, vor allem der Saft roter Rüben (rote Bete) zur Blutverbesserung möglichst häufig getrunken werden. Auch muß auf regelmäßigen, täglichen Stuhlgang geachtet werden.

DIE ENGLISCHE KRANKHEIT

In dem kleinen Dorf hat es sich rasch herumgesprochen, daß Herr Neuner zu Besuch ist, und unter den zahlreichen Ortsbewohnern, die sich ihm zu Dank verpflichtet fühlen, ist auch eine ältere Bauersfrau. Mit im Schoß gefalteten Händen auf der Ofenbank sitzend, sammelt sie ohne Hast Stück für Stück ihre Erinnerungen an Erlebnisse zusammen, die schon lange Zeit zurückliegen.

Als ihre Tochter Josefa 1949 zur Welt kam, beginnt Frau Windhager zu erzählen, wog sie weniger als zweieinhalb Kilo und sah kränklich und schwächlich aus. „Vielleicht war sie schon während der Schwangerschaft unterernährt", meint sie, „weil's mir während der Zeit gar nir gut gangen is — und dös hat ma ja früher nit tan, zum Doktor gehn wegen einer Schwangerschaft, nit!" Drei Jahre lang zitterte die Mutter um das Leben des kleinen Mädchens. Es wollte nicht essen, weinte viel, schlief unruhig, und als es mit 22 Monaten endlich gehen lernte, stolperte es alle paar Schritte, weil die Fußgelenke so schwach waren, daß die Knöchel ständig einwärts knickten.

Immer wieder ging Frau Windhager mit dem Kind zum Arzt. Es sei eben stark rachitisch, meinte dieser kopfschüttelnd, dagegen könne man nicht viel mehr tun, als ihm an Stelle von Kohlehydraten so viel Gemüse wie möglich zu essen zu geben. Frau Windhager gab sich alle erdenkliche Mühe, diesem Rat zu folgen, doch die kleine Josefa weigerte sich, die eigens für sie zubereiteten Gemüsegerichte zu essen, oder erbrach das wenige, das man ihr einföẞen konnte, sofort wieder. Verzweifelt suchte die Mutter einen anderen Arzt auf und sagte ihm, daß ihr Kind nicht dazu zu bewegen sei, eine andere Nahrung als Milchbrei zu sich zu nehmen. Traurig blickte der Arzt auf das magere, hohläugige kleine Geschöpf und sagte tröstend: „Wenn es das einzige ist, was sie nicht erbricht, dann füttere sie halt weiterhin mit Milchbrei!" Damit war das Problem freilich nicht gelöst; das Kind nahm nicht zu, sondern verlor weiterhin an Gewicht, so daß Frau Windhager beschloß, es zur Untersuchung ins Krankenhaus zu bringen. Dort mußte die ratlose Mutter bittere Vorwürfe über sich ergehen lassen: sie hätte ihre Tochter völlig falsch ernährt, hielt man ihr vor, und dürfe sich über die besorgniserregende körperliche Verfassung des Kindes deshalb auch

144

nicht wundern! Eingeschüchtert stammelte sie, sie hätte sich ja die größte Mühe gegeben, das Kind an Gemüse zu gewöhnen, dies sei ihr bisher aber beim besten Willen nicht gelungen. Darauf meinten die Ärzte, sie müsse es eben wieder versuchen, denn die erste und wichtigste Maßnahme zur Bekämpfung der berüchtigten englischen Krankheit, wie die Rachitis auch genannt wird, sei eine vitaminreiche Ernährung.

Von schlechtem Gewissen geplagt, zerbrach Frau Windhager sich nach dieser Strafpredigt den Kopf darüber, wie sie es besser machen könnte; doch ihre Anstrengungen blieben vergebliche Liebesmüh, denn das Kind konnte mit Ausnahme eines dünnen Milchbreis nichts bei sich behalten. Von Mitleid für das sichtlich schwer leidende kleine Mädchen erfüllt, erklärte sich eine Verwandte bereit, es zu einem berühmten Kinderarzt in eine Stadt der Umgebung zu bringen. Dieser erteilte ähnliche Ratschläge wie die Ärzte vor ihm, verschrieb dem Kind Medikamente und bestellte es mehrmals zur Nachuntersuchung. Die Untersuchungsergebnisse schienen nur seine schlimmsten Befürchtungen zu bestätigen, und so ließ er der Mutter schließlich ausrichten, er wolle ihr nicht länger das Geld aus der Tasche ziehen. Sie solle ihrer kleinen Tochter einfach irgend etwas Gutes zu essen geben, zu helfen sei dem armen Kind nämlich weder durch Diätvorschriften noch durch Medikamente. Leider werde es wahrscheinlich auch nicht mehr lange am Leben bleiben, spätestens aber bei Erreichung des Pubertätsalters sterben.

Als sie von der Diagnose des Kinderarztes erfuhr, war Frau Windhager nahe dran, die Nerven zu verlieren. Gerade weil es ihrer Fürsorge so sehr bedurfte, war das in seiner körperlichen Entwicklung weit zurückgebliebene Kind ihr ganz besonders ans Herz gewachsen, und mit dem Gedanken, es zu verlieren, konnte und wollte sie sich nicht abfinden.

„Geh doch amol zum Keandler!" riet eine teilnahmsvolle Nachbarin der durch Sorge und Überarbeitung schon ganz abgehärmten Mutter — und wenige Tage darauf machte sich Frau Windhager mit einer Urinprobe ihrer damals dreijährigen Tochter auf den Weg zu Herrn Neuner. „Genau so war's", sagt sie ernsthaft und bedächtig nickend zu mir und erzählt dann, sich direkt an Herrn Neuner wendend, weiter: „Schwer rachitisch is sie, hast du gsagt, und scho so schwach, daß es fraglich is, ob sie no aufkimmt. Wenn's was nutzen soll, muaß i aber mindestens a Jahr lang regelmäßig kemman! Und dann bin i immer wieder runtergfahrn zu dir und hab immer wieder gfragt, ob noch keine Besserung zu erkennen is? Erst nach an halben Jahr hast du beim Anschauen vom Urin gsagt: 'Jetzt hamma gwonnen!' Da hat sie angfangen, sehr viel Wasser zu lassen, was sie früher nie getan hat . . ." — „Das war das Zeichen dafür, daß die Reaktionen der Nebenniere und der Hypophyse wieder eingesetzt haben", wirft Herr Neuner ein. Diese für wissenschaftlich orientierte Menschen so beruhigende Erklärung sagt der Bäuerin wenig. Sie nickt höflich und fährt dann fort: „Aber was nützt die beste Medizin, wenn die Krankenschwester nix taugt? I bin dann selber krank gworden und auch bei dir in Behandlung gwesen — weil die Regel bei mir nit aufghört hat und i direkt a Geschwür kriagt hab. In der Zeit is halt das Kind vernachlässigt worden, weil i oanfach selber nimmer fähig gwesen bin!"

Gemäß einem ebenso altbekannten wie leicht erklärlichen psychosomatischen Reaktionsschema war Frau Windhager selbst krank geworden, kaum daß die seelische Spannung und die jahrelang aufgestauten Ängste um ihr Kind endlich nachgelassen hatten. Dank Herrn Neuners Behandlung, bei der diese psychische Komponente mitberücksichtigt wurde, kamen die Blutungen glücklicherweise jedoch bald zum Stillstand, und das Geschwür im Unterleib mußte nicht operiert werden, sondern bildete sich von selbst zurück. Nach einigen Wochen — sie kann heute nicht mehr genau sagen, wie viele es waren — fühlte Frau Windhager sich wieder allen Anforderungen gewachsen. Der unverkennbare Rückfall, den die mangelhafte Pflege bei ihrer kleinen Tochter bewirkt hatte, war schneller aufzuholen, als sie befürchtet hatte, und ein Jahr nach dem Beginn von Herrn Neuners Behandlung vermochte der wieder ins Gleichgewicht gebrachte, gekräftigte Organismus des Kindes lebenswichtige Nahrungsmittel wie Gemüse, Obst, Vollkorn und Lebertran endlich zu verdauen und umzusetzen.

Die unterentwickelten Knochen und Knorpel gewannen an Festigkeit, und aus dem kränkelnden, ständig weinenden kleinen Wesen, das sich kaum auf den Beinen halten konnte, wurde ein wohl immer noch zartes, aber rosiges und fröhliches Mädchen, das später auch die Schule ohne nennenswerte Schwierigkeiten meisterte.

Eine letzte gesundheitliche Krise brachte erst die einsetzende Pubertät mit sich. Im Alter von 13 Jahren bekam Josefa durch Ansteckung beim Besuch einer kranken Schulfreundin eine infektiöse Gelbsucht. Unter ärztlicher Aufsicht wurde sie von ihrer Mutter zu Hause gepflegt, als jedoch Komplikationen auftraten, wandte Frau Windhager sich wieder an Herrn Neuner. „In der Klinik, wohin sie unser Hausarzt überwiesen hat, ist festgestellt worden, daß sie a verhärtete Leber hat", erzählt Frau Windhager. „Drei Monate war sie beim Spezialisten in Behandlung, aber die Koliken usw. haben nit aufghört, und die Leber war stark angschwollen. Da bin i dann wieder zu dir gangen. Du hast mir zwei-, dreimal a Medizin mitgeben, und die hat sie wieder gsund gmacht. Dann hat sie kurz drauf plötzlich Gelenksrheuma kriagt — über 40 Fieber auf amol, und Schmerzen in alle Glieder. Dös hat auch der Herr Neuner wegbracht, und danach is sie dann richtig aufgelebt!"

Dank seiner Naturheilmittel ist aus dem rachitischen Kind eine normal große, widerstandsfähige und lebensfrohe Frau geworden. Josefa ist heute verheiratet, hat ein gesundes Kind und arbeitet als Krankenschwester, einem der anstrengendsten Berufe, die es gibt. „Da kann sie jetzt an anderen Menschen vergelten, was du mit deiner jahrelangen Pflege für sie getan hast", sagt Herr Neuner ehrerbietig zu der grauhaarigen Bäuerin, die ihm in stummer Dankbarkeit die Hand drückt.

Herrn Neuners Kommentar:

Die typischen Begleiterscheinungen der hierzulande Gott sei Dank selten gewordenen Rachitis oder englischen Krankheit sind Appetitlosigkeit, allgemeine Schwäche, Unterentwicklung der Knochen und des Gehirns. Verursacht wird diese Krankheit durch eine Störung der Keim- und Wachstumsdrüsen.

Bei der Behandlung ging es zunächst vor allem darum, die Aufnahmefähigkeit des Magens und die Funktionen des Verdauungsapparats durch enzymreiche Kräuterauszüge anzuregen. Man beginnt mit Kräutertropfen aus Tinkturen von Kalmuswurzel, Enzianwurzel, Schafgarbe und Weidenrinde, geht nach drei Wochen über auf Eichenrinde, Walnußblätter, Fenchelsamen und etwas Schafgarbe, und nach sechs Wochen schließlich auf Weidenrinde, Walnußblätter, Kerbel, Süßholzwurzel und Färberkrapp. Zur Unterstützung gibt man ab dem zweiten Behandlungsmonat einige Male im Tag löffelweise den appetitanregenden Kräutertee Nr. 103. Die auf diese Weise eingeleiteten Reaktionen werden durch eine Wiederholung der gesamten Kur verstärkt.

Nach spätestens drei Monaten sollte sich nicht nur der Appetit, sondern auch die Umwandlung und Verwertung der aufgenommenen Nahrung so weit gebessert haben, daß eine direkte Anregung über die Schleimhäute und die Magensäfte nicht länger nötig ist. Man könnte nun vorsichtig beginnen, den Aufbau der Knochen und Gewebe mit homöopathischen Mitteln aus der Calcera-Gruppe zu unterstützen. Empfehlenswert wäre es, nacheinander je drei Wochen lang Calcera jodata,

Calcera fluorica und Calcera carbonica zu geben, bei einem Kleinkind allerdings nicht mehr als zweimal täglich drei bis höchstens vier Tropfen.

Sobald das Kind beim Essen keine größeren Schwierigkeiten mehr hat, sollte man allmählich beginnen, ihm Lebertran zu geben; zunächst nur alle vier bis fünf Tage einige Tropfen, nach und nach dann immer öfter und mehr. Lebertran ist für die Blut- und Knochenbildung ebenso wertvoll wie zur Anregung der Drüsen und Schleimhäute. Nach spätestens einem halben Jahr wird das Kind auch Karotten nicht mehr erbrechen, so daß man ihm in immer kürzeren Abständen immer größere Portionen von diesem Gemüse geben kann, das für die gesamte körperliche und geistige Entwicklung von herausragender Bedeutung ist.

Zur Anregung von Kreislauf und Stoffwechsel über die Haut sind fünfminütige Bäder mit einem Absud von Walnußblättern, Eichenrinde und Schafgarbe sehr empfehlenswert, die ab dem sechsten Behandlungsmonat einmal wöchentlich, ab dem siebenten Behandlungsmonat zweimal wöchentlich gemacht werden können.

Wesentlich für den Genesungsprozeß ist aber vor allem anderen eine positive Atmosphäre, freundliches Zureden und auch Singen. Denn ein Kind ist von Natur aus lern- und wißbegierig und strebt wie jedes Lebewesen der Sonne entgegen. Im seelischen Bereich entsprechen Humor und Freude dem Licht, während Niedergeschlagenheit, Kummer und Nörgeln die dunkle Seite des Lebens repräsentieren. Über das Unterbewußtsein des Kleinkindes üben Freude und Fröhlichkeit nicht nur auf die geistige und charakterliche Entwicklung, sondern auch auf die verschiedenen Körperfunktionen eine unschätzbare Anregung aus.

Bei der späteren infektiösen Gelbsucht kamen hauptsächlich Auszüge von frischer Berberitzenrinde zur Anwendung, wobei vor allem die zweite oder Innenrinde aufgrund ihres hohen Säure- und Enzymgehalts ihre vorzügliche Wirkung auf die Leber nicht verfehlt. Ergänzt wurde die Behandlung durch eine strenge Leberdiät sowie den Lebertee Nr. 17, von dem zuerst mehrmals täglich nur schluckweise, später dreimal täglich eine Tasse getrunken werden sollte.

Gegen die Regelbeschwerden halfen Tinkturen von Gänsefingerkraut, Frauenmantel und Kamille. Als stillende Mutter bekam Josefa einen Kräutertee aus Dillsamen, Lattich, Fenchel, Kerbelkraut und Schafgarbe.

Um ihren vielbeschäftigten Ziehbruder endlich wieder einmal zu sehen, hat Herrn Neuners Cousine ihn und mich zusammen mit zwei der Patienten, die auf unserer heutigen Liste stehen, in ihr Haus eingeladen.

Pünktlich treffen die angekündigten Gäste ein. Aus dem Stimmengewirr im Stiegenhaus tönt eine laute Baßstimme deutlich hervor, und als die Stimmen sich nähern, stelle ich zu meinem nicht geringen Schrecken fest, daß ich kaum ein Wort verstehen kann. Ich bin im Nebental zur Schule gegangen, doch der Dialekt der beiden Zillertaler, die Herr Neuner mir vorstellt, klingt in meinen Ohren anfangs beinahe wie eine Fremdsprache.

Herr Ambros, ein sehniger blonder Mann von 55 Jahren, wirkt auf den ersten Blick schwerfällig und bedächtig, doch seine Schlagfertigkeit und sein trockener Humor belehren mich sehr bald eines Besseren. Als er nach einer angeregten Unterhaltung als erster seine Geschichte zu erzählen beginnt, sind mir die ungewohnten Laute des Zillertalerischen Gott sei Dank schon so vertraut, daß ich nur noch bei seltenen, ausgefallenen Redewendungen einen Dolmetscher brauche. Sein Bericht ist das erschütternde Zeugnis eines vom Schicksal schwer geprüften Menschen, den Fehldiagnosen zwanzig Jahre lang zu sinnlosem Leiden verurteilten.

1946 kehrte Herr Ambros mit einem Kopfleiden aus dem Krieg zurück, gegen das selbst die stärksten Medikamente nichts auszurichten vermochten, und dessen Ursache keiner der zahlreichen Ärzte, die er im Lauf der Zeit konsultierte, erkannte. Zwei- bis dreimal in der Woche bekam er ganz plötzlich so starke Kopfschmerzen, daß ihm schwarz vor den Augen wurde und er stunden-, manchmal sogar tagelang keiner Bewegung mehr fähig war. Den ersten dieser Anfälle hatte er 1945 in einem Arbeitslager im Hafen von Marseille erlitten, wo er als Kriegsgefangener unter der Aufsicht von senegalesischen Soldaten bei sengender Hitze schwere Fässer mit verschiedenen Erdölprodukten von den einlaufenden Schiffen abladen mußte. Die Arbeitsbedingungen waren unmenschlich, denn die schwarzhäutigen Aufseher — gewohnt, selbst getreten zu werden — rächten sich für alle erlittene Schmach an den wehrlosen Gefangenen, denen sie die Gewehrkolben brutal in die Seite stießen, wenn sie vor Erschöpfung bereits zusammenzubrechen drohten.

Oft hielt allein die Angst, eines der Gewehre könnte plötzlich losgehen, die Leute trotz der Unterernährung noch aufrecht. Als am Abend eines solchen Arbeitstages der betäubende Kopfschmerz Herrn Ambros zum erstenmal überfiel, glaubte dieser, sein letztes Stündlein habe geschlagen. Er konnte nicht ahnen, wie lange er mit diesen Schmerzen noch zu leben haben würde.

Aus der Gefangenschaft zurückgekehrt heiratete er und begann mit Hilfe seiner Frau einen Gasthof und einen hochgelegenen Bergbauernhof zu bewirtschaften. Die Frau, die ihm zwei Kinder schenkte, mußte auch für ihn einspringen, wenn ihn plötzlich jener teuflische Schmerz übermannte, der ihn zwang, alles liegen und stehen zu lassen und sich, wo er gerade war, flach auf dem Boden auszustrecken.

„Dös is gekommen auf null und nix; wenn mir auch sauwohl war — auf einmal war's da, mei Schädelweh. Immer nur auf einer Seiten, einmal rechts, dann wieder links. Tabletten nehmen war für die Katz, da hab i nur müssen brechen, und hinterher hab i gezittert wie Espenlaub. I bin daglegen, nicht einmal zum Sitzen fähig, und die Kinder haben geschrien und geweint, wenn sie mich so gsehn haben. Gedauert hat's zwei Stunden, drei Stunden, manchmal an halben Tag, manchmal war's nach einer Stund schon vorbei, und danach war i immer so komisch aufgepeitscht. A Katastrophen war's, wenn i dös Schädelweh länger ghabt hab: vier, fünf Tage oft, oder a ganze Woch."

Man kann sich die Situation ausmalen: Die Frau war am Rand ihrer Kräfte, die Heuernte blieb liegen, das Vieh mußte ein anderer melken, und die Kinder schreckten sich vor ihrem Vater, mit dem von einer Sekunde auf die andere eine so grauenvolle Verwandlung vor sich gehen konnte. Vergeblich versuchte Herr Ambros, einen Arzt zu finden, der ihm helfen konnte. Der eine erklärte, es handle sich um Migräne, der nächste diagnostizierte ein chronisches Nervenleiden mit unbekannter Ursache, wieder andere sprachen von Blutgefäßverengungen, Stirnhöhleneiterungen oder Augenkrankheiten. Jede dieser Untersuchungen endete mit der Verschreibung eines neuen Medikaments, das sich als ebenso wirkungslos erwies wie das vorige.

Im Winter 1951 traf Herrn Ambros ein Unglücksschlag, der die Grundfesten seines Daseins erschütterte. Auf die Frage von Herrn Neuners Cousine beginnt er stockend und widerstrebend davon zu erzählen, während über sein Gesicht die Schatten der Schreckensbilder ziehen, die vor seiner Erinnerung aufsteigen. Drei Tage lang hatte es ununterbrochen in dichten Flocken geschneit; die Schneedecke war bereits mehr als sechs Meter hoch. Zwischen fünf und sieben Uhr fünfzehn maß Herr Ambros einen Neuschneezuwachs von einem Meter, und selbst im Tal drohten zwei Meter dicke Schneepolster die Dächer einzudrücken. In der Nacht zum 20. Januar — ein Datum, das allen Talbewohnern in unvergeßlicher Erinnerung geblieben ist — ging eine Lawine ab, die zwei alte, 1607 und 1609 erbaute Höfe, 72 Ställe, Heustadel und Hütten, 64 Stück Vieh und elf Menschen mit sich riß. Unter den Todesopfern waren Herrn Ambros' Frau und seine beiden Kinder; nur er selbst hatte das Unglück wie durch ein Wunder überlebt. Die gewaltige Neuschneelawine überraschte die Menschen im Schlaf. Herr Ambros erinnert sich nur noch, daß es ihm das Nachtgewand vom Leib riß, was ihm wahrscheinlich das Leben rettete, denn nur, weil sich keine Kleidungsstücke verheddern konnten, blieb er an der Oberfläche des riesenhaften Schneeballs, aus dem eines seiner Beine herausragte, als die Lawine in einer Schlucht endlich zum Stillstand kam. Mühsam arbeitete er sich aus den Schneemassen, wankte splitternackt zu einer fast bis zum Dach eingeschneiten Hütte und versuchte, durch ein Fenster einzusteigen, wobei er metertief in eine undurchdringliche Finsternis stürzte. Später fanden ihn die Rettungsmannschaften ohne Knochenbrüche, aber mit schweren Erfrierungen am Boden der Hütte liegen und wollten ihn sofort ins Krankenhaus bringen. Doch Herr Ambros sträubte sich; allmählich kam ihm zu Bewußtsein, was eigentlich geschehen war, und er wollte lieber sterben, bevor seine düsteren Ahnungen zur schrecklichen Gewißheit geworden waren. Seine Zehen waren völlig gefühllos, und wie aus weiter Ferne hörte er die Umstehenden sagen, sie müßten abgenommen werden. Dann drängte sich ein Schreiner vor und gab seinem Bruder den Rat, die erfrorenen Zehen mit heißem Tischlerleim zu umwickeln und den Verband nach drei Tagen zu erneuern. „Tischlerleim, ja das ist sehr gut gegen Erfrierungen", wirft Herr Neuner ein; „es geht auch mit Saugalle oder Petroleum, aber das allerbeste — du wirst lachen — ist der eigene Urin!"

Das alte Bauernrezept sollte sich auch tatsächlich als wirksam erweisen. Herr Ambros verlor nur zwei Zehen, von den übrigen schälte sich die Haut ab, erneuerte sich wieder, und nach zwei Sommern, in denen die Füße nochmals aufbrachen, waren alle Spuren der schweren Erfrierungen verschwunden. Während er jedoch diese Behandlung apathisch über sich ergehen ließ, suchte man bei anhaltendem Schneetreiben tagelang nach den Verschütteten. „Gfunden haben sie's ja nit glei. Passiert is das Unglück in der Nacht von Samstag auf Sonntag; Dienstag haben's die Frau gfunden, Mittwoch an Buam, und Donnerstag s'Dirndl. Und alle mehr als 50 Meter auseinander, so weit hat's sie zerstreut. Die Frau hätt an Schädelbasisbruch, dem Büabl hat's die Lungen zerrissen und s'Dirndl hätt an Halswirbelsäulenbruch", sagt Herr Ambros tonlos und wie zu sich selbst, als könnte er es immer noch nicht glauben.

„Mein Gott, furchtbar", murmelt Herr Neuner erschüttert. Einen endlos scheinenden Augenblick lang wagt keiner, ein Wort zu sagen, bis Herr Ambros selbst das Schweigen durchbricht. Er hat sich eine neue Existenz aufgebaut und hat aus zweiter Ehe einen Sohn und zwei Töchter. Aber auch dieses neue Leben war jahrelang mit der furchtbaren Hypothek seines alten Leidens belastet, denn die Kopfschmerzanfälle hatten sich nach dem Unglück weder gebessert noch verschlechtert.

Erst 1965 kam er auf den Rat eines Bekannten zu Herrn Neuner. Dieser stellte die mitgebrachte Urinprobe nach einem kurzem Blick beiseite und forderte Herrn Ambros auf, sich gerade hinzustellen. Dann packte er seinen Kopf mit beiden Händen, hob ihn an und vollführte eine kurze, ruckartige Drehung, so daß Herrn Ambros das Krachen seiner Halswirbel in den Ohren dröhnte. Da ihm nichts weiter zu fehlen schien, erhielt der verdutzte Patient nur eine Einreibung, die er nicht öfter als zwei- oder dreimal verwendete: „Dann hab i sie nimmer gebraucht. Und danach is mir so komisch worden, da hats mir die Haut am Kopf so zsammzogen, wie wenn sie auf einmal zu eng gworden wär, oder wie wenn eine Grippe im Anzug is. Seither is Schluß mit die Kopfschmerzen. Wenn i heut Kopfweh hab, dann bin i selber schuld dran, weil i z'vül trunken hab oder sonstwas. Aber auch vor an Wetterumschwung gspür i rein gar nix, seitdem i beim Keandler unten war."

„Ausstrahlende Schmerzen in Schultern und Armen oder eingeschlafene Hände hast du vorher nit ghabt?" fragt Herr Neuner. — „Na, da hab i nix gspürt." — „Augen auch nicht?" — „Au weh, die Augen, das war zum Teufel holen . . .!" — „Das heißt", erklärt Herr Neuner, „daß die ersten drei Halswirbel verrenkt waren; wenn nämlich der vierte und fünfte Wirbel betroffen ist, dann strahlt der Schmerz in die Arme aus. Diese plötzlichen, irrsinnigen Schmerzanfälle rühren nämlich daher, daß es durch die Verschiebung der Wirbelkörper zu einem Druck auf eine Nervenaustrittstelle kommt und die Blutbahnen abgesperrt werden. Sobald sich durch eine zufällige Bewegung der Wirbel wieder etwas lockert, hören die Schmerzen ebenso plötzlich wieder auf. Es lag also eine durch Überanstrengung und Fehlhaltung ausgelöste Wirbelverschiebung vor, die nicht medikamentös, sondern überhaupt nur chiropraktisch behandelbar ist; und zwar — das ist ja das Erstaunliche — genügt eine einzige Behandlung!"

Mir schwindelt; ein zwanzigjähriges, schweres Leiden ist im wahrsten Sinn des Wortes mit einem Ruck zu beseitigen — einem geübtem Griff, dessen Wirkung uneingeschränkt wissenschaftlich-rational erklärbar ist — und dennoch scheinen viele Ärzte diese Behandlungsmöglichkeit gar nicht in Erwägung zu ziehen, ja, trotz der so hochentwickelten Diagnosetechniken Wirbelverschiebungen nicht einmal feststellen zu können!

„Dieser Bericht, der nur einer von vielen ist", fährt Herr Neuner fort, „soll Menschen, die vielleicht schon jahre- oder jahrzehntelang leiden, demonstrieren, daß sie nicht zu verzagen brauchen, wenn ihnen Medikamente nicht helfen können, und er soll ihnen Mut machen, selbst einen Chiropraktiker aufzusuchen, wenn sie ähnliche Symptome bei sich feststellen."

„Übrigens ist das ja eine Behandlungsart, die du aufgrund deines erlernten Berufes ganz offiziell ausüben darfst", meint treuherzig Herrn Neuners Cousine, die mehr als einmal mitansehen mußte, wie ihr Verwandter dem sogenannten „Kurpfuscher-Paragraphen" zum Opfer fiel. „Oh nein", entgegnet er und lacht, als erzählte er einen guten Witz, „der Amtsarzt hat gesagt, das darf ich auch nicht tun, weil nämlich nirgends ausdrücklich geschrieben steht, wer dazu berechtig ist; und wenn das nicht klar definiert ist, dann darf es nur der Arzt machen. Ich muß meine Patienten seit diesem Bescheid also zum Arzt schicken. Die meisten Ärzte machen es aber nicht, weil es ihnen zu gefährlich ist. Ja, mit der Chiropraktik ist's an sich schon eine heikle Sache. Vor allem zum Halswirbeleinrenken braucht man sehr viel Gefühl, denn schon bei der geringsten Überdrehung kann man einem Menschen das Genick brechen. Ich kann mich erinnern — das ist jetzt zehn oder elf Jahre her — da hat man zwei Chiropraktiker und einen Arzt eingesperrt und ihnen die Berufserlaubnis entzogen: Sie haben beim Einrenken nicht aufgepaßt, und die Patienten waren tot! Aber auch ein Masseur, der sieben Monate bei mir gelernt hat, ein großartiger Mann, traut sich bis heute nicht, Halswirbel einzurenken."

Herr Neuner selbst hat diese riskante Behandlung früher an Hunderten von leidenden Patienten erfolgreich vorgenommen. Nur ein einziges Mal erlitt eine Frau, deren Wirbel so verklemmt gewesen waren, daß ihr nach der Einrenkung zu plötzlich das Blut in den Kopf schoß, einen kurzen Anfall von Übelkeit, der jedoch schon wieder vorüber war, noch ehe der von Passanten herbeigerufene Arzt eintraf. Allein für seine außergewöhnlichen Leistungen auf dem Gebiet der Chiropraktik hätte Herr Neuner also von Rechts wegen keinen Verweis, sondern die höchsten Auszeichnungen verdient. Säßen in der Jury allerdings Herr Ambros und andere ehemalige Leidensgenossen, so kämen sie wohl zu dem Schluß, daß ihre Dankbarkeit sich durch keine noch so hohe Auszeichnung ausdrücken ließe.

Herrn Neuners Kommentar:

Unzweifelhaft haben die Ereignisse in der Gefangenschaft bei Herrn Ambros eine Wirbelsäulenschädigung beziehungsweise eine Verdrehung einzelner Halswirbel bewirkt, die durch Spritzen oder Tabletten nicht rückgängig gemacht werden kann. Es gibt hier tatsächlich nur eine einzige Behandlungsmöglichkeit, nämlich die Wirbelsäule entweder einzurichten, oder durch Strecken die betreffenden Wirbel wieder in die richtige Lage zu bringen — wobei das Einrenken ja nichts kostet.

Bei dieser Gelegenheit möchte ich noch darauf verweisen, daß leider so viele junge Menschen heute schon Schwierigkeiten mit der Wirbelsäule haben. Das liegt meines Erachtens nicht nur an der zu geringen körperlichen Betätigung, die durch Sport auszugleichen wäre, sondern die Hauptursache ist eine Unterernährung der Knorpel-, Knochen- und Nervengewebe. Da die handelsüblichen Getreideprodukte aus geschälten Körnern hergestellt werden, fehlen in unserer Ernährung nämlich jene wesentlichen Aufbaustoffe (Proteine, Eiweißstoffe, Minerale), die in den Hülsen der Körnerfrüchte, vor allem des Hafers, enthalten sind. Das „Hans-Neuner-Brot" enthält deshalb Hafer, viel Weizen- und Roggenschrot sowie Leinsamen, um die nötige Zufuhr an Aufbaustoffen zu garantieren und zugleich eine Reinigung über den Darm zu bewirken.

Bei nicht auf eine akute Erkrankung zurückführbaren Schmerzen in der Wirbelsäule, aber auch bei Schwächezuständen aller Art wäre also — wenn man das so sagen kann — eine gezielte „Ernährungsbehandlung" unbedingt empfehlenswert: Ein Eßlöffel ganze Haferkörner werden in einem Viertelliter kaltem Wasser 24 Stunden lang angesetzt, dann kurz aufgekocht und abgeseiht. Der Absud wird morgens auf nüchternen Magen getrunken, die gequollenen Körner kann man entweder gleich essen, als Suppeneinlage weiterverwenden oder einem Brotteig beimischen. Bekanntlich sagt man von allzu temperamentvollen Pferden, „es sticht sie der Hafer"; in analoger Weise wird derjenige, der diese Haferkur regelmäßig macht, schon nach drei Wochen eine deutliche Verbesserung seines Allgemeinzustandes feststellen können.

154

Auch mein nächster Gesprächspartner, der von Beruf Lastkraftwagen-
fahrer ist, hat gute Erfahrungen mit einem Chiropraktiker gemacht,
dessen Wartezimmer — obwohl der Mann mit seinen Patienten eher
unsanft umzugehen pflegt — fast immer überfüllt ist. Die burleske
Schilderung seiner Behandlungsmethoden sorgt für ein heiteres Inter-
mezzo, das den Rahmen dieses Berichts aber leider sprengen würde.

Herr Neumeister, ein Mann von eindrucksvoller Statur, ist ein in der
Wolle gefärbter Querkopf, der es sichtlich genießt, seine rauhe Schale
zur Schau zu stellen. Seine imponierende Stimme — die tiefste, die ich
jemals gehört habe — poltert um so dröhnender, je mehr die Sache, von
der er spricht, ihm zu Herzen geht. An diesem Vormittag erschallt sie
mehr als einmal im Fortissimo; der weichherzige Hüne erzählt nämlich
nicht von sich, sondern von seiner ältesten Tochter, die ihm von ihrer
frühesten Kindheit an besonders nahe gestanden ist.

Als das Mädchen vierzehn Jahre alt war, beschlossen Herr Neumeister
und seine Frau aus pädagogischen Erwägungen, sie in ein Internat nach
Vorarlberg zu schicken. Die angesehene Klosterschule rühmte sich einer
spartanisch strengen Hausordnung: Der Tagesablauf war genauestens
geregelt, die Kinder durften nur an einem bestimmten Tag im Monat
besucht werden, jeder Brief wurde geöffnet und zensuriert, „Freßpakete"
zur Aufbesserung der kargen Kost waren grundsätzlich untersagt, und
wenn manche Eltern dennoch Lebensmittel einschmuggelten, wurden
die Schülerinnen dafür bestraft. „Die haben a Regiment gführt, die
Weiber dorten, das war ja nit ganz geheuer", schnaubt Herr Neumeister;
„i hab oft gsagt, das is mehr a Kasern' gwesen als eine Mädchenschule!"

Im Gegensatz zu ihrer temperamentvollen jüngeren Schwester, die
diesem soldatischen Schulbetrieb psychisch durchaus gewachsen war,
wußte die stille, übersensible Marianne sich vor Heimweh kaum zu
helfen. Wenn ihr Vater auf Besuch kam, hing sie an ihm wie eine Klette,
und jeder Abschied gestaltete sich zur Tragödie. Obwohl ihm der Anblick des verzweifelten Kindes das Herz zerriß, hielt Herr Neumeister
standhaft an seiner Überzeugung fest, daß die für beide Teile so schmerz-
liche Trennung für die Entwicklung des Mädchens günstig und notwendig sei. Zu spät sah er ein, daß er sich geirrt hatte.

Gegen Ende des ersten Internatsjahres bekam Marianne zum erstenmal die Regel. Ganze vier Wochen nach diesem Ereignis wurden die Eltern von der Schulleitung endlich verständigt, daß die Blutungen immer noch anhielten. Ohne lange zu überlegen, setzten Herr Neumeister und seine Frau sich ins Auto, um sich so schnell wie möglich mit eigenen Augen vom Zustand ihrer Tochter zu überzeugen. Sie fanden das Kind leichenblaß und bereits völlig entkräftet in der Krankenabteilung der Schule liegen, wo es — wenn auch offensichtlich erfolglos — von einem Vertrauensarzt des Klosters behandelt worden war.

Herr Neumeister erkannte, daß keine Zeit zu verlieren sei. Er bettete das verstörte Mädchen auf den Rücksitz seines Wagens und lieferte sie wenige Stunden später in der gynäkologischen Abteilung der nächsten großen Klinik ab. Zu diesem Zeitpunkt ahnte freilich noch niemand, daß sie dort länger als vier Monate bleiben sollte.

Die Ärzte taten, was in ihrer Macht stand, um die Blutungen zum Stillstand zu bringen. „Was es da an Behandlungsmöglichkeiten gibt, das kann i ja nit wissen", meint Herr Neumeister; „aber jedenfalls hat man dort alles versucht, um dem Kind irgendwie zu helfen. Medikamente, Spritzen jede Menge, und auch acht oder neun Bluttransfusionen hat sie während der Zeit gekriegt, aber i hab halt immer das Gfühl ghabt, das hat man ihr da oben einipumpt, und unten is die Brühe wieder aussigrunna, nit!"

Mindestens zweimal in der Woche fuhr Herr Neumeister ins Krankenhaus; an manchen Tagen schien es seiner Tochter etwas besser zu gehen, dann lag sie wieder wie ein Häuflein Elend in ihrem Bett, so blaß, daß ihr Gesicht sich von den weißen Laken kaum noch abhob. Bereits vierzehn Wochen lang hatte der besorgte Vater hilflos zusehen müssen, wie es mit seinem Kind immer weiter bergab ging, als ihm eines Tages schließlich die Geduld riß. Den Tränen nahe stürzte er ins Zimmer des Oberarztes und brüllte den Mann im weißen Kittel an, ob denn diese sagenhafte, berühmte Universitätsklinik wirklich nicht in der Lage sei, so einem Kind zu helfen? Der Arzt ließ diesen ungestümen Temperamentsausbruch wortlos über sich ergehen; dann deutete er mit ausgestrecktem Arm nach Westen, in Richtung des städtischen Friedhofs, und sagte, ohne die Miene zu verziehen: „Wenn Sie Ihre Tochter vierzehn Tage später gebracht hätten, dann könnten Sie sie jetzt dort draußen besuchen." Nach dieser Unterredung gingen die beiden, wie man sich unschwer vorstellen kann, nicht im allerbesten Einvernehmen auseinander.

Zur Zerreißprobe aber kam es einige Tage später, als Herr Neumeister die Verständigung erhielt, daß seine Tochter operiert werden sollte: Nachdem alle anderen Mittel versagt hätten, bliebe bedauerlicherweise nur noch die Möglichkeit einer Totaloperation, also einer radikalen Entfernung aller weiblichen Unterleibsorgane. Da das Mädchen noch nicht großjährig war, wurden beide Eltern dazu aufgefordert, den entsprechenden Revers zu unterschreiben. „Ja, wollt's ihr denn das Kind zum Krüppel machen?" schrie Herr Neumeister außer sich vor Verzweiflung. „Das Dirndl versteht das heute selbst noch nicht, aber ich weiß, was das heißt: Ein Mädel, das sich mit 14 totaloperieren läßt, was hat denn die noch für eine Zukunft vor sich?!" — Was ihm denn lieber sei, war die lakonische Gegenfrage: ein Mensch, der — wenn auch um einen hohen Preis — immerhin gesund werden und am Leben bleiben würde, oder aber eine Tote? Angesichts dieser schrecklichen Alternative blieb den Eltern natürlich keine andere Wahl, als widerstrebend die geforderte Unterschrift zu leisten, die das Schicksal einer Vierzehnjährigen besiegeln sollte, niemals Mutter werden zu können.

Noch gedrückter und niedergeschlagener als sonst kehrten sie nach Hause zurück, von Angst und Sorge so gezeichnet, daß ihre Freunde und Verwandten erschraken und sie nach dem Befinden der Tochter kaum noch zu fragen wagten. Eine entferntere Bekannte aber sprach Herrn Neumeister darauf an und meinte mitleidig: „Woaßt was, Pepi, geh du zum Keandler; versuach no dös, es tuat bestimmt guat!"

„I bin dann zu ihm hingfahrn", erzählt Herr Neumeister, „und nach langem Warten ist es mir auch gelungen, dort vorzudringen. Dann hab i ihm dös Ding hingeben, nit, diese Uringeschichte. Ohne ein Wort zu sagen, um wen sich's handelt oder um was sich's handelt, das möchte ich ausdrücklich betonen! I hab also gar nix gsagt zu ihm, sondern er hat sich das Flaschel angschaut und hat mi vom Fleck weg gfragt, ob i die in einer Klinik hab? Und i hab gsagt: ja. — 'Und wie lang?' — Die Antwort war wahrheitsgemäß: 14 oder 15 Wochen, so genau woaß i die Zeit heut nimmer. Und er sagt zu mir: 'Na gut, i werd ihr was geben.' Es waren so Tropfen — vielleicht 200 Gramm von einer weißen Flüssigkeit. Dann hat er mir wortwörtlich erklärt — und es hat mir förmlich an Stich geben: 'So, dös gibst du ihr jetzt, und wenn's fertig is, dann muaß bei der Schluß sein mit der Bluaterei, sonst brauchst du zu mir nimmer kommen!' I hab also das Tropfenflaschel übernommen, bin damit in die Klinik gfahrn und hab dem Dirndl gsagt: 'So, du nimmst jetzt davon dreimal am Tag deine zehn oder zwanzig Tropfen, aber halt möglichst so, daß es nit ganz offenkundig ist!' Drauf sagt sie: 'Papa, dös bring i leicht zsamm!' Und dann hat sie das vielleicht drei Tage lang — mehr können's nicht gewesen sein — fleißig eingnommen, ohne sich dabei erwischen zu lassen."

Inzwischen war der Operationstermin festgesetzt worden und als man das Mädchen schonend vorbereitete, meinte sie nur: „Mir is ganz egal, was passiert — Hauptsach, i kimm endlich amol da aussi!" Denn obwohl man sie in der Klinik immer gut und freundlich behandelte, hatte sie nach Ablauf von fünfzehn Wochen begreiflicherweise keinen sehnlicheren Wunsch, als endlich nach Hause zu dürfen. Am Morgen des Tages, an dem sie operiert werden sollte, kam der Professor während der Visite an ihr Bett und sagte aufmunternd: „Also Marianne, jetzt geht's dann los!" — „Bei mir is aber heut nix mehr, Herr Professor!", entgegnete sie ihm strahlend. Verblüfft ordnete er eine genaue Untersuchung an, überzeugte sich von der Richtigkeit ihrer Behauptung und gab daraufhin Anweisung, die Operation um einige Tage zu verschieben.

Feierlich wie ein Posaunenstoß ertönt jetzt Herrn Neumeisters Stimme, die allein mit ihrem Klang das Kompliment ausdrückt, das er nie über die Lippen brächte: „Und siehe da, genau zu dem Zeitpunkt hat die Marianne die letzten Tropfen von dem Präparat vom Herrn Neuner eingenommen ghabt. Und nix mehr war! Am nächsten Tag nicht, am übernächsten auch nicht, und dann war man natürlich reichlich überrascht und unendlich glücklich, daß das jetzt plötzlich so ist. Selbstverständlich hat das Dirndl ka Wort gsagt, weil ich ihr ja den Auftrag geben hab, sie darf nix sagen. Und so ist es geblieben."

Nach Hause gehen durfte das Mädchen allerdings immer noch nicht. Man behielt sie weitere vier Wochen zur Beobachtung, um den Verlauf des nächsten Menstruationszyklus' zu kontrollieren. Die Regel kam und ging zum gegebenen Zeitpunkt und hat sich seither allmonatlich pünktlich eingestellt. „Na ja", beschließt Herr Neumeister seinen Bericht. „heut ist sie 30 Jahr alt und hat zwei schneidige Buam auf die Welt bracht. Der eine ist fünf, der andere zwei Jahre alt, beide pumperlgesunde Kerle — der ältere fast übergesund, würd i sagn, wie das halt so ist. Auf alle Fälle hat meine Tochter stur und immer wieder behauptet: 'Gholfen haben mir nur vom Keandler die Tropfen und sonst nix, alles andere war Dreck!' So, das ist mein Bericht, und so ungefähr muaß dös wohl gwesen sein!"

Nach dieser rituellen Abschlußformel heben nach altem Brauch alle Anwesenden ihr Glas, und mit unverhohlenem Vergnügen sagt Herr Neuner zu mir: „San guate Erzähler die Zillertaler, nit?" Das sind sie allerdings; und auch er selbst kann in dieser Hinsicht seine Herkunft nicht verleugnen.

„Weiß man, woher das gekommen ist?" fragt Herrn Neuners Cousine und führt das Gespräch damit wieder auf die Kernfrage des Themas zurück. „Na ja", antwortet Herr Neuner, „solche Störungen sind meistens auf psychische Belastungen zurückzuführen. Es kann vorkommen, daß durch einen seelischen Schock die Regelblutung plötzlich aussetzt, es kann aber auch zu einem Blutsturz kommen. In der schwierigen Entwicklungsphase der Pubertät kommt es natürlich besonders stark zum Tragen, wenn ein ohnehin schon sehr sensibles Mädchen nervlichen und psychischen Belastungen ausgesetzt ist. Außerdem übt leider auch die kalte, unpersönliche Atmosphäre der Klinik meistens einen negativen Einfluß auf den Menschen aus und verzögert dadurch den Heilungsprozeß. Was passiert wäre, wenn das Mädchen tatsächlich operiert worden wäre, das läßt sich ja an allen fünf Fingern abzählen; erwähnenswert ist aber vor allem, daß in dem Heim ein so strenges Regiment geführt worden ist: Durch den seelischen Notstand kann dann etwas so Furchtbares ausgelöst werden — das ist mit dieser Geschichte ausgezeichnet dokumentiert!"

"Allerdings", knurrt Herr Neumeister, und sein Tonfall schwankt zwischen Empörung und Schuldbewußtsein, „die dritte Tochter wär mir da nimmer einikumma! Aber damals hab i mir dös no anders vorgstellt. Die beiden Mädchen waren beide gut entwickelt, und wenn sie dann so mit fünfzehn, sechzehn Jahr' dort doch irgendwie unter Quarantäne sind, so is das ganz a guate Sach, hab i mir denkt, weil dieses Alter is ja doch wohl die blödeste Zeit! Aber meine zwei Dirndeln sind von so verschiedenem Temperament: die eine so ausgelassen und aufgeweckt, daß man sie immer nur zügeln hat müssen — der hat auch das Internat nix gmacht —, und die andere, die Marianne, war immer die ruhige, sehr in sich gekehrt und eine richtige Vater-Tochter. So verschieden können Geschwister sein, und das muß man bei der Erziehung wohl sehr genau berücksichtigen."

Herrn Neuners Kommentar:

Wegen der besonderen Umstände in der Klinik kam nur eine Behandlung auf Tropfenbasis in Frage. Eine Mischung aus Tinkturen von Hirtentäschel, Kornblume, Arnika und Frauenmantel, von der das Mädchen viermal täglich zwölf Tropfen (die ihrem Alter entsprechende Dosis) in einem halben Eßlöffel Wasser einnehmen sollte, war meiner

Ansicht nach eine der wenigen Möglichkeiten, um den Blutandrang zum Uterus und die Überfüllung der Kapillargefäße rückgängig zu machen. Dieses Mittel wirkt nämlich direkt auf das Schaltzentrum im vegetativen Nervensystem, von dem aus der Hormonhaushalt gesteuert wird, der während der Pubertät in Umstellung begriffen, und daher natürlich besonders labil und störungsanfällig ist. Wie schon gesagt, kann es vor allem während dieser Zeit durch psychische Belastungen zu einem Blutsturz kommen.

EINE HARTE GEDULDPROBE

Frau Rüdiger treffe ich zum Glück gerade noch zu Hause an, bevor ihr Mann sie abholt, um sie zur Feier ihres Geburstages auszuführen. Daß es ihr zweiundvierzigster sein soll, ist fast nicht zu glauben, denn jeder, der die strahlende Mutter mit ihrem dreijährigen Sohn spielen sieht, würde sie für mindestens zehn Jahre jünger halten. Sie betrachtet das Leben, das sie jetzt führt, als ein Geschenk und genießt es in vollen Zügen, denn fünfzehn Jahre zuvor hatte sie die Hoffnung, jemals eine eigene Familie gründen zu können, bereits aufgegeben.

Im Alter von siebenundzwanzig Jahren verspürte Frau Rüdiger erstmals starke Schmerzen in den Gelenken, die sie zunächst einer einfachen Erkältung zuschrieb, da sie den ganzen Tag über in einem Geschäft arbeitete, das zugig und im Winter zu wenig geheizt war. Ihr Arzt aber erkannte sofort, daß sie Gelenksrheumatismus hatte. Er und später auch andere Ärzte versuchten mit sämtlichen Medikamenten, die es zur Behandlung rheumatischer Erkrankungen gab, der verzweifelten jungen Frau zu helfen. Alle ihre Bemühungen blieben jedoch vergeblich.

Binnen kurzer Zeit war Frau Rüdiger gänzlich ans Bett gefesselt, da sie weder Arme noch Beine bewegen konnte; schließlich versagten sogar die Fingergelenke ihren Dienst. Zur Betäubung der furchtbaren Schmerzen, die sie Tag und Nacht quälten, spritzte man ihr immer stärkere Mittel, und allmählich versank sie in einen apathischen Zustand der Hoffnungslosigkeit. Sie hatte aufgehört daran zu glauben, daß es noch eine Rettung für sie geben könnte, und wollte daher auch keine neue Behandlungsmethode mehr ausprobieren.

Frau Rüdigers Mutter, die ihre Tochter hingebungsvoll pflegte und unsäglich mit ihr litt, war dagegen nicht so schnell bereit, die Flinte ins Korn zu werfen. Vom Hörensagen wußte sie, daß es im Nebental einen Heilpraktiker gab, der, wie man sich hinter vorgehaltener Hand erzählte, manchmal auch dort noch helfen konnte, wo die Kunst der Ärzte versagte. Entschlossen, sich an jeden Strohhalm zu klammern, ging sie also zu Herrn Neuner. „Beim Anblick von meinem Urin", erzählt Frau Rüdiger, „hat er zur Mutter damals gleich gesagt: 'Wenn sie keine Geduld hat, hilft's nix; sie muß Geduld und Ausdauer haben, denn das ist eine sehr langwierige Angelegenheit. Aber heilen kann ich's.'

Eine sofortige Wirkung haben seine Kräuterarzneien nicht gehabt — also, da müßte ich lügen. Es war, sagen wir, kein blitzartiger Erfolg, aber das war ja auch nicht zu erwarten. Die erste Besserung hat sich aber doch sehr bald schon gezeigt: Nach drei bis vier Wochen konnte ich wieder aufstehen, und zwei Jahre nach dem Beginn der Behandlung konnte ich wieder normal meinem Beruf nachgehen!"

Auf Herrn Neuners Rat ergänzte Frau Rüdiger die Behandlung nicht nur durch eine spezielle Diät, sondern auch durch Schlamm-, Moor- und Schwefelbäder. Von den neun oder zehn Badekuren, die sie insgesamt machte, bewirkte vor allem die erste, im Schlammbad Aibling, eine auffällige Besserung. Wenn sie auch öfter noch ziemlich starke Schmerzen hatte, vergrößerte sich der Abstand zwischen den einzelnen Krankheitsschüben doch zusehends, und sowohl die Dauer als auch die Intensität der Schmerzanfälle verminderte sich von Mal zu Mal. Es war aber doch eine harte Geduldprobe: „Nach drei Jahren", erzählt Frau Rüdiger, „hab ich den Herrn Neuner dann einmal gefragt, wie lange es denn dauern wird, bis endlich alles vorbei ist. 'Zehn Jahr muaßt rechnen', hat er mir geantwortet! Da hab ich geheult wie ein Schloßhund — zehn Jahre, hab ich mir gedacht, die gehen nie vorüber, nie!"

Die Zeit verging jedoch schneller, als die junge Frau gedacht hatte, und Herr Neuner sollte recht behalten: Nach zehnjähriger Behandlung war die Krankheit endgültig gebannt. Frau Rüdiger heiratete einen erfolgreichen jungen Beamten, brachte mit 38 Jahren ihr erstes Kind zur Welt und verspürt heute nur noch bei plötzlichen Wetterumschwüngen oder nach großen physischen oder psychischen Anstrengungen ein leichtes Ziehen in den Gelenken.

„Einfach phantastisch war der Erfolg von Herrn Neuners Behandlung bei einer meiner besten Freundinnen, die vor kurzem leider tödlich verunglückt ist", erzählt Frau Rüdiger mir dann, und zeigt dabei auf eine gerahmte Photographie dieser jungen Frau, die eine Schönheit gewesen sein muß. „Auch sie hat eine rheumatische Gelenkserkrankung gehabt, und ist im Rollstuhl aus dem Krankenhaus gekommen. Dann hat sie die Mittel vom Herrn Neuner eingenommen — und ist aufgestanden! Also da war der Heilerfolg wirklich schlagartig: Sie hat buchstäblich von einer Woche zur anderen wieder gehen können, es war fast eine Wunderheilung. Die Schmerzanfälle sind natürlich nach einer gewissen Zeit wiedergekommen, aber nicht annähernd so stark, und im Rollstuhl mußte sie nie wieder sitzen."

Frau Rüdigers Mann, der bei ihren letzten Worten das Zimmer betreten hat, nickt zustimmend und setzt sich zu uns an den Tisch.

162

„Anläßlich einer Jubiläumsfeier des 'Vereins natürlichen Lebens'",
sagt er, „hat sogar unser Gesundheitsminister ganz offen ausgesprochen,
daß mit unserem Sozialversicherungssystem etwas nicht stimmen kann,
wenn die Leute bei einem Heilpraktiker bereitwillig einen Tausender auf
den Tisch legen, obwohl sie in der Apotheke für 15 Schilling
Rezeptgebühr jedes Medikament bekommen könnten. Würden die
Naturheilmittel nichts nützen, so würden die Leute das doch bestimmt
nicht tun, hat er mit Recht gemeint! Und unsere gesetzliche Regelung,
daß Heilpraktiker generell als Kurpfuscher gelten, die eingesperrt
gehören, ist einfach ein Witz!"

„Erinnere dich nur, was wir hier im Haus mit dieser Dame aus
Holland erlebt haben!" fügt er zu seiner Frau gewendet hinzu. In ihrem
Haus war einmal eine Holländerin zu Gast gewesen, erzählen mir Herr
und Frau Rüdiger, eine schwer herzkranke Frau um die Fünfzig. Im
Wochenbett hatte sie sich fünfzehn Jahre vorher einen Gelenksrheumatismus zugezogen, der ihr Herz so stark angegriffen hatte, daß sie von
den Ärzten längst als ein hoffnungsloser Fall eingeschätzt wurde. Da sie
sehr wohlhabend war, konnte sie es sich leisten, jahrelang die berühmtesten medizinischen Kapazitäten in ganz Europa aufzusuchen, die ihr
jedoch alle eine nur noch sehr geringe Lebenserwartung eingeräumt
hatten. Als sie während ihres Ferienaufenthaltes in Tirol plötzlich einen
schweren Herzanfall erlitt, schien sich daher nur noch die Frage zu
stellen, ob man sie sofort mit dem Flugzeug nach Hause bringen sollte,
oder ob es humaner wäre, sie in Ruhe sterben zu lassen und erst im Sarg
nach Holland zu überführen. Da ihr Sohn sich nicht dazu entschließen
konnte, der wassersüchtigen, schweratmenden Mutter noch die
Strapazen der Heimreise zuzumuten, machte Frau Rüdiger sich erbötig,
Herrn Neuner um Rat zu bitten.

Als sie mit einer Harnprobe der Sterbenden zu ihm kam, schüttelte
Herr Neuner den Kopf und sagte: 'Na na, sterben tut die noch nicht!
Einmal wird sie schon sterben müssen, aber so gschwind noch nicht!' Er
gab Frau Rüdiger Tropfen und Tee für die Kranke mit und ordnete an,
man solle ihr zwei- bis dreimal am Tag in der Nierengegend Zwiebelscheiben auflegen. Innerhalb weniger Tage nahm die Patientin daraufhin mehrere Kilogramm ab, denn Herrn Neuners Mittel brachten
zunächst vor allem die krankhaften Wasseransammlungen im Gewebe
zum Schwinden. In der Folge erholte aber auch ihr geschwächtes Herz
sich erstaunlich rasch, so daß sie, sämtlichen ärztlichen Prognosen zum
Trotz, noch zehn Jahre lang ein fast völlig normales Leben führen
konnte.

Erst einige Wochen zuvor, hatte das Ehepaar Rüdiger erfahren, war die alte Dame — nicht an Wassersucht, sondern an einem Herzinfarkt — gestorben, als sie gegen Herrn Neuners Rat einen mehr als 1000 Meter hoch gelegenen Ort besucht hatte. „Wenn er sie auch nicht mehr ausheilen konnte", fügt Frau Rüdiger hinzu, „hat der Herr Neuner ihr Leben immerhin ganz schön verlängert, und vor allem lebte sie diese letzten zehn Jahre praktisch ohne Beschwerden!"

Auch seinem Vater, der nach einem Herzinfarkt unter Herzrhythmusstörungen litt, habe Herr Neuner sehr geholfen, berichtet Herr Rüdiger: „Es ging ihm damals ganz schlecht, und so bin ich einmal mit einer Urinprobe von ihm zum Herrn Neuner gegangen. Mein Vater hat den Tee und die Tropfen genommen, und nach drei Wochen hat er mich angerufen: 'Sag, woher hast du das? Ich fühl mich ja wie neugeboren!' Ein Jahr später allerdings ist es wiedergekommen, und da hat die Kräutermedizin weniger angegrifen; beim dritten Mal noch weniger. Dank einer Digitalistherapie ist er jetzt trotzdem wieder recht gut beisammen, aber der Herr Neuner hat ihm etwas ganz Wesentliches gesagt, was ihm keiner der Herzspezialisten gesagt hatte, nämlich: 'Für Sie ist die Zufuhr von Sauerstoff von ausschlaggebender Bedeutung!' Mein Vater ist also auf einer Strecke von 500 Metern zwei Stunden hin und her gegangen, und das hat ihm, zusammen mit dem Tee und den Tropfen, so geholfen, daß er auch jetzt, wenn er sich angegriffen fühlt, zwei Stunden täglich an der frischen Luft spazierengeht und sich danach bedeutend wohler fühlt. Also ein einfacher Rat vom Herrn Neuner, der sich aber als ungeheuer hilfreich erwiesen hat!"

Herrn Neuners Kommentar:

Bei schwerer, akuter Polyarthritis sucht man zuerst nach Fokalherden — meist eitrigen Entzündungen der Stirnhöhlen, Kieferhöhlen, Zähne, Rachenmandeln, der Ohren oder des Blinddarms —, weiters nach verschlagenen Infaktionskrankheiten wie verspätetem Scharlach, Röteln, schwerer Angina usw. Alles dies traf bei Frau Rüdiger nicht zu, sondern es hatten sich bei ihr durch den jahrelangen Aufenthalt in kalten und — was am allerschädlichsten ist — zugigen Räumen starke Verspannungen im Bewegungsapparat ergeben. Diese Verspannungen führen zu schlechter Durchblutung und damit auch zu einer gestörten Stoffwechseltätigkeit. Die Folge ist, daß sich allmählich immer mehr

Stoffwechselrückstände im Organismus ablagern, die zu gären beginnen und dabei Säuren bilden, die ihrerseits Entzündungen und entzündliche Schwellungen in den Geweben hervorrufen. Auch die Gelenksschmiere wird durch diese Säurerückstände angegriffen und verliert mit der Zeit ihre Gleitfähigkeit. In weiterer Folge treten dann Beinhautentzündungen und Entzündungen der Knochengewebe auf.

Erkältungskrankheiten beziehungsweise deren Spätfolgen sind ganz besonders langwierig und sehr schwer zu behandeln, weil sie tiefgreifende Störungen im gesamten Stoffwechselhaushalt des Organismus bewirken. In Mitleidenschaft gezogen werden dadurch die Atmungs- und Ausscheidungsorgane wie Darm, Nieren, Schweiß-, Talg- und Duftdrüsen, aber auch die Sauerstoffverbrennung über Lunge und Haut wird so drastisch beeinträchtigt, daß nur durch lange, intensive Behandlung eine Umstimmung zu erreichen ist. Das Entgiften des Stoffwechsels und die Reinigung des Blutes sind auch hier die grundlegende Voraussetzung für jegliche, wenn auch nur auf lange Sicht erfolgversprechende Therapie.

So mußten bei Frau Rüdiger zuerst die Organe angeregt und gekräftigt werden, damit sie ihre reinigenden und steuernden Aufgaben wiederaufnehmen konnten. Gleichzeitig mußten entzündungshemmende Maßnahmen gesetzt werden. Als flankierende Maßnahme zur Einleitung des Umstimmungsprozesses ist die Anwendung homöopathischer Hochpotenzen zu empfehlen: zweimal wöchentlich zehn Tropfen Colchicum D30, und alle vierzehn Tage eine Gabe Calcera jodata D200. Zur Reinigung der Leber und der Niere werden dann in wechselnder Zusammensetzung die Tinkturen von Bärlapp, Zinnkraut, Berberitzenrinde, Schafgarbe und Brennessel eingesetzt, sowie Lebertee Nr. 9 und Nierentee Nr. 4.

Nach dieser Organreinigung und -anregung kommen stoffwechselfördernde und harnsäuretreibende Mittel zur Anwendung, in Tropfenform namentlich Tinkturen von Hauhechel, Pappelblättern, Odermennig, Wacholderbeeren, Löffelkraut und Birkenblättern. Dazu jeweils drei Wochen lang abwechselnd Harnsäure- und Rheumatee Nr. 29 und Entgiftungs- und Rheumatee Nr. 30. Die gesamte, sich über Jahre hinziehende Behandlung zu beschreiben, ist nicht möglich, da sie sich jeweils nach dem augenblicklichen Gesundheitszustand der Patientin richten und auf ihre spezifischen Reaktionen Rücksicht nehmen mußte.

Selbstverständlich mußte die Ernährung auf eine bei Rheumatismus und Kreislauferkrankungen unerläßliche Diätkost umgestellt werden: strengstens verboten sind dabei vor allem Schweinefleisch und weißer

Zucker, aber auch sonstige Fleisch- und Wurstwaren aller Art, Fleischbrühe, fetter Fisch, Nüsse, Alkohol usw.

Frau Rüdiger hat übrigens vergessen zu erwähnen, daß man ihr im Verlauf der Behandlung von anderer Seite geraten hatte, ihre Zähne untersuchen zu lassen. Tatsächlich wurden ihr mehrere Zähne gerissen, obwohl sie vollkommen gesund waren, und an Stelle der erhofften Besserung ist dadurch ein schwerer Rückfall der Arthritis eingetreten, der den langsamen, aber bis dahin stetigen Fortschritt des Genesungsprozesses um mehrere Monate verzögert hat.

Einige Zeit vor ihrer Heirat hat Frau Rüdiger mich gefragt, ob sie noch Kinder bekommen könnte. Ich konnte ihre Frage mit Ja beantworten, allerdings mit der Einschränkung, daß sie damit noch so lange warten müsse, bis ich ihr meine Zustimmung dazu gebe. Aufgrund des Krankheitsbildes wäre damals die Austragung der Leibesfrucht nämlich äußert problematisch gewesen, denn der Organismus der Mutter war durch die lange Krankheit ja sehr geschwächt worden. Frau Rüdiger hat Gott sei Dank die Geduld gehabt, noch einige Jahre zu warten, und wurde dafür mit einem gesunden Kind belohnt. Zu diesem Zeitpunkt stellte die Geburt nicht nur keine Gefahr mehr dar, sondern hat sich, im Gegenteil, sehr positiv auf die körperliche und seelische Konstitution der Mutter ausgewirkt.

Frau Rüdiger ist natürlich nach wie vor sehr empfindlich und anfällig für Infektionskrankheiten. Sie muß sich vor Zugluft, Erkältungen, Unterkühlung durch mangelhafte Bekleidung oder Durchnässung daher besonders hüten, und sollte auch weiterhin vorsichtig und maßvoll sein beim Genuß von Fleischspeisen und Alkohol, denn nach einer so schweren Erkrankung ist ein Rückfall immer möglich.

Bei Herrn Rüdigers Vater war die Empfehlung, Atemübungen zu machen und möglichst viel an der frischen Luft spazierenzugehen, eigentlich selbstverständlich. Durch erhöhte Sauerstoffzufuhr werden nämlich nicht nur die Verbrennungsprozesse im Organismus angeregt, sondern die Bewegung an der frischen Luft fördert auch die Durchblutung, wodurch eine Kräftigung der quergestreiften Muskulatur, insbesondere aber des Herzmuskels, sowie der Venen- und Arterienmuskulatur zu erreichen ist.

Vor siebzehn Jahren habe ich aus Paraguay verschiedene Heilpflanzen mitgebracht, darunter eine Rinde, die mir die Indios als besonders gutes Krebsbekämpfungsmittel empfohlen haben. Bei der Überprüfung dieser Rinde — es handelt sich um die Quebrachorinde — hat sich herausgestellt, daß sie eine sauerstoffbindende Wirkung ersten Ranges

166

hat, wie wir das bei unseren heimischen Heilpflanzen gar nicht so kennen. Mittelbar ist sie daher zur Krebsbekämpfung einsetzbar, weil ja Krebsgewebe auf Sauerstoffzufuhr sehr stark reagieren. Außerdem hat sie sich aufgrund dieser besonderen Eigenschaft aber natürlich auch nach Herzinfarkten vorzüglich bewährt. Wegen der Gefahr von Thrombosenbildungen muß man allerdings gleichzeitig immer auch die Leber und die Blutreinigung unterstützen, wozu sich vor allem Arnika, Mistel, Ringelblume, Weißdorn, Knoblauch, Kerbel, Rosmarin und Andorn eignen, sowohl als Tee wie als Kräuterauszug.

Bei der Holländerin war der Herzmuskel etwas schwach, so daß sich auch im Herzbeutel Wasser angesammelt hatte, was häufig Ödembildungen an den Beinen, vor allem aber Atemnot zur Folge hat. Bei dieser Frau waren allerdings aufgrund einer Überbelastung der Niere durch Medikamente die Nierenfunktionen so herabgemindert, daß sie die Wasserausscheidung über die Harnwege nicht mehr schafften. Dadurch kam es zur Ansammlung von Wasser und Harnstoffen in den Geweben. Es mußten also nicht nur die wassersüchtigen Stauungen abgeleitet werden, sondern vor allem die Niere und der Herzmuskel gestützt werden. Das war nur möglich durch eine kombinierte Behandlung mit Tees, Kräutertropfen und homöopathischen Präparaten. Von den letzteren ist Digitalis D6 das bekannteste Mittel gegen Herzwassersucht, dazu gegen allgemeine Wassersucht und zur Nierenanregung Apis mellifica D12 und zur Reinigung der Harnwege Lycopodium D12. Die Teemischung setzte sich zusammen aus 30g Petersilienwurzel, 10g Rosmarin, 10g Andorn, 15g Hauhechel, 5g Nelkenwurz und 20g Attichwurz, und sollte tagsüber immer wieder schluckweise getrunken werden.

Eine wichtige Unterstützungsmaßnahme war das Auflegen von rohen Zwiebelscheiben auf die Nierengegend und die Fußsohlen, zumindest aber das Einreiben der Fußsohlen (speziell am Ballen der großen Zehe) mit dem Saft roher Zwiebeln. Außerdem sollten zur Belebung des Kreislaufs und der Nerven und zur Unterstützung der Herztätigkeit mehrmals im Tag Herzgegend, Genick, Armbeugen, Kniekehlen, Gelenke, Fußsohlen und Handflächen der Patientin mit Bio-Agil eingerieben werden

Die Flüssigkeitszufuhr ist bei Wassersucht ja strengstens zu reduzieren, und sollte daher praktisch auf wassertreibende Kräutertees beschränkt werden. Auch bei der Kost, die natürlich salzlos und möglichst leicht sein muß, ist äußerste Sparsamkeit angezeigt. Besonders zu empfehlen ist der Genuß von Lauchgemüse, Sellerie, Kerbel, Petersilie und vor allem Petersilienwurzeln.

WENN DIE NIERE VERSAGT

Frau Anger ist in der Nähe von Herrn Neuners Wohnort geboren, hat aber als junges Mädchen nach Südtirol geheiratet. In ihrem wunderschön gelegenen Haus betreut sie außer ihrem Mann und ihren drei Kindern seit vielen Jahren auch Feriengäste, von denen die meisten alljährlich wiederkommen und im Lauf der Zeit zu persönlichen Freunden geworden sind.

„Ich verdanke mein Leben dem Herrn Neuner, daran ist nicht zu zweifeln", sagt die blühend aussehende kleine Frau gleich zu Beginn unseres Gespräches, „ohne seine Kräuterheilmittel wäre ich mit vierundzwanzig Jahren gestorben." Im Jahr 1955, erzählt sie dann, wurde sie zum zweitenmal schwanger. Schon während der ersten Schwangerschaftsmonate litt sie unter starken Schmerzen, geschwollenen Beinen und — wie der Hausarzt konstatierte — viel zu hohem Blutdruck. Im fünften Monat wurde sie ins Krankenhaus eingeliefert, wo man eine Gestose feststellte und die junge Frau acht Wochen lang mit den verschiedensten Medikamenten behandelte. Ihr Zustand wurde jedoch immer schlechter, und als sie im siebenten Monat war, beschloß man, die Geburt künstlich einzuleiten. Das Kind war nicht mehr zu retten. Ihr eigener Gesundheitszustand aber war nach diesen furchtbaren physischen und psychischen Zerreißproben so besorgniserregend, daß man sie von der gynäkologischen sofort in die medizinische Abteilung überstellte, wo sie weitere zwei Monate lang allen möglichen Behandlungen unterzogen wurde, ohne daß sich eine Besserung abzeichnete. Ihre Beine und ihr Gesicht waren bis zur Unkenntlichkeit verschwollen, sie hatte einen Blutdruck von 220 und 9,5 Promille Eiweiß im Blut.

„Man hat bestimmt alles versucht, um mich wieder auf die Beine zu bringen", sagt Frau Anger, „aber nach vier Monaten Spitalsaufenthalt war ich schließlich soweit, daß der behandelnde Arzt meinem Mann gesagt hat: 'Es tut uns leid — man versucht natürlich alles, um ein junges Menschenleben zu retten, aber da können wir nichts mehr machen!' Mein Mann hat daraufhin meine Familie verständigt, daß man mich nach Hause geschickt hat, weil sowieso nichts mehr zu machen ist. Und da ist meine Schwester für mich zum Herrn Neuner gegangen. Sie kannte ihn, weil er ein paar Jahre vorher meinem Vater so geholfen hatte.

Wie das war, weiß ich nicht so genau, weil ich damals nicht mehr zu Hause gelebt habe — da müßten Sie meine Schwester fragen. Jedenfalls lag mein Vater mit schwerem Herzasthma im Krankenhaus, und am Abend, als meine Schwester zu Besuch kam, hieß es: 'Der Mann wird die Nacht nicht überleben.' Damit er wenigstens zu Hause sterben kann, hat man ihn sofort aus dem Spital herausgeholt, aber meine Schwester, die sehr an ihm hing, lief trotzdem noch zum Herrn Neuner hinunter, der nicht weit von meinem Elternhaus wohnt. 'Ja, wenn die Ärzte ihn auch schon aufgegeben haben, ich versuch doch noch mein Letztes', hat er ihr gesagt und hat ihr Kräutertropfen mitgegeben. Mein Vater konnte sie kaum schlucken, weil er schon so schwer nach Atem gerungen hat, aber eine halbe Stunde nachher, hat man mir erzählt, ist er ganz ruhig eingeschlafen. Es war wie ein Wunder, und er hat danach noch vier oder fünf Jahre gelebt.

Auch für mich kam die Rettung in allerletzter Minute: Als meine Schwester ihm damals die Harnprobe von mir brachte, soll der Herr Neuner gesagt haben: 'Um Gottes willen, das sieht ja aus wie Spülwasser!' Er könne auch nicht versprechen, daß er da noch etwas ausrichten werde. Darauf hat meine Schwester meinem Mann am Telefon gesagt: 'Also, wenn noch Aussicht auf Heilung besteht, dann schickt euch der Neuner etwas, wenn nicht . . .' Ich war vierundzwanzig Jahre alt, und unser erstes Kind, das er während meiner Krankheit allein versorgen mußte, war noch nicht vier — Sie können sich also vorstellen, wie meinem Mann zumute war, und wie bang er auf die Post gewartet hat! Denn auch der Arzt, der kam, nachdem ich aus der Klinik entlassen worden war, hatte meinem Mann gesagt: 'Sie müssen sich auf das Schlimmste gefaßt machen, da ist nicht mehr zu helfen.'

Endlich ist aber dann doch das so sehnlich erwartete Paket mit Kräutertropfen, Tees und Diätvorschriften vom Herrn Neuner gekommen. Ich habe alles fleißigst eingenommen natürlich, und von da an ist es auf einmal wieder aufwärts gegangen. Es muß sehr rasch gewirkt haben, denn ungefähr acht Tage, nachdem ich mit der Einnahme begonnen hatte, kam unser Hausarzt wieder vorbei und sagte, er könnte nur staunen, daß eine solche Besserung eingetreten sei, und ich solle nur so weitermachen. Die Medikamente, die er mir verschrieben hat, habe ich aber nie genommen! Das wußte er natürlich nicht, und weiß es bis heute nicht. Acht Tage darauf ist er wieder gekommen — mittlerweile war mir die Medizin vom Herrn Neuner ausgegangen — und hat festgestellt, daß das Bluteiweiß plötzlich wieder gestiegen ist. Er hat fürchterlich mit mir zu schimpfen begonnen und mich angeschrien: 'Was ist denn los? Jetzt waren Ihre Befunde schon so viel besser, und plötzlich geht es wieder bergab — ja, wenn Sie nicht mitmachen *wollen* . . .!' Ich konnte ihm auf seine Vorwürfe doch nicht antworten, daß mir die Kräutertropfen ausgegangen sind!

Gottseidank ist die Nachlieferung aber bald gekommen, und nach weiteren zwei Wochen ging es mir schon so gut, daß ich auf Erholung zu meinen Eltern fahren konnte. Von dort aus bin ich dann zum erstenmal selbst zum Herrn Neuner gegangen. Er hat mir den Rat gegeben, soviel wie möglich spazierenzugehen, denn was ich zur Wiederherstellung vor allem bräuchte, sei Sauerstoff. Das Haus meiner Eltern ist in dieser Hinsicht besonders günstig gelegen — man braucht nur die Straße zu überqueren und ist schon im Hochwald. So habe ich auf Herrn Neuners Rat also einen ganzen Monat lang mit meinem damals vierjährigen Sohn den Tag oben im Wald verbracht. Und ich muß sagen, das war ein Riesenerfolg!"

Als sie nach ihrer vierwöchigen Luft- und Erholungskur nach Südtirol zurückkehrte, konnte Frau Anger schon wieder ihre tägliche Hausarbeit verrichten und auch sonst ein ganz normales Leben führen. Die Kräutermedizin nahm sie allerdings noch fast zwei Jahre regelmäßig ein, außerdem hielt sie sich auch weiterhin streng an Herrn Neuners Diätvorschriften. Heute kann sie essen, was sie will; doch mit der Zeit, sagt sie, hätte sie sich an die salzarme Schonkost so gewöhnt, daß sie nach fettem Schweinefleisch, Speck oder scharf gewürzten Speisen gar kein Verlangen mehr habe.

Auch nach ihrer Genesung sollte Frau Anger sich allerdings noch einige Male an Herrn Neuner wenden. „Wer weiß, ob ohne ihn meine zwei jüngeren Kinder überhaupt zur Welt gekommen wären", meint sie und greift sich unwillkürlich an den Hals, als bekäme sie plötzlich nicht genug Luft zum Sprechen. „Als ich ungefähr zwei Jahre nach meiner Krankheit wieder schwanger wurde, sagte mir mein Arzt nämlich, ich müsse die Schwangerschaft sofort unterbrechen lassen, es wäre mein sicherer Tod. Das habe ich aber nicht getan, denn es ging mir ja gut. Ich habe statt dessen wieder Herrn Neuners Arzneien eingenommen, habe regelmäßig meinen Nierentee getrunken und mich während der ganzen Schwangerschaft wohl gefühlt! Die Geburt ist ohne Komplikationen verlaufen, und genauso war es dann auch bei meinem dritten und jüngsten Kind. Beide Kinder sind pumperlgesund!"

„Aber auch mein Mann", fährt sie nach einer Pause fort, „ist ihm sehr zu Dank verpflichtet. Mit achtunddreißig Jahren bekam er ganz plötzlich eine Art Akne — einen fürchterlichen Hautausschlag — zuerst nur am Kinn, und dann im ganzen Gesicht. Über ein Jahr lang ist er von einem Hautspezialisten zum anderen gegangen — ohne den geringsten Erfolg. Schließlich habe ich einmal dem Herrn Neuner eine Urinprobe von ihm gebracht, und bevor ich etwas gesagt habe, hat er gefragt: 'Hat der nicht einen furchtbaren Hautausschlag im Gesicht?' Salben oder Wässerchen würden aber dagegen nicht helfen, hat er gemeint, denn die Vergiftung käme von innen, von der Leber. Er hat mir Kräutermedizin mitgegeben, die mein Mann volle acht Monate eingenommen hat — und auf einmal war der ganze Ausschlag wie weggewischt. Er ist auch nie mehr wiedergekommen, mein Mann sieht heute prächtig aus!

Und von unseren Urlaubsgästen habe ich im Lauf der Jahre auch schon viele zum Herrn Neuner geschickt. Er hat immer geholfen — und vor allem Diagnosen stellen kann niemand so gut wie er! Jetzt geht's mir ja, wie gesagt, prima — auch mit der Niere habe ich überhaupt keine Beschwerden mehr —, aber wenn mir etwas fehlen würde, ich ginge sofort wieder zum Herrn Neuner; zu keinem Arzt habe ich ein solches Vertrauen wie zu ihm!"

Herrn Neuners Kommentar:

Was Frau Anger in ihrem Bericht zu erwähnen vergaß, ist eine schwere Verkühlung während der ersten Schwangerschaftsmonate, die sie sich zuzog, als sie auf einer Fahrt mit dem Moped in ein Gewitter geriet und bis auf die Haut durchnäßt wurde. Durch die starke Unterkühlung des ganzen Körpers wurden vor allem die Nieren, in weiterer Folge auch das Blut und der gesamte Stoffwechsel in Mitleidenschaft gezogen. Die Funktion der schon durch die Schwangerschaft stärker als sonst beanspruchten Niere wurde durch diese zusätzliche Störung so stark herabgemindert, daß sich Ödeme beziehungsweise wassersüchtige Schwellungen zu bilden begannen. Obwohl auch der überhöhte Blutdruck von jedem erfahrenen Arzt als ein sicheres Symptom der gestörten Nierenfunktion erkannt hätte werden müsen, nahm man bei der Behandlung darauf offenbar nicht genügend Rücksicht. Die Leibesfrucht wurde in ihrer Ernährung und ihrem Stoffwechsel so schwer mitbetroffen, daß eine normale Entbindung zu diesem Zeitpunkt nicht mehr möglich war.

Da es beinahe zu einem totalen Nierenversagen gekommen wäre, war der Erfolg der Behandlung mit Naturheilmitteln zunächst ungewiß, und obwohl sich schon bald eine Besserung abzeichnete, ist die Ausheilung einer so schweren Erkrankung natürlich eine schwierige und langwierige Angelegenheit. Deshalb dauerte die Behandlung fast zwei Jahre, und Frau Anger mußte sich auch noch jahrelang an eine fleisch- und salzlose Nierendiät halten.

Die sogenannte Behandlung war in erster Linie auf eine Durchspülung der Nierentrichter und die Anregung der Nierenfunktion ausgerichtet. Die Kräutertropfen — ein mit der homöopathischen Urtinktur vergleichbarer alkoholischer Auszug — mußten alle zwei Stunden eingenommen werden und enthielten Berberitzenrinde, Huflattich, Augentrost, Bärlapp und Wacholderbeeren. Außerdem wurden Nierentee Nr. 4 und eine strenge Nierendiät verordnet.

Zur Ergänzung und Unterstützung der innerlichen Behandlung dienten Umschläge aus einem Gemisch von fettem Topfen (Quark) und ungesalzenem Schweineschmalz, die eine Woche lang täglich vier Stunden lang in der Nierengegend aufzulegen waren, sowie die Nacht über Umschläge mit im Backofen etwas vorgewärmten rohen Zwiebelscheiben.

Zum Ausschlag von Herrn Anger:

Bei den wie Akne aussehenden Gesichtspusteln handelte es sich um Entzündungen im Unterhautzellgewebe, die auf eine Funktionsstörung der Leber und eine daraus resultierende schlechte Blutmischung zurückzuführen waren. Ich bin heute noch der Meinung, daß wahrscheinlich der übermäßige Genuß von Speck, Wurstwaren und „gepanschtem" Wein zu den Störungen im Fett- und Eiweißhaushalt beigetragen hat. Vor allem aber muß man dazusagen, daß Herr Anger ein schöngeistig veranlagter und besonders sensibler Mensch ist. Vor allem bei Männern können psychische Belastungen häufig tiefgreifende und langanhaltende Leberfunktionsstörungen nach sich ziehen, indem sie über das vegetative Nervensystem verkrampfend und störend auf die Leber wirken. Über die Haut sucht sich der Körper den kürzesten Weg zur Stoffwechsel- und Blutreinigung: Eine allmähliche Umstimmung des Organismus durch eine Blutreinigungs- und Leberfunktionstherapie war deshalb die einzig erfolgversprechenden Maßnahme zur Beseitigung des Ausschlags. Zu diesem Zweck trank Herr Anger leberreinigenden Tee Nr. 17, sowie bei abnehmendem Mond Blutreinigungstee Nr. 2. Die Kräutertropfen waren aus Tinkturen der in den Tees enthaltenen Heilpflanzen zusammengesetzt, wobei das Mischungsverhältnis der einzelnen Bestandteile variiert wurde, um durch ständige Abwechslung die anregende Wirkung aufrechtzuerhalten. Zur Linderung der Entzündung und zur Öffnung der Poren wurden Gesichtsmasken mit fettem Topfen (Quark) oder grauem und blauem (radiumhaltigen) Lehm (Tonerde) empfohlen, aber auch Kamillendunstwickel, Umschläge mit heißer Milch und Heilsalben auf Kräuterbasis, um den entzündeten Hof um die Pickel zum Abklingen zu bringen.

Sehr wesentlich für den Behandlungserfolg war neben ausreichendem Schlaf und vermehrter körperlicher Betätigung die Einhaltung einer eiweiß- und fettarmen Leberdiät. Von grundlegender Bedeutung ist in solchen Situationen aber immer die Aussprache zwischen dem Heiler und dem Hilfesuchenden, um den psychischen Druck, unter dem der Kranke steht, zu verringern.

KRÄUTER STATT HERZOPERATION

Der Ort, an dem ich mit dem Ehepaar Oldrich verabredet bin, liegt in einer der schönsten Landschaften Tirols, doch an diesem eiskalten Julinachmittag ist die Sonne von Wolkenmassen verdunkelt, und die Berge haben sich in Regenschleier gehüllt. Fröstelnd laufe ich zu dem kleinen Gasthof gegenüber der Bahnstation und gehe auf einen älteren Herrn mit dunkler Brille zu, der bei meinem Eintritt den Kopf zur Tür gewandt hat. „Verzeihen Sie, sind Sie Herr Oldrich?" Er ist es, und als er mich freundlich willkommen heißt, erkenne ich die warme Stimme mit dem leichten schwäbischen Akzent wieder, die mir vor zwei Tagen den Weg hierher so genau beschrieben hat, daß ich ihn trotz des dichten Nebels nicht verfehlen konnte. Wenig später kommt auch seine Frau zurück, und wir übersiedeln ins Extrazimmer, in dem die Wirtin ihren Stammgästen zuliebe das Kanonenöfchen in Rotglut versetzt hat.

Seit genau zweiundvierzig Jahren, erzählt Frau Oldrich, verbrächten sie ihre Ferien in dieser Gegend, und seit 1962 verbänden sie ihre Reise nach Tirol fast jedesmal mit einem Besuch bei Herrn Neuner. Kurz nach ihrem diesjährigen Besuch war auch ich zufällig bei ihm gewesen, und mit der Bemerkung, ihr Kind hätte einen ähnlichen Herzfehler gehabt wie ich, hatte er mir die Telefonnummer ihres Hotels gegeben.

Während Herr Oldrich einen sehr ruhigen, besonnenen Eindruck macht, schäumt seine Frau vor Temperament und Lebenskraft förmlich über. Sie scheint durch nichts aus der Fassung zu bringen zu sein, und entspannt sich, wie ihr Mann mir lächelnd erzählt, am besten beim Chauffieren: Hat der berufliche Alltag ihre Nerven strapaziert, dann gönnt sie sich nach Büroschluß eine kurze, erfrischende Autofahrt, um für die abendliche Haushaltsarbeit gewappnet zu sein. Sie hat dichtes, dunkel gelocktes Haar, ein braungebranntes, faltenloses Gesicht mit roten Wangen und blitzenden Augen, und bewegt sich trotz ihrer Rundlichkeit auffallend rasch und geschmeidig. Erst im späteren Verlauf unseres Gesprächs erfahre ich, daß diese Frau neben ihrem Beruf als Krankenkassenbeamtin fünf Kinder großgezogen hat. Was sie und ihr Mann dabei allein an Sorgen um die Gesundheit ihrer Familie erlebt haben, erzählt sie ohne einen Anflug von Selbstmitleid in ihrem unglaublich präzisen Telegrammstil.

1961, im Alter von neun Jahren, wurde ihre Tochter Agnes mit einer Blinddarmentzündung ins Krankenhaus eingeliefert und sofort operiert. Da die Entzündung auch auf Drüsen und Bauchfell übergegriffen hatte, riet man den Eltern, das Kind nach einigen Wochen zu einer Röntgenkontrolluntersuchung nochmals ins Krankenhaus zu bringen. Bei dieser Nachuntersuchung stellten die Ärzte zwar eine deutliche Besserung der Entzündung fest, diagnostizierten jedoch einen besorgniserregenden Herzfehler, gegen den es nur ein Mittel gab: strikteste Schonung der kleinen Patientin.

Die Eltern erschraken über diesen Befund, zumal Agnes seit jeher ihr Sorgenkind gewesen war. Seit ihrer frühesten Kindheit hatte sie unter Schlaflosigkeit und Angstzuständen gelitten, ohne daß die Ursache ihrer Nervosität und Hypersensibilität zu ergründen gewesen wäre. Wenn beispielsweise während eines Spaziergangs durch den Park die Glocken der nahe gelegenen Kirche zu läuten begannen, fing sie zu weinen an und wollte keinen Schritt weitergehen. Niemand konnte sich erklären, warum. Zu einem für die ganze Familie nervenzerrüttenden Spektakel aber kam es allabendlich beim Zubettgehen. Das kleine Mädchen schrie und weinte stundenlang, bis es — oft erst in den frühen Morgenstunden — vor Erschöpfung im Stehen einschlief, umfiel, dabei wieder erwachte und neuerlich zu weinen begann. Der Hausarzt gab den Eltern den Rat, ihr Bett nachts auf den Speicher zu stellen und sie einfach schreien zu lassen. Doch es halfen weder solch drakonische Maßnahmen noch gutes Zureden, weder bewährte alte Hausmittel noch Schlaf- oder Beruhigungspulver, und bei Tag war das unausgeschlafene Kind begreiflicherweise nervös und zerfahren.

Im Lauf der Jahre hatte sich die Familie mit diesem Problem wohl oder übel abzufinden gelernt, und um das Kind nicht noch mehr zu verunsichern, hatte man sich bemüht, möglichst wenig Aufhebens davon zu machen. Nun aber mußten Eltern und Lehrer das zappelige kleine Mädchen ständig im Auge behalten und ihren Bewegungs- und Tätigkeitsdrang zügeln, um jegliche Überanstrengung zu vermeiden. Eine neuerliche Untersuchung nach Ablauf eines halben Jahres sollte dann zeigen, ob durch diese Maßnahme eine Besserung eingetreten war.

Um sicherzugehen, schaltete Frau Oldrich auch ihren Hausarzt ein, der zwar kein Facharzt war, sich aber auf Herzkrankheiten spezialisiert hatte. Er hielt es für bedenklich, die sechs Monate bis zum Nachuntersuchungstermin ungenützt verstreichen zu lassen, und stellte einen Überweisungsschein aus, auf dem nichts als das Wort 'Herzfernaufnahme' zu lesen stand.

Herr Oldrich ging mit seiner Tochter ins Krankenhaus, wo diese kurze, schmerzlose Prozedur sofort erledigt wurde. Zwei Tage danach rief der Arzt an und bestellte beide Eltern zu einer dringenden Unterredung auf seine Station. Er müsse ihnen leider eine furchtbare Mitteilung machen, sagte er, denn laut dem Befund der Herzfernaufnahme handle es sich bei ihrer Tochter nicht um eine Herzerweiterung, sondern um einen angeborenen Herzfehler, wie man im Volksmund sage, 'ein Loch im Herz'. Das bedeute, daß von Geburt an eine Stelle in der Herzwand offen geblieben sei. An eine Operation sei erst dann zu denken, wenn der Wachstumsprozeß endgültig abgeschlossen sei; bis dahin müsse das Kind von jeglicher Anstrengung abgehalten werden.

Von diesem Tag an durfte Agnes keinen Sport mehr betreiben, nicht im Freien spielen, nichts Schweres heben und nicht einmal ihren Schulranzen selbst tragen. Ihre Klassenlehrerin zeigte größtes Verständnis. Sie achtete nicht nur darauf, daß die ärztlichen Anweisungen auch während der Schulzeit streng eingehalten wurden, sondern bewies ihre persönliche Anteilnahme, indem sie alles Wissenswerte über die Krankheit ihrer Schülerin in Erfahrung zu bringen suchte und den Eltern Fachliteratur und Zeitungsausschnitte schickte. Einmal lud sie Frau Oldrich sogar in ihre Sprechstunde ein, um ihr zu sagen, daß sie Verbindungen zur Heidelberger Klinik habe und Agnes sofort einen Operationstermin verschaffen könnte, auf den man wegen der großen Anzahl von Voranmeldungen normalerweise sieben Jahre warten mußte. Frau Oldrich war natürlich gerührt und dankbar für dieses Angebot, doch sie wußte, daß die rettende Herzoperation frühestens ab dem siebzehnten Lebensjahr vorgenommen werden konnte; bis dahin mußte man sich also noch mehr als sieben Jahre gedulden.

Außerdem war in der Zwischenzeit eine weitere schwere Sorge in den Vordergrund gerückt: Herr Oldrich hatte nach einer starken Aderhautblutung seine Sehfähigkeit fast gänzlich eingebüßt und war nach einem monatelangen Krankenhausaufenthalt so geschwächt, daß seine Frau um sein Leben bangte.

Ihr angeborener Optimismus muß beinahe gebrochen gewesen sein, als sie im Sommer 1962 auf Urlaub zu Bekannten nach Österreich fuhr, denen sie von ihren Schicksalsschlägen erzählte. Bei den Eltern ihrer österreichischen Freundin hörte Frau Oldrich zum erstenmal von dem berühmten Naturheiler in Kirchbichl, der, wie man ihr sagte, ihrem Mann vielleicht helfen könne.

„Die Krankheit meines Mannes", erzählt sie, „war also der eigentliche Anlaß unserer ersten Fahrt zum Herrn Neuner. Aber lassen Sie mich auf die Geschichte mit der Agnes zurückkommen. Ich hab damals für alle Fälle auch von ihr eine Urinprobe mitgenommen. Der Herr Neuner hat das Wasserl angeschaut und gleich gesagt: 'Naa, so jung und schon so krank! So ein krankes Herzerl!' Dann hat er uns gefragt, ob er ein Experiment machen dürfte. Er hätte sowas nämlich noch nie gehabt, und er könnte uns auch nicht versprechen, ob da irgendwas geändert werden kann. Also, wir haben Hoffnung, er soll's versuchen, haben wir gesagt. Es waren ja keine Spritzen oder Eingriffe, nicht, sondern nur natürliche Medikamente aus Kräutern; da kann ja nichts Schlimmes passieren, dachten wir. Gut. Dann haben wir aber nach vierzehn Tagen schon bemerkt, daß eine Besserung eintritt: Zumindest ist sie ruhiger geworden, hat geschlafen — abends bis morgens durch — das war noch nicht dagewesen!"

Frau Oldrich ist der denkwürdige Abend, an dem die erste unerwartete Wendung eintrat, in unvergeßlicher Erinnerung geblieben. Wie üblich bat Agnes nach dem Zubettgehen noch um ein Glas Wasser. Frau Oldrichs Mutter, die eben auf Besuch war, hörte das Kind rufen, war aber gerade beschäftigt und antwortete ihr, sie solle sich einen Moment gedulden. Als sie aber einige Minuten darauf mit dem Glas Wasser ins Kinderzimmer kam, traute sie ihren Augen nicht. Leise zog sie die Tür hinter sich zu und verkündete den anderen die geradezu sensationelle Nachricht, daß die Kleine bereits eingeschlafen sei. Von diesem Tag an schlief Agnes jede Nacht ebenso ruhig und tief wie ihre Geschwister, und war natürlich auch untertags ausgeruhter und konzentrationsfähiger als zuvor.

Auch der Vater begann sich zu erholen. Dankbar und hoffnungsvoll fuhren Herr und Frau Oldrich zwischen 1962 und 1965 alle vier bis sechs Wochen zu Herrn Neuner, der den Genesungsprozeß ihrer Tochter anhand ihrer Urinproben genau überwachte, und die Arznei einmal etwas stärker, dann wieder etwas schwächer zusammenstellte. Die Wirkung der „harmlosen Kräutertropfen" übertraf alle Erwartungen.

„Vorsichtshalber haben wir den Nachuntersuchungstermin von November 62 auf Frühjahr 63 verschoben, und da ist wieder eine Herzfernaufnahme gemacht worden", berichtet Frau Oldrich. „Am Tag darauf rief mich die Schwester vom Krankenhaus an und sagte, die Röntgenplatte sei verwechselt worden, wir möchten das Kind doch bitte nochmal vorbeibringen. Mein Mann ging also mit Agnes hin, sie wurde nochmals geröntgt, und die beiden kamen wieder heim. Dann rief die Schwester von der Herzstation nochmals an und sagte: 'Frau Oldrich, ich geb Ihnen mal den Herrn Doktor.' Dann ist also der Arzt zum

Telefon gekommen und sagt zu mir: 'Hören Sie mal, ich müßte das Kind noch einmal an Ort und Stelle untersuchen. Die Aufnahme habe ich diesmal echt selbst gemacht, ich habe sie vor mir liegen, aber ich weiß nicht, was ich da sagen soll.' Darauf ging mein Mann abends mit ihr hin, und der Arzt hat sie an Ort und Stelle ein drittes Mal geröntgt und untersucht. Dann hat er meinem Mann auf die Schulter geklopft und hat gesagt — was hat er zu dir gesagt?"

Jede Silbe betonend, wiederholt Herr Oldrich die Worte des Arztes, die sich seinem Gedächtnis unauslöschlich eingeprägt haben: „Das Kind ist geheilt, ich kann nichts mehr finden. An dem Kind ist ein Wunder geschehen." Einen Atemzug lang ist es so still, daß man die Scheiter im Ofen krachend bersten und das Tonbandgerät leise surren hört. „Haben Sie verraten, wer dieses Wunder vollbracht hat?", frage ich. „Natürlich nicht", antwortet Frau Oldrich; „auch der Hausarzt durfte das nicht wissen, das ist ja klar! Gehen Sie mal zu 'nem Hausarzt und sagen Sie ihm sowas! Der hat uns nämlich immer gesagt, das müsse sie einnehmen und jenes müsse sie einnehmen — die ganzen Rezepte lagen zu Hause, aber wir haben nicht ein einziges angewandt. Außer Herrn Neuners Arznei hat sie überhaupt nichts bekommen, gar nichts!"

Als der Hausarzt den klinischen Befund in Händen hielt, erschien ihm diese mit allen bisherigen Erfahrungen unvereinbare Entwicklung des Falles derart unglaubwürdig, daß er den Eltern dringend empfahl, ihre Tochter von einem berühmten Herzspezialisten in Homburg nachuntersuchen zu lassen. „Der Homburger Professor hat sie von morgens acht Uhr bis zwölf Uhr dreißig auf dem Tisch liegen gehabt und hat sie untersucht. Ich hab nimmer geglaubt, daß wir fertig werden", erzählt Frau Oldrich, die dem Untersuchungsergebnis mit gespannter Erwartung entgegensah. „Als er dann endlich zu uns herauskam, hat er gesagt, also er könne nichts mehr feststellen. Es ist zwar, als wäre die Herzwand an einer Stelle etwas dünn, denn beim Atmen hört man zwei Töne — ein Doppelgeräusch, wie es entsteht, wenn man einen Luftballon an zwei Stellen zusammendrückt, hat er uns erklärt — aber von einem Loch könne er nichts feststellen." — „Und was hat er dann gesagt?" wirft Herr Oldrich schmunzelnd ein. — "Ach ja, es war nämlich so, daß die Agnes ihn gefragt hat: 'Herr Doktor, bin ich auch wirklich gesund? Ich möchte so gerne Kinder haben!' Und darauf hat er gelacht und gesagt: 'Du kannst zehn Stück kriegen, dein Herz ist ganz gesund!' Trotzdem wollte er sie zur Sicherheit nach einem Jahr wiedersehen; und da war ich wieder mit ihr unten, und er hat bestätigt, daß ihr nichts mehr fehlt. Auch diesem Herzspezialisten haben wir aber von Herrn Neuner nichts erzählt; der einzige, der es weiß, ist der Arzt meines Mannes."

Ungefähr eineinhalb Jahre danach klagte Agnes sehr häufig über Kopfschmerzen, und der offenbar immer noch mißtrauische Hausarzt war der Ansicht, man sollte sie, statt den örtlichen Neurologen aufzusuchen, nochmals dem Homburger Herzspezialisten vorführen. „Es kommt nicht vom Herzen, ganz bestimmt nicht", konstatierte dieser nach einer eingehenden Untersuchung. „Aller Wahrscheinlichkeit nach handelt es sich um eine Begleiterscheinung der einsetzenden Pubertät, die bald von selbst vorübergehen wird." Er verschrieb dem Mädchen harmlose Schmerztabletten, und kurze Zeit später war tatsächlich wieder alles in Ordnung.

„Und so ist's geblieben bis auf den heutigen Tag", fügt die Mutter mit einem Seufzer der Erleichterung hinzu. „Sie ist inzwischen verheiratet, hat einen Sohn von dreieinhalb Jahren und eine Tochter, die wird morgen drei Monate alt. Das einzige, was ihr manchmal zu schaffen macht, ist ein Heuschnupfen, gegen den auch Herrn Neuners Allergietropfen nicht geholfen haben. Letztens haben wir aber etwas über Joghurtkapseln gelesen und ihn gefragt, was er davon hält. „Nehmen!", hat er gesagt, und diese Kapseln wird sie jetzt ausprobieren. Und auch diesmal hat der Herr Neuner uns wieder bestätigt, daß er nur Werkzeug Gottes ist. Wenn er alles könnte, sagt er, dann bräuchte man keinen Arzt mehr, und alle würden zu ihm kommen. Aber wir wissen aus eigener Erfahrung, wie vielen Menschen er geholfen hat!"

Herr Oldrich nickt nachdenklich und stellt mit den zarten, vorsichtigen Bewegungen eines Menschen, der nicht gut sieht, das Tonbandgerät ab. Zaghaft frage ich ihn, ob er mir auch seine Krankengeschichte erzählen will, denn ich bin nicht sicher, ob er aus Bescheidenheit so zurückhaltend ist, oder ob es ihm schwer fällt, über sein Leiden zu sprechen. Zu meiner Erleichterung geht ein Lächeln über sein Gesicht, und er schaltet das Tonbandgerät wieder ein, bevor er mit ruhiger, klarer Stimme zu erzählen beginnt.

Herr Oldrich arbeitete früher in einer Eisenhandlung, wo er die oft nur um Bruchteile von Millimetern variierende Stärke der Drähte und Eisenstäbe mit einem Blick unterscheiden können mußte. Eines Tages stellte er erschrocken fest, daß er im wörtlichen Sinne rot sah: alles in seinem Blickfeld erschien ihm etwas verschwommen und von rötlicher Farbe. Der Augenarzt, den er deshalb aufsuchte, versicherte ihm, daß seine Augen völlig in Ordnung seien, und überwies ihn zu einem Internisten. Aus unerfindlichen Gründen gelangte der Internist, dem Herr Oldrich sich anvertraute, aufgrund seiner Untersuchung zu der

179

Annahme, daß eine Gefäßverengung die Ursache der Sehstörungen sei, und injizierte ihm ein Gefäßerweiterungsmittel. Die Folgen dieser Behandlung waren katastrophal: es platzten Adern in beiden Augen, und Herr Oldrich mußte mit schweren Aderhautblutungen ins Krankenhaus eingeliefert werden. „Der Professor, der mich dort untersucht hat, hat natürlich furchtbar geschimpft mit mir, wieso ich mit dieser Krankheit so lange warten konnte! Mein Arzt hätte das doch bestimmt festgestellt — was leider Gottes ja nicht so war. Und ich habe mir, als ich nochmals für zwei Tage nach Hause gekommen bin, die Mühe gemacht, von Arzt zu Arzt zu gehen und mir alles zusammenzuholen. Auch die Überweisung von dem Augenarzt und den Befund des Internisten habe ich mit nach Heidelberg genommen, um einen Beweis zu haben!"

In der Klinik bemühte man sich, die Blutungen zum Stillstand zu bringen. Während des dreimonatigen Krankenhausaufenthaltes mußte Herr Oldrich täglich sage und schreibe sechsundzwanzig verschiedene Medikamente einnehmen, was auch für den gesündesten Organismus eine kaum zumutbare Belastung bedeutet. Alle ein bis zwei Stunden bekam er etwas zu essen, damit sein Magen die chemischen Wirkstoffe überhaupt noch aufzunehmen vermochte. Als es schließlich gelungen war, den Aderhautblutungen ein Ende zu setzen, waren freilich beide Augen von Narben so übersät, daß Herr Oldrich seine Sehkraft nur noch am obersten und am untersten Rand des Sehfeldes teilweise behalten hatte, während das Zentrum völlig lichtunempfindlich geworden war, da vernarbte Stellen im Auge lebenslänglich blinde Flecken bleiben. Überdies aber war sein Organismus durch die medikamentöse Roßkur so angegriffen, daß er sich nach seiner Entlassung aus dem Krankenhaus sterbenskrank fühlte.

Etwa ein Jahr danach kam es zum bereits erwähnten ersten Besuch bei Herrn Neuner. „Und das hat der Herr Neuner damals, wie ich zu ihm kam, ganz wortwörtlich gesagt", erzählt Herr Oldrich mit einer Ruhe, von der die Tragik seines Schicksals sich mit erschütternder Deutlichkeit abhebt: „Herr Oldrich, Sie kommen sicher wegen Ihrer Augen. Wäre es ein organisches Leiden, könnte ich Ihnen helfen; so ist es aber ein medizinischer Fehler, den kann ich Ihnen nicht mehr reparieren.' Und jetzt hab ich halt das dem Mann nie vergessen, daß er so die Wahrheit gesagt hat. Und ich muß noch eines hinzufügen: der Herr Neuner kannte mich nicht. Ich kam das erstemal zu ihm, hatte die dunkle Brille auf, und saß ihm gegenüber wie wir beide jetzt. Also der wußte überhaupt nichts, und hat mir dann diesen ganzen Krankheitsverlauf klipp und klar dargelegt; das, was ich wußte, hat er mir wiederholt. Und da muß ich wieder sagen: Woher hatte der Mann das? Nur aus dem Urin raus . . ."

„Er hat zu meinem Mann damals gesagt", ergänzt Frau Oldrich: „'Was haben Sie mit den vielen Tabletten kaputt gemacht! Sehen Sie, das richt ich Ihnen wieder. Wenn der Magen noch stärker angegriffen wär, dann könnt ich Ihnen nimmer helfen, denn den können wir nimmer ersetzen. Aber s'Herz, das können wir machen. Und in zwei Jahren gehen Sie mit Ihrem Freund (das war der Vater meiner Freundin, der uns zu ihm geschickt hatte) auffi auf die Alm', hat er gsagt." — „Stimmt", bestätigt Herr Oldrich und nickt belustigt, „zwei Jahr später bin ich auch tatsächlich rauf!"

Auf meine Frage, ob man wisse, was die eigentliche Ursache des Rotsehens gewesen sei, antwortet Frau Oldrich, die Ärzte hätten darüber verschiedene Vermutungen angestellt — Tuberkulose, die Böcksche Krankheit und anderes mehr —, die aber alle nicht bestätigt werden konnten. Herr Neuner dagegen meinte, die Sehstörungen könnten möglicherweise die Spätfolge einer im Lauf der vorangegangenen zwei Jahre verschleppten Grippe gewesen sein. „Ich arbeite bei der Krankenkasse und hab die ganzen Unterlagen, da hab ich nachgeschaut", erzählt Frau Oldrich. „1958 ist mein Mann am 15. Dezember nach Hause gebracht worden, da hatte er fast vierzig Fieber. Im Fernsehen gab's doch damals so 'ne Reklame: zwei Tabletten und Traubenzucker, dann ist man am nächsten Tag wieder fit — das haben wir dann gemacht. Donnerstag abends wurde er heimgebracht, und Montag ging er wieder arbeiten. Er war noch nicht hundertprozentig beisammen, aber weil's kurz vor Weihnachten war, brauchten die jeden Mann. Das war also im Dezember 58, und im November 60 hat er plötzlich rot gesehen!"

Wie sicher man sich auf Herrn Neuners Urindiagnosen verlassen kann, hat die Familie Oldrich im Lauf der Jahre an so vielen Beispielen erlebt, daß der Strom der Geschichten erst abreißt, als der abendliche Andrang hungriger Gäste uns zwingt, die kleine Gaststube zu räumen.

So litt eine andere Tochter des Ehepaares Oldrich länger als ein Jahr unter einer chronisch gewordenen, seltsamerweise fieberlosen Mittelohrentzündung. Da die Ohren ständig warm gehalten werden mußten, durften dem schmerzgeplagten Kind während dieser Zeit nicht einmal die Haare gewaschen werden. Der Facharzt schärfte den Eltern ein, sie sofort zum Ohrenaufstechen zu ihm zu bringen, wenn sie länger als eine halbe Stunde weine, da nur eine rasche Entfernung des angesammelten Eiters die Ausbreitung der Infektion verhindern könne. Sechsunddreißigmal waren dem kleinen Mädchen die Ohren bereits aufgestochen worden, als Frau Oldrich endlich verzweifelt Herrn Neuner anrief und ihn um seinen Rat bat. „Die Rachenmandeln müssen entfernt werden", erklärte Herr Neuner dezidiert, „sonst kann das nie besser werden. Sie produzieren Eiter, der in den Kopf steigt und über das Ohr wieder ausfließt., Gehen Sie sofort zu einem Arzt und sagen Sie ihm, Sie wollen das gemacht kriegen!" Um den Ohrenarzt nicht vor den Kopf zu stoßen, wurde nun ein fintenreiches Versteckspiel inszeniert: Die Eltern brachten das Kind in die Heidelberger Klinik — wo man gleich eine Ohrenbehandlung vornehmen wollte — und gaben an, ihr Hausarzt hätte zu einer Mandeloperation geraten. Der klinische Befund wurde daraufhin mit einem entsprechenden Vermerk versehen, Familie Oldrich fuhr zufrieden nach Hause, und mit der Ausrede, das Kind hätte während eines Aufenthaltes in Heidelberg einen so schweren Anfall erlitten, daß man sie umgehend in die Klinik bringen hätte müssen, legte Frau Oldrich dem Ohrenarzt das offizielle Dokument vor. Die darin angeordnete Mandeloperation wurde durchgeführt, und — wie Herr Neuner vorausgesagt hatte — nahmen die Eiterungen damit schlagartig ein Ende.

Eine sowohl diagnostische als auch therapeutische Meisterleistung gelang Herrn Neuner bei einem der Söhne des Ehepaares Oldrich, der seit dem Säuglingsalter die Gewohnheit hatte, ständig das Gesicht zu verziehen. Von den Ärzten wurden diese krampfhaften Zuckungen als vorübergehende Nervosität abgetan, der Mutter machten sie aber dennoch große Sorgen, und so nahm sie eine Urinprobe des damals Sechseinhalbjährigen zu Herrn Neuner mit.

„Er hat sich das angeschaut", erzählt Frau Oldrich, „und sofort gefragt: 'Wie alt ist er?' — 'Er wird im Oktober sieben', hab ich gsagt. — 'Gott sei Lob und Dank!' Wir sind natürlich erschrocken, nicht, wie er das gesagt hat! Und dann fährt er fort: 'Der muß, bevor er sechs Monate alt war, eine Spritze gegen den Keuchhusten gekriegt haben, die sich lähmend auf den Gesichtsnerv ausgewirkt hat. Wenn er einmal sieben Jahre alt ist, ist das so verhärtet, daß wir nichts mehr machen können!' Das war im März; er hat uns eine Medizin mitgegeben, und Ende Juni, wie wir wieder nach Tirol gefahren sind, war bereits alles gut, hatten die Gesichtsverzerrungen schon völlig aufgehört. Und es stimmt: Er ist im Oktober geboren, und im Februar haben die Mädels Keuchhusten gekriegt. Er wurde damals geimpft — da war er also grade fünf Monate alt — und Herr Neuner hatte gesagt: bevor er sechs Monate alt war! Es ist unglaublich, nicht? Und wir haben so viele Fälle erlebt! Allein in einem kleinen Nachbardorf von uns, haben wir neulich erfahren, sind es 17 Familien, die zu ihm hinfahren. Glauben Sie mir: wenn er nicht solchen

Erfolg gehabt hätte, dann würde doch keiner von denen die lange Fahrt auf sich nehmen!"

Um näheren Bekannten die weite Reise zu ersparen, hat das Ehepaar Oldrich sehr oft auch deren Urinproben zu Herrn Neuner mitgenommen. Viele konnte er heilen, anderen zumindest Erleichterung bringen, wenn ihr Leben sich unaufhaltsam dem Ende zuneigte. So erzählt mir Herr Oldrich, daß ein Freund ihn einmal bat, Herrn Neuner seiner schwer krebskranken Frau wegen um Rat zu fragen. „Da kann ich auch nicht mehr helfen", sagte dieser, als er ihre Urinprobe sah; „sie hat nur noch ein Jahr zu leben, aber ich guck zu, daß ich's ihr erleichtern kann. So wird sie ohne langes Leiden eines Tages tot zusammenbrechen." Herrn Neuners Voraussage sollte mit wahrhaft staunenswerter Genauigkeit in Erfülklung gehen: Die Frau, der man verschwieg, daß sie krebskrank war, konnte dank Herrn Neuners Mitteln nach kurzer Zeit wieder ein völlig normales Leben führen, bis sie — fast auf den Tag genau ein Jahr später — ganz plötzlich tot zusammenbrach. Der Obduktionsbefund ergab, daß die Metastasen bereits sämtliche Organe erfaßt hatten.

Eine andere Bekannte von Herrn Oldrich dagegen wagte es nicht, sich auf Herrn Neuners Diagnose zu verlassen, und mußte für ihren Mangel an Vertrauen gleich doppeltes Lehrgeld bezahien. Nachdem ihr Arzt ein Myom im Unterleib festgestellt hatte, gab sie dem Ehepaar Oldrich eine Urinprobe mit. Herr Neuner schickte ihr Kräutertropfen und ließ ihr ausrichten, sie solle sich keine Sorgen machen, das Myom sei gutartig und völlig harmlos. Dennoch begab die Frau sich wieder ins Krankenhaus, wo man ihr sagte, sie müsse sich operieren lassen. Das Myom wurde also operativ entfernt und zu einer histologischen Analyse ins Laboratorium geschickt. Wenige Tage darauf kam der Arzt zu ihr und sagte: „Das hätten wir uns ersparen können, es war gutartig!" Damit aber nicht genug, mußte die bedauernswerte Patientin sich einige Zeit nach ihrer Rückkehr aus dem Krankenhaus einer zweiten Operation unterziehen, weil der Bauchschnitt nach der Entfernung des Myoms unsachgemäß genäht worden war.

Einem weiteren ungläubigen Thomas aus Herrn Oldrichs Bekanntenkreis verging das spöttische Lachen, als Herr Neuner aus der Urinprobe eines vierjährigen Neffen dieses Mannes erkannte, daß die schwere geistige und körperliche Behinderung des Kindes auf einen Sturz der Mutter während der Schwangerschaft zurückzuführen sei, von dem die Frau bis dahin keinem Menschen erzählt hatte! Er selbst sei allerdings kaum weniger verblüfft gewesen als dieser Bekannte, erinnert sich Herr Oldrich, als Herr Neuner bei ihrem ersten Besuch in Kirchbichl seiner

Frau auf den Kopf zu sagte, sie hätte vor der Geburt ihres zweiten Kindes eine Fehlgeburt gehabt — ein Ereignis, das zum damaligen Zeitpunkt bereits mehr als zehn Jahre zurücklag!

Diese für eingefleischte Rationalisten unbegreifliche Kunst der Urindiagnose ist tatsächich eine Kunst und keine logisch analysierbare Technik, weshalb ihr mit wissenschaftlichen Kriterien allein nicht beizukommen ist. Sie ist auch nicht erlernbar, sondern wohl nur wenigen, mit außergewöhnlichen geistigen und psychischen Fähigkeiten begabten Menschen überhaupt zugänglich, denen sie jedoch auch nicht in den Schoß fällt, sondern die sie sich — wie Herr Neuner immer zu bedenken gibt — nur durch eigenes Leiden und Mitleiden erkämpfen, und nur durch unbedingte moralische Integrität erhalten können. Anders ist es mit den therapeutischen Methoden der Naturheilkunde, deren Quelle das uralte Erfahrungswisen der Menschheit ist, und zu deren überlieferten Rezepten jede Generation ihr Scherflein beigetragen hat. Ein Verdienst unserer naturfernen Generation ist es, diesen Erfahrungsschatz durch schriftliche Dokumentationen aufbewahrt und allgemein zugänglich gemacht zu haben. Denn wenn auch die Behandlung komplizierter und schon sehr weit fortgeschrittener Krankheitsprozeße unbedingt erfahrenen Heilkundigen überlassen bleiben muß, so gibt es doch viele organische Störungen, zu deren Verhütung oder Bekämpfung man in einem Buch wie Herrn Neuners „Gesundheit aus der Natur" die nötigen Anleitungen zur Selbstbehandlung finden kann. Ich bin Frau Oldrich darum sehr dankbar, als sie mir auch eine solche Selbstbehandlung schildert, die die Wirkungsweise der Naturheilmittel im Vergleich zu den Heilverfahren der Schulmedizin an einem alltäglicheren und daher vielleicht anschaulicheren Beispiel illustriert.

„Letztes Jahr", erzählt sie, „da hab ich n'Kreislaufkollaps gehabt, und vierzehn Tage später furchtbares Jucken am After. Ich wußte mir überhaupt nicht zu helfen. Mein Mann hatte 'ne Hämorrhoidensalbe, da hab ich angefangen, den Knoten, der sich an der Stelle gebildet hatte, damit zu massieren. Das war Donnerstag. Freitag, Samstag: der Knoten wird größer; hab ich also fest weitermassiert. Sonntag hat unser Enkel Geburtstag gehabt. Seitlich und auf drei Kissen bin ich gesessen — die Hämorrhoide war inzwischen walnußgroß! Montag bin ich zu meinem Arzt gegangen, hat der gsagt: 'Um Gottes willen. Du gehst sofort ins Krankenhaus, da kann ich nichts mehr machen!' Am selben Abend um halb sechs Uhr bin ich schon im OP gelegen. Dann sagt der Arzt zu mir: 'Das ist keine Hämorrhoide, das ist eine Thrombose!' Sag ich: 'Wie kommt denn das?' Sagt er: 'Na ja, vor drei Jahren haben Sie es ja schon einmal im Bein gehabt, aber woher das kommt, weiß ich auch nicht.' Ich bin dann gleich mit örtlicher Betäubung aufgeschnitten worden — in dem Knoten waren drei spannenlange Blutgerinsel drin! Dann hat es noch 'ne gute Stunde nachgeblutet, und gegen halb acht bin ich vom Krankenhaus wieder nach Hause gefahren. Eine Woche drauf sollte ich mich in der Klinik wieder melden. In der Zwischenzeit hat's furchtbar geblutet und mußte alle Stunden eingeschmiert und saubergemacht werden. Am nächsten Montag war ich also wieder in der Klinik; da hatten sich um den einen Knoten, der aufgeschnitten worden war, mehrere ganz harte Knoten gebildet. Dienstag mußte ich wieder hin; Mittwoch war keine Sprechstunde, und Donnerstag sagt der Arzt zu mir: 'Frau Oldrich es haut nicht hin, ich muß das operativ entfernen.' Sag ich: 'Wieso? Gibt's denn da keine Möglichkeit, daß die Knoten zurückgehen? Sie haben sie doch aufgeschnitten!' — 'Na ja', sagt er, 'Probieren wir es noch mit einer Salbe; aber am Montag melden Sie sich wieder, da machen wir einen Operationstermin aus. Ich glaube nicht, daß es anders geht.'

Ich bin heim, hab das Buch vom Herrn Neuner aufgeschlagen, drin gelesen, und dann den Herrn Neuner angerufen und gesagt: 'Herr Neuner, ich hab im Januar einen Kreislaufkollaps gehabt . . .' — 'Haben Sie ein dickes Bein?' — 'Wieso ein dickes Bein?' — 'Na ja, ich hab nur gedacht, vielleicht ist wieder eine Thrombose im Anzug gewesen . . .' — 'Ja eben, das wollte ich Ihnen grade sagen — vor vierzehn Tagen war das und das.' — 'Also doch eine Thrombose?' — 'Ja, wie Sie das sagen, aber ich hab sie am After gehabt!' — 'Jöj', hat er gsagt, wortwörtlich: 'am Archlöcherl, das is ja beschissen!' — 'Ja allerdings', sag ich, 'und was mach ich jetzt, Herr Neuner?' — 'Sie haben doch mein Buch', sagt er, 'mehr gibt's nicht, als was dort drin steht. Und jetzt fangen Sie sofort an!'

Hab ich gleich Freitag morgens in der Apotheke Eichenrinde gekauft, hab im Supermarkt faule Äpfel verlangt — die Verkäuferin hat mich natürlich sehr verdutzt angesehen —, bin heim damit, hab nach der Anweisung im Buch die Eichenrinde zwanzig Minuten lang gekocht, und mich zwanzig Minuten reingesetzt in den Sud. Ich hab geglaubt, ich hör die Engel singen . . .! Furchtbare Schmerzen hab ich gehabt! Wie dann die zwanzig Minuten vorüber waren, hab ich eine Binde genommen, zwei Eßlöffel von den faulen Äpfeln zerdrückt, draufgeschmiert, und diesen Umschlag alle Stunden gewechselt. Dazu dreimal täglich — morgens, mittags und abends — wieder Eichenrindenbad, und Sonntag morgens hab ich das Gefühl gehabt, die Knoten sind kleiner geworden. An dem Tag hab ich die Umschläge nur noch alle zwei Stunden gewechselt.

Montag mußte ich wieder zum Arzt, da war ich von der Eichenrinde schon ganz braun an der betreffenden Stelle. Also hab ich mich erst mal fest sauber gemacht, daß der nichts merkt, und hab mich untersuchen lassen. 'Mensch', hat er gsagt, 'klasse, Sie brauchen nicht zur Operation zu kommen! Also diese Salbe! Sie sprechen aber wunderbar an auf sowas!' — 'Ja', hab ich gsagt, 'Sie haben mir ja gesagt, ich soll mich fest einschmieren, und das hab ich gemacht!' — Was ja gestimmt hat! Nur wußte der nicht, womit!"

Als Frau Oldrich einige Zeit nach dieser erfolgreichen Selbstbehandlung in einen Buchladen ging, um Herrn Neuners Buch als Geschenk für Freunde zu besorgen, versicherte ihr die Geschäftsführerin, sie hätte eine sehr gute Wahl getroffen; sie selbst kenne nämlich nicht nur das Buch, sondern auch dessen Verfasser. Sie sei, erzählte die Buchhändlerin Frau Oldrich, die sich mit Absicht ahnungslos stellte, diesem Mann zu ewiger Dankbarkeit verpflichtet, denn nach einem Lungeninfarkt war sie von den Ärzten darauf vorbereitet worden, daß sie dem Berufsleben nie mehr gewachsen sein würde. Als sie dann eine Erholungskur in Reichenhall machte, gaben ihr die Besitzer der Pension, in der sie wohnte, den Rat, zu Herrn Neuner zu fahren. Zweimal im Abstand von drei Monaten habe sie eine Kräutertropfenkur von ihm erhalten, und nun stehe sie als kerngesunder Mensch wieder von früh bis abends in ihrem Geschäft. „Allein in unserer Stadt gibt es aber noch mehrere Menschen, denen er geholfen hat", fügte die Buchhändlerin hinzu. „Man hat mir sogar von einer Frau erzählt, deren Kind er von einem Herzfehler geheilt haben soll . . ." Frau Oldrich lachte. „Dieses Kind ist meine Tochter", sagte sie.

Herrn Neuners Kommentar:

Agnes bekam Kräutertinkturen von Oleander, Weißdorn, Andorn, Herzbeere, Nelkenwurz, Veilchenwurzel und Baldrianwurzel — immer wieder in verschiedenen Abtönungen und Zusammensetzungen. Die Wirkstoffe dieser Pflanzenessenzen führen zu einer Entkrampfung und besseren Druchblutung des Herzmuskels und der Herzkranzgefäße, sowie zu einer Kräftigung der Herzscheidewand.

Zusätzlich erhielt sie eine Agil-Einreibung, mit der die Herzgegend einmal im Tag leicht eingerieben werden sollte, um Kreislauf und Herztätigkeit anzuregen. Einem Erwachsenen hätte ich außerdem noch den Herztee Nr. 127 angeraten; bei einem Kind aber genügen die Tropfen —

abgesehen davon, daß es meist sehr schwierig ist, Kinder zum Teetrinken zu bewegen.

Punkto Ernährung sollten auch hier vor allem Rohkost, Gemüse, Getreide und Milchprodukte, aber möglichst wenig Fleisch gegessen werden. Reizmittel aller Art sind natürlich auf jeden Fall zu meiden.

Von den homöopathischen Mitteln hielte ich in diesem Fall Crataegus Urtinktur, Cactus grandifloris D3, Strophantus D3 und Confallaria D3 für besonders empfehlenswert.

Meine persönlichen Erfahrungen mit angeborenen Herzfehlern beschränken sich auf Kinder und Jugendliche bis zum 21. Lebensjahr, und von den neun Fällen, denen ich bisher begegnet bin, konnte ich acht innerhalb von sechs bis zwölf Wochen auskurieren. Auch den neunten Fall hielt ich nicht für unheilbar, doch habe ich von diesem Patienten leider nichts mehr gehört. Es kommt ja sehr häufig vor, daß Leute die Heilmittel schlampig einnehmen oder aus irgendeinem Grund nicht mehr kommen, so daß ich nie erfahre, wie die Sache sich weiterentwickelt hat. Erwachsene mit angeborenen Herzfehlern hatte ich, wie gesagt, bisher noch nicht zu behandeln, doch bis zum 21. Lebensjahr läßt sich meiner Ansicht nach sicher noch etwas machen, und je jünger die Kinder sind, um so leichter ist ihnen zu helfen.

Zu Herrn Oldrich:

Es ist zu ergänzen, daß ihm mit Essenzen von Arnika, Ringelblume, Augentrost, Gartenraute, Huflattich, Ginster und Pfingstrose Erleichterung verschafft werden konnte. Zur Unterstützung erhielt er außerdem Herztropfen aus Baldrianwurzel, Melissenblättern, Orangenblättern, Weißdorn und Liebstöcklwurzel. Die Variation der aufgezählten Pflanzenwirkstoffe über zwei Jahre verbesserte Herrn Oldrichs Konstitution so weit, daß er sogar wieder bergsteigen konnte, und auch seine Sehfähigkeit ließ sich soweit kräftigen, daß er ins Berufsleben zurückzukehren vermochte.

Zu dem kleinen Sohn:

Ich sah nur eine Möglichkeit, die Nachwirkungen des Impfstoffes, der sich wie ein Nervengift auswirkte und zu Nervenverkrampfungen und -verspannungen geführt hatte, allmählich wieder abzubauen, nämlich mit Hilfe der Anserine, auch Gänsefingerkraut genannt. In Tropfenform verabreicht, bewirkte die Tinktur dieses Krautes allein den gewünschten Heilerfolg. Man könnte in einem solchen Fall übrigens auch noch einen Tee aus Melissenblättern, Schlüsselblume, Zichorienwurzel und Passionsblume reichen, der auch äußerlich, als Teeumschlag verwendet, eine nervenberuhigende und krampflösende Wirkung hat, wenn er auf die betroffenen Körperstellen aufgelegt wird.

Zu der krebskranken Nachbarin:

Es konnte ihr durch blutreinigende, blutbildende und kräftigende Substanzen zumindest Erleichterung verschafft werden. Die angewendeten Kräutertropfen bestanden aus Tinkturen von Ringelblume, Schafgarbe, Johanniskraut, Labkraut, Löffelkraut, Meisterwurz, Brennesselblättern und Holunderblättern. Zur Kräftigung dienten weiters Tinkturen von Rosenblättern, Süßholzwurzel, Enzianwurzel, Angelikawurzel, Engelwurz und Hopfenblüten. Lebertee Nr. 17 und bei abnehmendem Mond Blutreinigungstee Nr. 2 ergänzten die Behandlung.

Die Ernährung wurde auf fleischlose, laktovegetabile Vollwertkost — das heißt Getreide, Gemüse, Obst und Milchprodukte — umgestellt, nach dem Grundsatz, daß die Lebensmittel die Heilmittel und die Heilmittel die Lebensmittel sein sollen. Im Vordergrund stand hier die rote Rübe (rote Bete), die eines der wirksamsten Krebsbekämpfungs- und Krebsverhütungsmittel darstellt und am besten roh — als Salat oder als Saft — genossen werden sollte. Besonders anzuraten sind außerdem Lauchgemüse wie Zwiebel, Knoblauch usw., Wurzelgemüse aller Art (Sellerie und Radieschen beispielsweise zur Gewebsentwässerung und Blutverbesserung), zwischendurch aber auch Spinat und Bananen.

Von homöopathischer Seite wären Natrium oleaticum D12, Kali jodatüm D12 und Calcera jodata D12 zur Verbesserung der Blutsalze, sowie Arsenicum album D6 zur Kräftigung des Allgemeinzustandes empfehlenswert.

Keine Medizin ist jedoch wirkungsvoller als eine positive Lebenseinstellung. Deshalb sollte man sich in allererster Linie darum bemühen, den Lebenswillen und die Lebensfreude des Patienten nach Kräften zu unterstützen und zu fördern.

Zur Buchhändlerin:

Ich kann mich an diesen speziellen Fall zwar nicht mehr erinnern, doch erhielt die Patientin zur Regeneration der angegriffenen Lunge sicherlich Kräutertropfen aus Tinkturen von Eibischwurzel, Lungenkraut, Wollkraut, Kreuzblume, Huflattich und Stockrose. Dazu den Lungen- und Bronchialtee Nr. 7.

An dieser Stelle möchte ich außerdem hinzufügen, daß tägliche Atemübungen für Lungenkranke von größter Wichtigkeit sind: Langsam durch die Nase einatmen bis die Lunge mit Luft vollgepumpt ist, dann langsam durch den Mund wieder ausatmen. Diese einfache Übung sollte morgens und abends durchgeführt werden, und zwar anfangs nicht öfter als dreimal hintereinander; ab der zweiten Woche schon bis zu sechsmal, ab der dritten Woche etwa zehnmal usw. Wesentlich ist in solchen Fällen auch, daß der Kreislauf in Ordnung gehalten wird und besonders die Hautatmung durch Wechselduschen oder tägliche, mindestens einstündige Waldspaziergänge angeregt wird. Eine weitere wirksame Maßnahme, die aber nur ein einziges Mal im Verlauf des gesamten Genesungsprozesses durchgeführt werden darf, wäre hier noch erwähnenswert: Man reibt abends den Oberkörper mit angewärmtem Olivenöl ein, zieht warme Unterwäsche an und legt sich dann sofort ins Bett.

Bei der Kost sollte auf Fleisch nach Möglichkeit verzichtet werden, besonders ratsam sind dagegen Obst, Beerensäfte (schwarze Johannisbeeren, Trauben, Sanddorn), auch Brennesselsaft, rohe Salate und als Salatwürze Thymian und Spitzwegerich. Zum Frühstück würde ich einen Kräutertee aus Erdbeerblättern, Brombeerblättern, Apfelschalen, Spitzwegerich, Huflattich und Holunderblättern besonders empfehlen, und dazu zur Kräftigung einen Brotaufstrich aus Topfen (Quark) mit frischgepflückten, wildwachsenden Kräutern wie Löwenzahn, Sauerampfer, Breitwegerich, Spitzwegerich usw.

Eigentlich war ich diesmal nur gekommen, um Herrn Neuner wiederzusehen und im Gespräch mit ihm Antworten auf ausgesprochene und unausgesprochene Fragen zu finden. Mit derselben untrüglichen Sicherheit, mit der er die Ursachen körperlicher Leiden erkennt, begreift er meist auch sofort, wie es um das seelische Gleichgewicht eines Menschen bestellt ist. Darin, glaube ich, liegt die Größe seiner Heilkunst.

Er zeigt mir Photographien von seiner Studienreise auf die Philippinen, wo ein einheimischer Heiler ihn, wie er mir lachend erzählt, an „seiner weißen Aura" spontan als Kollegen erkannte und ehrerbietig begrüßte. Lange noch sprechen wir über die Rätsel der Geistheilungen, sogenannte Wunder und die Macht des Glaubens, bis Herr Neuner plötzlich auf die Uhr schaut und mich fragt, ob ich noch Zeit hätte zu bleiben; gegen Abend erwarte er den Besuch einer Salzburger Bäuerin, einer ehemaligen Patientin, die ihm Kirschen bringen wolle.

Tatsächlich klingelt es kurz darauf an der Tür, und hinter einer gewaltigen Steige frischgeplfückter Herzkirschen taucht das auffallend zarte, strahlende Gesicht einer stattlichen dunkelblonden Frau auf. Sie ist in Begleitung ihres Mannes und dreier Kinder gekommen, und während Frau Neuner in der Küche die Familie bewirtet, geht Herr Neuner mit Frau Steiner und mir zurück ins Wohnzimmer. Als er ihr von dem geplanten Buch erzählt, sagt sie ganz spontan, daß es ihr eine Freude wäre, wenn auch ihre Geschichte aufgenommen werden könnte, obwohl ihre Heilung erst knapp zwei Jahre zurückliege. Sie wolle gerne, sehr gerne, mit vollem Namen für jedes Wort einstehen, denn ihre Dankesschuld Herrn Neuner gegenüber werde sie niemals abtragen können. Auch dem Österreichischen Rundfunk hätte sie für Sendungen zum Thema Naturheilkunde einen Bericht eingesandt. Sie schaut mir bei diesen Worten gerade in die Augen, aber ihre Wangen sind gerötet, und die Hände liegen so fest im Schoß gefaltet, als wollten sie sich aneinander festhalten. Es kommt bestimmt sehr selten vor, daß diese ihrem ganzen Wesen nach scheue und sensible Frau so aus sich herauszugehen bereit ist. Doch erst als sie zu erzählen beginnt, wird mir vollends bewußt, wie sehr die ausgestandenen Ängste und die Erschütterung über die unverhoffte Heilung ihr noch in den Knochen stecken.

Maria Trauner ist etwa vierzig Jahre alt, von Beruf Bäuerin und (im Auto hatte nur die Hälfte der gesamten Schar Platz gefunden) Mutter von sechs Kindern. Das tägliche Arbeitspensum, das mit diesem Doppelberuf verbunden ist, erscheint Frau Trauner als eine nicht weiter erwähnenswerte Selbstverständlichkeit; für einen Stadtmenschen ist es schon schwer genug vorstellbar, wie ein gesunder Mensch diese Arbeit zu bewältigen vermag; daß es für eine kränkliche Frau aber völlig unmöglich ist, dazu bedarf es keiner Phantasie.

Die Geburt ihres jüngsten Sohnes, der durch einen Kaiserschnitt zur Welt gekommen war, hatte Frau Trauners Gesundheitszustand geschwächt. Sie hatte die Narkose so schlecht vertragen, daß es beinahe zu einem Darmverschluß gekommen wäre, und in der Folgezeit litt sie ständig an Blasenschmerzen, wie sie meinte. Der Arzt konnte ihr nicht helfen, weil man die eigentliche Ursache dieser Schmerzen lange Zeit nicht erkannte. Am Neujahrstag des Jahres 1979 erlitt sie schließlich einen Kreislaufzusammenbruch und wurde ins nächste Krankenhaus gebracht, wo man bei der Durchuntersuchung Blut im Urin feststellte. Die Ärzte diagnostizierten einen eingewachsenen, entzündlichen Nierenstein, bei dessen Entfernung Komplikationen zu befürchten waren. Also wurde Frau Trauner Anfang Februar zur Operation an die für komplizierte Fälle besser ausgerüstete Klinik der Landeshauptstadt überwiesen. Unter dem Mikroskop konnte der eingewachsene Nierenstein erfolgreich entfernt werden, doch ebenso wie bei dem Kaiserschnitt zwei Jahre zuvor vertrug Frau Trauner die Narkose sehr schlecht. Sie litt nach der Operation unter schweren Verdauungsstörungen und bekam bald darauf hohes Fieber, was auf eine anhaltende innere Entzündung hindeutete, die durch den Blutbefund auch bestätigt wurde. Trotz intensiver medikamentöser Behandlung konnte weder der Entzündungsherd beseitigt noch das Fieber gesenkt werden. „Wo ist denn die Patientin, die so blüht?" pflegte der Primarius bei der Visite scherzhaft zu fragen. Frau Trauner aber war kaum zu Scherzen aufgelegt; der massive Einsatz von Antibiotika hatte eine Penicillinallergie bei ihr hervorgerufen, durch die ihr Zustand sich noch weiter verschlimmerte. Sie fühlte sich so elend, daß sie nicht einmal mehr Besuche empfangen wollte. „Er soll gar nit aussifahrn, es nutzt sowieso nix", ließ sie ihrem Mann ausrichten. Als er sie dennoch besuchen kam, fand er sie so schwach, daß sie ihn kaum erkannte. Mit Infusionen, stärkeren Medikamenten und Kalziuminjektionen gelang es den bereits ziemlich ratlosen Ärzten schließlich, das Fieber so weit herabzudrücken, daß man sie nach fast fünfwöchigem Krankenhausaufenthalt auf ihre flehentliche Bitte hin in hausärztliche Behandlung entlassen zu können meinte.

So glücklich Frau Trauner zunächst auch war, der gefürchteten, fremden Klinikatmosphäre entronnen zu sein, wurde ihr doch bewußt, daß sie sich über ihre Genesung keine Illusionen machen durfte. Sie fühlte sich matt und erschöpft und durch die fiebersenkenden Mittel wie ausgetrocknet. Sie brachte kaum einen Bissen hinunter, verspürte aber Tag und Nacht quälenden, unstillbaren Durst, der ihr den Schlaf raubte. Sie war nicht nur unfähig zu arbeiten, sondern in ihrer tiefen Depression fiel es ihr auch von Tag zu Tag schwerer, einen klaren Gedanken zu fassen.

Gegen nur teilweise von der Krankenkasse übernommene Bezahlung hatte eine landwirtschaftliche Organisation, der ihr Mann angehörte, der Familie eine Helferin zur Verfügung gestellt, die sich um die Kinder kümmerte und die notwendigste Hausarbeit verrichtete. Mit einer Art dumpfem Entsetzen stellte Frau Trauner fest, daß nicht einmal die Kinder ihren geschwächten Lebenswillen wiederzuerwecken vermochten. Ihre Nerven waren so überreizt, daß sie froh war, wenn es ihr gelang, die Kinder von sich fernzuhalten, und wenn der Jüngste jammernd auf ihr Bett zu klettern versuchte, reagierte sie beinahe zornig.

Der Hausarzt kam fast täglich und schickte sie, da ihr Zustand sich trotz seiner Bemühungen und der fortgesetzten medikamentösen Behandlung mit immer stärkeren Mitteln unaufhaltsam verschlechterte, innerhalb von zwei Monaten zweimal zu einer fachärztlichen Untersuchung ins Krankenhaus. Unter seelischen Qualen — „beim Urologen bist du ja nichts als eine Nummer" — mußte sie dort stundenlang erst auf die Röntgenaufnahme, dann auf die Blutuntersuchung warten. Die Befunde zeigten jedesmal eine unerklärliche Verschlechterung, und zu Ostern wurde Frau Trauner schließlich ein zweites Mal in die Salzburger Klinik eingewiesen.

Dort versuchte man der hartnäckigen Entzündung durch Infusionen und Injektionskuren Herr zu werden, gegen die Frau Trauner sich verzweifelt zu wehren versuchte, weil sie keine Besserung bewirkten, sondern ihr nur unerträgliche Schmerzen bereiteten und zu guter Letzt noch ein Nervenfieber mit schwerem Hautausschlag auslösten.

Nach zwei Wochen ergebnisloser Behandlung wurde sie wieder nach Hause geschickt und pendelte danach weitere zwei Monate zwischen Hausarzt und Facharzt hin und her. Sie kann sich heute gar nicht mehr vorstellen, was ihr trotz ihrer körperlichen Schwäche und dem hoffnungslosen Lebensüberdruß die Kraft verlieh, die mühseligen Busfahrten zum Facharzt und ins Krankenhaus doch immer wieder auf sich zu nehmen. Wenn auch unbewußt, war es wahrscheinlich doch die Sorge um ihren Mann und die sechs Kinder, die den Sieg über Lethargie und Todessehnsucht davontrug. Am mitleidig-erschrockenen Gesichtsausdruck der Leute, denen sie begegnete, konnte sie jedoch ablesen, was niemand offen vor ihr auszusprechen wagte. Als einmal der Tierarzt auf den Hof kam, konnte sie ihm die Namen der eigenen Kühe nicht mehr nennen. Sie hatte sie einfach vergessen. Entsetzt meinte der Mann, sie solle sich dem Rat des Hausarztes beugen und sich wieder in Krankenhauspflege begeben. Dagegen sträubte sie sich so lange, bis ihre Befunde Ende Juni schließlich so katastrophal waren, daß der Urologe ein totales Nierenversagen befürchtete, außerdem eine Harnröhrendehnung für notwendig erachtete, und sie, ohne lange zu fragen, ein drittesmal an der Klinik anmeldete.

Mit dem Überweisungsschein für den darauffolgenden Dienstag schon in der Tasche, traf Frau Trauner auf der Rückfahrt eine Bäuerin aus der Nachbarschaft, die bei ihrem Anblick ohne Umschweife sagte, es gäbe nur noch einen, der ihr vielleicht helfen könnte, das sei der „Kräutler" in Kirchbichl. So kam es, daß Frau Trauner die Reise in die Landeshauptstadt, von der sie ahnte, daß es ihre letzte gewesen wäre, nicht antrat, sondern schon am Montag darauf — vor Schwäche am ganzen Leib zitternd, mit unförmig verschwollenen Gliedern und Gelenken, völlig versteiftem, schmerzendem Genick und tief in den Höhlen liegenden, brennenden Augen — den Bus nach Wörgl bestieg und zu Herrn Neuner fuhr.

Wie sie dort angekommen ist, kann sie sich nicht mehr erinnern. Ihr Bewußtsein setzte erst wieder ein, als sie vor Herrn Neuner stand, der ihr auf den ersten Blick Vertrauen einflößte, und ihn angesichts ihrer Urinprobe sagen hörte: „Um Gottes willen, ist das aber eine lang übergangene Entzündung, und eine schwere Medikamentenvergiftung noch dazu!" — „Hab ich einen Krebs?" fragte sie mit plötzlich wiedererwachendem Lebenswillen. „Nein", antwortete er, „aber alle deine Körperfunktionen, vom Stoffwechsel bis zum Kreislauf, sind durch die innere Vergiftung so erlahmt, daß es ein wahres Wunder ist, daß du überhaupt noch am Leben bist. Wirf diese Medikamente sofort weg! Eigentlich dürfte ich dir ja gar nichts mehr geben, denn wenn du dich nicht zusammenreißt und ganz genau drauf schaust, könnte es sehr leicht umdrehen."

Obwohl Herr Neuner sie nicht schonte, sondern ihr die bittere Wahrheit unverhohlen vor Augen hielt, sagt Frau Trauner, klang in seiner

Stimme Trost und Anteilnahme mit, und es erwachte ein Gefühl der Hoffnung und des Vertrauens in ihr, als er hinzusetzte: „Wir müssen versuchen, die Körperfunktionen wieder anzuregen. Wenn es gelingt, wird das zunächst zu einer Verschlechterung führen. Aber mach dir keine Sorgen; es ist ein gutes Zeichen, denn der Körper muß so reagieren, um sich von den angesammelten Giftstoffen zu befreien."

Er sprach ihr noch Mut zu, gab ihr verschiedene Anweisungen sowie Tee und Kräutertropfen für zwei Monate mit auf den Weg, und irgendwie gelangte Frau Trauner, nach den Anstrengungen der Reise fast bewußtlos vor Erschöpfung, auch wieder zu Hause an. Sie begann sofort die Tropfen einzunehmen, ließ sich Kräutertee kochen und in der Nierengegend Umschläge mit erwärmten, rohen Zwiebelscheiben machen. Erst fühlte sie nur eine trockene, schmerzhafte Hitze in ihrem Körper, in den folgenden Tagen und Nächten aber brach das lange unterdrückte Fieber mit solcher Gewalt hervor, daß die zum Auswinden nassen Bettücher alle paar Stunden gewechselt werden mußten. Nur mit größter Mühe konnte sie die völlig verstörte Haushaltshilfe davon abhalten, den Arzt zu rufen. „Hol mir einen Pfarrer, keinen Doktor mehr", stöhnte sie schweratmend. Durch den Fieberausbruch war der dumpfe Druck im Kopf, der sie monatelang in eine Art passiver Lethargie versetzt hatte, allmählich gewichen, und die panische Angst davor, mit dem Rettungswagen ins nächste Krankenhaus abtransportiert zu werden, hielt sie davon ab, im Fieberdelirium das Bewußtsein zu verlieren.

Mit eiserner Disziplin hielt sie sich an Herrn Neuners Anweisungen. Täglich trank sie mehrere Liter Kräutertee — außer Nierentee auch Herz-Kreislauf-, Blähungs- und Blasentee-, um den durch das starke Schwitzen hervorgerufenen Flüssigkeitsverlust auszugleichen und den Reinigungsprozeß zu beschleunigen. Die ersten acht Tage aß sie überhaupt nichts, und danach nahm sie nur leichte, salzlose Schonkost und Pollenhonig als Stärkungsmittel zu sich. Zur Linderung der Schmerzen und zur Öffnung der Poren und Harnwege ergänzte sie die warmen Zwiebelumschläge durch Dampfsitzbäder auf einem mit heißem Heublumenaufguß gefüllten Eimer.

Als das Fieber sich nach acht Tagen allmählich legte, fühlte Frau Trauner sich zwar noch sehr schwach, aber sie hatte ihr seelisches Gleichgewicht wiedergefunden. Die entstellenden Schwellungen, verursacht durch krankhafte Wasseransammlungen in Gesicht, Gliedern und Gelenken, waren ebenso zurückgegangen wie die schmerzhafte Genickstarre, der innere „Brand" und die quälende Schlaflosigkeit. Vier Wochen nach Beginn der Behandlung mit Herrn Neuners Naturheilmitteln und der gleichzeitigen Absetzung aller anderen Medikamente konnte sie das Bett verlassen. Weitere zwei Wochen später verabschiedete sie sich von ihrer Helferin und begann sich zum unumwundenen Staunen der Nachbarn, ohne deren selbstlose Hilfsbereitschaft die Wirtschaft während der schweren Zeit ihrer Krankheit wohl gänzlich zusammengebrochen wäre, wieder selbst um Kinder und Haushalt zu kümmern.

Der Hausarzt, dem der scheinbar aussichtslose Fall dieser sechsfachen Mutter ernste Sorge bereitet hatte, traute seinen Augen und Ohren kaum, als Frau Trauner zwei Monate nach ihrem ersten Besuch bei Herrn Neuner mit einem ihrer Kinder zu ihm kam und ihm von ihrer „Kräuterwunderkur" erzählte. Hochherzig meinte er nur: „Es ist ja gleichgültig, wie Ihnen geholfen worden ist, die Hauptsache ist, es hat geholfen!"

Von der Salzburger Klinik kam eine besorgte Anfrage nach dem Befinden der zum Anmeldungstermin nicht erschienen Patientin, und auf die offensichtlich Befremden auslösende Antwort Frau Trauners folgte eine ernste Mahnung, sie werde für die verantwortungslose Behandlung einer derart schweren Erkrankung mit Tees und Kräutertropfen früher oder später die Folgen zu tragen haben. Die späteren Schreiben der Klinik ließ sie unbeantwortet; als aber auch der Urologe anrief und sagte, er könne diesen eigenmächtigen Abbruch der Behandlung nicht verantworten, fuhr Frau Trauner widerwillig nochmals zu einer Kontrolluntersuchung nach Salzburg. Die Befunde wiesen zwar eine verblüffende Besserung aus, doch wie ihr Herr Neuner vorausgesagt hatte, beeinflußten die Röntgenstrahlung und die psychische Belastung, die der Krankenhausaufenthalt für sie bedeutete, den Heilungsprozeß ungünstig und warfen sie wieder ein gutes Stück zurück.

Die Krankenkasse beurteilte die Sache von einem rein pragmatischen Gesichtspunkt aus und verzichtete, nachdem der Kontrollbeamte sich von der unerwarteten Erholung der bereits als unheilbar eingestuften Frau überzeugt hatte, stillschweigend auf die gesetzlich geforderten ärztlichen Bestätigungen. Anstandslos bewilligte sie für weitere sechs Wochen den Zuschuß zur Entlohnung der Haushaltshilfe. „Was täten's denn mit sechs mutterlosen Kindern, werden sich die gedacht haben", sagt Frau Trauner lächelnd, „da war ihnen plötzlich alles recht."

Als ihre Kur nach acht Wochen zu Ende ging, fuhr Frau Trauner Ende August zum zweitenmal zu Herrn Neuner, der schmunzelnd meinte: „Jetzt gefällst du mir schon bedeutend besser!" Sie nahm wieder Tee und Tropfen mit. Noch heute hält sie sich an eine salz-, fett- und eiweißarme Diät und meidet Tee, Kaffee und Alkohol, weil sie weiß, daß die schweren Schäden, die ihr Organismus durch die Krankheit erlitten hat, nie mehr reslos behebbar sein werden. Doch nach den furchtbaren Todesängsten, die ihr erst, nachdem sie schon außer Lebensgefahr war, recht zu Bewußtsein gekommen waren und sie noch heute bisweilen entsetzt aus dem Schlaf hochfahren lassen, fühlt sie sich wie ein neuer Mensch. Sie ist von so grenzenloser Dankbarkeit für Herrn Neuner erfüllt, daß es ihr nicht leicht fällt, mir die Geschichte ihrer Krankheit einigermaßen folgerichtig zu erzählen, denn ihre Stimme schwankt, und Tränen rinnen ihr über die Wangen, wenn sie auf ihre Heilung zu sprechen kommt.

„Auf den Knien möcht' ich ihm danken", sagt sie, „wo wären denn die Kinder, wenn ich den Herrn Neuner nicht gehabt hätte? Die stünden jetzt allein da! Und wenn manche Leut' den Kopf über mich schütteln, weil ich mich getraut habe, alle anderen Mittel abzusetzen und nicht ins Spital zu fahren, dann denk ich mir: ihr habt das halt nicht erlebt, ihr wißt ja nicht, was es heißt, mit diesem unterdrückten Fieber im Leib langsam abzusterben, gar nicht mehr leben zu wollen! Ich hab mich oft gefragt, warum man sich so lang hunzen läßt . . . Es ist doch mein Leben, meine Gesundheit! Und die Medikamente vom Herrn Neuner zahl ich mir gerne selber, die sind sowieso nicht teuer, da brauch ich keine Krankenkasse. Wenn ich mir vorstelle, wie vielen Menschen er schon geholfen hat, und immer noch lassen sie ihn nicht in Ruhe . . . Dabei wird er vom Volk wie ein halber Heiliger verehrt! Also, wenn da einmal was wär', durch den ganzen Pinzgau ging' ich zu Fuß, um Unterschriften zu sammeln!" Mit nach innen gekehrtem Blick, kerzengerade auf ihrem Stuhl sitzend, hat Frau Trauner ihren Gefühlen Luft gemacht.

„Nicht ich habe dich gerettet", sagt Herr Neuner sanft, „sondern Der da oben. Wunder gibt es gar nicht; es wird nur das ein Wunder genannt, was die Menschen nicht begreifen. In Wirklichkeit ist es ein natürlicher Prozeß. Darum kannst du die Dankbarkeit für deine Gesundheit am besten dadurch beweisen, daß du möglichst viele Menschen davon über-zeugst, die Hoffnung nicht aufzugeben, weil die Naturheilkunde sogar in verzweifelten Fällen vielleicht doch noch helfen kann. Früher habe ich für eine Änderung des Heilpraktikergesetzes gekämpft, denn wenn man herumhört, was die Leute hinter vorgehaltener Hand erzählen, ergäbe das eine solche Verurteilung unseres gesamten Gesundheitswesens, daß sich die Politiker die Haare ausraufen müßten, was sie da unterstützen! Aber gegen dieses versteinerte System hat man keine Chance — den neuen Gesetzesentwurf hat der Justizminister in der Schublade liegen, nur wird er nie angenommen werden, weil die zu befragenden Fachgremien — die Ärzte und Apotheker — auf jeden Fall nein sagen werden. Heute rege ich mich nicht mehr auf, wenn ich — wie erst vor ein paar Tagen wieder — aufgrund irgendeiner boshaften Anzeige, gegen die ich mich nach dem geltenden Recht nicht verteidigen kann, zu einer Geldstrafe verurteilt werde. Es ist mir gleich, denn ich stehe unter einem anderen Gesetz: Solange ich mich so benehme, wie der Herrgott will, werde ich arbeiten können, weil der Herrgott mich als Werkzeug braucht. Und wenn es einmal nimmer geht, wird es mir auch recht sein."

Herrn Neuners Kommentar:

Am Beginn von Frau Trauners Krankheit stand sicher eine Verstopfung der Nierenkelche und Nierenkanäle, durch die es zu einem Rückstau giftiger, den gesamten Organismus belastender Stoffwechselrückstände kam. Die Behandlung mit Sulfonamiden und Antibiotika, durch die ja nicht nur schädliche, sondern auch nützliche Bakterien, wie zum Beispiel die lebenswichtigen Darmbakterien, abgetötet werden, verschlimmerte die Situation insofern, als sie die körpereigenen Abwehrkräfte schwächte und die bereits gestörten Stoffwechselprozesse durch Medikamentenrückstände einer zusätzlichen Belastung aussetzte. Durch diese Selbstvergiftung des Organismus wurden auf die Dauer natürlich auch Herz und Kreislauf immer stärker in Mitleidenschaft gezogen, die Organfunktionen erlahmten, und es kam infolgedessen zu einer Aufschwemmung des Körpers, zu Blähsucht und Ödemen. Da ich aus Frau Trauners Urinprobe ersehen konnte, daß die Funktionsfähigkeit der Organe noch nicht zu weit abgesunken war, bestand eine berechtigte Hoffnung, daß deren Anregung noch rechtzeitig gelingen würde.

Bei der Behandlung waren allerdings mehrere Faktoren gleichzeitig zu berücksichtigen: Zunächst mußten natürlich die angestauten Flüssigkeitsmengen abgeleitet werden, und zwar in erster Linie über die Haut, da eine Ableitung über die angegriffene Niere allein nicht möglich gewesen wäre. Diese Entwässerung und Entgiftung des Organismus über die Haut konnte durch temperaturerhöhende und schweißtreibende Kräutertees aus Fieberklee, Holunderblüten und Lindenblüten erreicht werden. Zur Anregung und Reinigung der Nieren erhielt Frau Trauner zusätzlich einen Tee aus Ehrenpreis, Zinnkraut, Wacholderbeeren, Rosmarin und Bärentraubenblättern, und zur unbedingt notwendigen Unterstützung von Herz und Kreislauf sollte sie außerdem regelmäßig Herz- und Nerventee Nr. 1 sowie Kreislauftee Nr. 20 trinken. Insgesamt mußten also täglich mindestens drei Liter Kräutertee getrunken werden, was für den Körper eine erhebliche Belastung bedeutet, in diesem Fall aber die einzig mögliche Therapie war. Das Auflegen von rohen Zwiebelscheiben in der Nierengegend und an den Fußsohlen sollte eine zusätzliche, kräftige Anregung der Nierenfunktion von außen bewirken. Zu Beginn der Behandlung war ein siebentägiges strenges Heilfasten vorgeschrieben, wozu es bei Frau Trauner allerdings keiner Überredung bedurfte, da sie ohnehin Ekel vor allem Eßbaren empfand. Eine rigorose Nierendiät mußte sie noch lange Zeit hindurch einhalten.

Nachdem der allgemeine Umstimmungsprozeß in Gang gesetzt worden war, konnte die Behandlung auf die Anregung der Nierenfunktion konzentriert werden. Da zur Reinigung der Nieren- und Harnwege eine ständige Durchspülung unerläßlich war, kamen auch weiterhin hauptsäch

zu intensivieren — alle drei Wochen eine andere Mischung: Auf den eingangs erwähnten Nierentee Nr. 4 folgte eine Mischung aus Zinnkraut, Bärlapp, Habichtskraut, Hauhechel, Huflattich, Petersilienwurzel, Schließgraswurzel und Attichwurzel; später eine Mischung aus Glaskraut, Ginster, Ehrenpreis, Birkenblättern und Hopfenblüten, und schließlich eine Mischung aus Labkraut, Königskerze, Heidnisch-Wundkraut, und Maßliebchen. Bis zum Abklingen der Beschwerden wurden diese Teemischungen in der angegebenen Reihenfolge alle drei Wochen gewechselt. Zur Unterstützung des Umstimmungsprozesses wurden außerdem folgende homöopathische Mittel empfohlen: Arsenicum album D6 im Wechsel mit Apis mellifica D6, später Berberis vulgaris D6, danach Nux formica D6 im Wechsel mit Solidago D6, dann wieder Berberis vulgaris D6 gemischt mit Lycopodium D6 und Solidago D6.

Um den Lebenswillen der apathisch gewordenen Patientin zu wecken, war es natürlich ungemein wichtig, sie auch seelisch wiederaufzurichten. Dazu war kein langes Palaver nötig, sondern wie in den meisten Fällen genügten einige wenige treffende Worte, um Frau Trauners Widerstand zu brechen und ihr die Hoffnung zu geben, daß sie mit Mut und Zuversicht ihre Krankheit besiegen könne. Da allerdings eine der Nieren schon ziemlich stark gelitten hatte, ist es nicht auszuschließen, daß im Lauf der Jahre eine Schrumpfung einsetzt, die eine operative Entfernung unumgänglich macht. Frau Trauners körperlicher und seelischer Allgemeinzustand hat sich in der Zwischenzeit jedoch so sehr gebessert, daß sie eine solche Operation wahrscheinlich gut überstehen würde, und die Organfunktion ohne weiteres von der anderen Niere allein übernommen werden könnte.

CHRONISCHE BRONCHITIS

Zu Kriegsbeginn in Wien geboren, hat Frau Riedl, wie es ihr rückblickend erscheint, ihre ersten Lebensjahre zum großen Teil in Luftschutzkellern verbracht. Dunkel erinnert sie sich an das ohrenbetäubende Getöse, an die zwischen feuchten Mauern ängstlich zusammengepferchten Menschen, und ganz deutlich sieht sie noch ihre Mutter vor sich, die mit einem Ausdruck des Ekels, den sie vor dem leidenden Kind nicht zu verbergen vermochte, an ihrem Krankenlager stand und ihr den Kopf hielt, bis sie den widerlichen Schleim endlich herausgehustet hatte, an dem sie zu ersticken drohte.

Als Frau Riedl zum erstenmal an Bronchitis erkrankte, war sie noch nicht drei Jahre alt, und von da an blieb diese Krankheit ihr Frühling, Herbst und Winter treu. „ Nur im Sommer ist es einigermaßen gegangen", sagt sie, „sonst war ich eigentlich immer krank." Die Ärzte zuckten ratlos die Achseln — sie hatten zu jener Zeit ja mehr als genug derartige Fälle: die Lebensbedingungen, die mangelhafte Ernährung — da war nicht viel zu machen.

Dann war der Krieg zu Ende, und man brauchte nicht mehr in die naßkalten Kellergewölbe zu fliehen, doch Frau Riedls chronische Bronchitis wurde deshalb nicht besser. Sie war inzwischen schulpflichtig, mußte dem Unterricht aber so häufig fernbleiben, daß sie aus dem Nachlernen gar nicht herauskam und unverschuldet meist sehr schlechte Zeugnisse nach Hause brachte. In den Turnstunden mußte sie sich während ihrer gesamten Schulzeit mit der Rolle einer Zuschauerin begnügen, denn sobald sie zu laufen versuchte, fühlte sie schon nach wenigen Schritten krampfartige Atembeklemmungen, die sie zwangen, sich sofort wieder hinzusetzen.

Im Jahr 1946 bekam Frau Riedl eine schwere Lungenentzündung. Zu ihrem Glück hatte die amerikanische Besatzungsmacht das Penicillin mitgebracht, und das rettete ihr das Leben. Schon ein Jahr darauf aber erkrankte sie zum zweitenmal an Lungenentzündung und wurde wiederum ins Krankenhaus eingeliefert, wo die Ärzte wochenlang um ihr Leben rangen. Sie kam zwar mit knapper Not davon, aber eine dritte Lungenentzündung, versicherte der Oberarzt ihrer Mutter, würde sie auf keinen Fall überleben.

Im darauffolgenden Sommer gelang es ihren Eltern, eine Urlaubsreise zu organisieren — was zwei Jahre nach Kriegsende noch ein Kunststück war —, und die Familie verbrachte sechs unvergeßliche Ferienwochen in Kärnten. Die reine, sauerstoffreiche Luft der umliegenden Nadelwälder war Balsam für die angegriffenen Lungen und stärkte die Widerstandskraft des kleinen Mädchens zumindest so weit, daß es nicht zu der gefürchteten dritten Lungenentzündung kam. Gegen die Bronchitis vermochten allerdings weder die bessere Ernährung noch die neuen Medikamente, die inzwischen auf den Markt gekommen waren, irgend etwas auszurichten, und gegen Penicillin waren die Krankheitserreger bereits praktisch immun geworden. Das kleine Mädchen fühlte sich ständig matt und erschöpft, und vor allem in der kalten Jahreszeit saß sie, an einen Kissenberg gelehnt, viele Tage und Nächte aufrecht im Bett und kämpfte röchelnd gegen den erstickenden gelbgrünen Schleim, der sich mit entmutigender Hartnäckigkeit immer wieder bildete.

Mit Eintritt des Pubertätsalters kam es zu einer so besorgniserregenden Verschlechterung ihres Zustandes, daß der ratlose Hausarzt die Vierzehnjährige zum damals berühmtesten Lungenspezialisten Wiens überwies. Der Professor, ein noch relativ junger und sehr aufgeschlossener Mann, ließ sich die bisherige Krankengeschichte schildern, nahm eine genaue Untersuchung vor, und erklärte Frau Riedl dann frank und frei, daß ihr nichts anderes übrigbleiben werde, als mit der Krankheit zu leben. Er könne ihr keinen anderen Rat geben als den, sich so viel wie möglich an der frischen Luft aufzuhalten, vor allem aber in Nadelwäldern spazierenzugehen.

Mit ihrer Schwester und deren Mann, einem begeisterten Bergsteiger, unternahm Frau Riedl im nächsten Sommer ihre erste Bergwanderung. Die blauen Augen der zierlichen, dunkelhaarigen Frau beginnen zu leuchten, als sie auf dieses Thema zu sprechen kommt. „Und da hab i zum erstenmal die Kletterer gsehn", sagt sie in fast beschwörendem Tonfall, „und hab mir denkt: das, das is es, auf was ich gewartet hab! Jetzt aber, die Krankheit und der Sport — das is ja einfach gar net zu vereinbaren! Aber das war mir ganz egal. Ich bin zum Alpenverein gegangen und hab mich einfach da emporgearbeitet. Ich hab von Wien aus schöne Touren gemacht und war mit sehr nette Leut beinand. Aber mein Leiden war halt immer dasselbe: Alle sind zum Schilaufen gfahrn, nur ich hab net können, weil ich krank war. Schon hab ich's wieder gspürt: — das kommt so eiskalt von den Bronchien herauf — und dann hab i genau gwußt, jetzt ist sie wieder da, die Krankheit! Und dann hab ich geheiratet (einen Bergsteiger natürlich) und bin hierher, ins Salzburger

Land übersiedelt. An und für sich is es mir ja guat gangen, aber im Frühling, im Herbst und im Winter war i halt krank. I bin wohl zur Arbeit ins Büro gangen, aber immer krank und äußerst mühselig. Auch wandern war ich, und trotz Husten manchmal sogar schilaufen — i wollt einfach net krank sein! Und wenn's halt ganz schlimm gwesen is, dann hab i natürlich im Bett bleiben müssen. Da hat's Zeiten gegeben, wo ich die ganze Nacht aufrecht sitzen hab müssen, weil ich sonst überhaupt keine Luft mehr gekriegt hätt, wo ich mich echt so bedroht gfühlt hab!"

Nicht ohne Selbstironie erinnert Frau Riedl sich in dem Zusammenhang aber auch an eine komische Episode. Sie hatte irgendwo gelesen, daß Umschläge mit Schweineschmalz und Zwiebelscheiben ein wirksames Hausmittel seien, und als es ihr wieder einmal sehr schlecht ging, beschloß sie, dieses Rezept auszuprobieren. Der Erfolg zeigte sich jedenfalls nicht so rasch, wie sie gehofft hatte, und so wankte sie am nächsten Morgen doch zum Arzt. Vor lauter Fieber und Husten hatte sie allerdings vergessen, vorher ein Bad zu nehmen, und als sie sich beim Arzt entkleidete, bemerkte sie zu ihrem Entsetzen, daß aus ihrer Unterwäsche noch die fettigen Zwiebelstückchen herausragten!

Um das Jahr 1966 erzählte ihr eine entfernte Bekannte von Herrn Neuner, und riet ihr, bei Gelegenheit einmal zu ihm zu fahren. „Und i hab mir denkt: is eh alles gleich, mach ich das halt auch noch", berichtet Frau Riedl; und wie ich dann dort war, hat er mein Flascherl betrachtet und hat gsagt: ‚Jaja, dös san die Bronchien, aber dös kriagn ma schon in Griff! Das is keine Sache!' Er hat mir die gwissen Tropfenflascherln geben und an Tee, und i bin wieder gfahrn. Das is, glaub i, im September gwesen. I hab mir denkt: na wahnsinnig! Dann hab ich die Sachen aber pünktlichst genommen, auch den Tee ganz genau wie vorgschrieben getrunken, und das war der erste Winter meines Lebens ohne Bronchitis! Also, was das für ein Gefühl war! Ich glaub, da war ich siebenundzwanzig Jahre alt, und ghabt hab ich die Krankheit seit meinem dritten Lebensjahr! Das kann sich gar niemand vorstellen, wie einem da zumute ist!"

Es vergingen Frühling und Sommer, und als der Herbst kam, beschloß Frau Riedl, sich für den Winter wieder mit der so bewährten Arznei einzudecken. „Jetzt bin i also noch amal hingfahrn zum Herrn Neuner", erzählt sie mit einem Gesichtsausdruck, der mich schon unwiderstehlich zum Lachen reizt, „der schaut sich wieder mein Flascherl an und drauf sagt er: ‚Na, Frau Riedl, Sie brauchen dös nimmer, auf Wiederschauen!' Jetzt hab i mir denkt: Mensch, der woaß ja gar net, wie krank daß i gwesen bin! Der wird das einfach net wissen, sonst hätt er mir die

Medizin doch geben! Und — was soll ich Ihnen sagen — ich hab sie tatsächlich nicht mehr gebraucht seither!"

Zärtlich drückt Frau Riedl ihre zwei Töchter an sich, die, angelockt durch unser Gelächter, auf leisen Sohlen hereingeschlichen sind. Beide Kinder sind erst längere Zeit nach der geschilderten Heilung zur Welt gekommen und kennen ihre Mutter daher nur als die sportliche und robuste Frau, die sie heute ist. Ihrer Liebe zur Natur — vor allem natürlich zu den Bergen — kann Frau Riedl jetzt das ganze Jahr über frönen, und sogar das dreijährige Nesthäkchen wird schon auf Wandertouren mitgenommen. „Ja, also, so ist mein Werdegang", sagt sie fröhlich in ihrem Gemisch aus Wienerisch und Salzburgerisch, „und jetzt bin i so glücklich und dankbar, weil i dös ja selber nie mehr für möglich ghalten hätt!"

Herrn Neuners Kommentar:

Das Kennzeichen chronischer Bronchitis ist ständige, übermäßige Schleimproduktion, die sich nicht normalisieren kann, solange die Schleimhäute immer wieder durch ihr eigenes Sekret gereizt werden. Da die Zusammensetzung des Schleims vom Stoffwechsel abhängig ist, ist dafür auch die Nierenfunktion maßgebend.

Bei Frau Riedl war nun aus dem Urin zu erkennen, daß eine — offenkundig durch Verkühlung verursachte — unerkannte Nierenfunktionsstörung vorlag, die zu einer Übersäuerung des Stoffwechsels geführt hatte. So wie durch eine solche Übersäuerung Hautausschläge hervorgerufen werden können, können auch, wie es hier der Fall war, die serösen Häute dadurch dauernd gereizt und zu übermäßiger Schleimproduktion veranlaßt werden. Aus diesem Grund ist eine Behandlung der Bronchien allein nicht zielführend: Unbedingte Voraussetzung einer erfolgreichen Therapie ist die Mitbehandlung der Nieren und des übersäuerten Stoffwechsels.

Dabei ist zu empfehlen, vor allem die Königskerze einzusetzen, die nicht nur die serösen Häute und die Schleimerzeugung, sondern auch die Nierenfunktion wirksam beeinflußt. Spitzwegerich, Huflattich und Lungenkraut stellen natürlich unentbehrliche Zusätze dar. Nebenbei kann auch mit homöopathischen Mitteln nachgeholfen werden, wobei gegen die starke Verschleimung und die Spätfolgen vorangegangener Lungenentzündungen Tartarus emeticus zu empfehlen ist, zur Nieren- und

Leberanregung Lycopodium und Berberis.

Außer dem Lungentee Nr. 7 und dem Nierentee Nr. 4 sollte als Zwischengabe einmal täglich ein Tee aus Zinnkraut und Bärlapp getrunken werden, was die Entsäuerung des Stoffwechsels über die Niere fördert.

Das Auflegen von rohen Zwiebelscheiben auf die Nierengegend und die Fußsohlen ist für einige Tage unbedingt zu empfehlen, um über die Reflexzonen der Haut eine zusätzliche Anregung der Drüsen und des Stoffwechsels zu erzielen.

Selbstverständlich soll während der Kur auch eine fett- und eiweißarme Diät eingehalten werden; scharf gewürzte Speisen, kalte Getränke und Alkohol sind unbedingt ganz zu meiden.

Ratsam wäre es auch — aber nur ein einziges Mal im Verlauf der Behandlung — den gesamten Oberkörper mit angewärmtem Olivenöl einzureiben, wonach man sich warme Unterwäsche anzieht und sofort zu Bett geht.

Wie dieser Fall zeigt, können durch eine kombinierte Behandlung sogar bei chronischen Bronchialerkrankungen eine rasche Umstellung und ein dauerhafter Heilerfolg erzielt werden, was durch eine Bronchialbehandlung allein nicht zu bewerkstelligen wäre. Zur Dauerhaftigkeit des Heilerfolgs hat aber sicher auch Frau Riedls gesunde Lebensführung sehr wesentlich beigetragen.

Die zwei Männer, die ich an einem Sonntagvormittag in Herrn Neuners Haus treffe, sind miteinander verschwägert und kommen aus einer kleineren Stadt in der Nähe von Augsburg. Die Gelegenheit, sich Herrn Neuner dankbar zu erweisen, war ihnen nicht nur eine mehrstündige Fahrt wert, sondern sie haben sich sogar die Mühe genommen, eine schriftliche Zusammenfassung ihrer Berichte mitzubringen. ·

„Meine persönliche Meinung war früher, daß Heilpraktiker und ähnliches nichts bringen; ich war sehr skeptisch, ja sogar voreingenommen gegen solche Methoden, das muß ich vorausschicken", sagt Herr Adler, ein gutaussehender, athletischer Mann mit einer ungemein sympathischen Ausstrahlung. Er war sein Leben lang kerngesund und hat, wie er nicht ohne Stolz erwähnt, im Laufe seiner fünfundzwanzigjährigen Tätigkeit als Prokurist bei einer großen deutschen Firma nicht einen einzigen Tag im Krankenstand verbracht. Seine erste Erfahrung mit der Naturheilkunde verdankt er der Krankheit seines Schwiegervaters, die er aus nächster Nähe miterlebt hat.

Im Spätherbst des Jahres 1974, erzählt Herr Adler — er selbst war gerade beruflich unterwegs im Ausland —, kam von zu Hause ein dringender Anruf. Anläßlich einer Durchuntersuchung hatte man bei seinem Schwiegervater einen bösartigen Lungentumor festgestellt, der ohne Aufschub operiert werden sollte. Der alte Herr war sofort ins Krankenhaus Günzburg eingeliefert worden, und nun verlangten die Ärzte von seinen Angehörigen innerhalb von zwei Stunden eine Entscheidung darüber, ob sie der Operation zustimmten. Per Telefon erteilte Herr Adler im Namen der Familie seine Zustimmung, worauf der Schwiegervater ins Krankenhaus Augsburg überstellt wurde. Der nächste Schock ließ jedoch nicht auf sich warten. Nach zwei Tagen nämlich erklärte der Chefarzt, daß er nicht bereit sei, das Risiko einer Operation auf sich zu nehmen, da die Erfolgschancen äußerst gering seien, und der Patient mit seinen 75 Jahren den Eingriff wahrscheinlich nicht überleben würde. Als man den alten Herrn kurz vor Weihnachten aus dem Krankenhaus entließ, wurde seine Lebenserwartung von den Ärzten auf maximal acht bis zwölf Wochen geschätzt.

Von Schweißausbrüchen, Hustenanfällen und Atemnot geplagt lag der Kranke zu Hause im Bett. Da Lungenkrebs in diesem Stadium durch eine chemotherapeutische Behandlung nicht mehr aufzuhalten ist, bekam er auch keine Medikamente mehr verschrieben, was ihn ein wenig stutzig machte. Er wußte, daß er Krebs hatte, aber wie schlecht es wirklich um ihn stand, hatte man ihm verschwiegen, um ihn nicht unnötig aufzuregen. Um so qualvoller erschien es seinen Angehörigen, hilflos zusehen zu müssen, wie er langsam dahinsiechte. Nachdem er von den Ärzten aufgegeben worden war, blieb nur noch eine einzige, wenn auch äußerst schwache Hoffnung: der Naturheiler in Kirchbichl, von dem Bekannte erzählt hatten. Vielleicht konnte ihm dieser die letzten Lebensmonate zumindest ein wenig leichter machen.

„Über diese Bekannten war es uns möglich, kurzfristig, innerhalb von zwei Tagen, einen Termin zu bekommen", erzählt Herr Adler. „Ich habe Urin von meinem Schwiegervater mitgenommen, bin zum Herrn Neuner gefahren und habe ihm den Urin gegeben. Er wußte von dem Patienten keine näheren Daten, hat aber in meinem Beisein genau die gleiche Diagnose gestellt wie die Ärzte. Er hat mir dann Tropfen und Tee mitgegeben, auch Diätvorschriften und eine Einreibung für Brust und Rücken, und hat gesagt, er könne keine Wunder wirken, sei jedoch zuversichtlich, daß man da Abhilfe schaffen könne. Mein Schwiegervater war übrigens seit eh und je ein sehr starker Raucher — ein regelrechter Kettenraucher, kann man sagen —, und das war auch einer der Gründe, warum den Ärzten die Operationschancen äußerst gering erschienen und warum sie ihn auch nicht mehr weiterbehandelten. Ich wußte ja von der Diagnose Bescheid, und mir ging es vor allem schon aus psychologischen Gründen darum, dem Schwiegervater irgend etwas zu geben, damit er sich selbst nicht aufgab! Er hat dann die Heilmittel eingenommen, und zwar sehr pünktlich. Dafür hat die Schwiegermutter gesorgt: sie gab's ihm auf die Minute genau! Sie ist da ganz hart gewesen, auch bei der Diät natürlich, da gab's gar nichts! Es war so, daß er ein Spätaufsteher war, denn da er bei der Post gearbeitet hatte, war er Schichtdienst gewohnt und konnte untertags schlafen. Sie hat ihn also morgens geweckt, hat ihm die Medizin gegeben, und dann konnte er wieder weiterschlafen.

Und nach relativ kurzer Zeit — ich würde sagen, zirka vier Wochen — ging's mit ihm wieder steil aufwärts. Ende Januar ist er dann schon wieder aufgewesen und hat sich wieder ausgesprochen wohl gefühlt. Er hat es vor allem innerlich schon überwunden gehabt; hat gemerkt, die Beschwerden werden besser — was er ja nicht mehr geglaubt hatte! Auch unser Hausarzt hat öfters gefragt: ‚Was ist jetzt eigentlich los? Wie geht's weiter?' Der konnte es auch nicht glauben, daß sich da noch was verändert hat! Und nach eineinhalb Jahren war es bereits so, daß der Schwiegervater zu seiner Frau und zu mir gesagt hat: ,Die Ärzte haben ja keine Ahnung! Das hat doch gar nicht gestimmt, was sie behauptet haben: daß ich Krebs habe! Das war blinder Alarm!' Und das find ich also eine gute Geschichte — die Behandlung hat ihn psychologisch so aufgerichtet, daß er selbst an seine Krankheit dann gar nicht mehr geglaubt hat!

Im Jahr 1976 hat er Schwierigkeiten mit der Prostata bekommen und ist wieder ins Krankenhaus Günzburg eingeliefert worden. Bei der Gelegenheit wurde er wieder durchuntersucht, und da konnten die Ärzte auf dem Lungenröntgen von einem Tumor überhaupt nichts mehr entdecken! Und das war für den Schwiegervater eben auch wieder das Zeichen: ,Die haben damals einfach falsch geröntgt!' Er war da ganz naiv, und wir haben ihn natürlich in dem Glauben belassen. Aber wir wußten ja, wie es damals wirklich um ihn gestanden hatte! Er hatte allerdings damals das Rauchen aufgegeben, hat aber nach zwei Jahren wieder begonnen und ist zum Schluß fast wieder in den alten Rauchtrott zurückgefallen. Zuerst hat er's heimlich gemacht, weil wir es ihm ja verboten hatten, aber — Sie wissen ja, wie das ist!

Am 19. Oktober 1979 ist er dann gestorben. Er ist vorher noch drei Wochen im Bett gelegen, hatte aber keinerlei Beschwerden während dieser Zeit — weder mit der Lunge, noch sonst etwas. Nachdem er noch seinen achtzigsten Geburtstag mit uns gefeiert hat, ist er ganz friedlich zu Hause gestorben, und der Arzt hat als Todesursache Altersschwäche festgestellt."

Herr Adler hat fast ohne Unterbrechung und mit großer Konzentration gesprochen. Jetzt hält er einen Moment inne, um seine Gedanken zu sammeln, und seine Stimme ist im Tonfall merklich weicher und persönlicher, als er ernst hinzufügt: "Wir sind überzeugt, daß nur die Medizin vom Herrn Neuner unserem Vater das Leben um fünf Jahre verlängert hat, und sind sehr dankbar dafür, daß wir diese Zeit noch mit ihm verbringen durften. Seitdem bin ich fast ein begeisterter Anhänger der Naturheilkunde! Ich mußte meine Meinung revidieren, denn wenn man so einen Erfolg mit eigenen Augen sieht, fällt es einem leichter, von etwas überzeugt zu sein, als wenn man es nur vom Hörensagen weiß! Und an dieser persönlichen Erfahrung möchte ich ganz klar für die Nachwelt, beziehungsweise für die Zukunft festhalten, daß man nicht einseitig sein soll, und Dinge, die einem nicht geläufig sind oder von der Allgemeinheit nicht akzeptiert werden, nicht einfach beiseite schieben sollte! Man sollte diesen Hoffnungsschimmer öfter und früher nützen, und den Menschen die Naturheilkunde näherbringen, damit sie, auch wenn die Schulmedizin nicht weiterkommt, nicht aufgeben oder verzweifeln — beziehungsweise schon früher auf diese Möglichkeit zurückgreifen! Ich muß für meine Person sagen, daß es mir ehrlich leid tut, daß ich vierzig Jahre lang an die Sache nicht geglaubt habe. Heute bin ich ein Überzeugter, der glaubt, daß die Naturheilkunde nicht nur einen echten Platz hat, sondern sogar eine Notwendigkeit ist! Aber, wie der Herr Neuner sagte, auch er kann keine Wunder wirken, und deshalb, meine ich, hängt der Erfolg der Behandlung natürlich nicht nur von der positiven inneren Einstellung ab, sondern sicher auch von der Pünktlichkeit und Genauigkeit der Einnahme!"

„Ja", greift Herr Neuner den Faden auf, „das wäre eigentlich Voraussetzung, daß die Leute das genau befolgen wie vorgeschrieben, denn es ist ja so: Die körpereigene Energie sinkt ab, wenn der Körper belastet wird. Die Sonnen- und Erdenergie aus den Pflanzen kann sie wieder anregen. Es ist eine Kraftzufuhr, die alle Lebensfunktionen reaktiviert, und die regelmäßige Einnahme ist deshalb so wichtig, damit diese Energie dem Organismus in regelmäßigen Abständen zugeführt wird! Im Gegensatz zur Schulmedizin, die abtötet, wegschneidet usw., sagen wir ja: Es gibt keine Krankheiten, sondern nur Funktions- und Reaktionsstörungen! Ein Tumor ist ja meiner Ansicht nach auch eine Stoffwechselerkrankung. Durch den unregelmäßigen Lebensrhythmus — zum Beispiel gerade bei Schichtarbeit, die den Schlaf vor Mitternacht verhindert, der ja der gesündeste ist — entstehen gewisse Spannungen, eine erhöhte Wärme im Organismus. Bei Ihrem Schwiegervater kam noch das viele Rauchen hinzu, durch das die Lunge dann ja aussieht wie eine Speckseite, eine geräucherte! Durch die abgelagerten Schlacken ist auch die Durchblutung der Lungenbläschen und so weiter herabgemindert, und daher ist eine leichtverdauliche, fett- und eiweißarme Diät, die den Abbau der Schlackstoffe fördert, und ohne die die Behandlung nicht erfolgreich sein könnte, so wichtig."

Beide Männer haben Herrn Neuners Erklärungen mit größtem Interesse zugehört, denn auch Herr Leitgeb war ja Augenzeuge der Heilung ihres Schwiegervaters. Im Unterschied zu seinem Schwager hat er die Wirksamkeit der Naturheilmittel jedoch auch am eigenen Leib erfahren. Der stille, gemütliche Mann, in dessen hellen Augen unverhohlene Fröhlichkeit glitzert, wäre ohne Herrn Neuners Heilkunst heute wahrscheinlich nicht mehr am Leben. Herr Leitgeb ist Vater von zwei

Kindern, siebenundvierzig Jahre alt und von Beruf Elektroinstallateur. In die Annalen der Universitätsklinik von U. ist er als unerklärlicher Ausnahmefall eingegangen.

Am 10. September 1980 — er war gerade dabei, seinem Schwager, mit den ihn eine besonders herzliche Freundschaft verbindet, beim Hausbau zu helfen — spürte Herr Leitgeb plötzlich einen stechenden Schmerz in der linken Brustseite. Mit ein paar Schnäpsen ließen sich die Schmerzen zwar für den Augenblick beschwichtigen, sie kamen aber im Verlauf der nächsten Tage in immer kürzeren Abständen wieder. Der Hausarzt diagnostizierte eine Rippenfellentzündung, verordnete dem Patienten Bettruhe und behandelte ihn mit Penicillin und Tantum-Tabletten.

Als sich jedoch nach fünf Wochen immer noch keine Besserung abzeichnete, mußte Herr Leitgeb gemäß den Bestimmungen des Arbeitsgesetzes einem Vertrauensarzt vorgeführt werden. Erst bei dieser Untersuchung entpuppte sich die vorgebliche Rippenfellentzündung als ein Milztumor, der bereits eine ansehnliche Größe erreicht hatte. Die Diagnose wurde noch am selben Tag von einem Chefarzt des Günzburger Krankenhauses bestätigt, der Herrn Leitgeb eine Woche zur Beobachtung auf seiner Station behalten wollte, um die Chancen und Möglichkeiten einer Operation zu erwägen. Herr Leitgeb, dem davor angst und bange war, entschloß sich jedoch, die Sache nochmals zu überdenken — wozu er allerdings nicht mehr viel Zeit haben sollte.

Seine Schmerzen wurden so stark, daß er kaum noch atmen konnte, und auf seinen eigenen Wunsch wurde er vom Hausarzt schon am darauffolgenden Tag in die Universitätsklinik von U. überwiesen. Vierundzwanzig Stunden später, am 16. Oktober 1980, wurde er dort zur stationären Behandlung aufgenommen. Aus den Befunden einer mehrtägigen Durchuntersuchung durch ein ganzes Team von Fachärzten ging eindeutig hervor, daß er an lymphatischer Leukämie litt, einer besonders bedrohlichen Form des Blutkrebses, die durch eine exponentiell beschleunigte Vermehrung der Lymphozyten, weißer Blutkörperchen, gekennzeichnet ist. Der normale Stand von 5.000 bis 10.000 Leukozyten pro Milliliter Blut war bereits um 20.000 überschritten, und es war vorauszusehen, daß Herr Leitgeb den lebensgefährlichen Grenzwert von 30.000 innerhalb von ein bis zwei Wochen erreichen würde.

Seit den ersten Krankheitsanzeichen waren sieben Wochen ungenützt verstrichen, und für eine gezielte Behandlung scheint es nach dem Ermessen der Ärzte zu diesem Zeitpunkt schon zu spät gewesen zu sein. Die Milz des Schwerkranken war steinhart und auf das Achtfache ihrer normalen Größe angeschwollen!

Innerhalb weniger Tage verlor Herr Leitgeb fast dreizehn Pfund an Gewicht, ein durch die vorhergegangene Penicillin-Behandlung ausgelöster allergischer Ausschlag bedeckte seinen ganzen Körper, und die Schmerzen waren so unerträglich geworden, daß man ihm an Stelle der bis dahin verwendeten Schmerztabletten vier Morphiumzäpfchen pro Tag geben mußte. Andere Medikamente, berichtet Herr Leitgeb, wurden ihm nicht verabreicht, was ihn in seiner geheimen Befürchtung bestärkte, daß es mit ihm unaufhaltsam zu Ende gehe. Vorsichtig hatten die Ärzte ihm angedeutet, er werde in die Frührente gehen müssen, und die Vorstellung, nie wieder arbeiten zu dürfen, quälte ihn seither fast ebensosehr wie der körperliche Schmerz, den selbst das Morphium kaum noch zu betäuben vermochte. Als sein Schwager ihn im Krankenhaus besuchte, sagte Herr Leitgeb leise: „Mir kann nur noch der Neuner helfen — und du!"

„Wir hatten immer ein sehr gutes Verhältnis zueinander, und er wußte, daß ich es ihm irgendwie ermöglichen würde, Urin aus dem Krankenhaus hinauszuschmuggeln", erzählt nun Herr Adler weiter, der auf den gelungenen Streich heute noch stolz ist. „Wir haben vereinbart, daß ich am nächsten Tag um fünf Uhr komme, und er mir bis dahin ein Fläschchen Urin bereitstellt. Mir würde schon etwas einfallen, wie ich in das Krankenhaus hineinkomme. Es war noch stockfinster, und um fünf Uhr früh war natürlich alles verschlossen. Ich mußte über den Zaun steigen und bin dann mit dem Ambulanzfahrstuhl hochgefahren. Wie gerade niemand in der Gegend zu sehen war, bin ich in sein Zimmer hineingeschlichen und hab ihn kurz am Ärmel gerissen. Er hat sofort begriffen, hat mir das Fläschchen gegeben, und um acht Uhr bin ich bereits beim Herrn Neuner gewesen. Ohne daß er von dem Fall was wußte, hat der Herr Neuner eindeutig die gleiche Diagnose gestellt wie das Krankenhaus.

Wir waren uns natürlich bewußt, daß wir die Ärzte nichts merken lassen durften — wollten es auch nicht —, und haben dann Tee und Tropfen jeden Tag ins Krankenhaus eingeschleust, indem wir die Tropfen in ganz kleine Fläschchen umgefüllt haben, die mein Schwager irgendwie in seinem Schrank versteckte. Beim Tee haben wir den Schwestern gesagt, der Patient hätte immer solchen Durst, und da hat er einen Haustee, den mag er so gern . . . So war gewährleistet, daß die Behandlung im Krankenhaus erfolgen konnte! Er hat also dann die Sachen rund um die Uhr pünktlich eingenommen, und außerdem haben wir ihm auf den Rat vom Herrn Neuner hin jeden Tag einen ganzen Liter Rote Rüben-Saft gebracht."

Am 25. Oktober hatte Herr Leitgeb die Kräuterarznei zum erstenmal eingenommen; am 27. wurde ihm am Hals eine Lymphdrüse herausoperiert. Eine Woche darauf sollte er entlassen und zur Bestrahlung der Milz nach Augsburg geschickt werden. Sein Schwager bat jedoch den Stationsarzt, vorher unbedingt noch ein Blutbild machen zu lassen, was ihm zugesichert wurde. Als er den Kranken am Morgen des 5. November abholen kam, hieß es, er solle später wiederkommen; es werde noch etwas dauern, denn die Untersuchung sei noch nicht abgeschlossen.

„Ich sollte in der Früh um zehn Uhr entlassen werden", erzählt Herr Leitgeb, „bin aber dann zurückgehalten worden bis sieben Uhr abends. Das Blutbild! — Die Ärzte haben ihren Augen nicht getraut! Es wurden an diesem Tag noch drei Blutuntersuchungen gemacht, denn die konnten das einfach nicht begreifen, daß die Lymphozyten plötzlich weniger geworden sind, nachdem ich doch überhaupt keine Medikamente bekam! Am Anfang hatte ich 20.000, dann nur noch 17.000 zuviel! Es war helle Aufregung in der Klinik!"

Als erste Reaktion auf diese Überraschung wurde die geplante Bestrahlung der Milz aufgeschoben; zwei Tage später wollte man ein Ärztekonsilium einberufen, um den Fall noch einmal zu diskutieren. Bei dieser Besprechung kam es dann zu dem Beschluß, die Bestrahlung endgültig abzusagen und den Patienten nun doch einer chemotherapeutischen Behandlung zu unterziehen. Herr Leitgeb wurde wieder in die Klinik bestellt und bekam ein Medikament namens Leukeron verordnet, das er zwanzig Tage nach dem Beginn der Behandlung bei Herrn Neuner zum erstenmal einnahm. Sein Schwager war eigens zu Herrn Neuner gefahren um ihn zu fragen, ob er es für ratsam halte, beide Behandlungen parallel durchzuführen, und Herr Neuner hatte diese Frage uneingeschränkt bejaht.

Während er die Naturheilmittel jedoch pausenlos weiternahm, durfte Herr Leitgeb die Leukeron-Tabletten nur jeweils vierzehn Tage hintereinander einnehmen, wonach er sie für die nächsten vierzehn Tage ganz aussetzen mußte. „Die Ärzte haben mir erklärt", sagt er, „daß mir von diesem Medikament am ganzen Körper die Haare ausgehen würden. Das ist aber nicht der Fall gewesen! Die Glatze, das ist bei mir chronisch — das hat mei Vater auch ghabt! — aber mehr ausgangen sind mir die Haare deswegen nicht!" Es ist übrigens ziemlich wahrscheinlich, daß auch dieser Umstand auf die reinigende und stoffwechselanregende Wirkung der Naturheilmittel zurückzuführen war.

Alle vierzehn Tage wurde Herr Leitgeb zu einer Kontrolluntersuchung in die Klinik bestellt, und jedesmal — auch nach den Leukeron-

Einnahmepausen — konnte eine deutliche Verminderung der Leukozyten im Blut festgestellt werden. Ob das Blatt sich endgültig gewendet hatte, blieb allerdings noch bis zum Jahreswechsel ungewiß. „An Weihnachten ist es ziemlich hart gstanden", sagt Herr Leitgeb und richtet seine hellen Augen direkt auf Herrn Neuner. „Da hab ich nicht gwußt, geht's jetzt aufwärts oder abwärts? Da war dann wirklich eine Änderung da. Und wie ich im Januar 81 zu Ihnen, Herr Neuner, gefahren bin, weil ich mich bei Ihnen bedanken wollte, da haben Sie nach der Urinuntersuchung gesagt: ‚Es ist wirklich ein Wunder geschehen!‘ Und ich soll mich nicht bei Ihnen bedanken, sondern beim Herrgott — der hat das Wunder, scheint's, vollbracht! So haben Sie zu mir gsagt, damals!"

Wie von einem Kitschregisseur inszeniert, beginnt ausgerechnet in diesem Augenblick die Uhr zu schlagen; Herr Leitgeb aber weiß so gut wie ich, daß dieser Satz keine bloße Redensart war.

Von da an ging der Heilungsprozeß, der insgesamt mehr als ein Jahr dauern sollte, langsam, aber stetig voran. Durch seinen Schwager, einen vorbeifahrenden LKW-Fahrer oder per Post beschaffte Herr Leitgeb sich regelmäßig Nachschub, wenn Tropfen und Tees zur Neige gingen. Mitte des Jahres 1981 beschlossen die Ärzte, die medikamentöse Behandlung ein halbes Jahr lang auszusetzen (sie wurde übrigens nicht wieder aufgenommen), doch wie Herr Neuner ihm ausdrücklich geraten hatte, unterzog Herr Leitgeb sich auch weiterhin mindestens einmal im Monat einer Kontrolluntersuchung in der Klinik.

Ende 1981 trat ein vorübergehender Stillstand ein: Die Milzschwellung ging nicht weiter zurück, und die Ärzte wollten eine Knochenstanze durchführen, um sich zu vergewissern, ob nicht auch der Knochen von der Krankheit befallen sei. Herr Leitgeb, der schon eine derartige Untersuchung über sich ergehen hatte lassen und daher nur zu gut wußte, was für eine schmerzhafte Prozedur das war, fuhr selbst zu Herrn Neuner, um sich von ihm beraten zu lassen. Herr Neuner riet ihm von der Knochenstanze wie auch von jeglichem anderen Eingriff dringend ab und meinte, er solle die Geduld nicht verlieren, denn es bestehe kein Grund zur Besorgnis. Herr Leitgeb ließ den bereits vorgemerkten Termin also verfallen; allerdings gab er dem Drängen der Ärzte zu einem späteren Zeitpunkt schließlich dennoch nach und unterzog sich der mit einem achttägigen Krankenhausaufenthalt verbundenen Untersuchung, die nur Herrn Neuners Urindiagnose bestätigte.

Auch bezüglich der weiteren Entwicklung sollte Herr Neuner recht behalten: Nach einem Jahr im Krankenstand konnte Herr Leitgeb entgegen allen ärztlichen Prognosen wieder seinem Beruf nachgehen, wenn er sein Blut auch immer noch regelmäßig kontrollieren läßt und Herrn Neuners Heilmittel bis heute weiterhin nimmt. Mit ernster und merklich bewegter Stimme sagt er: „Der Vertrauensarzt hat mir immer gesagt, also mit so 'ner Sache, da hätt ich keine Chance ... Aber ich mußte nicht mal operiert werden — der Tumor, der an der Milz saß, hat sich vollständig zurückgebildet! Und ich kann jetzt zum Schluß noch sagen: Ich war gestern beim Arzt, und da hat man mir eine Ultraschallbestrahlung gemacht um zu kontrollieren, wie die Milz und die Leber aussehen. Und es ist alles wieder ganz normal; die Milz — die am Beginn achtmal größer war! — und auch das Blutbild sei wieder genauso wie es beim normalen, gesunden Menschen ist!"

„Wenn er in der Klinik reinkommt", wirft sein Schwager ein, „ist es nach wie vor ja so, daß die es immer noch nicht ganz glauben können, daß er sich von dem Zustand tatsächlich erholt hat! Auch diese Knochenstanze war meiner Ansicht nach nur eine Bestätigung für die Ärzte, die eben mit absoluter Sicherheit wissen wollten, ob diese positive Entwicklung wirklich eingetreten ist. Das ist in U. ein ‚interessanter Fall‘ — da gibt's einen Akt, und der Akt wird immer wieder hervorgeholt! Aber als Beobachter muß ich vielleicht noch hinzufügen, daß es eine der wichtigsten Sachen war, den Patienten seelisch und moralisch aufzurichten! Am Tiefpunkt war er, wie die Ärzte ihn bei den Untersuchungen durchblicken haben lassen, er müßte in Rente gehen. Und da er ja, seit er auf der Welt ist, eigentlich noch nie ernstlich krank war, und außerdem ein Mensch ist, der außer Arbeit und seinen Hobbies gar nichts kennt, war das der größte moralische Schlag für ihn! Innerhalb dieser relativ kurzen Zeit — dieser zehn Tage, wo wir das Zeug ins Krankenhaus reingeschmuggelt haben —, war das Entscheidende dann vor allem, daß er selber gemerkt hat, es verändert sich was zum Positiven! Und später war vielleicht noch günstig, daß er sich immer so stundenweise auf meiner Baustelle mit kleineren Arbeiten beschäftigt hat, und dadurch gemerkt hat: ich kann noch was, ich werd noch gebraucht!"

Begeistert schließt Herr Neuner sich dieser Auffassung an, und es entspinnt sich eines jener Gespräche, die er als Lohn für jahrzehntelange Kämpfe und Mühen betrachtet. Herr Adler, dem seine Hilfsbereitschaft zu Einsichten verholfen hat, zu denen die meisten Menschen nur durch eigene leidvolle Erfahrung gelangen, erzählt von seiner Mutter, einer alten Bäuerin, deren „Rückständigkeit" er heute nicht mehr belächelt. Als sie fünfundvierzig Jahre alt war, hatten die Ärzte sie wegen eines schweren Gallenleidens bereits aufgegeben; ein Heilpraktiker rettete ihr das Leben. Seither hat sie mit der ungeheuren Willenskraft, die sie ihrem Sohn vererbt hat, mehrere lebensgefährliche Situationen in dem Bewußtsein überstanden, daß sie den Vater überleben müsse, der bei einem Unfall fast alle Finger verloren hatte. Noch heute, mit mehr als achtzig Jahren, beherrscht sie die Kunst, sich selbst Aufgaben zu stellen, die sie von früh bis spät auf den Beinen halten. Und Herr Adler erinnert sich jetzt auch wieder, daß die Leute in seinem Heimatdorf noch zur Zeit seiner Kindheit die meisten Krankheiten mit einfachen Hausmitteln zu heilen verstanden; darunter auch solche, derentwegen man heute ins Krankenhaus geht, während damals selbst der nächste Landarzt zu weit entfernt gewesen wäre!

„Es hat sich in unseren beiden Familien viel, sehr viel verändert", sagt er impulsiv. „Ich war ja lange Zeit ein echter Gegner von solchen Dingen; früher war das einfach tabu! Und jetzt sieht man die Dinge plötzlich wieder mit anderen Augen: Wenn wir heute spazierengehen, schauen wir auf die Kräuter am Weg, und ein Brennesselfleck zum Beispiel wird nicht mehr negativ registriert! In den letzten Jahrzehnten haben wir ja eine Entwicklung ab von allem gehabt; man hat nur noch Zahlen addiert und Feststellungen getroffen, alles andere hat man komplett negiert. Und erst aufgrund solcher Erfahrungen setzt man sich dann persönlich damit auseinander und greift wieder zu diesen Selbsthilfe-Mitteln! Und da muß ich zum Beispiel wirklich sagen, daß meine Frau, die zwar nicht krank war, aber verschiedene Beschwerden hatte und deshalb immer wieder zum Arzt ging, seither wesentlich besser beisammen ist und seit gut einem Jahr überhaupt nicht mehr zum Arzt zu gehen braucht!"

„Selbst einmal zu denken, hat man an der Gschicht gelernt", lacht Herr Neuner, und setzt später nachdenklich hinzu: „Es geht um die Erkenntnis, daß in der Natur mehr Kraft steckt als wir glauben. Unser Leben ist ein natürlicher Vorgang, ein Kommen und Gehen. Und wenn man dazwischen einmal einen Fehler gemacht hat, hat die Natur die Mittel zur Wiedergutmachung. Man muß sie nur kennen — und anerkennen!"

Herrn Neuners Kommentar:

Eine direkte Tumor-Behandlung brächte vom Standpunkt der Naturheilkunde aus gesehen sicher nicht den gewünschten Erfolg, wenn nicht auch auf die Ursachen und die Begleitumstände Bedacht genommen würde. Bei Herrn Adlers Schwiegervater waren eine Entgiftung des

Blutes über die Leber, sowie eine Entschlackung des Stoffwechsels über Haut, Nieren und Lunge die Grundvoraussetzungen einer möglichen Umstimmung. Nur durch erhöhte Verbrennung im Stoffwechsel und eine vermehrte Blutzufuhr kann ein Fremdgewebe im Organismus allmählich wieder aufgelöst werden.

Wie bei den meisten Erkrankungen spielt auch hier die Ernährung eine wesentliche Rolle. Ein Heilfasten konnte aufgrund des geschwächten Allgemeinzustandes nicht angesetzt werden; zumindest aber mußte der Patient den Genuß von Eiweiß, Fett und weißem Zucker vollständig einstellen. Besonders empfehlenswert zur Entgiftung und Ableitung über den Darm ist der tägliche Genuß von rohem Sauerkraut, Buttermilch, Magertopfen (Magerquark) oder Joghurt.

Hauptbestandteile der Kräutertropfen waren, in wechselnder Zusammensetzung, Tinkturen von Lungenkraut, Bibernellwurzel, Hirtentäschel und Spitzwegerich. Die gleiche Kräutermischung kann auch als Aufguß verwendet werden, wobei man den Tee nur vier Minuten ziehen läßt und nach Möglichkeit davon alle zwei Stunden eine halbe Tasse warm trinkt. Zur Lösung der Verschleimung dient in erster Linie der Lungentee Nr. 2, beide einmal täglich ergänzt durch eine Tasse Stoffwechseltee Nr. 19 zur Entschlackung des gesamten Stoffwechsels. Um erlahmte Körperreaktionen zu stimulieren, wäre nach etwa einem Monat Sulfur jodatum D12 als Umstimmungsmittel sehr zu empfehlen.

Ein ausgezeichnetes Kräftigungsmittel, das erwiesenermaßen auch die Auflösung kanzeröser Fremdgewebe unterstützt, wird folgendermaßen zubereitet: sieben gut gereinigte, rohe Eier werden in eine Schüssel gelegt, mit Zitronensaft bedeckt und acht Tage stehengelassen. Danach werden die Eier, deren Schalen durch den Zitronensaft weitgehend zersetzt wurden, sehr vorsichtig herausgenommen. Der verbleibenden Flüssigkeit fügt man noch ein Gläschen Cognac, einen Eßlöffel Anis und einen Eßlöffel Kandiszucker bei, läßt sie weitere acht Tage stehen und nimmt dann zweimal täglich, später dreimal täglich ein bis zwei Eßlöffel von diesem stark kalk- und siliciumhaltigen Aufbaumittel.

Sehr wichtig zur Aktivierung der Hautatmung (die gerade bei Lungenerkrankungen von außerordentlicher Bedeutung ist) sind tägliche Waschungen mit reinem Wasser, wobei man nicht vergessen soll, die Haut dabei gleichzeitig massierend abzureiben. Ab und zu sollten jeweils einige Tage lang auch stärkere Reizeinflüsse auf die Haut ausgeübt werden, und zwar durch tägliches Einreiben des Körpers (vor allem Brust und Rücken, aber auch Genick, Waden, Fußsohlen, Handflächen, Gelenksbeugen und alle anderen Stellen, wo die Adern besonders stark hervortreten) mit Bio-Agil, Alkohol, Franzbranntwein oder Arnika-Tinktur, um die Durchblutung der Haut zu fördern.

Zum Fall von Herrn Leitgeb:

Ein Milztumor ist natürlich eine sehr gefährliche Sache, und es mag so scheinen, als käme nur eine Operation oder konzentrierteste medikamentöse Behandlung in Frage. Die Begleiterscheinungen des Milztumors sind krankhafte Veränderungen der Lymphdrüsen, Lymphbahnen, Lymphozyten, sowie der Blutzusammensetzung. Im Fall von Herrn Leitgeb wurde eine Lymphdrüse operiert, was im Zuge einer naturheilkundlichen Behandlung nicht notwendig gewesen wäre.

Ich betrachte die Milz als Entgiftungsorgan des Körpers, weshalb auch bei der Behandlung die Entgiftung des Organismus voranzustellen ist. Zur Anwendung kommen als Lymphdrüsen- und Blutreinigungstherapie in erster Linie Tinkturen von Hirtentäschel, Stiefmütterchen, Holunderblättern, Berberitzenrinde und Wollkraut. Um über eine Anregung der Schilddrüse und der Hypophyse die nahezu funktionsunfähige Milz zu entlasten, ist als Zwischengabe ein Tee aus Nußbaumblättern und Seetang besonders geeignet.

An homöopathischen Mitteln waren zunächst vor allem Belladonna D6 im Wechsel mit Jodum D12 zu empfehlen, sowohl gegen die Entzündungssymptome als auch zur Anregung des Kreislaufs und der Reaktionsfähigkeit der Drüsen und Organe. In weiterer Folge dann auch Colchicum D6, Calcera jodata D12, Kalium jodatum D12, Arsenicum album D12, Carbo vegetabilis D12 und in Einzelfällen Mercurius corrusivis D12.

Da ja die Lebensmittel unsere Heilmittel sein sollten, muß die Blutreinigung und Blutbildung unbedingt durch die Ernährung unterstützt werden. Seit altersher bekannt als Blutbildner, Blutreiniger und Krebsverhüter ist die Rote Rübe (Rote Bete). Zur Entsäuerung und Entschlackung des Stoffwechsels dienen Brennessel und Sellerie als Saft oder Salat, aber auch Meeresalgen und Kresse (Brunnen- oder Gartenkresse) als Salatbeimischungen, sowie zwischendurch immer wieder eine Woche lang täglich eine Tasse Zinnkraut- und Schafgarbentee. Sehr wirksam zur Unterstützung der Verbrennung und zur Ableitung von Schadstoffen über die Niere sind Knoblauch, Lauchgemüse, Borretsch und Kerbel. Fleisch (vor allem Wild, Schweine-, Schaf- und Selchfleisch), Eier und ganz besonders weißer Zucker sollten dagegen mindestens ein Jahr lang vollständig gemieden werden.

Sobald eine erste Besserung eingetreten ist, empfiehlt sich viel Bewegung an der frischen Luft, und zur Anregung der Haut Pfarrer Kneipps Rezept, sich morgens eine Stunde vor dem Aufstehen mit einem naßkalten Lappen abzureiben und sich danach gleich nochmals ins Bett zu legen.

Wäre Herr Leitgeb nicht in der Klinik, sondern zu Hause gewesen, hätte sich die erste Etappe des Genesungsprozesses durch Umschläge mit blauem oder grauem Lehm (Ton) wesentlich beschleunigen lassen: Der Lehm wird mit Essigwasser abgerührt, dann fügt man zwei Eßlöffel Schweineschmalz, einen Eßlöffel Kamillenblüten, einen Eßlöffel Kaminruß und einen Eßlöffel Zuckerrübenschnitzel hinzu, erwärmt diesen Brei, streicht ihn auf einen Lappen und legt ihn viermal täglich, so warm der Patient es verträgt, auf die Milz und die Drüsen in Leistenbeuge und Achselhöhlen auf. Schon nach achtundvierzig Stunden stellt sich eine deutliche Entlastungsreaktion ein, die fieberhaften Spannungen und das Hitzegefühl lassen merklich nach.

Eine wirkungsvolle Kur, die allerdings nicht jedermanns Sache ist, wäre auch die einmalige Einnahme von einem Eßlöffel ausgetrockneter Kuhflade, aufgekocht in Schafgarbentee. Eine kleine Tasse davon genügt, um Entzündungsrückstände ohne Neben- und Nachwirkungen über den Darm abzuleiten, da der Kuhmist natürliches Penicillin enthält. Dies alles wurde bei Herrn Leitgeb jedoch nicht durchgeführt.

DAS ANGIOM

Als das Gespräch mit Herrn Voß stattfand, war gegen Herrn Neuner gerade wieder ein Prozeß im Gang. Ärztekammer und Staatsanwaltschaft hatten Anklage wegen des Verdachts der Kurpfuscherei erhoben, und das Ergebnis der Verhandlung stand noch nicht fest. Sie sollte mit einem Freispruch enden, der Herrn Neuners Tätigkeit als eine mit schulärztlichen Methoden der Diagnostik und Therapeutik nicht vergleichbare Form der Heilkunst endlich unausgesprochen legalisierte. Erst dieses grundsätzliche Urteil eröffnete die Möglichkeit, ohne allzu großes persönliches Risiko für Herrn Neuner auch Berichte von „noch nicht verjährten", d. h. weniger als zehn Jahre zurückliegenden Heilungen in dieses Buch aufzunehmen.

Herrn Voß, der erst am Vormittag von dem Prozeß erfahren hatte, stand die Empörung darüber noch ins Gesicht geschrieben. Wie ungezählte andere Patienten sei auch er jederzeit bereit, öffentlich für Herrn Neuner einzutreten, zumal er seinen erstaunlichen Bericht hieb- und stichfest beweisen könne, da er sämtliche Befunde und ärztlichen Gutachten in Photokopie aufbewahrt habe. Aus diesem Grund hatte er mich gebeten, ihn noch am selben Tag in seinem Urlaubsort zu besuchen.

Fast drei Stunden dauert das Gespräch mit dem sehnigen, energischen Endfünfziger, der sich selbst als Berufsskeptiker bezeichnet, sich weder seine Meinung noch sein Verhalten vorschreiben läßt, für eine Überzeugung, zu der er aus eigenem gekommen ist, aber bedingungslos einzustehen gewohnt ist. Herr Voß lebt mit seiner Frau und seinen fast erwachsenen Kindern in der Nähe von Frankfurt und war von Beruf Kriminalpolizeibeamter, bis er 1966 aus Gesundheitsgründen frühpensioniert wurde. Der unmittelbare Anlaß für seine Entlassung waren mit Sehstörungen verbundene Ausfallserscheinungen, denen seit dem Jahr 1959 allerdings schon mehrere, von den Ärzten als Gefäßstörungen bezeichnete, plötzliche Schwindelanfälle vorausgegangen waren. Da Herr Voß nicht selten dreißig bis vierzig Stunden hintereinander im Dienst gewesen war, hatte er diesen vermeintlichen Erschöpfungszuständen zunächst keine besondere Bedeutung beigemessen. Er mußte jedoch einsehen, daß er den extremen Anforderungen seines Berufs nicht mehr gewachsen war, als die Schwächeanfälle sich häuften, und er beispielsweise Autokennzeichentafeln doppelt zu sehen begann.

Um der Ursache seines Leidens auf die Spur zu kommen, lief er von einem Arzt zum anderen. Zwei von ihnen vertraten die Ansicht, es handle sich um typische Anzeichen eines Gehirntumors. Der Röntgenbefund lieferte dafür allerdings keinerlei Anhaltspunkte, und so kehrte man wieder zur ursprünglichen Diagnose, „Gefäßstörungen im Kopf“, zurück. Etwa vier Jahre lang war Herr Voß dann als Ausbildner des Werkschutzes bei einem der größten deutschen Industriekonzerne tätig. Bei Überanstrengung von Augen oder Gehirn litt er auch weiterhin wiederholt unter Schwindelanfällen und Doppelbildern, und nach einem neuerlichen Kollaps gab er diese Stellung auf ärztliches Anraten 1969 wieder auf.

In den klinischen Gutachten war von Halbtags- oder stundenweiser Beschäftigung die Rede, doch Herr Voß hatte Hemmungen, sich um eine neue Stelle zu bewerben, da es, wie er meint, keinem Arbeitgeber zuzumuten sei, einen Menschen anzustellen, bei dem jederzeit mit plötzlichen Ausfallserscheinungen zu rechnen sei. Als aber mehrere Versicherungsgesellschaften größtes Interesse daran bekundeten, daß er die Leitung einer Agentur übernehme, entschloß er sich, dieses Angebot anzunehmen, da es ihm die Möglichkeit gab, sich die Arbeitszeit seiner jeweiligen körperlichen Verfassung entsprechend einzuteilen. Dank eiserner Selbstdisziplin gelang es ihm, auch in diesem Beruf Karriere zu machen.

Im Februar 1976 geschah dann etwas Eigenartiges: Herr Voß wurde mitten in der Nacht plötzlich bewußtlos. Zum Glück war seine Frau instinktiv erwacht, und konnte daher sofort einen Arzt zu Hilfe rufen. Herr Voß wurde ins Krankenhaus eingeliefert, wo man einen schweren Herzrhythmusschaden feststellte, außerdem aber die Vermutung äußerte, er hätte bereits 1965 einen stillen Herzinfarkt erlitten. In stationärer Behandlung konnte der Herzrhythmusschaden mit Medikamenten behoben werden, doch die dreißigminütige Bewußtlosigkeit hatte zur Folge, daß Herr Voß etwa drei Monate lang unter Gedächtnisstörungen litt. Selbst vertraute Namen oder Telefonnummern fielen ihm plötzlich nicht mehr ein.

Im Februar und im Oktober des folgenden Jahres verlor er — wiederum bei Nacht — noch zweimal das Bewußtsein. Dabei traten bei der zweiten, etwa fünfundzwanzigminütigen Bewußtlosigkeit die gleichen Begleiterscheinungen auf wie bei der ersten, während die dritte, die nur vier bis fünf Minuten dauerte, ohne Auswirkungen auf das Herz blieb. Diesmal weigerte sich Herr Voß, nochmals ins Krankenhaus zu gehen.

Wochenlang ließ er sich von seiner Hausärztin behandeln, die aufgrund ihrer Beobachtungen zu dem Schluß kam, daß nicht das Herz, sondern eine Störung im Gehirn die Ursache für die ansonsten unerklärlichen Ausfälle gewesen sein müsse. Für die Richtigkeit dieser Annahme sprachen auch die chronischen Kopfschmerzen, unter denen Herr Voß zunehmend zu leiden hatte.

Zu dieser Zeit waren an drei deutschen Kliniken bereits Schichtröntgengeräte installiert worden, die ganz neue Möglichkeiten der Gehirnuntersuchung eröffnet hatten. Mit Hilfe eines solchen modernen Großgerätes entdeckten die Ärzte bei Herrn Voß Ende 1977 ein Störfeld im rechten Hinterhaupt. Zur näheren Bestimmung dieser Störung wurde anschließend eine sogenannte Angiographie gemacht. Bei diesem sehr schmerzhaften und nicht ungefährlichen Untersuchungsverfahren wird dem Patienten unter Narkose ein Kontrastmittel in die Gehirnvene gespritzt, wodurch deren Verlauf sowie eventuelle Abnormitäten sichtbar gemacht werden können. Der Untersuchungsbefund ergab, daß sich im rechten Hinterhauptlappen ein fast handflächengroßes Angiom gebildet hatte. Ein solches Angiom, wurde Herrn Voß später erklärt, trete nur ziemlich selten auf; es sei auch kein Tumor im eigentlichen Sinn, sondern entstehe dadurch, daß ein blinddarmähnlicher Ausläufer der Gehirnvene, dessen Funktion unbekannt ist, plötzlich zu wuchern anfange. Je weiter dieses Gewächs sich nun ausbreite, desto merklicher drücke es auf das Gehirn. Um eine lebensgefährliche Gehirnblutung zu vermeiden, müsse das Angiom unbedingt operativ entfernt werden, meinte der behandelnde Neurochirurg.

Da es sich dabei um eine ebenso schwierige wie riskante Operation handelt, wollte Herr Voß zunächst wissen, ob denn sein Herz dieser Belastung gewachsen sein würde. „Das lassen Sie mal unsere Sorge sein," antwortete ihm der Professor leichthin, worauf Herr Voß beschloß, auf alle Fälle zuerst die Meinung eines anderen Neurochirurgen zu hören. Zum unverhohlenen Ärger des Professors ließ er sich an einer anderen Klinik nochmals durchuntersuchen. Aufgrund einer zweiten Angiographie kam auch der dortige Neurochirurg zu dem Schluß, daß das Angiom operiert werden müsse, reagierte jedoch sehr verständnisvoll, als Herr Voß ihm eröffnete, er wolle nun doch noch versuchen, einen Termin bei jenem Professor zu bekommen, der die erste derartige Operation in Deutschland durchgeführt hatte und als der unbestritten beste Fachmann auf diesem Gebiet galt. „Selbstverständlich", meinte er, „ich an Ihrer Stelle würde das auch tun, wenn ich mich einer solchen Operation unterziehen müßte!"

„Insgesamt war ich 1977/78 rund eineinhalb Jahre krankgeschrieben", erzählt Herr Voß. „Immer wieder lag ich vier, fünf, sechs Wochen lang im Krankenhaus. Einen anderen hätten sie wohl ebensoviele Monate dort behalten, aber mich nicht! Es gab auch keinen Krankenhausaufenthalt, bei dem ich nicht Freitag abends, spätestens Samstag morgens, nach Hause ging, obwohl das angeblich ja verboten ist! ‚Von mir aus könnt ihr mich am Samstag entlassen und am Montag wieder aufnehmen — wie ihr das macht, ist mir wurscht!', habe ich denen gesagt. Das Wochenende verbrachte ich jedenfalls zu Hause — das war für mich Medizin, da habe ich wieder aufgetankt!"

Im Frühjahr 1978 gelang es Herrn Voß schließlich, zu dem berühmten Neurochirurgen in Gießen zu kommen, bei dem er sich vom ersten Augenblick an in guten Händen fühlte, da der Professor ihn nicht nur als Arzt, sondern auch als Mensch tief beeindruckte. Nachdem er seine Befunde gewissenhaft studiert hatte, sagte er Herrn Voß am Schluß einer längeren Unterredung, er sei bereit, ihn zu operieren, allerdings nur unter der Bedingung, daß er zuvor sein Herz genau untersuchen lasse, um während der Operation jedes zusätzliche Risiko von vornherein auszuschalten. Er nahm sich die Mühe, ihn persönlich bei dem seiner Meinung nach fähigsten Herzspezialisten anzumelden, der dann im Verlauf einer fast dreistündigen Herzkatheteruntersuchung unter anderem eindeutig feststellte, daß Herr Voß — entgegen früheren Diagnosen — niemals einen Herzinfarkt erlitten hatte.

Der Operation schien also nichts mehr im Wege zu stehen. Etwa vierzehn Tage lag Herr Voß zur Vorbereitung in der Klinik; dann mußte, wenige Tage vor dem festgesetzten Operationstermin, unerwartet eine dritte Angiographie gemacht werden, weil der Professor sich nochmals vergewissern wollte, wie weit das Gewächs bereits vorgedrungen war. Aufgrund dieses neuen Befundes berief er ein Ärztekollegium ein, dem Herr Voß, der immer haargenau wissen wollte, wie es um ihn stand, unbedingt beizuwohnen wünschte, was der Professor gegen den Widerstand vieler Kollegen auch durchsetzte. Dem technischen Teil der Diskussion vermochte Herr Voß zwar nicht zu folgen, um so deutlicher aber verstand er die abschließenden Schlußfolgerungen des Professors, denen keiner der Anwesenden widersprach: Das Angiom sei bereits so groß, daß die Operationsrisiken kaum noch vertretbar seien. Der Patient würde nicht nur das Augenlicht verlieren, sondern fünf weitere Gehirnzentren würden mit Sicherheit so sehr zu Schaden kommen, daß nach einer Operation nicht mehr viel von ihm übrigbliebe. „Ich glaube, meine Herren", setzte der Professor abschließend hinzu, „wir sollten aus den

Fehlern, die in der Vergangenheit gemacht worden sind, eine Lehre ziehen!"

„Das sind dann Dinge, die man nicht vergißt", sagt Herr Voß mit ernster Stimme. „Es war damals für mich ein erheblicher Schock, denn ich hatte ja eingesehen, daß die Operation unvermeidlich sei; und wenn man sich monatelang darauf vorbereitet hat, identifiziert man sich so damit, daß der Bammel nicht viel größer ist als vor einer Blinddarm-operation. Und nun sagt auf einmal die größte Kapazität auf dem Gebiet, daß die Operation nicht stattfinden soll! Also bleibt doch nur das Warten auf das nächste Gehirnbluten . . .! Gut, ich habe das Krankenhaus dann doch auch mit einer gewissen Erleichterung verlassen, aber außer einer Tablette namens Zentropil gibt es bis heute nichts, was man für einen Menschen, der ein Angiom mit sich rumträgt, machen kann! In den USA wird seit zwanzig Jahren intensiv danach geforscht, bisher ergebnislos. Und die Folgen sind vielfältig: um einen Blutandrang im Kopf zu verhindern, darf man weder heben, noch ziehen, noch sich anstrengen. Vor allem aber hat man Tag und Nacht Kopfschmerzen, die man gar nicht beschreiben kann! Wenn ich, wie jetzt, ein Gespräch oder gar eine Verhandlung zu führen hatte, mußte ich nach einer Viertelstunde ein-fach abbrechen; da war's plötzlich zu Ende. Aus diesem Grund habe ich auch in meiner Agentur immer alles so weit vorbereitet, daß ich bei einem Kunden nie länger als fünfzehn, maximal zwanzig Minuten zu tun hatte. Zu den unterdrückten Schmerzen kommt dann nämlich noch die Angst, man könnte den Kunden verlieren, wenn man seine Krankheit zugeben müßte!

Ich habe angefangen mit Schmerztabletten, die bald überhaupt nicht mehr halfen; dann ist man auf immer stärkere Mittel übergegangen. Aber ein Chefarzt, mit dem ich persönlich befreundet war, sagte mir — weil man mit einem Freund doch ganz anders darüber reden kann: ‚Dich erwartet eine ständige Steigerung, bis man schließlich beim stärksten Mittel angelangt sein wird — doch was ist das für ein Weg?' Und das hat mir dazu geholfen, daß ich mir gesagt habe: Schluß, nichts mehr! Und dann hört man: ‚Da gibt es einen Heilpraktiker, der hat schon das und das geheilt. . .' Was macht man? Man geht hin, weil das ein Leben ist, das gar keines mehr ist! Die Heilpraktiker, bei denen ich in Deutschland war, haben mir den ganzen Kopf vollgespritzt und was weiß ich; hat auch viel gekostet. Und irgendwann war ich schließlich so weit, daß ich bei der Erwähnung irgendeines neuen Wundermannes nur noch gesagt habe: ‚Laßt mich!'

Und dann kam ich nach diesen langen Krankenhausaufenthalten im

Juli '79 wieder hierher nach Tirol. Wir waren seit langem regelmäßig gekommen, und nun mußte meine Frau den Wirtsleuten erklären, warum wir zwei Jahre nicht da waren. Dann haben die gesagt: ‚Ja, wieso habt ihr denn nicht mal uns angerufen? Wir haben hier doch einen Heilpraktiker!' Ich bin daraufhin wortlos aufgestanden, und meine Frau hat der Tischrunde gesagt: ‚Bitte laßt ihn in Ruhe, der geht nirgends mehr hin!'"

Die Wirtsleute ließen jedoch nicht locker, und in der Tischrunde wurden die tollsten Wunderdinge erzählt, wobei unter anderem der Name einer Universitätsklinik fiel. Plötzlich spitzte Herr Voß doch die Ohren. Über einen Freund von Herrn Neuner gelang es, einen Sondertermin auszumachen, und schon am nächsten Tag saß Herr Voß mit seiner Frau Herrn Neuner gegenüber, fest entschlossen, kein Wort zu sagen.

„Dann schaut der das Wasser an", berichtet Herr Voß kopfschüttelnd, „und hat mir daraufhin meine Kopfschmerzen haargenau geschildert: diese unvorstellbaren Schmerzen, die alles waren, was Kopf heißt — Stirne, Hinterkopf, Augen, Kiefer — so daß ich sie nicht mehr lokalisieren konnte. Da hab ich zum erstenmal den Mund aufgemacht und gesagt, daß ich ein Angiom im rechten Hinterhaupt habe. Der Hans Neuner hat eine kaum spürbare Pause gemacht, und dann fängt er plötzlich an, mir einen Vortrag zu halten, wie ein solches Gewächs aussieht, wie es sich entwickelt, und was für Folgen es haben kann! Diese Sätze hatte ich bisher nur von Neurochirurgen gehört; nicht einmal die Neurologen wußten über dieses in der Welt seltene Gewächs so genau Bescheid! Er hat mir nach diesem Gespräch ganz eindeutig zu verstehen gegeben, daß er nicht in der Lage sei, mich zu heilen, das heißt, das Angiom zum Verschwinden zu bringen. Und auch das hat mich sehr beeindruckt, weil ich es liebe, wenn ein Mensch ganz klar sagt, was er sieht und was er denkt. Und dann hat er mir gesagt, er möchte versuchen, dem Gewächs die Nahrung zu entziehen, so daß es nicht mehr weiterwächst (was ja die große Gefahr war), er könne mir aber nichts versprechen. Er hat mir seine Medizin mitgegeben, und ich habe sie, da ich ein Berufspessimist bin, auch pessimistisch genommen. Das sage ich deswegen, weil ich immer wieder höre, so etwas hilft nur, wenn man daran glaubt; und da hat er in mir genau den Patienten gefunden, der eher mit einem inneren Widerstand an die Sache rangeht!

Nach sechs Wochen wollte ich schon aufgeben. Diese Kräutertropfen hätten, glaube ich, für drei Monate gereicht; die waren noch nicht um — es können also höchstens neun oder zehn Wochen vergangen sein —, als ich morgens aus dem Schlafzimmer komme, und meine Frau mich mit den Worten begrüßt: ‚Du hast aber heute Nacht gut geschlafen!' Nun ist es für die Familie sehr schlimm, wenn einer mit so einem Gewächs lebt, denn der Patient weiß selber gar nicht, wie aggressiv oder nervös er ist! Da ist doch 'ne ganze Menge Dampf drin, die man abläßt, obwohl man selber der Meinung ist, die Ruhe selbst zu sein. Ich war deshalb immer daran interessiert, daß man es mir um Gottes willen sagen soll, wenn sich bei mir was verändert! Auf die eher unfreundliche Frage, wie sie denn wissen könne, daß ich gut geschlafen hätte, sagte meine Frau an diesem Morgen nur: ‚Deine Augen sind anders, deine Stimme ist anders, und du bewegst dich freier!'"

Wenige Stunden später sollte Herr Voß sich an diesen Satz wieder erinnern. Als er gegen zehn Uhr das Haus verließ, spürte er seine Kopfschmerzen wie eh und je. Er hatte an diesem Vormittag ein Gespräch mit einem Kunden zu führen, das, wie üblich, so gut vorbereitet war, daß er sich nach zwanzig Minuten, wenn die Schmerzen unerträglich wurden, ohne Befremden zu erwecken verabschieden konnte. Er sah auf die Uhr: die zwanzig Minuten waren um, und plötzlich bemerkte er, daß nicht nur die angstvoll erwartete Schmerzsteigerung diesmal ausgeblieben war, sondern er überhaupt keine Schmerzen mehr verspürte! Um sich zu vergewissern, zog er das Gespräch noch eine halbe Stunde in die Länge — er war tatsächlich völlig schmerzfrei! Singend und schreiend vor Freude setzte er sich ins Auto: das mußte er sofort seiner Frau sagen! Er stieg aufs Gas, bremste den Wagen jedoch kurz vor seinem Haus ab, und machte unvermittelt wieder kehrt: Seine Frau würde sich mindestens genauso freuen wie er selbst; was aber, wenn die Schmerzen morgen, übermorgen oder in drei Tagen wiederkämen? Dann würden sie doch beide noch tiefer fallen als vorher! Er nahm sich also vor, eine Woche abzuwarten.

„Gedauert hat diese Woche genau zweieinhalb Tage", erzählt Herr Voß mit glänzenden Augen. „Die geballte Freude hat schon geschmerzt, das mußte einfach raus! Meine Frau war gerade beim Kochen; wir haben in der Küche getanzt, obwohl keine Musik spielte . . .

Und ich muß sagen: so ist es bis heute geblieben! Um nicht mehr unter Zeitdruck zu stehen, habe ich mich selbständig gemacht, gehe meinen Geschäften nach — komme zwischendurch immer wieder mal her, nach Tirol, laß mir was zurechtmachen für das Nervenkostüm — und fühle mich seit 1979 eigentlich wohl. Was ich habe, hab ich; aber indem der Neuner, wie er sagte, dem Gewächs die Nahrung entzieht — was ihm meiner Meinung nach hunderttausendprozentig gelungen ist —

schrumpft das Ding, drückt dadurch nicht mehr aufs Gehirn, und solange es das nicht tut, geht's dem Patienten ja gut!

Einem Arzt, den ich seit zwanzig Jahren kenne, habe ich alles erzählt; der ist vom Hans Neuner genauso begeistert wie ich, ebenso mein Freund, der Schweizer Arzt. Beide haben sie mir gesagt: ‚Das ist ein Wunder!‘ Wenn sie mich nicht so gut kennen würden, hätten sie es nicht geglaubt, denn ich wisse ja, wie sie von Heilpraktikern denken! ‚Aber‘, sagte mir der Chefarzt, ‚beide wissen wir auch, daß es einige wenige auf der Welt gibt, die dazu fähig sind.‘"

Dieses war der erste Streich, doch der zweite folgt sogleich, könnte man mit Wilhelm Busch sagen: Ein Jahr später, im Juli 1980, erwachte Herr Voß eines Morgens mit stechenden Schmerzen in der Herzgegend, die sich innerhalb von zwei Stunden derart steigerten, daß der eilig herbeigerufene Vertreter des Hausarztes sich nur überzeugte, daß kein Herzinfarkt vorlag, und Herrn Voß dann sofort zu einer Röntgenuntersuchung ins Spital schickte. Der Befund sollte dem Hausarzt zugestellt werden; Herr Voß, der sich auf einen kurz bevorstehenden Urlaub in Jugoslawien gefreut hatte, wollte jedoch so bald wie möglich erfahren, was mit ihm los war, und wartete geduldig bis Mittag auf den diensthabenden Arzt. Er hätte unwahrscheinliches Glück gehabt, erklärte ihm dieser; zugleich mit einer Rippenfellentzündung, von der die starken Schmerzen herrührten, sei es nämlich zu einer Embolie gekommen, die um ein Haar tödlich verlaufen wäre. Er zeigte Herrn Voß das Röntgenbild: Das linke Rippenfell stand etwa sechs bis acht Zentimeer unter Wasser, so daß der untere Rippenbogen kaum mehr zu sehen war. Der wißbegierige Patient ließ sich erklären, daß eine der möglichen Ursachen Krebs sei, was jedoch nur durch eine Punktion feststellbar wäre. Wissend, daß dadurch Sauerstoff in den Brustkorb gelangen würde, was zu einer beschleunigten Vermehrung eventuell vorhandener Krebszellen führen könnte, lehnte Herr Voß es ab, sich punktieren zu lassen. ‚Durch das Angiom ist meine Lebenserwartung reduziert‘, dachte er, ‚heute bin ich dem Tod um Haaresbreite entronnen, möglicherweise bin ich krebskrank — was habe ich also noch zu erhoffen?‘ Mit entschlossener Stimme teilte er dem erstaunten Arzt mit, er denke nicht daran, sich sechs Wochen ins Bett zu legen, sondern werde die geplante Ferienreise antreten, die ja vielleicht sowieso seine letzte sein würde. Der Arzt riet ihm von diesem leichtsinnigen Vorhaben dringend ab, und gab ihm für alle Fälle Vergleichsaufnahmen mit; denn sollte das Wasser im Brustkorb weiter steigen, wäre eine Punktion die einzige Rettung.

224

Mit diesen Vergleichsaufnahmen begab Herr Voß sich zu einem befreundeten Lungenspezialisten, der ihm nach der Untersuchung eine noch düsterere Diagnose stellte und dem Freund Verantwortungslosigkeit vorwarf, als er von dessen Urlaubsplänen erfuhr: Wenn er seine Kinder nicht zu Halbwaisen machen wolle, müsse er sich einer mindestens sech- bis achtwöchigen Behandlung unterziehen! Herr Voß aber war immer noch nicht bereit, sich zu fügen.

„Zu Hause gab es Tränen", erzählt er. „Meine Frau wollte auch nicht fahren, und dann habe ich einen Kompromißvorschlag gemacht: Statt nach Jugoslawien fahren wir zum Hans Neuner! Und wenn der sagt: ‚Sofort nach Hause', fahr ich sofort wieder nach Hause; sagt er: ‚Sofort ins Krankenhaus', geh ich ins Krankenhaus. Was der sagt, das mach ich, denn das Vertrauen ist riesengroß! Damit war auch meine Frau einverstanden. Wir haben uns also mit der ganzen Familie ins Auto gesetzt, hier übernachtet, und am nächsten Morgen fuhr ich mit meiner Frau zum Neuner. Ich hatte ein Glas Urin mit, stell das bei ihm auf den Tisch, er kommt rein, will sich auf seinen Stuhl setzen, sieht das Wasser, steht sofort wieder auf, sagt: ‚Ja mei, da müssen wir ja gleich etwas tun!' und geht wieder raus. Hat also draußen angegeben, welche Tropfen man mir zurechtmachen solle. Als er wieder reinkam, hatte ich mittlerweile die Röntgenkopien aus der Brieftasche gezogen, und reichte ihm das ganze Bündel über den Tisch. Aber er sagte nur, er weiß schon, was das ist, und würdigte die Aufnahmen keines Blickes. Mir ist das heute noch ein Rätsel! Er hat mir ein Fläschchen Tropfen mitgegeben, von denen ich rund um die Uhr alle vier Stunden sechzehn bis siebzehn Tropfen einnehmen sollte. Am fünften Tag hätte ich keine Schmerzen mehr, meinte er. Als ich das hörte, hab ich gesagt: ‚Herr Neuner, wir hatten eigentlich vor, in Jugoslawien einen Urlaub am Meer zu machen!' Da hat er erst mal verneinend mit dem Kopf gewackelt, und hat dann gesagt: ‚Aber nur unter der Bedingung, daß Sie die ersten fünf Tage nicht ins Wasser gehen.' Das war für mich wie ein Schock, denn eine Bekannte von uns durfte sich mit einer nassen Rippenfellentzündung nicht mal mit dem Waschlappen waschen! ‚Heißt das, ich kann am sechsten Tag im Meer schwimmen?' hab ich also nochmal gefragt. ‚Ja, Sie können', sagt er.

Fragen Sie meine Frau: ich bin am sechsten Tag ins Wasser gegangen, wenn auch noch etwas zaghaft; am siebenten Tag bin ich mit meinen Kindern zweitausend Meter geschwommen, und nach zehn Tagen sind wir fröhlich und erholt wieder nach Hause gefahren! Die Schmerzen waren übrigens nicht nach fünf, sondern schon nach vier Tagen weg! Zur

Überbrückung des Klimawechsels hatte Herr Neuner mir noch ein Fläschchen Tropfen mitgegeben, die ich bei der Heimreise nehmen sollte. Am Rückweg fiel mir dann plötzlich ein, nochmals hierherzufahren. Obwohl meine Frau meinte, man dürfe diesem Mann, der so vielen Menschen hilft, das bißchen Zeit nicht nehmen, wollte ich unbedingt noch einmal seine Meinung hören. Er hat sich auch sehr gefreut, hat den Morgenurin angeschaut, und hat gesagt: ‚Wunderbar, die Entzündung ist weg!' Hab ich laienhaft gefragt: ‚Ist da jetzt auch kein Wasser mehr drin?' — ‚Nein, es ist auch kein Wasser mehr drin.'

Gleich am nächsten Tag wollte ich das in der Klinik überprüfen lassen. Gesagt, getan: Ich laß mich röntgen — die gleiche Szene wie beim erstenmal: ‚Der Herr Doktor hat keine Zeit, usw.,' Aber diesmal mußte ich nicht bis Mittag auf den Befund warten! Nach einer halben Stunde kam der Doktor, mit der Platte winkend, über den Gang gelaufen und sagte noch im Gehen: ‚Herr Voß, es ist zwar unmöglich, aber das Wasser ist weg! Was haben Sie bloß getan?'"

Herr Voß berichtete nicht nur diesem Arzt wahrheitsgetreu über Herrn Neuners Behandlung, sondern er ließ es sich nicht nehmen, auch allen anderen Ärzten, bei denen er vor seiner Abreise gewesen war, die Gelegenheit zu geben, sich mit eigenen Augen von seiner „Wunderheilung" zu überzeugen. Ihre Reaktionen waren sehr unterschiedlich; während sowohl der Herz- wie auch der Lungenspezialist ihrer aufrichtigen Bewunderung Ausdruck verliehen, verzogen die Hausärztin und ihr Urlaubsvertreter das Gesicht zu einem säuerlichen Lächeln, wünschten Herrn Voß alles Gute und verabschiedeten sich ohne ein Wort des Kommentars.

„Wie ein Eiserner Vorhang zwischen Ost und West!" sagt Herr Voß, der ja selbst nicht zu den unkritischen Gläubigen zählt, gerade deshalb aber nicht begreifen kann, daß man vor unbestreitbaren Tatsachen die Augen verschließt: „Ich sehe ja ein, daß manche Heilpraktiker vieles kaputt machen, aber bei so jemandem wie dem Hans Neuner sollte man sich doch nicht bloß als Medizinmann gegen einen wehren, der keine Approbation als Arzt hat, sondern doch mal wieder mit den Füßen zur Erde kommen! Ich kann nichts auf den Tisch legen, was beweist, daß mein Angiom geschrumpft ist — ich könnte es, wenn ich mich einer weiteren Angiographie unterziehen würde —, aber wer etwas davon versteht, braucht nur mit mir zu sprechen, wie wir heute gesprochen haben, dann weiß er, daß ich nie solche Schmerzen haben kann, wie ich sie mit meinem Angiom haben müßte! Im zweiten Fall gibt es die Röntgenbilder als objektive medizinische Beweise, und ich könnte gleich fortfahren — zum Beispiel mit dem Vater meiner Frau, der nur noch vierzehn Prozent Nierenfunktion hat: Nachdem er 1980 erstmals bei Herrn Neuner war, sagte ihm sein Arzt: ,Solche Werte haben Sie noch nie gehabt! Ich bleibe Ihr Hausarzt, aber wenn's uns schlechter geht, gehen wir wieder zum Neuner!' Phantastisch! Warum haben wir nicht mehr solche Ärzte? Der Leidtragende ist doch der Patient! Sogar einem Klasse-Heilpraktiker könnte mal ein sogenannter Kunstfehler unter= laufen — den hängt man auf! Aber auch der Medizinmann oder der Chirurg begehen Fehler, das ist doch wie in jedem anderen Beruf normal und menschlich! Denn der Chirurg steht morgens auf wie der Voß, der Maier oder der Müller: täglich in einer völlig anderen körperlichen wie geistigen Verfassung! Er gibt sich zwar, hochkonzentriert, die größte Mühe, sein Werk so zu vollenden, wie es der Menschheit gegenüber zu verantworten ist, aber trotzdem ist er nur ein Mensch.

Und das, was die hier mit dem Hans Neuner machen, das ist Sünde und Schande! Das ist nicht Dahergerede — ich bin selbst einer von denen, die sich mindestens dreimal von seiner Kraft, seinem Wissen und seinen Erfolgen überzeugt haben, das kann jeder von mir hören! Und wenn man mich diesbezüglich als Zeugen braucht, bin ich innerhalb von sechs Stunden hier, und zwar zu jeder Tages- und Nachtzeit!"

Herrn Neuners Kommentar:

Ehrlich gestanden, ist die Erklärung der Diagnose und der Behandlung für mich schwieriger als ihre Durchführung: Zunächst möchte ich vorausschicken, daß Durchblutungsstörungen im Gehirn mehrere Ursachen haben können. Sie können, wie bei Herrn Voß, auf geistige oder körperliche Überanstrengung zurückzuführen sein, durch äußere Faktoren wie Hitze (Sonnenstich) oder mechanische Verletzungen (Gehirnerschütterung) hervorgerufen werden, aber auch als Folge der Einnahme von Aufputschmitteln auftreten. Nicht zu vernachlässigen ist in diesem Zusammenhang die besondere Belastung des Schlafbrechens (Überarbeitung, Schichtarbeit), die im Lauf der Zeit zu einer Ermüdung der Nervenzellen und einem Absinken der Gehirnfunktionen führt.

Auch in diesem Fall stand sicher die Überanstrengung nicht nur der Nervenzellen, sondern vor allem der Blutbahnen im Gehirn am Beginn der Krankheit. Wenn nämlich die Muskulatur der Venen und Arterien erschlafft, das heißt, ihre natürliche Elastizität durch Überbeanspruchung einbüßt, treten allmählich Unregelmäßigkeiten an deren ursprünglich glatten Innenwänden auf. Es bilden sich Ausbuchtungen, Nischen, in denen sich Stoffwechselrückstände ablagern können. Diese Ablagerungen reizen das umliegende Gewebe, und es kommt zu unkontrollierten Wucherungen, die aufgrund ihrer mangelhaften Durchblutung nicht abtransportiert werden können, sondern größer und größer werden, das gesunde Gewebe verdrängen und auf Nervenzellen und Blutbahnen drücken. In dem Maß, in dem nun dieser Druck des weiterwachsenden Fremdgewebes zunimmt, verstärken sich nicht nur die Schmerzen des Patienten; es steigt auch die Gefahr von Durchblutungsstörungen, die sich in Form von Sehstörungen, Angstzuständen, Schwindelanfällen oder sogar zeitweiliger Bewußtlosigkeit bemerkbar machen.

Mit Naturheilmitteln oder Homöopathie lassen sich solche Fremdgewebe zwar nicht restlos auflösen, doch wie das Beispiel von Herrn Voß zeigt, ist es mit ihrer Hilfe zumindest möglich, eine weitere Ausbreitung des Gewächses zu verhindern, beziehungsweise eine Schrumpfung zu bewirken. Der meiner Ansicht nach einzige Weg zu diesem Ziel führt über eine kräftige Anregung der Durchblutung und der gesamten Stoffwechseltätigkeit, eine Entgiftung des Körpers und eine Reinigung des Blutes.

Es war also eine kombinierte Behandlung notwendig, die nicht nur durch kreislauf- und stoffwechselfördernde Mittel die örtliche Durchblutung anregt, sondern über eine gezielte Aktivierung der Leber- und Nierenfunktionen zugleich auch für die notwendige Blutreinigung und Entschlackung des Organismus sorgt. Da das Herz von Herrn Voß keine nennenswerten Schäden oder Schwächen aufwies, konnte man sich ohne Bedenken für eine stärkere und entsprechend rascher wirkende Kur entscheiden, was in Anbetracht der mitleiderregenden Lage des Patienten ja auch angezeigt erschien. Verwendet wurden dabei Tinkturen von Schafgarbe, Rosmarin, Löffelkraut, Ginster, Weißdorn, Gundelrebe, Huflattich, Ringelblume, Gartenraute und Holunderblättern. Die durchblutungsfördernden Mittel bezwecken nebenbei auch eine Kräftigung des Herzmuskels, weil die Kreislauffunktion ja in hohem Maß von der Herzmuskelkraft abhängig ist.

Zur Förderung der Ablösung einzelner Gewebsteilchen wurden zusätzlich noch die homöopathischen Präparate Kalium jodatum, Cuprum, Zincum metallicum und Strammonium empfohlen, sowie zur Leberanregung Lycopodium; nach vier Wochen dann täglich eine Gabe Sulfur jodatum zur Unterstützung des Stoffwechsel- und Blutreinigungsvorgangs und zur Verbesserung der Blutzusammensetzung.

Mit dieser Therapie war, wie bei den meisten meiner Behandlungen, auch eine Kostveränderung gekoppelt, die gleichzeitig einen wesentlichen Bestandteil der Medikation darstellt: Zu meiden waren Fleisch, Fett und weißer Zucker, besonders empfohlen wurden dagegen Gemüse, Obst und Beerensäfte, und zwar nicht nur als Vitaminzufuhr, sondern auch zur Regulierung des Säurespiegels und des Mineralstoffhaushalts.

Die genannten Heilmittel, besonders die Kräutertinkturen, wurden in jeweils unterschiedlichen Zusammensetzungen und Mengenverhältnissen gemischt. Gerade bei diesem Patienten war es notwendig, durch häufigen Wechsel der Wirkstoffe immer wieder neue Anregungen hervorzurufen, um seinen stark angegriffenen Allgemeinzustand so rasch wie möglich zu bessern.

Wie sich zeigte, hat die angewendete Methode zu überraschend guten Ergebnissen geführt, was auch als Beweis dafür anzusehen ist, daß der ihr zugrunde liegende Gedankengang richtig war. Seit dem Abschluß der Nachbehandlung, die noch etwa ein halbes Jahr dauerte, braucht Herr Voß nichts mehr einzunehmen. Bei einer neuerlichen Untersuchung würde man zwar sicher noch heute Reste des Angioms finden, allerdings in einer Größenordnung, die keine Gefahr für den Patienten mehr darstellt. Das Risiko eines Rückfalls, also einer neuerlichen Vergrößerung des Gewächses, halte ich für äußerst gering.

Ich möchte hier aber noch ausdrücklich betonen, daß gerade bei so schweren und schmerzhaften Erkrankunen die positive Lebenseinstellung des Patienten von ausschlaggebender Bedeutung ist. So haben das wiedergewonnene Selbstvertrauen und der Glaube an die Heilbarkeit seines Leidens auch bei Herrn Voß den wesentlichsten Anteil an der Heilung gehabt. Ein Patient, der nicht nur seine Lage erkennt und richtig einzuschätzen weiß, sondern auch das Gefühl hat, richtig behandelt zu werden, wird dadurch motiviert, seine inneren, psychischen Kräfte einzusetzen, die wesentlich stärker sind als alle Medikamente. Der Einfluß von Seele und Geist auf den Körper ist so groß, daß selbst Heilungen auf rein geistigem Weg möglich sind; in jedem Fall aber belebt und beschleunigt der Genesungswille über das vegetative Nervensystem sämtliche Stoffwechselvorgänge und reaktiviert dadurch die Selbstheilungskräfte des Organismus. Glaube, Hoffnung und Liebe sind die größten Helfer des Arztes und des Patienten selbst.

Das eben Gesagte gilt natürlich auch für den Verlauf der nassen Rippenfellentzündung, die Herr Voß sich höchstwahrscheinlich durch eine starke Verkühlung (Zugluft, plötzliche Abkühlung des erhitzten Körpers oder Durchnässung) zugezogen hat. Auch das Ödem, wenn es ein solches war, kann dadurch entstanden sein. Die Flüssigkeit, die der geschwächte Organismus nicht mehr auszuscheiden vermochte, hatte sich im Brustkorb angesammelt, so daß man auch von einer Brustfellwassersucht sprechen könnte. Es ist ein Glück für ihn, daß Herr Voß sich nicht punktieren ließ, da eine Punktion sowohl den Stoffwechsel als auch das vegetative Nervensystem aus dem Gleichgewicht gebracht und unter Umständen einen nicht abzuschätzenden Rückfall nach sich gezogen hätte.

Das Auflösen eines Flüssigkeitsstaus im Brustfellbereich ist an sich nicht besonders schwierig. Da der Patient sich auf der Reise befand, mußte man sich in diesem Fall allerdings auf eine innerliche Behandlung beschränken. Die Kräuterarznei, von der er alle vier Stunden fünfzehn bis zwanzig Tropfen einnehmen mußte, war zu gleichen Teilen aus Tinkturen von Bärlapp, Zinnkraut, Petersilienwurzel, Fenchelsamen, Spitzwegerich und Hauhechel zusammengesetzt. Empfohlen wurden dazu noch zwei bis drei Gaben des homöopathischen Mittels Helleborus niger D6, sowie Arsenicum album D12 unter Beimischung von Calcera fluorica D12.

Durch Topfenwickel, die eine direkte Ableitung der Flüssigkeit über die Haut bewirken, ließe diese Behandlung sich sehr effizient unterstützen: Dazu vermischt man fetten Topfen (Quark) mit feingehackter Zwiebel, die zuvor in ungesalzenem Schweineschmalz glasig ausgedünstet wurde, und streicht diesen Brei etwa daumendick auf einen Leinenlappen, der auf die Brust gelegt und anschließend mit größeren Tüchern umwickelt wird. Diese Umschläge sollte man drei Tage hindurch einmal im Tag etwa vier Stunden auflegen.

Zur Überbrückung des Klimawechsels erhielt Herr Voß Kräutertropfen aus Tinkturen von Kamille, Fenchelblüten, Rosmarin, Schlüsselblume und Enzianwurzel, wozu ich ihm außerdem noch das homöopathische Mittel Coculus D10 empfahl.

Abschließend möchte ich hinzufügen, daß Herrn Voß auch weiterhin anzuraten ist, sich viel an der frischen Luft zu bewegen, möglichst wenig fernzusehen und Arbeiten bei künstlichem Licht zu vermeiden. Mehr Schlaf wäre an sich zwar auch günstig, doch ist das Schlafbedürfnis eine schwer zu verändernde Gewohnheitssache, und die subjektive Empfindung des Ausgeruhtseins, um die es ja vor allem geht, ist weitgehend vom seelischen Gleichgewicht eines Menschen abhängig.

Der magere, bärtige Mann, der mir, als ich seine Tabaktrafik in der Nähe von Salzburg betrete, mit forschendem Blick in die Augen schaut, hat mit der Schulmedizin so ungewöhnlich schlechte Erfahrungen gemacht, daß er keine Lust zeigt, darüber zu sprechen. Er schiebt zwar einige Zeitschriftenstöße beiseite, damit ich das Tonbandgerät anstecken kann, möchte es aber lieber seiner Frau überlassen, mir die Geschichte seiner Krankheit zu erzählen.

Ich brauche nicht lange zu warten. Schon wenige Minuten darauf betritt Frau Haller mit geröteten Wangen und unternehmungslustig blitzenden Augen das Geschäft, bedenkt mich mit einem strahlenden Lächeln, wechselt ein paar Worte mit ihrem Mann und läßt sich dann mit der selbstverständlichen Würde einer Königin auf einem hochbeinigen Hocker neben ihm nieder. Wenn sie lacht, erweckt sie den Eindruck, als könnte sie mit jedem Problem fertig werden, ohne den Humor zu verlieren. Obwohl die Krankheit ihres Mannes auch ihr Leben von Grund auf verändert hat, klingen aus ihrer hellen, tragenden Stimme weder Resignation noch Verbitterung.

Die Verkettung unglücklicher Ereignisse begann damit, erzählt sie, daß ihr Mann im Jahr 1962 nach einem Gasthausbesuch plötzlich hohes Fieber bekam. Wie sie später erfuhr, wurden sieben andere Leute, die in dem Lokal gegessen hatten, noch am selben Abend mit Typhus ins Krankenhaus eingeliefert. Herrn Hallers Hausarzt aber mißdeutete die Typhussymptome und behandelte seinen Patienten ganze drei Wochen lang auf Virusgrippe! Obwohl in der kleinen Mansardenwohnung, die sie damals bewohnten, die ganze Familie aus Platzmangel in einem Bett schlafen mußte, entgingen seine Frau und sein kleiner Sohn wie durch ein Wunder der drohenden Ansteckungsgefahr.

Um das Leben ihres Mannes bangend, fuhr Frau Haller mit dem Fahrrad über die Grenze, um in Österreich nicht erhältliche Medikamente für ihn zu besorgen, die freilich ebenso wirkungslos blieben wie alle übrigen therapeutischen Maßnahmen. Doch erst als Herrn Hallers Zustand sich so gravierend verschlechterte, daß er den größten Teil des Tages bewußtlos war, von Fieberanfällen geschüttelt röchelnd nach Luft rang, und bereits die ersten Symptome einer beginnenden Herz- und

Lungenlähmung auftraten, entschloß sich der Hausarzt an einem Freitagabend endlich, eine Blutprobe zur Laboruntersuchung ins Krankenhaus zu schicken. „Samstag und Sonntag wird dort sowieso nichts gemacht; wir werden den Befund der Blutsenkung also wahrscheinlich erst am Dienstag bekommen. Davon wird es abhängen, ob Ihr Mann ins Krankenhaus muß oder nicht", sagte er mürrisch, und fügte dann, ungerührt mit den Achseln zuckend, hinzu: „Lieber wäre es mir, denn im Spital drinnen haben sie einen breiteren Buckel als ich!" Frau Haller vermochte nur mit Mühe die Fassung zu wahren. Sie hatte die taktlose Andeutung des Hausarztes nur zu gut verstanden: Ihr Mann war also ein Todeskandidat, ein hoffnungsloser Fall.

Wider Erwarten stand jedoch am nächsten Morgen bereits um sieben Uhr früh ein Rettungswagen vor dem Haus. Über Frau Haller und ihren Sohn wurde noch nachträglich eine vierzehntägige strenge Quarantäne verhängt, und Herr Haller wurde mit Blaulicht in die Klinik gebracht. Da bei Typhus in so weit fortgeschrittenem Stadium kaum noch Hoffnung auf Heilung zu bestehen schien, schob man sein Bett in den Baderaum — das inoffizielle Sterbezimmer —, wo er acht Tage lang völlig bewegungslos am Rücken lag, bevor man ihn in die Infektionsabteilung überstellte. Die adäquate medizinische Behandlung war zum Glück gerade noch rechtzeitig gekommen, um das Schlimmste zu verhindern.

Allmählich ging die Entzündung zurück, das Fieber sank, und nach einigen Wochen war die akute Gefahr gebannt. Herr Haller konnte vorübergehend aus dem Krankenhaus entlassen werden; nicht für lange Zeit allerdings, denn vor allem seine Magenschleimhäute hatten nachhaltige Schäden davongetragen.

Trotz mehrwöchiger Spezialbehandlungen in der Klinik, denen er sich während der folgenden zwei Jahre fünf- bis sechsmal jährlich unterziehen mußte, wurde seine Gastritis eher schlimmer als besser, und im zweiten Behandlungsjahr erlitt er während eines solchen Krankenhausaufenthaltes gar einen Magendurchbruch. Wieder stand sein Leben auf Messers Schneide. Fünf Tage lag er bewußtlos unter einem Zelt aus feuchten Tüchern, wie man sie über den Betten Schwerkranker aufzuhängen pflegt.

In welcher Gefahr ihr Mann geschwebt hatte, erfuhr Frau Haller allerdings erst, als er schon wieder die ersten Schritte zu machen versuchte. Wenn sie ihn besuchte, klagte er nämlich darüber, daß ihm im Gegensatz zu seinen Leidensgefährten immer die Luft wegbleibe, sobald er sich aufrichte. Tiefbesorgt verlangte Frau Haller den behandelnden

232

Arzt zu sprechen, um sich nach der Ursache dieser schmerzhaften Atembeklemmungen zu erkundigen. Es gelang ihr trotz wiederholter Versuche nicht, bis zu dem Arzt vorzudringen, der die Operation durchgeführt hatte. Sie erfuhr nur von einem seiner Assistenten, daß ihr Mann bereits mit einem Fuß im Grab gestanden sei; mehr wollte auch er ihr über diesen Fall nicht sagen. Erst eine Krankenschwester, die Herr Haller tagelang hartnäckig mit seinen Fragen bedrängte, lüftete das Geheimnis schließlich unter dem Siegel der Verschwiegenheit: Seine Herztätigkeit hätte nach der Magenoperation plötzlich ausgesetzt, und bei den Wiederbelebungsversuchen mit Hilfe der Herz-Lungenmaschine seien ihm bedauerlicherweise mehrere Rippen gebrochen worden, die wegen der offenen Operationswunde nun aber nicht einmal verbunden werden könnten. . . Kein Wunder also, daß es ihm bei jeder Bewegung den Atem verschlug!

Für den mißlichen Vorfall selbst hätte Herr Haller übrigens durchaus Verständnis gehabt; was ihn jedoch noch heute empört, war die aus ihm unbegreiflichen Gründen angewendete Verschleierungstaktik, die ihm zusätzlich zu seinen Schmerzen auch noch sinnlose Sorgen und Ängste beschert hatte.

Dies alles aber war nur das Vorspiel zu dem Leiden, das diesem schwergeprüften Mann während der folgenden fünfzehn Jahre das Leben buchstäblich zur Hölle machen sollte. Etwa einen Monat nach dem glücklich überstandenen Magendurchbruch setzte nämlich plötzlich ein unerklärlicher Auflösungsprozeß sämtlicher Schleimhäute seines Körpers ein. Mund, Rachen, Schlund und Magen verwandelten sich in eine einzige offene Wunde, die Tag und Nacht wie Feuer brannte. Nicht einmal reines Wasser vermochte Herr Haller ohne unerträgliche Schmerzen zu schlucken. Noch im Schlaf warf er sich stöhnend hin und her, und jeden Morgen mußte seine Frau ihm mit einem glyceringetränkten Wattebausch vorsichtig die Lippen voneinander lösen, die das eintrocknende Wundwasser über Nacht zusammengeklebt hatte. Vor dem Verhungern bewahrte ihn nur ein geleeartiges schwedisches Präparat, das einen Vereisungseffekt bewirkte, wenn man den Mund damit spülte und gurgelte. Solange dieser Vereisungseffekt anhielt, war Herr Haller imstande, einige Löffel flüssiger oder breiförmiger Nahrung zu sich zu nehmen; begann die Wirkung nachzulassen, mußte er neuerlich spülen.

Allein für dieses Präparat, das die Krankenkasse nicht zu zahlen bereit war, und von dem ein kleines Fläschchen schon vor zwanzig Jahren an die sechzig österreichische Schilling (ungefähr acht D-Mark) kostete, gab Frau Haller im Lauf der Jahre ein Vermögen aus. Sie hatte, nachdem ihr Mann in Abwesenheit aus seiner Stellung entlassen worden war, eine Tabaktrafik übernommen, um die Familie so lange über Wasser zu halten, bis ihr Mann wieder arbeitsfähig sein würde. Daß er weder seinen Beruf als Magistratsbeamter noch irgendeine andere regelmäßige Tätigkeit je wieder ausüben würde können, hatte sie damals glücklicherweise noch nicht geahnt.

Herrn Hallers Krankheit stellte selbst die größten medizinischen Kapazitäten vor ein unlösbares Problem, denn organisch schien alles in Ordnung zu sein. Man erklärte die Schleimhautzersetzung als Abart einer normalerweise an der Hautoberfläche auftretenden Flechte, und schickte ihn von einem Spezialisten zum anderen. Jeder verschrieb ihm andere Medikamente, die seine Frau zum Teil wiederum mit dem Fahrrad in Freilassing besorgen und fast alle aus der eigenen Tasche bezahlen mußte.

Obwohl sich nicht die geringste Besserung abzeichnete, und Herrn Hallers Bedarf an schmerzstillenden Mitteln immer beängstigendere Ausmaße annahm, wurde er einmal von einem Chefarzt gesundgeschrieben, hätte also wieder zur Arbeit gehen müssen. Frau Haller, die besser als irgend jemand anderer wußte, wie es wirklich um ihn stand, war darüber so außer sich, daß sie beschloß, dem Direktor der zuständigen Krankenkasse einen persönlichen Besuch abzustatten. Sie füllte sämtliche Medikamente, die ihr Mann damals einnehmen mußte, in eine große Plastiktüte, die sie auf dem Schreibtisch des Direktors ausleerte. „Jetzt schauen Sie sich das an", sagte sie, „was wir da an Geld hineingesteckt haben! Sie werden doch nicht glauben, daß wir diese enormen Ausgaben zum Spaß auf uns genommen haben! Mit den Schmerzen, die er hat, kann dieser Mensch nicht arbeiten!" Offensichtlich beeindruckt, ordnete der Krankenkassendirektor darauf eine sofortige Kontrolluntersuchung des Patienten durch einen angesehenen Vertrauensarzt an, der ihm ein detailliertes Gutachten erstellen sollte. Noch am selben Nachmittag stellte Herr Haller sich in dessen Ordination vor.

„Um Gottes willen, wie halten denn Sie das aus?!" rief der Primarius und schlug die Hände über dem Kopf zusammen. Er erklärte Herrn Haller für absolut arbeitsunfähig, und da er selbst keinen Rat wußte, versprach er ihm, seinen Fall bei einem bevorstehenden internationalen Ärztekongreß zur Sprache zu bringen.

Kurz darauf meldete sich tatsächlich ein Kongreßteilnehmer aus Wien, der Herrn Haller einlud, für einige Tage zur Untersuchung in seine Privatklinik zu kommen. Aufgrund der Befunde stellte er fest, daß es sich um einen interessanten, aber äußert schwierigen Fall handle, und zog deshalb den Primarius einer großen Klinik bei. Dieser weltberühmte Dermatologe beschloß, sich des außergewöhnlichen Falles höchstpersönlich anzunehmen, und so wurde aus den vorgesehenen drei Tagen unversehens ein mehr als achtwöchiger Aufenthalt in Wien.

An der Klinik entnahm man den erkrankten Schleimhäuten mehr als zwanzig Gewebsproben, die zur histologischen Analyse an verschiedene Krankenhäuser und Laboratorien im In- und Ausland verschickt wurden. Die damit verbundenen Prozeduren waren äußerst schmerzhaft. Außerdem hatte Herr Haller während dieser Zeit regelmäßig als lebendes Studienobjekt im Hörsaal aufzutreten, wo die Studenten des Professors mit Holzstäbchen in seinem wunden Mund herumstochern durften. Mit der Pflege nahm man es dagegen nicht allzu genau. Der Patient bekam zwar so viele schmerzstillende Mittel, wie er wollte, doch daß er die normale Krankenkost, die man ihm vorsetzte, gar nicht schlucken konnte, schien das Pflegepersonal nicht sonderlich zu rühren. „I sag Ihna's ehrlich, i hab oft a ganze Woche lang von Wasser gelebt", schnaubt Herr Haller wutentbrannt. „I bin zum Brunnen gangen und hab mir einfach das eiskalte Wasser runterrinnen lassen!"

Die eigentliche Behandlung bestand in einer Chemotherapie. Die regelmäßige Einnahme des verordneten Medikaments sei seine einzige Chance, erklärte ihm der Professor. Da jedoch bekannt war, daß mit gefährlichen Nebenwirkungen auf Augen, Nervensystem und innere Organe zu rechnen sei, wurde er immer wieder zu Kontrolluntersuchungen nach Wien bestellt. Obwohl Herr Haller sich streng an die Anweisungen des Professors hielt, blieb nicht nur der erwartete Heilerfolg aus, sondern durch die befürchteten Nebenwirkungen der Chemotherapie wurde sein gesamter Organismus so schwer angegriffen, daß es erst zu krankhaften Veränderungen der Haut und schließlich zu einem totalen Zusammenbruch des Nervensystems und der Organfunktionen kam.

Er wurde in die Universitätsklinik von X. eingeliefert, wo er vorübergehend künstlich ernährt werden mußte, da seine Verdauungsorgane die aufgenommene Nahrung nicht mehr verarbeiteten. Später nahm eine einsichtsvolle Stationsschwester sich die Mühe, ihm das Essen im Mixer zu pürieren, wie er es von zu Hause gewöhnt war. Dankbar vermerkt Herr Haller diese selbstverständlich erscheinende Dienstleistung, die er in anderen Krankenhäusern oft schmerzlich vermißte. Die medikamentöse Behandlung, die er so schlecht vertragen hatte, wurde selbstverständlich abgebrochen; statt dessen versuchten es die behandelnden Ärzte mit einem ursprünglich zur Behandlung von Bronchialerkrankungen entwickelten Heilmittel, das eine gewisse Linderung bewirkte.

Schon bald nach der Entlassung aus dem Krankenhaus verblaßte jedoch auch dieser Hoffnungsschimmer, denn das alte Leiden kam neuerlich und mit unverminderter Heftigkeit wieder zum Ausbruch, begleitet von schweren Depressionen. „Es war eine Katastrophe", sagt Frau Haller kopfschüttelnd, „das kann sich kein Mensch vorstellen, was wir da mitgemacht haben! Untertags hat mein Mann die Schmerzen ja so wahnsinnig gut beherrschen könen! Er hat sich fast nix anmerken lasen, obwohl ihm die Ärzte ja sogar schon reines Opium in Tropfenform gegeben haben, weil er ihnen so leid getan hat, und sie nimmer gewußt haben, wie sie ihm sonst helfen sollen. Er hat es ein paarmal genommen — da hat er dann zum Singen und zum Jodeln angefangen —, bis er schließlich gesagt hat, er nimmt das nimmer, aus Angst, er könnte süchtig werden. Aber andere schmerzstillende Mittel, die habe ich ja in Hunderter-Packungen gekauft! Bei sehr starken Schmerztabletten, von denen man höchstens zwei bis drei nehmen sollte, ist er auf zehn bis fünfzehn Stück im Tag gekommen! Freilich war er da meistens fast weg, ist nur mehr völlig betäubt herumgesessen oder gelegen den ganzen Tag. Schlafen konnte er natürlich auch nur mit schmerzstillenden Schlaftabletten, aber im Unterbewußtsein hat er die Schmerzen gespürt, und da ist sein Kopf die ganze Nacht hin und hergegangen, wie bei einem Elefanten, den man eingesperrt hat. Das war schon entsetzlich, ja. Und wenn man da daneben liegt und nicht helfen kann . . . Dazu sind dann noch diese schweren Depressionen gekommen, die er in leichterer Form ja heute noch manchmal hat. Aber damals, wie er nach der Systemerkrankung aus X. zurückgekommen ist, war er so krank und depressiv, daß wir auf die Nervenklinik zum Primarius gegangen sind — privat natürlich. Jede Sitzung sechshundert Schilling. Und ob Sie's glauben oder nicht, so wahr ich da stehe: der hat den Menschen siebenundvierzig Tabletten pro Tag einnehmen lassen! Nicht siebenundvierzig verschiedene Medikamente, aber insgesamt siebenundvierzig Pillen täglich nur für die Nerven allein! Nach einem dreiviertel Jahr war er total fertig, hat überhaupt nichts mehr zu sich nehmen können, sondern nur mehr gebrochen. Wie wir dann wieder bei einer Sitzung in der Nervenklinik oben waren, hat der Primarius gefragt: ‚Na, wie gehts denn?' — ‚Gar net gut', hat mein Mann geantwortet. ‚Das versteh ich nicht', hat der gesagt, ‚sooft ihr kommt, hör ich nichts als: gar net gut, gar net gut! Ich weiß schon gar

236

nicht mehr, was ich euch geben soll!' Da ist es meinem Mann dann zu dumm geworden!"

Außer den verschiedensten Fachärzten suchte Herr Haller im Lauf der Jahre auch mehrere Heilpraktiker auf, von denen nur ein einziger — ein mit unorthodoxen Methoden arbeitender deutscher Arzt — durch Injektionskuren eine fühlbare Besserung zu erzielen vermochte. Als dieser Mann jedoch plötzlich starb, erlitt Herr Haller einen so schweren Rückfall, daß er den festen Entschluß faßte, seine Lage ein für allemal als hoffnungslos anzusehen und sich künftig auf keinerlei Heilexperimente mehr einzulassen. Nur seiner Frau zuliebe ließ er sich 1978 dazu überreden, diesem Vorsatz untreu zu werden und zu Herrn Neuner zu fahren. Frau Haller hatte von der Existenz des Tiroler Naturheilers durch eine Kundin erfahren. Diese Bekannte, die bereits zu einer Krebsoperation angemeldet gewesen war, hatte ihr voll Begeisterung erzählt, daß Herrn Neuners Behandlung bei ihr ein wahres Wunder bewirkt habe, denn als sie am Tag vor dem vorgesehenen Operationstermin zur Untersuchung in die Klinik kam, sei kein Krebsherd mehr festzustellen gewesen.

Bisher hat Herr Haller die ein- und ausgehenden Kunden bedient und den Bericht seiner Frau nur hin und wieder mit kurzen, trockenen Bemerkungen kommentiert. Da zufällig gerade kein Kunde im Geschäft ist, unterbricht er sie jedoch an dieser Stelle, schaut mich kampfeslustig an und poltert mit vor Erregung bebender Stimme: „Ich kann Ihnen aber was anvertrauen, wenn Sie schon die reine, klare Wahrheit wissen wollen: Sie sollten nicht glauben, daß ich aus Liebe zum Herrn Neuner dort hingefahren bin! Ich bin absolut nicht gewillt gewesen dazu, sondern hab gesagt, mir könnt's gar nimmer mehr einfallen, daß ich zu jemandem gehe und mich anschauen laß, weil es ja doch immer und überall das gleiche war! Bin ich zu einem Arzt gegangen, dann hat's geheißen: ‚Grüaß Ihna Gott! Na, was fehlt uns denn? — Aha, hmhm, und habenSie schon Medikamente genommen? — Aha, soso, und taugen Ihnen die nicht recht? — Naja, passen'S auf, da gibts in der Zwischenzeit ja schon ein neues Medikament, probieren wir das einmal aus, gelt? Nehmen'S mir das jetzt einmal vier Wochen, und danach lassen Sie sich dann wieder anschauen!' Das war immer das gleiche Spielchen! Also, auf gut deutsch gesagt, ich hab jedesmal den Herren Doktoren zuerst einmal erklären müssen, was mir fehlt, was ich schon getan hab, und welches Mittel noch nicht an mir ausprobiert worden ist. Der hat von mir also alles brühwarm gewußt, net! Und schön langsam bin ich immer mißtrauischer geworden, weil ich mir gsagt hab: dazu brauch ich kein Doktor sein, das kann ich auch! Sind'S mir nicht bös, aber irgendwann war ich soweit, daß ich gsagt hab: ich geh zu niemandem mehr!"

Ein etwas erstaunt um sich blickender Kunde setzt der mit umwerfender schauspielerischer Begabung mimisch und gestisch ausgestalteten Szene ein jähes Ende. Frau Haller und ich brechen in schallendes Gelächter aus, und dann fährt sie fort: „Ja, dann hab ich eben so lang auf ihn eingeredet, bis er gsagt hat: ,Also gut, dir zuliebe fahr ich halt, damit du nicht sagen kannst, ich tu überhaupt nix mehr! Aber eines sag ich dir: ich sag kein Wort, wenn ich reingeh zu dem Mann!' Im Geschäft hat uns damals ein Lehrmädchen vertreten, die hat mit ihren achtzehn Jahren schon einen Kropf gehabt. Und da hab ich gsagt, sie soll uns ihren Urin doch auch mitgeben. Wie mein Mann dann reingegangen ist, gibt er erst seinen Urin her. Der Neuner schaut den an und sagt sofort: ,Ui, Sie haben's aber sehr stark mit die Schleimhäute z'tuan! Und Schuppen haben'S auch sehr starke, gel?'"

„Das hat er auch net sehen können", ertönt aus dem Hintergrund Herrn Hallers tiefe Stimme, „weil ich mir nämlich den Schädel wasch, bevor ich zum Doktor geh. Der Schädel war also rein von Schuppen!"

„Kurzum", erzählt Frau Haller weiter, „der Herr Neuner hat ihm auf den Kopf zu genau gesagt, was er hat. Das hat ihm schon sehr viel Vertrauen gegeben zu dem Mann. Und was ihm dann auch noch so gut gefallen hat, war, wie der Neuner dann das Flascherl von unserem Lehrmädchen — das war so ein milchiges Glasel, durch das man nicht viel gsehn hat — in ein anderes Flascherl umgeschüttet hat, und schon beim Einschütten gesagt hat: ,Oje, die hat's mit der Schilddrüse! Hat die einen Kropf?' Dabei hat er das Mädchen nie zu sehen gekriegt, und keiner von uns hat ein Wort gesagt! Und eben dieses Vertrauen — daß man weiß: ja, der kann was, der versteht was davon —, das ist halt doch das Wichtigste! Ja, und dann hat er die drei Flascherln Kräutertropfen, die er mitgekriegt hat, genommen — und danach war's eigentlich komplett weg! Jaja, es war schon einmalig, wirklich einmalig, was der Herr Neuner für meinen Mann getan hat!"

„Ich hab sie genommen, bis sie leer waren", bestätigt er, „genau nach seinem Rezept, und hab nix mehr nachholen brauchen. Seitdem war ich nie mehr dort!"

Die Krankheit, die Ende 1963 begonnen und fast fünfzehn Jahre gedauert hatte, kann als geheilt bezeichnet werden. Wenn Herr Haller auch manchmal das Gefühl hat, als wäre sie latent noch vorhanden, so kommt sie doch nicht mehr zum Ausbruch. Die Schleimhäute haben sich neu gebildet, Herr Haller ist schmerzfrei, braucht keine Medikamente mehr zu nehmen und kann wieder alles essen. Durch das lange Leiden, vor allem aber den exorbitanten Medikamentenverbrauch, hat sein Organismus allerdings nicht wiedergutzumachende Schäden davongetragen. Obwohl man ihm äußerlich nichts anmerkt, ist der Fünfundfünfzigjährige so schonungsbedürftig, daß eine regelmäßige Tätigkeit für ihn nicht mehr in Frage kommt. Wenn er seine Frau auch häufig im Geschäft vertritt oder unterstützt, fühlt er sich gegen halb elf Uhr vormittags doch bereits so erschöpft, daß er sich zwei bis drei Stunden hinlegen muß. Wegen eines Arterienverschlußes im Unterleib, der nach Ansicht des Internisten als eine unmittelbare Folge der Medikamentenrückstände zu betrachten ist, hätte er sich im Vorjahr operieren lassen sollen. So leicht aber ist Herr Haller nicht mehr dazu zu bringen, ein Krankenhaus zu betreten! Statt sich operieren zu lassen, will er noch einmal zu Herrn Neuner fahren.

Die Geduld, die langes Leiden ihn gelehrt hat, kommt seinen zwei Enkelkindern zugute. Wie seine Frau mit liebevoller Bewunderung bemerkt, ist er ihnen — was er für seinen Sohn leider wohl nicht oft sein konnte — der beste und liebste Spielkamerad.

Herrn Neuners Kommentar:

Die medikamentösen Behandlungen, denen Herr Haller nach dem zu spät erkannten Typhus jahrelang unterzogen wurde, riefen im Lauf der Zeit schwere Stoffwechselstörungen hervor. Es handelte sich also nicht um eine direkte Folge des Typhus, auch nicht des Magendurchbruchs, sondern der gesamte Organismus war durch Medikamente derart umgestellt und ausgelaugt worden, daß die Steuerung der Versorgung zusammenbrach und die Produktion der Aufbaustoffe für die serösen Häute beinahe auf Null absank. Die große Frage war, ob es gelingen würde, die Schleimhäute wieder aufzubauen und die Schleimerzeugung und -absonderung zu reaktivieren. Daß dies in so verhältnismäßig kurzer Zeit geschehen konnte, ist auch für mich eine freudige Überraschung, da man hier eigentlich nicht mit einigen Wochen, sondern eher mit mehreren Monaten rechnen mußte.

Das vorrangige Ziel der Behandlung bestand darin, den Fett-, Eiweiß- und Mineralstoffhaushalt so zu regulieren, daß der Körper die fehlenden Aufbaustoffe wieder zu erzeugen vermochte. Mit den hierzu verwendeten Tinkturen von Betonica, Bibernelle, Bärlapp, Andorn, Alant,

Bitterklee, Engelwurz, Brombeerblättern und Buchsbaumblättern konnte zugleich auch die Schleimsekretion allmählich wieder angeregt werden. Um den Nachholbedarf an Mineralstoffen auszugleichen, wurden zusätzlich die homöopathischen Mittel Kalium chloratum D12, Arsenicum album D12, Graphites D12 und Phosphorum D12 empfohlen.

Leider ist Herr Haller später nicht mehr gekommen. In Bezug auf seine

nervliche Zerrüttung und seinen allgemeinen Schwächezustand hätte man ihm sicherlich noch viel leichter helfen können als bei der Behandlung seines langjährigen Leidens, auf die er so gut angesprochen hatte. Zur Verhütung der Gefahr eines Arterienverschlußes würde ich eine Kräuterteemischung aus Arnika, Kampfer, Weißdorn, Ringelblume, Mistel und Wacholderbeeren empfehlen, die sicher geeignet ist, nach einigen Wochen eine spürbare Erleichterung zu bewirken.

Das Recht auf dieser Welt müßte Kopf stehen, würde man mir wegen der Behandlung von Herrn Haller einen Strick drehen, was beim gegenwärtigen Stand der gesellschaftlichen Verhältnisse durchaus möglich wäre. Auch ich würde dann endgültig an der Gerechtigkeit der vom Menschen gemachten Gesetze verzweifeln, würde meinen Hut nehmen und in Pension gehen.

NERVENLÄHMUNG

Eine Ahnung vom Leben der Bergbauern, die unter schwierigsten Bedingungen eine Kulturlandschaft am Leben erhalten und der Nachwelt als Bewahrer alter Traditionen unschätzbare Dienste leisten, verdanke ich dem Besuch bei Herrn Unterberger. Über einen Nachbarn, der ein Telefon besitzt, läßt er mir ausrichten, ich solle am nächsten Morgen gegen halb sieben Uhr kommen, da er wegen der herbstlichen Frühnebel mit der Erdäpfelernte nicht vor halb acht beginnen könne. Tatsächlich ist der Nebel an diesem Morgen so dicht, daß es mir wie ein Wunder erscheint, als ich schließlich doch wohlbehalten vor dem großen alten Hof lande.

Der Bauer, ein magerer, zart gebauter Mann mit großen blaugrünen Augen, die so beredt dreinsehen, daß er nicht viele Worte zu machen braucht, sitzt neben seiner Frau auf der Eckbank, während seine Mutter am Herd steht und Zwetschken einkocht. Dem gewaltigen Topf entsteigt ein süßer Geruch, der den ganzen Raum durchzieht. Aufmerksam hört die alte Frau zu, als ihr Sohn in knappen Worten zu berichten anfängt, wie er sich im Herbst des Jahres 1951 eine Nervenlähmung zuzog. Dann legt sie plötzlich nachdenklich den Kochlöffel beiseite und ergreift, am Herd stehend, selbst das Wort.

Es war ein kalter Herbst, erinnert sie sich; auf der Alm brach der Winter früher als sonst herein, und der damals Achtzehnjährige ging, leichtsinnig wie Burschen in diesem Alter sind, in Halbschuhen und kurzer Hose auf die Suche nach verirrten Schafen und Rindern. Dabei mußte er sich eine starke Verkühlung zugezogen haben, denn am Abend konnte er die vor Kälte verkrampften Finger nicht mehr lösen. Auch seine Zehen waren steif und seltsam verkrümmt, und obwohl die Mutter ihn sofort ins Bett steckte, verschlimmerte sich sein Zustand in wahrhaft beängstigender Weise. Innerhalb kürzester Zeit griff die Nervenlähmung nämlich auf den ganzen Körper über, so daß der junge Mensch bis zum Hals völlig bewegungsunfähig wurde, ja nicht einmal mehr wahrzunehmen vermochte, ob er zugedeckt war oder nicht, da er selbst Temperaturunterschiede nicht mehr spürte.

Die Eltern riefen den Hausarzt zu Hilfe, der dem Kranken sofort ein starkes Medikament verabreichte. Es bewirkte jedoch keine Besserung, sondern hatte vielmehr schwere Anfälle von Sinnesverwirrung zur Folge. Der Schrecken, den diese unheimliche Folgeerscheinung der ärztlichen Behandlung den Eltern einjagte, war so groß, daß sie ihre Zustimmung verweigerten, als der Hausarzt ihnen bei seinem nächsten Besuch den Vorschlag machte, den Sohn in die Klinik einweisen zu lassen. Sie standen zu ihrer Entscheidung, obwohl sie wußten, daß es um Leben und Tod ging, denn inzwischen hatte sogar die Harnblase des Kranken ihre Funktion aufgegeben. Noch bestand jedoch die Möglichkeit, daß vielleicht „der Keandler" helfen konnte, den Frau Unterberger damals nur vom Hörensagen kannte.

Am Tag vor Kathrein, dem 25. November, faßte sie den Entschluß, Herrn Neuner aufzusuchen. Mit größter Mühe sammelte sie einige Tropfen Urin des Schwerkranken in ein Fläschchen und machte sich, da zur damaligen Zeit noch keine der heutigen Verkehrsverbindungen existierte, am folgenden Morgen schon um vier Uhr früh zu Fuß auf den Weg ins Nebental. „Da hab i dem Herrn Neuner dann den Harn vom Buam hingstellt", erzählt sie; „er hat dös Flaschel so gschüttelt, und nachher sagt er: ‚Oh mei, der Junge hat sich aber stark verkühlt — der hat ja die Nervenlähmung!' Dabei hab i nit amol gsagt ghabt, daß es a Bua is! Dös hat er alls aus'n Harn aussag'lesen!"

Mit einer Portion Kräutertropfen, einem Tee und einer Einreibung wanderte Frau Unterberger viele Stunden quer durch den Wald nach Hause zurück. In acht Tagen, hatte Herr Neuner ihr gesagt, sollte sie ihm zur Kontrolle wieder eine Harnprobe ihres Sohnes vorbeibringen. Die erste Medizin zeigte eine sofortige Wirkung, denn die Harnblase des Kranken nahm schon nach der ersten Einnahme ihre Funktion wieder auf. Ansonsten aber blieb sein Zustand so gut wie unverändert.

Insgesamt sechzehnmal nahm Frau Unterberger im Lauf der folgenden Winter- und Frühjahrsmonate den weiten, beschwerlichen Fußmarsch nach Kirchbichl auf sich. Im Jänner, erzählt die alte Frau, habe Herr Neuner beim Anblick des Urinfläschchens einmal ratlos den Kopf geschüttelt und sie gefragt, ob sie ihren Sohn nicht doch in die Klinik bringen wolle, wenn sich weiterhin keine Besserung abzeichne. Sie habe ihn damals aber angefleht, trotz allem weiterzumachen, weil sie zu niemandem ein größeres Vertrauen gehabt habe als zu ihm. „Gott sei Dank hat er dann doch weitergemacht", sagt sie aufschluchzend, und wischt sich mit dem Schürzenzipfel die Tränen aus den Augen.

Es war für alle Beteiligten eine harte Geduldprobe. Wochen- und monatelang lag Herr Unterberger im Bett, hilflos wie ein kleines Kind. Die Mutter mußte ihn füttern, waschen und wickeln, und seinen gefühl-

242

losen Körper nach Herrn Neuners Anweisungen morgens und abends eine ganze Stunde lang mit einer öligen Kräutereinreibung massieren. Sie bewunderte den Sohn für seine Tapferkeit und Geduld, denn nur zweimal während dieser langen Zeit verlor der Achtzehnjährige die Beherrschung und brach in Tränen aus. Besonders deutlich erinnert sie sich noch an die Verzweiflung, die ihn am Faschingssonntag überkam, nachdem ihm Freunde und Schulkollegen einen Besuch abgestattet hatten, bei dem ihm seine Lage mit schrecklicher Klarheit zu Bewußtsein gekommen war. Genau zwei Tage danach aber trat endlich die ersehnte Wende ein: Am Faschingsdienstag bemerkte die Mutter beim Massieren nämlich plötzlich, daß sich das Glied ihres Sohnes erstmals wieder zu regen begann. Ohne ihm etwas zu sagen, eilte sie am nächsten Tag mit einer Urinprobe zu Herrn Neuner, der vor Freude aufsprang, ihr auf die Schulter klopfte und rief: „Mei guate Anni, jetzt is er überm Berg!"

Von diesem Tag an ging es langsam, aber stetig aufwärts. Nach und nach begann Herr Unterberger seinen empfindungslos gewordenen Körper wieder zu spüren, und unter Aufbietung all seiner Willenskraft erlangte er allmählich auch die Bewegungsfähigkeit wieder. Sobald er imstande war, sich aufzurichten, baute sein Vater den schweren, massiven Stubentisch zu einem Turngerät für ihn um, an dem er täglich bis zur Erschöpfung übte. Durch unermüdliches Abstoßen und Hochziehen lernte er, Arme und Beine wieder zu gebrauchen. Im Mai war er endlich so weit, daß er, auf Krücken gestützt, die ersten Schritte zu machen wagte; doch bevor seine Beine ihn einigermaßen sicher trugen, hatte er noch sehr viele Stürze zu überstehen. Je öfter er damals hinfiel, desto besser sei es für ihn gewesen, meint Herr Unterberger heute, denn beim Aufstehen trainierte er unwillkürlich sämtliche, durch die lange Bewegungslosigkeit verkümmerten Muskel und Sehnen.

Als Herr Neuner Anfang Juli zu Besuch kam, um sein Sorgenkind endlich persönlich kennenzulernen und sich mit eigenen Augen von dessen Fortschritten zu überzeugen, ging ihm der junge Mann zu seiner großen Freude schon bis ans Gartentor auf Krücken entgegen. Ende Juli nahm Herr Neuner ihn dann vierzehn Tage zu sich ins Haus und massierte ihn mehrere Stunden täglich nach allen Regeln der Kunst. Herrn Unterberger fiel die Wirkung dieser anstrengenden Intensivbehandlung zunächst gar nicht auf, doch als er nach Hause zurückkehrte, fühlte er sich so gekräftigt, daß er die Krücken gegen einfache Stöcke eintauschte, bis er im Spätherbst 1952 — genau ein Jahr nach seiner Erkrankung — schließlich auch auf diese Behelfe verzichten konnte.

Herrn Neuners Heilmittel nahm er allerdings noch mehrere Jahre lang weiter, trank literweise Kräutertee und machte auch von der Einreibung weiterhin reichlichen Gebrauch, denn sein durch die Krankheit ausgezehrter Körper brauchte diese Stärkungsmittel dringend, um der schweren Bergbauernarbeit in Hinkunft wieder gewachsen zu sein. Wie heikel und anfällig sein Nervensystem immer noch war, merkte Herr Unterberger, als er sich im Frühjahr 1954 einer Leistenbruchoperation unterziehen mußte. Die zwölf Tage, die er mehr oder minder bewegungslos im Krankenhaus verbrachte, genügten, um einen deutlichen Rückfall zu bewirken. Hätte er in den ersten Jahren nach seiner Genesung aus irgendeinem Grund länger still liegen müssen, meint der immer noch so zartgliedrige Bauer, hätte er wahrscheinlich wieder mit regelrechten Lähmungserscheinungen zu rechnen gehabt.

Glückerlicherweise blieb ihm dieses Schicksal jedoch erspart, und heute ist die Gefahr eines Rückfalls längst endgültig gebannt. Nur an seinen Füßen hat die furchtbare Krankheit bleibende Spuren hinterlassen: Die Zehen sind verkrümmt geblieben, sodaß er gezwungen ist, immer orthopädische Schuhe zu tragen und der Pflege seiner Füße besondere Aufmerksamkeit zu widmen. Bei der Arbeit fühlt Herr Unterberger sich dadurch aber kaum noch behindert; seit mehr als zwanzig Jahren bewirtschaftet er den Hof, den er von seinem Vater geerbt hat, unterstützt von seiner Mutter und seiner Frau. Als er vor neunzehn Jahren heiratete, lud er zur Hochzeit natürlich auch Herrn Neuner ein, den er als Menschen ebenso hochschätzt wie er ihn als Heiler bewundert.

Herrn Neuners Kommentar:

Die Ursache der Verspannung und Verkrampfung des gesamten Muskelsystems ist eindeutig in der starken Unterkühlung und Durchnässung des Körpers bei gleichzeitiger Überanstrengung des Bewegungsapparats zu sehen.

Bei der innerlichen Behandlung kamen — in der angegebenen Reihenfolge — folgende Heilmittel zur Anwendung: Rhus toxicodendron D4 während der ersten zwei Wochen; dann Arnikatinktur und das Schüßler-Mittel Ferrum phosphoricum D12, danach Kräutertropfen aus Tinkturen von Baldrian, Johanniskraut, Raute, Schlüsselblume, Minze und Flohkraut, wobei die einzelnen Bestandteile in ihrer Zusammensetzung mengenmäßig variiert wurden, um wieder neue Anregungen zu bewirken. Hinzu kamen verschiedene, mit echtem Bienenhonig gesüßte Kräutertees; zu Beginn Verkühlungstee Nr. 29 und Lähmungstee Nr. 130, später die Teemischung Nr. 137 zur Kräftigung der Nerven und die Teemischung Nr. 103 zur Kräftigung der Muskel und Organe sowie zur Appetitanregung.

Die verwendete Körpereinreibung war eine durchblutungsfördernde und nervenanregende Emulsion aus den ätherischen Ölen von Fichte, Tanne, Melisse, Arnika und Johanniskraut, vermischt mit alkoholischen Auszügen von Rosmarin, Haferstroh, Schlüsselblume, Minze Melisse und Brombeerblättern. Heublumenbäder mit einem Zusatz von Latschenkieferöl ergänzten die äußerliche Behandlung.

Die vorgeschriebene Kost war fast ganz vegetarisch. Zur Stärkung machte Herr Unterberger einmal während der Behandlungszeit eine zweiwöchige Trinkkur, bei der er täglich einen Viertelliter frische Vollmilch mit einem Eidotter und einem Tellöffel echtem Bienenhonig trank. Heute würde ich zusätzlich noch einen täglichen Stärkungstrunk aus einem Viertelliter Wasser, einem Eßlöffel Apfelessig und einem Eßlöffel Bienenhonig zur Regulierung des Säurehaushalts und zur besseren Ernährung der Nerven und Muskelgewebe empfehlen.

Wie Herr Unterberger selbst erwähnt, ist tägliche Gymnastik zur Muskelkräftigung unerläßlich, wenn sie auch sehr viel Mühe und Überwindung kosten mag. Später kam Herrn Unterberger zugute, daß er im Nebenberuf Forstarbeiter war und sich daher viel im Wald aufhielt. Nicht nur war das Gehen auf weichem Waldboden ein ausgezeichnetes Muskeltraining, sondern die sauerstoffreiche Waldluft beschleunigte über die Lungen- und Hautatmung die Verbrennungsprozesse des Stoffwechsels und erhöhte den Sauerstoffgehalt des Blutes, was von größter Wichtigkeit war.

Auch Ärzte suchen nicht selten bei Herrn Neuner Hilfe für sich oder ihre Angehörigen. Wie viele im Lauf der Jahre tatsächlich bei ihm waren, könnte er allerdings nicht genau sagen, da er ja niemanden dazu verpflichtet, seinen Beruf anzugeben. Nur durch Zufall hat er manchmal zum Beispiel erst im nachhinein erfahren, daß von anderen Personen mitgebrachte Urinproben von Medizinern stammten, die die Konsultation eines Heilpraktikers mit ihrer Berufsehre nicht vereinbaren zu können glaubten, oder sich auch nur — in mehr oder minder wohlwollender Absicht — von seinen diagnostischen Fähigkeiten zu überzeugen wünschten.

Frau Dr. Novak, eine Wiener Augenärztin, die 1977 das erstemal von Herrn Neuner hörte, hat diese Sorgen und Vorurteile mancher ihrer Kollegen nie gekannt. Ihr erschien es selbstverständlich, alternative Heilmethoden auszuprobieren, wo die Schulmedizin keine Hilfe zu bieten vermochte. So hat sie sich auch ohne Zögern bereit erklärt, ihre persönlichen Erfahrungen mit der Naturheilkunde „zu Protokoll zu geben", obwohl sie wegen ihrer unorthodoxen Meinung zu diesem Thema schon mehrmals hart angegriffen wurde.

Mit warmer Herzlichkeit empfängt sie mich in dem hübschen, altmodischen Häuschen am Stadtrand, wo sie mit ihrem Mann und ihrer Mutter lebt, nachdem die fünf Kinder, die sie neben ihrem Beruf großgezogen hat, sich bereits selbständig gemacht haben. Frau Dr. Novak ist eine zarte, weißhaarige Dame Anfang sechzig und in dem nachdenklichen, forschenden Blick ihrer hellen Augen liegt eine liebevolle Anteilnahme, die Zuneigung und Vertrauen erweckt. Als sie nach einem ausführlichen persönlichen Gespräch von ihrer Erkrankung zu berichten beginnt, habe ich das Gefühl, einer lieben alten Bekannten gegenüberzusitzen.

Wenn es auch kein besonders dramatisches Leiden ist, von dem sie berichtet, war es doch eine von sehr unangenehmen Symptomen begleitete Erkrankung, die im Laufe der Zeit wahrscheinlich in ein gefährliches Stadium getreten wäre, hätte sich nicht rechtzeitig eine geeignete Behandlungsmöglichkeit gefunden. Es begann im Herbst 1976 damit, daß Frau Dr. Novak starke Schmerzen an der Außenkante des Fußes bekam. Da sie sich damals gerade neue Schuhe gekauft hatte, dachte sie zunächst, daß diese daran schuld sein könnten, und beschloß, sie nicht mehr zu tragen. Die Schmerzen ließen jedoch nicht nach, sondern wurden, im Gegenteil, immer schlimmer, und allmählich bildeten sich entzündliche Schwellungen, die sie bei jedem Schritt schmerzten.

Der Reihe nach suchte sie nun verschiedene Ärzte auf, von denen aber keiner zu einer klaren und eindeutigen Diagnose gelangte. Ein Arzt röntgte ihre stark geschwollene kleine Zehe, kam zu dem Schluß, daß das letzte Zehenglied gebrochen sein müsse, und verwies sie an einen Unfallchirurgen. Der Chirurg erklärte die Diagnose seines Kollegen für unsinnig und meinte ärgerlich, das letzte Zehenglied könne gar nicht brechen. So klug wie zuvor ließ Frau Dr. Novak daraufhin die verschiedensten Laboratoriumsbefunde erstellen, doch weder im Blut noch im Harn waren irgendwelche krankhaften Veränderungen oder Anomalien zu erkennen.

Solange nicht feststand, wovon die Schmerzen herrührten, war es natürlich auch nicht möglich, eine geeignete Therapie zu finden. Nach monatelangen ergebnislosen Untersuchungen war Frau Dr. Novak bereit, jede auch noch so ausgefallene Behandlungsmethode auszuprobieren, um die lästigen Beschwerden loszuwerden, die sie bei der Ausübung ihrer häuslichen und beruflichen Pflichten immer stärker behinderten. Sie begab sich zunächst zu einem Homöopathen, einem sehr angesehenen Mediziner, der die Ansicht vertrat, es handle sich um eine Art Gicht, doch ohne die normalerweise damit verbundene Harnsäurespiegelerhöhung — „eine gichtige Stoffwechselerkrankung", wie er sich ausdrückte —, deren Ursachen unbekannt seien. Er verschrieb seiner Patientin einige homöopathische Präparate und spritzte ihr Ameisensäure, eine ziemlich unangenehme Behandlung, die sie dankbar über sich ergehen ließ, die aber leider nicht die erwartete Besserung bewirkte.

Nach dieser neuerlichen Enttäuschung war Frau Dr. Novak schon nahe daran aufzugeben, ließ sich dann aber, auf den Rat einer Bekannten, von einem auf Ernährungsprobleme spezialisierten Arzt eine eigens für sie ausgearbeitete Diät verschreiben. Trotz genauester Einhaltung aller Vorschriften blieb der erhoffte Erfolg allerdings wiederum aus.

Eine kurzfristige Linderung der Schmerzen bewirkte eine homöopathische Injektionskur, mit der ein Arzt in Kärnten ihr zu helfen versuchte. Da die schmerzstillende Wirkung aber nur bis etwa vierundzwanzig Stunden nach der Injektion anhielt, mußte Frau Dr. Novak auch diese Behandlung nach einiger Zeit wieder abbrechen.

Ihr Leiden dauerte nun schon länger als acht Monate, und während dieser Zeit waren nach und nach auch noch weitere Symptome aufgetreten: einmal bildete sich an der Ferse eine große Beule, dann wieder entstand eine Schwellung an der Sohle des anderen Fußes. Die Schmerzen ließen sich bald kaum mehr lokalisieren, denn beide Füße waren von den Zehen bis zur Ferse rot und geschwollen, ohne daß jemand sagen konnte, was dagegen zu tun war.

Im Mai 1977 las Frau Dr. Novak durch Zufall in einer Tageszeitung einen Bericht über Herrn Neuner, von dem sie bis dahin noch nie etwas gehört hatte. In ihrer Verzweiflung beschloß sie, ihm einen Brief zu schreiben, da sie keine Chance ungenützt vorübergehen lassen wollte. Nachdem sie geplant hatte, im Juli auf Urlaub zu gehen, fragte sie an, ob sie um diese Zeit einen Termin bekommen könnte. Wochenlang hörte sie nichts, doch dann kam eines Tages ein Antwortschreiben, in dem ihr der genaue Termin mitgeteilt wurde.

„Ich war sehr erfreut", erzählt Frau Dr. Novak, „und bin also dann von meinem Urlaubsort aus mit einer Harnprobe zum Herrn Neuner hingefahren. Er war am Anfang sehr zurückhaltend und skeptisch; er hat scheinbar geglaubt, ich bin ein Spitzel — was ja durchaus verständlich ist, es wäre ja sehr gut möglich gewesen. Trotzdem hat er mir aber sehr höflich gesagt, wenn er mir dienen könnte (wie er sich ausgedrückt hat), würde er das gerne tun. Ich habe ihm dann alles erzählt, was sich seit September abgespielt hatte, ihm auch gezeigt, wie das ausschaut, und da hat er dann doch gemerkt, daß ich es ehrlich meine und wirklich Hilfe suche, und hat gesagt: ‚Ja also, es ist eine arge Stoffwechselstörung, und zwar haben Sie die schon lang!' — Das stimmte auch: Ich habe früher schon Probleme gehabt mit geschwollenen Zehen, manchmal ein brennendes Gefühl an den Sohlen, oder es kam auch vor, daß mir die Decke weh getan hat, wenn sie nur auf den Füßen gelegen ist. Dabei habe ich nie viel Fleisch gegessen, und die Harnsäure war immer normal; aber es gibt in der Schulmedizin einen Begriff, der heißt ‚Gicht ohne Harnsäureerhöhung'. Und der Herr Neuner sagt also: ‚Ja, es ist so ähnlich wie die Gicht — eine Stoffwechselstörung, die durch Säureablagerungen entsteht. Sie haben nun offensichtlich die Neigung, daß sich das alles in die Füße hinunterzieht. Ich kann Ihnen schon helfen, aber ich sage Ihnen gleich: es wird lange dauern. Fangen wir also am besten gleich an!'

Erstens einmal sollte ich längere Zeit hindurch jeden Morgen eine Stunde vor dem Aufstehen einen ganzen Liter heißen Gichttee trinken. Den habe ich am Abend vorher in einer Thermosflasche immer schon vorbereitet und — ziemlich mühsam, muß ich sagen — Schluck für Schluck getrunken. Außerdem habe ich natürlich Tropfen erhalten, wobei der Herr Neuner mir vorausgesagt hat, daß zunächst eine deutliche Verschlechterung eintreten wird, und ich die Einnahme eventuell ein paar Tage aussetzen soll, falls sich die Reaktion als zu stark erweist.

Also, ich sage Ihnen — nach fünf Tagen hat sich mein Zustand tatsächlich derartig verschlechtert, daß ich fast überhaupt nicht mehr auftreten konnte! Ich habe die Tropfen dann einige Tage ausgesetzt, und obwohl es auch dadurch nicht besser geworden ist, danach wieder weitergenommen, weil ich ja schließlich nicht ewig warten konnte! Ab August habe ich trotz der wirklich argen Schmerzen wieder im Beruf zu arbeiten begonnen. Ich bin mit dem Auto in die Ordination und zurück gefahren, bin überhaupt so wenig wie möglich zu Fuß gegangen und habe — in diesem verheerenden Zustand — die Behandlung konsequent bis Weihnachten fortgesetzt. Ich war so fest davon überzeugt, daß es mir helfen wird, daß ich einfach durchgehalten habe. Und nach Weihnachten hat es endlich angefangen, sich merklich zu bessern!

Ich habe mich, um es kurz zu machen, zwei Jahre lang dieser Therapie unterzogen — habe die Heilmittel zwischendurch immer wieder telefonisch nachbestellt und bin dreimal im Jahr zur Kontrolle zum Herrn Neuner gefahren. Schon beim ersten Mal hatte er mir gesagt, es könnte durchaus sein, daß im Verlauf der Heilung plötzlich Rückfälle eintreten. Und so war es auch. Ich habe ja tolle Sachen gehabt! Eines Tages zum Beispiel hat sich in der Kniekehle eine kleine Geschwulst gebildet, die immer größer und größer wurde. Dann ist auf einmal das ganze Bein bis zur Wade herauf dick angeschwollen — und da ist mir dann angst und bange geworden! Ich habe den Herrn Neuner angerufen und gefragt, ob ich kommen kann. Es war ein Irrsinn! Am Vormittag mußte ich noch in der Ordination sein, habe mich aber so beeilt, daß ich um zwölf Uhr fertig war. Mein Mann ist mich abholen gekommen, weil ich mit dem Fuß ja nicht einmal mehr chauffieren konnte, und wir sind nach Kirchbichl gefahren. Unterwegs ein Unwetter, wolkenbruchartiger Regen — furchtbar! Aber pünktlich um sechs Uhr abends waren wir beim Herrn Neuner, und am nächsten Tag in der Früh bin ich wieder in der Ordination gestanden. Der Herr Neuner hat mir aber damals gesagt: ‚Es ist gut, daß Sie gekommen sind! Sie haben einen gewaltigen Lymphstau, und wenn sich das verhärtet, ist es sehr schwer wieder wegzubringen.‘ Er hat mir genau erklärt, was ich machen soll: Tropfen, einen Salbenfleck und ein ganz bestimmtes Fußbad, das ich noch in derselben Nacht gemacht habe. Also, mit einem Wort, am nächsten Tag war mir schon leichter, ich habe gesehen, die Geschwulst geht zurück, und dann hat es noch etwa vierzehn Tage gedauert, bis das Ganze restlos verschwunden war.

Dreimal jährlich — im Frühjahr, Sommer und Herbst — hat der Herr Neuner den Heilungsprozeß an einer Urinprobe nachkontrolliert. Oft war es auch so, daß irgend etwas anderes nicht gestimmt hat, und dann hat er mir auch dagegen etwas gegeben. Gegen Rheuma zum Beispiel, eine Krankheit, die bei uns in der Familie liegt. Meistens hat er gesagt: ‚Ja, es macht Fortschritte, es wird schon viel besser‘ oder etwas Ähnliches. Jedenfalls war es immer so, daß ich das Gefühl hatte, ich kann mich darauf verlassen, daß er mir helfen wird. Und ich muß sagen, immer wenn ich beim Herrn Neuner war, fühle ich mich beim Hinausgehen irgendwie beschwingt und glücklich.

Nach ungefähr zwei Jahren war schließlich alles vorbei, und seither bin ich eigentlich vollkommen gesund. Nur hie und da habe ich noch beim Liegen oder beim Gehen ein bißchen ein brennendes Gefühl an der Sohle gespürt. Dann habe ich sofort wieder angefangen, den Gichttee zu trinken, und wenn das nicht rasch genug wirkte, manchmal auch Tropfen nachbestellt. Aber meistens habe ich es mit dem Gichttee allein innerhalb von ein paar Tagen weggebracht.

Auch gegen rheumatische Beschwerden hat der Herr Neuner mir schon sehr oft geholfen. Da hat er ganz ausgezeichnete Rheuma-Tropfen, die sich sehr bewährt haben, wenn es natürlich auch seine Zeit dauert, bis die Wirkung einsetzt: es vergehen sicher vierzehn Tage, bis ich eine deutliche Besserung spüre. Außerdem bin ich draufgekommen, daß äußerliche Anwendungen — Umschläge, Bäder und dergleichen — bei mir kaum eine Wirkung zeigen; was wirklich hilft, sind die Tee- und Tropfenkuren, also die Reinigung von innen.

Dazu muß ich sagen, daß ich seit meinem ersten Besuch beim Herrn Neuner überhaupt kein Schweinefleisch mehr esse und auf seinen Rat hin auch Rotwein, Hülsenfrüchte, Nüsse, Pilze und Rindsuppe meide. Diese Diät ist natürlich auch zur Vorbeugung gegen Rheumatismus geeignet und entspricht außerdem meiner Überzeugung, nach Möglichkeit als Vegetarierin zu leben!"

Auch den Genuß von Zucker hat Frau Dr. Novak sich abgewöhnt. Nur für mich hat sie zum Kaffee einen großen Teller Süßigkeiten auf den Tisch gestellt und sorgt sich nun in mütterlicher Weise darum, daß ich so wenig wie möglich davon übriglasse. Sie ist froh, sagt sie mit einem gewinnenden Lächeln, sich mit jemandem unterhalten zu können, der ihre hohe Meinung über die Naturheilkunde teilt. Sie selbst stammt aus einer Ärztefamilie und stößt, trotz des sichtbaren Heilerfolgs am eigenen Leib, auf den sie verweisen kann, bei einigen ihrer Angehörigen immer noch auf unüberwindliche Widerstände, sobald sie dieses Thema anschneidet. Das tut ihr vor allem deshalb leid, weil sie davon überzeugt ist, daß die Vorurteile gegen diese ganzheitlichen Heilverfahren ein Hemmnis für den Fortschritt der Medizin darstellen. Auch ihr eigenes Fachgebiet, die Augenheilkunde, nimmt sie davon keineswegs aus, was mich besonders tief beeindruckt.

„Stellen Sie sich vor", erzählt sie mir, „als Augenärztin muß es mir passieren, daß ich Grauen Star krieg, wenn auch nur ganz leicht, zum Glück! Der Herr Neuner hat sicher recht, wenn er sagt, daß auch diese Linsentrübung im Grunde auf einer Stoffwechselstörung beruht, womit auch zusammenhängt, daß seiner Erfahrung nach achtzig Prozent aller Leute, die an Grauem Star erkranken, Rheumatiker sind. Ich habe mir von ihm Tropfen geben lassen, trinke einen Augentee und habe wochenlang Fußbäder gemacht, die, wie er sagt, Schlackstoffe und Ablagerungen ‚hinunterziehen'. Ich hoffe sehr, daß ich den Krankheitsprozeß dadurch aufhalten kann, denn wie das mit dem Starglas ist, weiß ich ja nur zu gut von meinen Patienten . . . Es ist anzunehmen, daß die Behandlung hilft; bisher ist jedenfalls nicht die geringste Verschlechterung bei mir eingetreten."

Ernst und nachdenklich schaut die weißhaarige Ärztin mich an und fährt dann fort: „Leider verstehe ich von der Naturheilkunde, die mich wahnsinnig interessiert, fast nichts. Wir lernen das ja nicht, und das ist so schade! Die meisten Schulmediziner halten deshalb nichts von der Naturheilkunde, weil sie auf den Universitäten nicht gelehrt wird, und entwickeln aus Unkenntnis ein Vorurteil dagegen. Sogar meinen eigenen Bruder, der auch Arzt ist, und der ja miterlebt hat, wie die Sachen vom Herrn Neuner geholfen haben, konnte ich nicht überzeugen, obwohl auch genau eingetreten ist, was der Herr Neuner vorausgesagt hatte: die momentane Verschlechterung, die die Wende des Umstimmungsprozesses kennzeichnet.

Ich könnte mir allerdings vorstellen, daß sich die Situation in nächster Zeit ändern wird, weil sich sehr viele junge Leute — auch unter den Medizinstudenten — dafür zu interessieren beginnen. Ich persönlich würde mir wünschen, daß die Methoden der Naturheilkunde in das Lehrprogramm der Medizinischen Hochschulen aufgenommen werden — das halte ich für ganz wichtig."

Herrn Neuners Kommentar:

Bei Frau Dr. Novak handelte es sich eindeutig um eine schwere Stoffwechselerkrankung, wobei Rheumatismus, Gicht oder Polyarthritis, ob akut oder chronisch, eigentlich nur Bezeichnungen für verschiedene äußere Erscheinungsformen sind. Während allerdings die Anfälligkeit für Rheuma auch erblich bedingt sein kann, ist Gicht eher als eine Wohlstandskrankheit zu betrachten. Bei all diesen Erkrankungen, einschließlich dem Grauen Star (wo es durch Ablagerung von Stoffwechselrückständen in Binde- und Netzhaut zu einer Linsentrübung kommt), liegt die Ursache in einer verminderten Ausscheidungstätigkeit, die zu einer Übersäuerung des Stoffwechsels und zur Ablagerung verschiedener Verbrennungsrückstände in den Geweben führt. Schmerzhafte entzündliche Prozesse sind meist die Folge.

Mit entzündungshemmenden und schmerzstillenden Mitteln kann nicht mehr als eine vorübergehende Erleichterung bewirkt werden. Um an die Wurzel des Übels heranzukommen, muß einerseits die Ausscheidung von Harnsäure und Schlackstoffen über die Niere, andererseits die Blutreinigung über die Leber forciert werden. Naheliegend ist daher der Einsatz säurespaltender Substanzen, wie sie vor allem in Hauhechel, Brennessel, Farnwurzeln, Bibernellrinde, Birkenblättern und so weiter enthalten sind. Tinkturen aus den genannten Pflanzenbestandteilen haben bei Frau Dr. Novak zur erwarteten Reaktion geführt: Der Beginn des Umstimmungsprozesses zeigt sich meist in Form einer vorübergehenden Verschlechterung, wonach die Einnahme für einige Tage unterbrochen werden soll, um dem Organismus nicht zu starke Reaktionen aufzuzwingen. Zur Reinigung der Nieren und zur Ausschwemmung der angelagerten Rückstände ist es in einem solchen Fall unbedingt notwendig, große Mengen verschiedener harnsäuretreibender Tees zu trinken.

Ebenso erfolgreich wie Kräutertinkturen können auch homöopathische Präparate (Schüßler-Mittel) eingesetzt werden; ausgehend von der Konstitution des Patienten würde der Fachmann hier Kali sulphuricum, Calcera jodata, Jodum, Ledum, Causticum, Rhododendron, Rhus toxicodendron, Colchicum, Sulphur jodatum u. ä. in Betracht ziehen, wobei es bei chronischen Krankheiten zweckmäßig ist, niedere Potenzen zu wählen, um nicht zu heftige Reaktionen auszulösen.

Unerläßlich für den Behandlungserfolg ist die Umstellung auf vegetarische Kost, die den Organismus — der ja schon mit den vorhandenen Stoffwechselrückständen nicht mehr zu Rande kommt — keiner zusätzlichen Belastung aussetzt. Vor allem Zucker, tierisches Eiweiß und gesättigte Fettsäuren müssen streng gemieden werden, da sie die Verbrennungsvorgänge behindern und eine weitere Verschlackung fördern würden.

Sicherlich sind auch Umschläge oftmals eine Hilfe, wenn auch nicht bei jedermann, wie sich am Beispiel von Frau Dr. Novak zeigt. Geeignet wären hier grauer oder blauer Lehm (Tonerde) mit Essigwasser oder Magermilch und etwas Schweineschmalz abgerührt; Umschläge mit dem eigenen Urin gegen Harnsäureablagerungen unter der Haut; warme Heublumen- und Sandsäcke; ein warmer Brei aus Bockshornklee- oder Leinsamen, aber auch Honigumschläge oder das Auflegen von frischen, geschmeidig geklopften Grünkohl-, Huflattich- oder Holunderblättern. Um Entzündungen in den Gelenken zu lindern, eignen sich vor allem ungesalzenes Schweineschmalz (zumindest über Nacht aufzulegen) beziehungsweise eine Mischung aus fettem Topfen (Quark) und Schweineschmalz.

Badekuren sind bei entzündlichen Prozessen nicht unbedingt empfehlenswert; persönlich würde ich eher zu Moorbädern oder Fango-Packungen als zu Wasserbädern raten.

Ein altes Leiden kann nicht in kurzer Zeit ausgeheilt werden; der innere Reinigungsprozeß über Stoffwechsel und Blut und die Auflösung von Lymphstauungen, wie sie infolge von Entzündungen aufzutreten pflegen, nehmen vielmehr Jahre in Anspruch. Gerade in einem solchen Fall ist also das Vertrauen des Patienten in die Wirksamkeit der Behandlung von größter Bedeutung, da alle Bemühungen umsonst sind, wenn er zwischendurch den Mut und die Geduld verliert.

Frau Ulrich ist Gastwirtin in einer traditionsreichen Tiroler Ortschaft nahe der italienischen Grenze. Sie hat sich eben erst von einer schweren Krankheit erholt, aber es ist Hochsaison, und so steht sie schon wieder so sehr im Einsatz, daß es ihr gar nicht leicht fällt, sich eine Stunde freizunehmen, um mir von der Heilung ihres Sohnes Sebastian zu berichten.

Schon als er ein Kind war, hatte sie mit Haushalt und Hotel tagein tagaus alle Hände voll zu tun, so daß seine lange Krankheit auch sie besonders hart traf. Der Junge war 1952 völlig gesund zur Welt gekommen und hatte sich zu einem fröhlichen, aufgeweckten Kind entwickelt. Erst als er sechs Jahre alt war, fiel einer Verwandten von Frau Ulrich auf, daß er sich, wenn er im Freien mit anderen Kindern spielte, zwischendurch immer wieder ins Haus flüchtete und dann eine Weile still bei den Erwachsenen saß, als müßte er sich ausruhen. Die Verwandte fand sein Verhalten ein wenig besorgniserregend und riet der Mutter, das Kind einmal von einem Arzt untersuchen zu lassen. Frau Ulrich brachte Sebastian also zum Hausarzt, der aber keinerlei Krankheitsanzeichen feststellen konnte und meinte, sie solle sich keine unnötigen Sorgen machen. Dennoch wurde Frau Ulrich den Verdacht nicht los, daß irgend etwas nicht stimmte, denn obwohl der Kleine nie über Schmerzen klagte, bemerkte sie, daß er einen Fuß ein wenig nachzog, sobald er müde wurde.

Sie bat den Hausarzt daher um einen Überweisungsschein zum Röntgenologen, und dieser diagnostizierte einen Knochenschwund im Hüftgelenk, der tatsächlich allen Anlaß zur Besorgnis bot. Bei jeder Bewegung, erklärte er Frau Ulrich, schabe sich die krankhaft weiche Knochensubstanz durch Reibung an der Hüftgelenkspfanne ab, weshalb man sofort etwas unternehmen müsse, wenn es nicht zu einer bleibenden Schädigung kommen sollte. Unverzüglich wurde der Junge daraufhin in die orthopädische Abteilung der nächsten Klinik überwiesen. Der Professor wollte ihn gar nicht mehr weggehen lassen, sondern sofort in ein Gipsbett legen. Die Mutter, die sich nur zu gut vorstellen konnte, was das für einen temperamentvollen Sechsjährigen bedeutet hätte, erschrak und erbat sich Bedenkzeit. Von Bekannten hatte sie nämlich inzwischen erfahren, daß es in Vorarlberg einen jüngeren Orthopäden gab, der im

Ruf stand, eine Kapazität auf diesem Gebiet zu sein, und sich angeblich auch ganz neuer Methoden bediente.

Es gelang, kurzfristig einen Termin bei ihm zu bekommen, und ahnungslos, was ihnen noch bevorstand, fuhren die Eltern mit dem Kind nach Vorarlberg. Der junge Professor bestätigte ihnen, daß er von der Gipsbett-Therapie abgekommen sei, weil ein Kind in dem Alter viel zu rasch wachse. Er schlage vor, das Bein mittels eines am Schuhabsatz befestigten Lederriemens stillzulegen, denn um eine weitere Abreibung des Knochens zu verhindern, dürfe das Hüftgelenk auf keinen Fall mehr belastet werden. Dies hieß in der Praxis nichts anderes, als daß der Bub von nun an nur noch mit Krücken gehen durfte.

Der Kleine, der sich mit aller Kraft gegen die Trennung von den Eltern sträubte, mußte mittels einer List dazu gebracht werden, im Krankenhaus zu bleiben. Er wurde dort jedoch so gut und liebevoll betreut, daß er sich rasch eingewöhnte und innerhalb kurzer Zeit lernte, sich seiner Krücken mit großer Geschicklichkeit zu bedienen. Nach sechs Wochen kam er mit gekräftigten Armmuskeln nach Hause zurück. Er hatte keine Schmerzen und schien seine Behinderung auch seelisch einigermaßen zu bewältigen. Einige Monate später wurde er zur ersten Nachuntersuchung bestellt. Hocherfreut stellte der Professor auf dem Röntgenbild fest, daß sich der Knochen bereits teilweise nachgebildet hatte.

Auch dem kleinen Patienten blieb die Erleichterung des Arztes und der Eltern nicht verborgen, und kaum zu Hause angekommen, packte ihn der Übermut. In einem abgelegenen Winkel des Gartens zog er den Fuß aus der Schlinge und hüpfte mit einem Spielkameraden von einem Stapel Obstkisten ins Gras. Es hatte ihn niemand dabei beobachtet; erst am Abend wurde die Mutter darauf aufmerksam, weil die Schuhsohle auch an jenem Fuß, mit dem er den Boden nicht hätte berühren dürfen, schmutzig und abgenützt war. Sie machte dem Kind natürlich Vorhaltungen, ohne sich allerdings bewußt zu sein, was für fatale Folgen dieser Sprung nach sich ziehen würde. „Ich hätte selbstverständlich viel strenger auf ihn aufgepaßt und ihm den Riemen am Schuh festnageln lassen, wenn ich das früher verstanden hätte, was ich dann später erfahren habe", sagt Frau Ulrich seufzend. „Im Kindesalter kann der Knochen nämlich noch nachwachsen, aber fest wird er erst ab dem vierzehnten Lebensjahr. So wie er dann ist, bleibt er. Deswegen darf so ein Kind bis vierzehn oder sogar sechzehn auf dem Fuß überhaupt nicht auftreten. Und wenn's bis dahin nicht nachgewachsen ist, hat der Mensch später bei jeder Bewegung Schmerzen, nit!"

Bei der nächsten Kontrolluntersuchung verschlug es dem Professor beinahe die Sprache: Der Knochen sah schlimmer aus als je zuvor, so daß die Heilungschancen mit einem Schlag in Frage gestellt schienen. Sehr ernst teilte er den Eltern mit, sie müßten das Kind nun wieder im Krankenhaus lassen, er wolle etwas versuchen, was er noch nie zuvor gemacht habe. In ihrer Anwesenheit führte er ein langes Telefongespräch mit seinem Lehrer, dem berühmten Wiener Unfallchirurgen Böhler, um die geplante Operation mit ihm zu besprechen. Der Grundgedanke war der, dem gesunden Bein Knochensubstanz zu entnehmen und diese in das schadhafte Hüftgelenk zu implantieren.

Der inzwischen siebenjährige Sebastian wurde zweimal im Abstand von vier Monaten operiert und mußte ein ganzes Jahr zur Beobachtung in Vorarlberg bleiben. Dem Krankenhaus war eine von Klosterfrauen geführte Schule angeschlossen, in der die kleinen Patienten nach einem eigens für sie entwickelten Lehrplan unterrichtet wurden. Die Kinder liebten diese Schule schon deshalb, weil sie sich hier nicht als Außenseiter fühlten, sondern innerhalb einer geschlossenen Gemeinschaft von Leidensgenossen sich ihrer Behinderung kaum noch bewußt waren. Auch Sebastian war ausgesprochen gerne dort; Frau Ulrich aber ist aus dieser Zeit eine bewegende Szene in Erinnerung geblieben: Als sie ihren Sohn zu Weihnachten besuchen kam, hatten die Kinder zur Überraschung für die Eltern ein Krippenspiel einstudiert. Alle auf Krücken humpelnd, stellten sie die Frohbotschaft von der Geburt des Heilands in so ergreifender Weise dar, daß die Zuschauer größte Mühe hatten, die Fassung zu bewahren.

Gegen Ende des Schuljahres lud der Professor Frau Ulrich zu einer Unterredung ein, bei der er ihr mitteilte, daß die Operationen leider nicht zu dem erhofften Ergebnis geführt hätten. Aus seiner Stimme klang persönliche Betroffenheit, als er sehr ernst sagte: „Frau Ulrich, ich bin mit meiner Wissenschaft am Ende. Wenn Sie eine andere Möglichkeit finden — ich weiß nicht mehr weiter!" Mit aufrichtigem Bedauern verabschiedete sie sich von diesem Arzt, der mit der mißglückten Operation ihres Sohnes übrigens dennoch Pionierarbeit geleistet hatte; in weiterentwickelter Form wird sie heute an vielen Krankenhäusern erfolgreich durchgeführt.

Die folgenden Jahre waren die schlimmsten. Sebastian bekam an Stelle des Lederriemens eine eisenverstärkte Gipsstütze angemessen, die Blasen und schmerzende Druckstellen hervorrief, vor allem aber litt er, je älter er wurde, immer stärker unter der Einschränkung seiner Bewegungsfreiheit. Als Ausgleichsübungen hatten die Ärzte schwimmen und radfahren empfohlen — wie aber sollte er auf den Fahrradsattel oder ins Wasser gelangen, ohne mit dem kranken Fuß den Boden zu berühren? Dazu hätte er als ständigen Begleiter zumindest einen hauptberuflichen Pfleger gebraucht, was die Eltern sich natürlich nicht leisten konnten. Zu alldem kamen noch die psychische Belastung und die ständige, bange Frage, wie es weitergehen sollte, da sich trotz der Ruhigstellung des kranken Beins absolut keine Besserung zeigen wollte.

„In dieser ganz verzweifelten Zeit ist uns der Herr Neuner eingefallen", erzählt Frau Ulrich. „Wir haben gewußt, daß man einen Urin mitbringen muß, und waren sehr gespannt und neugierig, was er wohl sagen wird. Organisch war der Bub ja ganz gesund — was wird er also sagen? Und der Herr Neuner nimmt sich das Flaschel so her, schüttelt's, schaut's gegen das Licht an und sagt: ‚Da fehlt's beim Knochen!' Sie können sich vorstellen, wie überrascht wir waren! Dann hat er uns eine Medizin mitgegeben, die wir dem Buben gegeben haben.

Ganz kurz danach haben wir dann aber erfahren, daß es da überhaupt nur einen Mann geben soll, und das ist ein gewisser Dr. L. in München. Unser Hausarzt hat mir einen Brief aufgesetzt, wie ich dem schreiben soll, und wir sind dann nach München gefahren. Da war er selber aber nicht da. Ein anderer Arzt hat also das Röntgenbild gemacht, aber ich hab nicht nachgegeben, daß wir diesen Dr. L. persönlich sehen wollen. Beim nächsten Mal ist es uns auch gelungen, ihn zu erreichen, und da hat er sich zuerst das Bild angeschaut, das der andere Arzt sechs bis acht Wochen vorher gemacht hatte. Dann hat er selbst ein neues gemacht, und hat zwischen den beiden eine Besserung festgestellt! ‚Nein', sagt er, ‚an dem Knochen ist schon so viel herumoperiert worden, ich möchte vorläufig einmal nichts machen, denn es ist eine kleine Besserung fest- stellbar. Halten Sie ihn nur vernünftig und machen Sie weiter wie bisher!' Das haben wir getan — und genau in diese Zeit ist das mit der Medizin vom Herrn Neuner gefallen! Der Arzt in München hat ja nichts getan, er hat ihn nur alle zwei bis drei Monate kontrolliert und jedesmal das neue Röntgenbild mit dem alten verglichen. Und jedesmal ist wieder eine Besserung zu erkennen gewesen! ‚Schauen Sie her, schauen Sie her!' hat er immer gesagt, denn man hat es auf den Röntgenbildern ja genau gesehen: Da hat sich nämlich ein Stück — fast so dick wie mein kleiner Finger, aber nicht glatt, sondern ganz schartig und ausgezackt — vom Knochen abgeschabt gehabt. Fast drei Zentimeter, glaub ich, haben gefehlt! Und dann ist der Zwischenraum immer kleiner und kleiner geworden, er hat sich also immer mehr aufgefüllt im Lauf der Zeit."

Nur etwa ein halbes Jahr lang hatte Sebastian Herrn Neuners Medizin genommen, doch das hatte genügt, um den Heilungsprozeß, der sich über Jahre hinzog, in Gang zu bringen! Man weiß bis heute nicht genau, wodurch dieser Defekt, der merkwürdigerweise meist nur an einem der beiden Hüftgelenke auftritt, eigentlich verursacht wird. Den Ärzten, die von Herrn Neuners Eingreifen nie etwas erfuhren, war dieser plötzlich einsetzende Selbstheilungsprozeß völlig unerklärlich, denn die Hypothese, daß es sich um eine Spätfolge der Operationen in Rankweil handeln könnte, erschien ihnen selbst wenig plausibel. Der Münchner Orthopäde sammelte alle Röntgenaufnahmen, die bei den Kontrolluntersuchungen gemacht worden waren, und verwahrte sie als besonders interessantes Dokumentationsmaterial im Archiv des Krankenhauses. Er hätte, sagte er zu Frau Ulrich, als endlich alles vorüber war, selten einen Fall gesehen, der so schlimm gewesen sei, zugleich aber auch noch keinen einzigen, bei dem es zu einer so vollständigen Ausheilung gekommen wäre.

Um diesen Heilerfolg nicht zu gefährden, hatte Sebastian einen hohen Preis zu bezahlen, denn bis zu seinem sechzehnten Lebensjahr mußte er weiter auf Krücken gehen. Bei den Bewegungsübungen, die man in der Klinik mit ihm durchführte, hatte sich jedoch bereits vorher herausgestellt, daß das Hüftgelenk nach allen Seiten erstaunlich beweglich geblieben war, was ebenfalls nur sehr selten vorkommt. Tatsächlich ist zwischen dem gesunden und dem ehemals kranken Bein inzwischen überhaupt kein Unterschied mehr zu bemerken. Der junge Mann ist heute ein Meter sechsundachtzig groß, kann vom Bergsteigen bis zum Schilaufen jeden beliebigen Sport betreiben und hat sich für den Beruf des Kochs entschieden, bei dem er von früh bis abends auf den Beinen sein muß.

Herrn Neuners Kommentar:

Im Urin waren Absonderungen kleinster stofflicher Teilchen zu erkennen, die auf eine gestörte Knochenbildung hindeuteten. Meiner Überlegung nach mußte die Ausscheidung dieser festen Substanzen auf eine Durchblutungsstörung der Beinhaut zurückzuführen sein, wie sie als Folge einer Verletzung aufzutreten pflegt. Bei Sebastian Ulrich war außerdem noch eine Schilddrüsenfunktionsstörung zu erkennen, die zu Jodmangel führte und ebenfalls negative Auswirkungen auf das Knochenwachstum hatte.

258

Die Behandlung mußte also einerseits auf eine Schilddrüsenanregung ausgerichtet sein, andererseits auf ein Förderung der Durchblutung, und mußte außerdem durch ableitende Maßnahmen ergänzt werden, um die an der Verletzungsstelle angesammelten Ablagerungen abzutransportieren. Das maßgebliche Heilkraut bei Verletzungen aller Art ist die Arnika, der Tinkturen von Beinwell, Engelwurz, Meisterwurz, Bibernellwurzel, Mistel und Kampfer beigemischt wurden. Danach sollte der Umstimmungsprozeß durch Tinkturen von Isländischem Moos, Frauenmantel und Geißfuß weitergeführt werden. Zur Ergänzung und Unterstützung wurde das Gastreumittel Nr. 34, Calcosin, der Firma Reckeweg empfohlen.

Ein allgemeingültiges Rezept läßt sich auch hier nicht anführen, denn selbstverständlich muß ich die Kräutertropfen ganz auf die besonderen Gegebenheiten jedes einzelnen Falles abstimmen und ihre Zusammensetzung nach den individuellen Reaktionen, die der Patient zeigt, abwandeln beziehungsweise verändern.

Bei der Ernährung sind Kern- und Beerenobst, viel frische Vollmilch und möglichst kalkhaltiges Quellwasser von besonderer Bedeutung für den Knochenaufbau. Als zusätzliche Kalk- und Mineralstoffzufuhr ist täglich eine Messerspitze feingeriebene Eierschalen (von freilaufenden Hühnern) sehr zu empfehlen. Auf regelmäßigen Stuhlgang ist zu achten.

Vorzüglich sind auch Sonnenbäder, wobei man die betreffende Stelle anfangs nicht länger als zehn Minuten der Sonne aussetzt, später die Dauer der Sonnenbäder dann allmählich auf maximal eine Stunde steigert. Das Auflegen von warmen Sandsäcken fördert nicht nur die Durchblutung, sondern ist auch als Kieselsäurezufuhr nicht unbedeutend.

Die Stillegung des Beines bis zum Ende der Wachstumsphase ist auf jeden Fall unbedingt notwendig. Und nicht vergessen sollte man vor allem, daß die psychische Verfassung des Kindes den Heilungsprozeß ganz entscheidend beeinflußt; man sollte daher alles tun, was zur Fröhlichkeit und seelischen Ausgeglichenheit des Kindes beitragen kann.

Eine Krankengeschichte, die Herrn Neuner in lebhafter Erinnerung geblieben ist, obwohl sie schon fast siebzehn Jahre zurückliegt, ist die von Frau Böhm. Die rotwangige, gertenschlanke blonde Frau lebt heute nicht weit von Wörgl in einem neuerbauten Einfamilienhaus mit Blick auf eine hügelige Wiesenlandschaft, wo die Pferde und Kühe ihres Schwiegervaters weiden. Sie runzelt ein wenig die Augenbrauen, und ihre Augen sind auf einen Punkt in weiter Ferne gerichtet, wenn sie von ihrer Krankheit erzählt, deren Schrecken sie sich nach so langer Zeit selbst kaum noch vorstellen kann.

Sie war siebzehn, als sie im Januar 1965 mit einer Gruppe gleichaltriger Mädchen von einer Heimstunde nach Hause ging, unterwegs ausrutschte und dabei ihre Nachbarin mitriß, deren Ellbogen sich beim Sturz in ihren Oberschenkel bohrte. Lachend rappelten die Mädchen sich auf, schüttelten den Schnee von ihren Kleidern und setzten den Weg fort, als sei nichts geschehen.

In der folgenden Nacht begann Frau Böhms Schenkel jedoch ziemlich stark zu schmerzen, weshalb sie am nächsten Tag vorsichtshalber zum Arzt ging. Der Arzt stellte eine Muskelquetschung fest und verschrieb ihr eine Salbe, die aber keine Besserung bewirkte. Auch alle übrigen Mittel, die sie im Lauf der folgenden Monate ausprobierte, konnten weder die Schmerzen beseitigen noch verhindern, daß der Oberschenkel geschwollen blieb, ja allmählich sogar weiter anschwoll. Der Arzt konnte sich die Sache nicht recht erklären, verkannte aber die Gefährlichkeit der Situation ebenso wie die Patientin selbst, die keine Geschichten machen wollte und tapfer die Zähne zusammenbiß, obwohl die Schmerzen nicht abklangen.

Sie verdiente sich damals ihren Lebensunterhalt als Haushaltshilfe, und fast ein Jahr lang ging sie ohne Rücksicht auf das kranke Bein zu ihrer täglichen Arbeit. Im Sommer, sagt Frau Böhm, ließen die Schmerzen etwas nach, nahmen im Herbst jedoch wieder zu. Der Oberschenkel schwoll immer stärker an, und als sie am Silvester-Tag des Jahres 1965 endlich zusammenbrach, stellten die Ärzte des nächstgelegenen Krankenhauses eine kindskopfgroße Geschwulst fest. Böses ahnend überwiesen sie das junge Mädchen sofort an ein großes Krankenhaus, wo man über effizientere Behandlungseinrichtungen verfügte als in dem kleinen Provinzkrankenhaus.

Dort wurde zunächst der Versuch unternommen, die Geschwulst durch Umschläge und andere äußerliche Behandlungsmethoden zu beeinflussen; da der Zustand der Patientin sich aber gravierend verschlechterte, sahen die Ärzte sich schließlich doch genötigt, zum Skalpell zu greifen. Erst als sie die Geschwulst geöffnet hatten, wurde ihnen das Ausmaß der Katastrophe bewußt: Es handelte sich hier nämlich nicht, wie sie bisher angenommen hatten, um einen gewöhnlichen Abszeß, sondern offensichtlich um ein Sarkom, ein besonders gefährliches Krebsgeschwür, in so weit fortgeschrittenem Stadium, daß sie nicht daran zu rühren wagten. Sie nähten die Operationswunde sofort wieder zu, verständigten die Kollegen an einer Universitätsklinik und warteten nur noch ab, bis Frau Böhm aus der Narkose erwachte, um sie mit einem Rettungswagen dorthin bringen zu lassen.

Unverzüglich wurde die abgebrochene Operation von Spezialisten fortgesetzt, die einen großen Teil des krebsbefallenen Gewebes entfernten. Alles konnte man deshalb nicht entfernen, weil die Metastasen bereits auf das umliegende Gewebe übergegriffen hatten und bis in die Leistengegend, möglicherweise sogar noch weiter, vorgedrungen waren! Das Leben der Patientin hing also an einem seidenen Faden, und es stand nun eine schwerwiegende Entscheidung bevor, zu der auch die Eltern des minderjährigen Mädchens ihre Zustimmung erteilen mußten. Einstimmig hatten die Ärzte sich nämlich für eine radikale Beinamputation ausgesprochen, in der sie die letzte, wenn auch immer noch recht unsichere Rettungschance erblickten.

Die Eltern wurden also vorgeladen, und in ihrer Verzweiflung hätten sie der Amputation wohl auch zugestimmt, wären sie nicht auf den unbeugsamen Widerstand des Mädchens selbst gestoßen: Lieber wolle sie sterben, sagte sie ohne zu zögern, als ihr Leben lang auf Krücken zu gehen. Welcher Mann würde ein so verkrüppeltes Mädchen heiraten? Und auch wenn sie jemals einen Ehemann finden sollte, wolle sie ihren Kindern eine solche Mutter nicht zumuten. Wer könne ihr denn außerdem garantieren, daß die Operation überhaupt zu dem erhofften Erfolg führen würde?? — Es muß eine furchtbare Szene gewesen sein, doch so sehr man ihr auch gut zuzureden versuchte, die Achtzehnjährige ließ sich von ihrem Entschluß nicht abbringen.

Herr Neuner erinnert sich, daß um die gleiche Zeit ein verweint aussehender Mann mit einer Urinprobe seiner Tochter zu ihm kam. „Ja, um Gottes willen, habt's ihr das Dirndl denn nit im Spital?" entfuhr es ihm beim Anblick des Fläschchens. Doch, sagte der Mann schluchzend, aber dort wolle man ihr das Bein abnehmen; ob er nicht . . .? Nein, antwortete Herr Neuner bedrückt, da sehe er keine verantwortbare Möglichkeit mehr. Es sei Sache der behandelnden Ärzte zu tun, was sie als richtig erkannt hätten; er wolle und dürfe ihnen da nicht ins Handwerk pfuschen. Die Not des Mannes, der beim Hinausgehen geweint hatte wie ein kleines Kind, war ihm sehr nahe gegangen, doch er mußte sich vor Augen halten, daß ihm nicht nur lebenslängliches Berufsverbot sicher war, sondern viele Jahre Gefängnis auf ihn warteten, wenn das Mädchen starb und man seine Mittel bei ihr vorfände.

Einige Tage später erschien eine Frau in seiner Sprechstunde, die das Urinfläschchen, das sie mitgebracht hatte, wortlos vor ihn auf den Tisch stellte. Herr Neuner stutzte. — „Hab i den Urin nit schon amol gsehn — und gsagt, daß i da nix machen kann?" fragte er. Ja, gestand die Frau unter Tränen, es handle sich wieder um das Mädchen, dem das Bein amputiert werden sollte. Dann erzählte ihm die unglückliche Mutter, daß ihre Tochter sich auf keinen Fall operieren lassen wolle und deshalb aus der Klinik zurückgekommen sei, um, wenn es sein müsse, zu Hause zu sterben. Herr Neuner zögerte immer noch, denn auch er machte sich keine großen Hoffnungen. Die Entschlossenheit des jungen Mädchens beeindruckte ihn aber doch zu tief, als daß er es über sich gebracht hätte, bei seinem Nein zu bleiben. Nun, da sich kein anderer Ausweg mehr bot, wollte er zumindest versuchen, sein Bestes zu tun; solange ein Mensch am Leben war, gab es auch immer noch eine Hoffnung.

Als sie dann selbst zu ihm kam, erzählt Frau Böhm, erschien er ihr so zuversichtlich, daß sie an der Besiegbarkeit ihrer Krankheit nicht mehr zweifelte. Sie solle nur den Mut nicht verlieren, es werde schon wieder alles gut werden, sagte er und erklärte ihr dann, was sie tun sollte, damit das Geschwür sich nicht weiter ausbreite, sondern beisammenbleibe, denn das sei das allerwichtigste. Die Therapie bestand aus Kräutertropfen, Tee und verschiedenen Umschlägen — vor allem mit blauem Lehm, einem Brei aus Bockshornkleesamen, oder auch frischen Kohlblättern —, die ständig gewechselt werden mußten.

Sie befolgte alle seine Anweisungen auf das genaueste, kam regelmäßig zur Kontrolle, um sich neue Heilmittel zusammenstellen zu lassen, und verbrachte ihre Tage hauptsächlich damit, die vorgeschriebenen Umschläge aufzulegen und zu erneuern. Zu ihrer größten Freude und Erleichterung spürte sie schon bald eine merkliche Linderung der starken Schmerzen, die sie auch nach der Operation noch gequält hatten. Nach drei Monaten hatte sie das Schlimmste überstanden und fühlte sich kräftig genug, um ihre Arbeit als Haushaltshilfe wiederaufzunehmen. Die Lehmumschläge und andere, eher zeitraubende Maßnahmen mußte sie, wenn auch in eingeschränktem Maß, allerdings noch längere Zeit fortsetzen. „Da hab i so guate Leut ghabt", erzählt sie voll Dankbarkeit, „daß i dort weiter Loamsieden hab kennan und dös ganze Zeugs, wie i dann wieder z'arbeiten angfangt hab. Es is ja allweil a Saustall, wann überall dös Zeugs umanandasteaht, und dös viele Gschirr und alls!"

Schließlich befand Herr Neuner, daß die Umschläge nun nicht mehr nötig seien, und Frau Böhm nahm nur noch die Tees und Kräutertropfen weiter. Herrn Neuners Freude war um nichts geringer als die seiner tapferen jungen Patientin! Mit Mut und Ausdauer war es ihnen gelungen, das erhoffte Ziel zu erreichen: das krankhafte Gewebe war nicht mehr weitergewuchert, sondern hatte sich zusammengezogen, und nur ein harter kleiner Klumpen war noch unter der Haut am Oberschenkel zu ertasten!

Im Jahr darauf stand Frau Böhm auf zwei gesunden Beinen vor dem Traualtar, und als sie 1967 ihr erstes Kind, einen gesunden Knaben, im Arm hielt, war ihr Glück vollkommen. Sie hatte weiter Herrn Neuners Mittel genommen und spürte keinerlei Beschwerden, doch schien ihr, als sei der harte Knoten unter der Haut während der Schwangerschaft etwas größer geworden. Herr Neuner beruhigte sie, indem er ihr erklärte, daß es sich um abgestorbenes Gewebe handle, das ungefährlich sei, sich aber von innen nicht mehr auflösen lasse. Bei Gelegenheit solle sie diese Verhärtung daher operativ entfernen lassen.

Erst 1971 entschloß sich Frau Böhm, diesen Eingriff vornehmen zu lassen. Sie begab sich zu diesem Zweck an eine andere Klinik, die von der Universitätsklinik jedoch alle ihre früheren Befunde zugeschickt bekam. Ging man von diesen Unterlagen aus, hätte die Entwicklung des Falles gänzlich anders verlaufen müssen, stellten die Ärzte erstaunt fest. Es erschien ihnen absolut unerklärlich, daß von einem Sarkom nicht mehr übriggeblieben sein sollte als das Klümpchen abgestorbenen Gewebes, das sie eben im Handumdrehen herausoperiert hatten! Wo waren die Metastasen, von denen in den Befunden aus dem Jahr 1966 die Rede war? Um die Patientin nicht zu beunruhigen, hatten sie vor der Operation ihre Zweifel und Bedenken bei sich behalten, da sie jedoch sichergehen wollten, begnügten sie sich nicht damit, die kleine Operationswunde wieder zuzunähen, sondern nahmen noch einen zweiten Schnitt in der Leistengegend vor, wo fünf Jahre zuvor bereits Metastasen festgestellt worden waren. Nachdem sie sich mit eigenen Augen vergewissert hatten, daß auch hier alles in bester Ordnung war, verordneten sie Frau Böhm für alle Fälle noch eine vierzehntägige Bestrahlungskur und entließen sie dann mit der Bestätigung, daß sie sich als völlig gesund betrachten dürfe.

Seit ihrem damaligen, knapp vierzehntägigen Krankenhausaufenthalt hat Frau Böhm kurz hintereinander noch zwei kerngesunde Jungen zur Welt gebracht, und ihr Leben ist so glücklich und ausgefüllt, daß die Erinnerung an das ausgestandene Leid verblaßt ist. Herrn Neuner und der Naturheilkunde aber hält sie eisern die Treue. Obwohl sie sich wie ein Fisch im Wasser fühlt, trinkt sie — damit es so bleibt — jahraus jahrein seine Kräutertees, und auch wenn einem der Kinder einmal etwas fehlte, hat sich bisher eigentlich immer ein Kraut gefunden, das dagegen gewachsen war.

Herrn Neuners Kommentar:

In der Geschichte von Frau Böhm ist eigentlich schon alles enthalten. Es wäre vielleicht noch hinzuzufügen, daß in einem solchen Fall ein Kräutertee aus Hirtentäschel, Efeu, Walnußblättern, Holunderblättern, Ringelblume, Brennessel, Eibischwurzel, Labkraut, Meisterwurz und Stiefmütterchen empfohlen werden könnte. Tinkturen aus eben diesen Kräutern rufen tiefgreifendere Wirkungen hervor, dürfen aber nur tropfenweise genommen werden.

Der Homöopath würde Kali jodatum und Sulphur jodatum im Wechsel mit Mercurius solubilis, Silicea, Arsenicum album, Calcera jodata und Ähnliches in Erwägung ziehen, wobei hier Hochpotenzen zu wählen wären, um eine rasche Umstimmung zu erzielen. Auch homöopathische Mischungen wie die von Dr. Reckeweg entwickelten Gastreumittel Anginacit oder Renisin könnten unterstützend wirken.

Fleischlose Kost, dafür aber viel Frucht- und Gemüsesäfte, Salate aus Wurzel- und Knollengemüsen und Vollkornprodukte sind zur Unterstützung des Genesungsprozesses unbedingt erforderlich. Besonders zu empfehlen ist die Rote Rübe (Rote Bete), die nicht nur eines der besten bekannten Krebsverhütungsmittel ist, sondern gleichzeitig blutbildend, blutreinigend und leberreinigend wirkt.

Auch hier muß gesagt werden, daß sicherlich der beste Arzt keinen Erfolg hat, wenn es ihm nicht gelingt, dem Patienten Vertrauen und Hoffnung zu geben, denn der Glaube und die Hoffnung in den Arzt beziehungsweise die Behandlung öffnen sozusagen die inneren Tore und beeinflussen dadurch sehr wesentlich die Wirksamkeit der Therapie.

Im Haus meiner Eltern besucht mich an einem Frühsommermorgen ein Mann von hünenhafter Gestalt, der ungeachtet seiner Rückenschmerzen in einer Nacht von Braunschweig bis in dieses abgelegene Tiroler Dorf gefahren ist. Herr Andres, ein Blutsverwandter von Herrn Neuner, kam vor achtundvierzig Jahren im Zillertal zur Welt, lebt aber schon seit siebenundzwanzig Jahren in Braunschweig wo er als Vertreter arbeitete, bis er im Alter von vierundvierzig Jahren in die Frührente gehen mußte. Seine Krankengeschichte ist so erschütternd, daß hinter jedem Satz mehrere Rufzeichen stehen müßten; und daß der braungebrannte, wie ein Bild der Gesundheit aussehende Mann, der sie mir erzählt, überhaupt noch lebt, ist vor allem anderen ein ergreifendes Zeugnis für die Kraft des menschlichen Lebenswillens.

Erst vor vierzehn Wochen, Ende Februar 1982, ist er als Schwerkranker zu Herrn Neuner gekommen; begonnen hat sein Kreuzweg, dessen einzelne Stationen wie Kettenglieder ineinandergreifen, aber schon vier Jahre vorher, und in diesen vier Jahren hat Herr Andres mit sehr verschiedenen Formen der Heilkunst — von der Schulmedizin über philippinische Geistheiler bis zur Naturheilkunde — Bekanntschaft gemacht. In exemplarischer Weise zeigt seine Krankengeschichte deren Möglichkeiten und Grenzen auf, und obgleich die Naturheilkunde erst in der (hoffentlich) letzten Phase eine bestimmende Rolle spielt, lassen sich sowohl die Entwicklung dieses singulären Krankheitsprozesses als auch seine schicksalhafte Bedeutung für den Betroffenen nur aus dem Gesamtzusammenhang heraus verstehen.

Herrn Andres' markante Gesichtszüge bleiben beherrscht, wenn er mit tiefer, sanfter Stimme über seine, selbst für den einfühlsamsten Zuhörer kaum nachvollziehbaren Erfahrungen spricht. Der Aufruhr der Gefühle verrät sich nur in den plötzlich dunkler werdenden braunen Augen und der unwillkürlichen Sprunghaftigkeit seiner Erzählweise.

„Herr Andres fühlt sich kränker als er ist. Das ist seelisch bedingt: Er hat Heimweh nach seinen Bergen." Dieses Attest des Amtsarztes, das der gebürtige Tiroler in dreifacher Ausführung besitzt, sollte ihm zum Verhängnis werden. Jahrelang hatte Herr Andres über Rückenschmerzen geklagt, war erst falsch, und daher natürlich erfolglos behandelt worden, und hatte es sich schließlich gefallen lassen müssen, offiziell der Hpochondrie bezichtigt zu werden. Zur Katastrophe kam es dann Ende Dezember 1977, als er sich gerade auf Schiurlaub in den Dolomiten, «seinen geliebten Bergen», befand. Am dritten Ferientag gaben seine, wie sich nun herausstellte, völlig zerrütteten Bandscheiben bei einer falschen Bewegung plötzlich nach, und der „Hypochonder" lag mit gebrochenem Rückgrat querschnittsgelähmt im Schnee.

Mit einem Rettungshubschrauber wurde er direkt von der Piste in die Medizinische Hochschule von H. geflogen (Kostenpunkt: 40.000 DM) und dort sofort operiert. Hätte der Transport sich nur um eine einzige Stunde verzögert, säße Herr Andres heute im Rollstuhl, denn die Enden der durchtrennten Nerven hätten sich so weit zurückgezogen gehabt, daß nichts mehr zu machen gewesen wäre. Die Ärzte, die ihn operierten, waren Meister ihres Fachs, sahen sich aber mit einer extrem schwierigen Aufgabe konfrontiert. Das Ausmaß des Schadens war so groß, daß von vornherein sieben weitere Operationen der Wirbelsäule ins Auge gefaßt werden mußten. In dem Zustand, in dem er sich befand, war der Patient allerdings kaum behandelbar. Er hatte so unvorstellbare Schmerzen, daß er Tag und Nacht schrie, weshalb man ihm unter die Haut ein in Amerika entwickeltes Sendegerät mit Batterieantrieb implantierte, mit dessen Hilfe er sich bei Bedarf Stromstöße durch den Körper jagen konnte, die seine Nervenverkrampfungen für einige Stunden lösten.

Bei der fünften der acht geplanten Operationen zur Wiederherstellung der Wirbelsäule geschah dann das Furchtbarste, was in einem Krankenhaus geschehen kann: Das berüchtigte, bis heute unbekämpfbare sogenannte Operationssaal-Virus, dessen Auftreten schon mehrere Krankenhäuser zum Zusperren gezwungen hat, geriet durch die offene Wunde in Herrn Andres' Organismus, und rief eine Entzündung hervor, die bald lebensgefährliche Ausmaße annahm. Im Vergleich zu dem, was nun folgte, erschienen Herrn Andres die vorangegangenen Torturen wie ein Kinderspiel. „Wie das mit dem Virus begonnen hat", erzählt er, „da hab ich dreiundzwanzig Wochen nur auf dem Rücken gelegen, festgeschnallt in einer Lage, und durfte mich nicht bewegen. Ich wurde gefüttert, ich wurde gewaschen, ich durfte nicht mal die Hand heben! Da gaben sie mir ne Matratze, da hatten sie 'n Loch reingeschnitten, und da stand ne Schale drunter, wo 's Eiter weglief! Wenn sie mich nur angefaßt haben, war das so, wie wenn einer mit'm Messer reinsticht und das Messer umdreht! Ich hab nur geschlafen — wenn ich die Augen aufmachte, kriegte ich schon wieder ne Spritze — bin weggewesen dreiundzwanzig Wochen lang! Ich war danach am Kopf schneeweiß, schneeweiße Haare hatte ich! Die zu mir ins Krankenhaus gekommen sind, die haben sich alle gesagt: ‚Den sehen wir nie wieder!' Und meine Frau, die war ja auch total fertig!"

Trotz einer intensivierten Behandlung mit Antibiotika griff die furchtbare Infektion immer weiter um sich, und statt abzuheilen, begann das Fleisch um die Operationswunde regelrecht zu faulen. Das Fieber sank wochenlang nicht unter vierzig Grad, und in der dreiundzwanzigsten Woche deuteten Herrn Andres' immer heftiger werdende Kopfschmerzen auf die akute Gefahr einer Gehirnhautentzündung hin. Das war der allerletzte Moment, noch einen Eingriff zu wagen, erkannten die Ärzte. So gering die Erfolgschancen auch sein mochten, wenn sie ihn jetzt nicht operierten, würde der Patient binnen weniger Tage an Gehirnhautentzündung sterben. Herr Andres und seine Frau, die beide wußten, worum es ging, stimmten der Operation zu. Sie dauerte volle acht Stunden — „und Gott sei Dank ging's gut!", setzt Herr Andres mit einem Stoßseufzer hinzu. „Bei der Operation haben se mir fünf Zentimeter von der Wirbelsäule rausgeschnitten — richtig rausgetrennt — und haben von der linken Hüfte 'n Stück Knochen weggeschält. Das haben se mir dann reingesetzt an der Stelle. Der Professor, der das gemacht hat, der kam von Salzburg und ist jetzt Chef in Homburg-Saar; ein einmaliger Arzt! Also wunderbar, wunderbar! Da ham se feine Arbeit gemacht!"

Die wiedergewonnene Hoffnung verlieh Herrn Andres beinahe übermenschliche Kräfte. Schon die ersten vier Wochen unmittelbar nach dieser Operation, in denen er noch liegen mußte, nutzte er, zur unverhohlenen Bewunderung des Krankenhauspersonals, dazu, durch eisernes Training mit Hanteln und Expander seine Kondition so schnell wie möglich zu verbessern. Als man ihm dann ein stählernes Stützkorsett anmessen ließ, das ihm endlich die Möglichkeit geben sollte, sich aufzurichten, war seine erste Frage: „Wann kann ich nach Hause gehen?" — „Bis Sie laufen können", antwortete der Arzt, der mit mindestens vier Wochen rechnete, sich aber nicht festlegen wollte, vorsichtig. Er ahnte allerdings nicht, welch unbeugsamer Genesungswille in diesem Patienten steckte: „Um zwei Uhr hab ich das Stahlkorsett angezogen gekriegt, und um sechse bin ich dem Professor draußen auf'm Flur entgegengelaufen! Dem sind bald die Augen aus'm Kopf gefallen! Nach elf Monaten bewegungslosem Liegen im Bett! Die Beine natürlich blitzeblau geworden und alles, aber ich bin aufgestanden! Und er mußte mich heimgehen lassen", erzählt mir der dickschädelige Riese, strahlend vor Vergnügen, auf meine Frage, wie er denn überhaupt wieder auf die Beine gekommen sei!

Doch Herrn Andres' Freude währte nur kurze Zeit. Den Tiefpunkt hatte er noch nicht einmal erreicht, geschweige denn überschritten. Sechzehn Wochen lang trug er das Stahlkorsett, konnte sich danach kurze Zeit frei bewegen, wurde weiterhin mit Antibiotika vollgepumpt — aber das tödliche Virus erwies sich als unbesiegt und setzte sein Zerstörungswerk fort.

Mit schlimmeren Schmerzen als je zuvor kam Herr Andres zurück ins Krankenhaus. Die kaum verheilten Wunden waren neuerlich aufgebrochen, und die wieder aufgeflammte Infektion griff unaufhaltsam auf den ganzen Körper über. Selbst die Zähne waren so vereitert, daß sie alle gezogen werden mußten. Eine Operation folgte auf die andere. Insgesamt waren es schließlich achtundzwanzig, drei davon ohne Narkose:

„Die letzten drei Operationen, was sie mir gemacht haben in H., haben sie ja ohne Narkose machen müssen, weil durch den Virus der ganze Bauch voller Eiter war! Bei vollem Bewußtsein haben sie mich drei Stunden lang operiert! Paarmal habe ich natürlich das Bewußtsein verloren — da haben se gewartet, bis ich wieder da war, und dann haben se wieder weiter operiert. Da hab ich vierzehn Tage lang nachts geschrien im Schlaf, weil ich immer noch 's Messer gespürt habe. . . Das kann sich keiner vorstellen! 1980 war das; der ganze Bauch, alles voll Eiter! Bei der Operation haben se mir den Magen, die Gedärme, alles rausgenommen und ausgewaschen. Das haben se in der Schale daneben liegen gehabt. Sie mußten das rausnehmen, um in der Wirbelsäule schneiden zu können . . . Ham se mir nachher alles genau erklärt, und ich war froh, daß ich das vorher nicht gewußt hab! Ich hatte nämlich noch den Sender drin, und dieser Sender, das war 'n Fremdkörper — hat alles zu eitern angefangen, auch die Kabel! Das war ja alles unter die Haut verpflanzt worden: hier, im Rückgrat, da war der Sender, und die Elektroden gingen runter bis in die Kniekehlen — links zwei und rechts zwei. Und das mußten sie jetzt wieder rausnehmen, bei vollem Bewußtsein!! An achtundzwanzig Schläuchen bin ich gehangen, über die der Eiter und alles weggelaufen sind. Und dann durft ich vierzehn Tage nix essen, nix trinken, bis sich meine Innereien und das alles wieder gelegt hatten wie sie's reingemacht haben. Hing ich nur am Tropf, wurd ich nur künstlich ernährt!

Später hat der Professor, der mich operiert hatte, einmal zu meiner Frau gesagt: ,Es ist ja unglaublich, wenn man das jemandem erzählt! Ich habe einen Vortrag gehalten, bei dem habe ich das vorgeführt: die ganzen Aufnahmen und dann — bei vollem Bewußtsein — die Operation. Zum Beweis, daß der Mensch das tatsächlich durchhält! ,Ihr

Mann', sagte er, ‚hatte diese Kraft; aber neunundneunzig von hundert, die hätten das gar nicht überstanden.'

Ich habe nach der Operation im Bett immer Sport betrieben und mir immer gesagt: Ich darf mich nicht aufgeben! Und dann bin ich aus dem Krankenhaus raus, ich konnt's nicht mehr aushalten! Da hab ich die Fäden alle noch dringehabt — vorne und im Rücken — sag ich: ‚Professor, ich muß hier raus!' Sagt er: ‚Kann ich verstehen. Gehen Sie nach Hause, legen Sie sich zu Hause hin.' — Da war an dem Abend ein Fest vom Sportverein, und mit die Fäden bin ich hingegangen zum Tanzen, bis nachts um zwölf Uhr! Das hat mich am Leben erhalten!"

Einen besseren Patienten könnte ein Arzt sich wohl gar nicht wünschen; als jedoch bald nach der eben geschilderten achtundzwanzigsten Operation bei einer Kontrolluntersuchung neuerlich eine hühnereigroße Geschwulst in Herrn Andres' zermartertem Rückgrat festgestellt wurde, fand sich keiner mehr, der bereit gewesen wäre, ihn nochmals zu operieren. Die durch das Virus hervorgerufene Geschwulst drückte immer stärker auf die Nervenstränge in seiner Wirbelsäule, und, von unerträglichen Schmerzen gefoltert, lief Herr Andres von einer medizinischen Kapazität zur anderen: „Da hab ich in Hamburg, Cuxhaven, Mannheim, überall die besten Professoren aufgesucht! Alles mußt ich privat bezahlen; ich habe Krankenschein mitgehabt, haben se nich angenommen. Und dann war ich hier in Innsbruck bei zwei Professoren, sagenhaften Ärzten! Volle zwei Stunden ham die mich untersucht mit'm Röntgengerät, und dann ham sie gesagt, da könnten sie auch nix mehr machen: Mein ganzer Rücken ist ein Schrotthaufen! Und dann wollt ich bezahlen, und da haben die gesagt: ‚Na, von Ihnen nehmen wir kein Geld, Sie sind schon arm genug dran!' Nicht eine müde Mark brauchte ich zu bezahlen! Und in Deutschland draußen — für zehn Minuten 300 Mark! Nur dafür, daß se die Röntgenbilder angeguckt haben und mir dann sagten, sie könnten nix machen!"

Zu seinem tiefen Bedauern traute auch Herr Neuner es sich nicht zu, dem teuflischen Virus mit seinen Mitteln beizukommen. Er ließ es bei diesem aufrichtigen Eingeständnis jedoch nicht bewenden, sondern suchte weiter nach einem Weg, dem Leidenden zu helfen. Während einer Studienreise auf die Philippinen hatte er einen einheimischen Heiler kennengelernt, der ihn spontan als Kollegen erkannte und großes Interesse für seine Arbeit zeigte. Die beiden Männer waren Freunde geworden, und Herr Neuner hatte den Phillippino, von dessen außergewöhnlicher Begabung er sich mit eigenen Augen überzeugt hatte, zu sich nach Tirol eingeladen. Der Geistheiler hatte mit Freuden zugesagt, und vor seiner Ankunft verständigte Herr Neuner mit jener selbstlosen Demut und Hilfsbereitschaft, zu der sich offenbar nur wenige Heilkundige durchzuringen vermögen, mehrere Patienten, denen er selbst nicht hatte helfen können.

Herr Andres hatte das große Glück, zu jenen zu gehören, die schon am ersten Besuchstag an die Reihe kamen: „Ich hatte also, wie gesagt, in der Wirbelsäule 'n Geschwür gehabt, so groß wie 'n Hünerei", erzählt er in seinem lakonischen Telegrammstil. „Und der Philippino hat das Ding in fünf Minuten draußen gehabt! In 'ner Schale liegen gehabt! Der war da mit der ganzen Hand drin — haben die alle rundum zugeguckt! Ich bin aufgestanden als ob ich kein' Unterleib mehr hätt'! Ich habe keine Schmerzen mehr gehabt, nix mehr! Und seitdem hab ich kein Virus mehr in der Wirbelsäule drinnen!"

Von einem als unbesiegbar geltenden Virus, das ihn mehr als einmal an den Rand des Grabes gebracht hatte, zu dessen Bekämpfung bis dahin bereits Unsummen ausgegeben worden waren und das letztlich seine Frühpensionierung zur Folge gehabt hatte, war Herr Andres auf eine Weise geheilt worden, die wissenschaftlich nicht erklärbar und daher — illegal ist!! Es gibt mehr Dinge zwischen Himmel und Erde, als unsere Schulweisheit sich träumen läßt — man mag an ihre Existenz glauben oder nicht. Unsere angeblich so tolerante, liberale und demokratische Gesellschaftsordnung aber begnügt sich nicht etwa mit Skeptizismus, wogegen ja vom ethischen Standpunkt aus nichts einzuwenden wäre. Wie die wahrhaft unglaubliche Fortsetzung dieses Berichtes beweist, scheint sie sich vielmehr dem Grundsatz verschrieben zu haben, daß nicht sein kann, was nicht sein darf: Jenen Unglücklichen, die nicht wie Herr Andres schon am ersten Tag an die Reihe kamen, wurde diese Heilungschance von „Rechts wegen" verwehrt, denn — ebenso wie Herr Neuner — besaß der Philippino kein von einem Wissenschaftsgremium abgesegnetes Diplom.

„Drei Tage wollte er noch bleiben", erzählt Herr Andres mit vor Empörung bebender Stimme. „War ja so ne Menschenmenge da! Aber da kam die Polizei — die Polizei, ja! — er mußte sofort abreisen, mußte die Behandlung aufgeben und wurde ausgewiesen! Das ist, also das ist himmelschreiend, ja!" So geschehen im August 1981. Im gastfreundlichen Österreich riskiert man, ins Gefängnis zu kommen oder des Landes verwiesen zu werden, wenn man als „Unbefugter" einen Kranken heilt; einen Kranken noch dazu, den die Schulmedizin bereits aufgegeben hat! So gut wie nichts riskiert dagegen ein Absolvent einer medizinischen Hochschule, der — bestimmt nicht böswillig, sondern aus Unkenntnis

270

oder Unachtsamkeit — die Gesundheit, möglicherweise sogar das Leben eines Patienten aufs Spiel setzt. Die folgenschwere Fehldiagnose des Amtsarztes hätte Herrn Andres um ein Haar das Leben gekostet; wie gefährlich aber auch die Begleiterscheinungen einer chemotherapeutischen Behandlung sein können, sollte er kurz nach seiner ersten illegalen Heilung am eigenen Leib erfahren.

Von der Begegnung mit dem Philippino im August 1981 bis zum Beginn des Jahres 1982 fühlte er sich so wohl, daß er mit Zustimmung des Arztes sogar die Schi wieder anschnallte und sein Leben drei Wochen lang in vollen Zügen genoß. Nicht lange nach diesem traumhaften Schiurlaub aber gab es ein böses Erwachen. Herr Andres wurde plötzlich von so rasenden Schmerzen überwältigt, daß man den Notarzt rufen mußte, der ihn sofort wieder an die Medizinische Hochschule von H. überwies. In der Annahme, das auf so geheimnisvolle Weise verschwundene Virus sei nun doch wieder zum Vorschein gekommen, röntgenten die Ärzte die Wirbelsäule, stellten dabei jedoch etwas ganz anderes fest als sie erwartet hatten: Die Wirbelsäule zeigte keinerlei Veränderungen, aber beide Nieren waren zerstört! Herrn Andres' rasende Schmerzen waren das erste Symptom eines Nierenversagens!

Erst vier Monate sind seit diesem Vorfall vergangen, und der leidgewohnte Mann, der mir gegenübersitzt, hat den Schock noch immer nicht ganz überwunden. Wie ein Wasserfall sprudeln die Worte aus ihm heraus: „Die Ärzte haben mir klipp und klar gesagt, beide Nieren müßten raus! Und dann müßt ich warten, so lange, bis ich eine Spenderniere kriege, und ich müßte rechnen mit einem Krankenhausaufenthalt von mindestens zwei Jahren, ham se mir gesagt, ja! Ich habe nicht mehr geraucht, aber da war ich dann so fix und fertig — ich habe so gezittert, ich habe so geheult —, daß ich wieder angefangen habe zu rauchen. Dort, im Krankenhaus, bin ich runter ins Café und hab mir Zigaretten gekauft! Ich war so fix und fertig! Wenn man das eine grade hinter sich hat, und jetzt kam plötzlich das . . .! Jeder Arzt sagt zu mir: ‚Wie kann sowas überhaupt passieren?! Und das in 'ner Medizinischen Hochschule!' Die haben alle gesagt: ‚Antibiotika sind so gefährlich! Nach drei Wochen müßten schon die Leber und die Niere kontrolliert werden!' Und mich hatten sie jahrelang vollgepumpt, aber wie!

Dann bin ich zu einem Urologen gegangen und der sagte: ‚Ich lehne die Behandlung ab, Sie müssen sofort in die Klinik!' Aber die Medizinische Hochschule hat die Behandlung ja auch abgelehnt, die haben sich nicht getraut, mich zu operieren! Die haben sofort in Homburg-Saar angerufen — ham se auch die Bilder und Befunde alle hingeschickt —, und da wart ich heute noch auf 'n Termin! Da war meine Frau mit, und Sie können sich vorstellen, wie das ist, wenn Ihnen einer sagt: ,Wir können für Sie nix mehr machen!' — und das an 'ner Medizinischen Hochschule . . . Und da sollen Sie auch noch den Mut nicht verlieren! Und ich *hab* den Mut nicht verloren, ich hab ihn nicht verloren, weil ich einfach zu jung war und mir gedacht hab: ich geb mich einfach nicht auf, ich *muß*, das gibt's net!

Alles, das ganze Blut war giftig gewesen schon! Wenn ich mich nur ein bißchen geritzt habe, oder wenn ich mich nur mal gekratzt habe, hat das sofort angefangen zu eitern! Dieser Brand, diese Entzündung da drinnen — ich wollte kein Essen mehr; nur mehr Durst gehabt, nur mehr trinken, trinken, trinken . . . Und der Harn — wenn Sie das gesehen hätten! — bei mir lief ja das blanke Blut weg, da lief nur noch Blut weg!

Dreimal in der Woche haben die mich an die künstliche Niere angeschlossen, weil ich dermaßen hohen Blutdruck kriegte — der ging weit über zweihundert hoch! Und wenn das soweit war, dann mußt ich sofort wieder ins Krankenhaus. Manchmal bin ich morgens aufgestanden, und ich habe gedacht, ich muß übern Balkon springen — ich dachte, ich dreh durch! In dem Zustand bin ich aber dann noch selber in die Klinik gefahren, vierzig Kilometer! Da bin ich dann vier Stunden an der Maschine gehangen, wurde das Blut gereinigt usw. Das dauert dann zwei Tage, bis das Blut wieder so vergiftet ist, und dann geht auch der Blutdruck wieder hoch!"

In der Medizinischen Hochschule hatte man inzwischen Blut- und Harnproben zur Analyse ins Labor geschickt, und Herr Andres wartete auf das Ergebnis der Tierversuche. Wie die Ärzte befürchtet hatten, wurde durch diese Tierversuche der Verdacht auf Nieren-Tuberkulose bestätigt. Wegen der Ansteckungsgefahr wurde Herrn Andres darum dringend geraten, sich in stationäre Behandlung zu begeben. Es sei keine Zeit zu verlieren, die Nieren müßten nun doch sofort herausgenommen werden.

„Wenn ich nicht freiwillig geh, dann müßten sie mich durch's Gesundheitsamt zwangseinweisen lassen, haben sie mir gesagt", erzählt Herr Andres, und wieder verdunkeln sich seine Augen vor Empörung. „Könn' Sie sich vorstellen! Und da hab ich gesagt: ,Wenn das passiert, dann hau ich ab!' Da habe ich sofort Hansl (seinen Vetter Hans Neuner) angerufen und bin zu ihm gefahren.

Und wie der dann den Urin gesehen hat — war ja lauter Blut drin, ganze Blutfetzen! — hat der gesagt: ,Wenn du jetzt ein Fremder wärst, ich würd dir nix mehr geben!' Aber dann hat er mir die Medizin zurechtgemacht. Gleich bei ihm hier hab ich sie das erstemal eingenommen, und dann hab ich sie alle fünf Stunden rund um die Uhr weitergenommen. Ich habe nachts den Wecker eingestellt — Medizin eingenommen, Tee getrunken — Tag und Nacht, rund um die Uhr!"

Auf Herrn Neuners Rat ergänzte Herr Andres die Behandlung durch Umschläge mit Kohlblättern und rohen Zwiebelscheiben. Dabei erlebte er einmal auch auf sehr wenig angenehme Weise, wie stark die Wirkung dieser alten Naturheilmittel ist. Er war mit dem Nierenumschlag irrtümlich eingeschlafen, so daß seine Nerven der starken Reizwirkung des Zwiebels viel zu lange ausgesetzt blieben. Sein narbenübersäter Rücken wurde dadurch in Mitleidenschaft gezogen, und er erwachte mit so rasenden Schmerzen, daß er sich die nächsten Tage nur noch auf Krücken fortbewegen konnte!

Etwa zwölf Tage nach dem Beginn der Behandlung mit Herrn Neuners Heilmitteln, wenige Tage vor der entscheidenden Wende, erlitt Herr Andres eines Nachts noch einmal einen so schweren Nierenanfall, daß seine Frau den Notarzt zu Hilfe rief. Ihr Mann müsse augenblicklich ins Krankenhaus, meinte dieser; und falls er sich weiterhin weigere, freiwillig zu gehen, werde man ihn eben zwangseinweisen lassen. Er ging zum Telefon, um einen Krankenwagen zu bestellen, und diese kurze Zeit nützte Herr Andres, der das Gespräch gehört hatte, zur Flucht. Mit der Kraft der Verzweiflung verließ er trotz der furchtbaren Schmerzen sein Bett und versteckte sich an einem Ort, wo nicht einmal seine Frau ihn finden konnte. „Ins Krankenhaus gehen? — Nein!", sagt er mit einem leise glucksenden Lachen und zerwühlt trotzig das wieder nachgedunkelte, lockige Haar. „Ich hatte ja gesagt, ich haue ab — und wenn ich irgendwo in die Berge in 'ner Hütte hause, wo keiner mich findet! Und da nehm ich meinen Tee und meine Medizin und alles in Ruhe! Ich habe fünf Krankenhauseinweisungen gehabt zu Hause — hab sie alle zerrissen!"

Er hatte seine Dickköpfigkeit zum Glück nicht zu bereuen: Innerhalb von vierzehn Tagen machte ihn die Wirkung der Naturheilmittel von der künstlichen Niere unabhängig, und drei Wochen nach Beginn der Behandlung zeigte sich auch keine Spur Blut mehr im Urin! Während der letzten vierzehn Wochen vor unserem Gespräch war Herr Andres fünfmal bei Herrn Neuner, um sich Heilmittel zu holen, und auch jetzt setzt er die Behandlung noch fort. Seine Nieren aber sind inzwischen wieder hundertprozentig funktionstüchtig, wie auch die Röntgenbilder beweisen, die er zur Illustration seines Berichtes mitgebracht hat. Selbst für einen medizinischen Laien sind die Aufnahmen vor und nach der

Behandlung deutlich voneinander zu unterscheiden: Während auf dem ersten Bild an Stelle der Nieren nur zwei unförmige schwarze Klumpen zu sehen sind, da das in die Vene injizierte Kontrastmittel durch die total verstopften und vereiterten Nierenwege gar nicht mehr einzudringen vermochte, läßt auf dem anderen Bild das reichverzweigte Netzwerk heller Kanälchen klar erkennen, daß die Organe ihre Funktion wieder aufgenommen haben.

„Wie ich jetzt vor paar Tagen zum Röntgen im Krankenhaus war", erzählt Herr Andres, „ist der Arzt rausgelaufen, weil er dachte, er hätte die Bilder mit denen von wem anderen verwechselt! Ham se noch mal ne Aufnahme gemacht, weil sie's nich fassen konnten! Die Ärzte in der Medizinischen Hochschule, die hatten mir ja gesagt gehabt: also, wenn die Nieren nicht sofort rauskommen, würd ich kein Vierteljahr mehr leben! Meine Frau sogar, die kann das heute noch nicht fassen, daß plötzlich nix mehr da is! Und zweimal haben sie in der Klinik jetzt auch wieder Tierversuche gemacht: Nix mehr, alles negativ! Die stehen vor einem Rätsel! Ich hab ihnen nur gesagt, daß mein Cousin mit Naturheilmitteln — mit Tee, mit rohen Zwiebeln und mit Kohlblättern — das alles gemacht hat: Nach zwei Wochen die Nierenmaschine nich mehr gebraucht, und nach drei Wochen kein Blut mehr im Urin! Ich meine, wenn man das heute einem erzählt, das glaubt ja keiner! Aber das Röntgenbild is ja der beste Beweis, und die Ärzte finden nix mehr an den Nieren, gar nix! — Ja, da kann man schon froh sein, daß man so 'n Cousin hat in der Familie! Mei, der hat sich selber gefreut wie 'n Kind! Ja, er is schon einmalig, einmalig! Deswegen, wie ich das erfahren habe mit dem Buch, sag ich: Selbstverständlich, setz ich mich sofort ins Auto, fahr runter! Das is wohl Ehrensache, ne!"

Nach allem, was er mitgemacht hat, fühlt Herr Andres sich fast wie neugeboren. Höchstwahrscheinlich infolge des Nierenversagens hat sich zwischen den operierten Bandscheiben zwar wildes Fleisch gebildet, das ihm jetzt wieder erhebliche Rückenschmerzen bereitet, doch besteht die Hoffnung, daß es sich entweder durch Naturheilmittel von innen her auflösen läßt, oder aber durch eine verhältnismäßig einfache Operation zu beseitigen sein wird. Die Tatsache, daß er nie wieder arbeiten wird können, hat dieser bei all seiner Entschlossenheit und Willensstärke sehr sanftmütige und sensible Mensch mit bewundernswerter Gelassenheit hingenommen. Soweit sein Rücken und das linke Bein, das seit der Knochenentnahme im Zuge der sechsten Bandscheibenoperation gefühllos ist, es zulassen, betreibt er regelmäßig Sport und widmet sich seiner Lieblingsbeschäftigung, der Blumenzucht. Auf der Terasse seiner

Wohnung, wo er sich bei der Arbeit glücklicherweise kaum zu bücken braucht, wächst unter seinen Händen alljährlich eine Blütenpracht heran, die ihm schon mehrmals den ersten Preis des Balkongärtnerwettbewerbs der Stadt Braunschweig eingetragen hat.

Natürlich hat er viel verloren — ein Gericht wird sich demnächst mit der Frage des ärztlichen Verschuldens befassen und zu entscheiden haben, ob ihm nicht wenigstens materieller Schadenersatz zusteht —, doch seine leidenschaftliche Liebe zum Leben ist ungebrochen, und der glückliche Ehemann und Vater zweier erwachsener Töchter sieht der Zukunft voll Zuversicht entgegen: Er wäre wohl nicht zweimal auf so wundersame Weise gerettet worden, hätte er sein Leiden nicht als eine Herausforderung erkannt und in Demut vor dem Wunder des Lebens nach ihrem tieferen Sinn gesucht.

Herrn Neuners Kommentar:

Was die Behandlung der Wirbelsäule betrifft, so sah ich, ehrlich gestanden, keine Möglichkeit, mit meinen Mitteln eine entsprechende Therapie anzusetzen. Aufgrund meiner persönlichen Erfahrungen mit einem Geistheiler, den ich auf den Philippinen kennengelernt hatte, hatte ich aber doch die Hoffnung, daß er vielleicht mit einer dieser so berüchtigten und angezweifelten philippinischen „Operationen" noch etwas erreichen könnte. Ich habe daher mit Herrn Andres das Für und Wider einer solchen Behandlung besprochen, und er hat sich sofort und ohne Zögern für einen Versuch entschieden. Ich selbst war der festen Überzeugung, daß diese Behandlung keine negativen Folgen haben könnte, da, meines Wissens, nach „Operationen" dieser Art noch nie irgendwelche Infektionen oder andere schädliche Folgeerscheinungen aufgetreten sind. Auch wenn der Heilungsversuch nicht gelungen wäre, hätte also nichts passieren können. Schließlich und endlich hat er aber zu dem erhofften Erfolg geführt, und nach der Behandlung durch den Philippino hat Herr Andres vor den Augen meiner Tochter voll Freude seine wahrlich langen Beine über einen Sesselrücken geschwungen, ist über den Tisch gesprungen, hat Kniebeugen und andere gymnastische Übungen gemacht und dabei immer wieder überglücklich ausgerufen: „Was sagst du jetzt? Was sagst du jetzt!" Er konnte es gar nicht fassen, daß er nach so langer Zeit auf einmal wieder zu alldem fähig war!

Ungefähr ein halbes Jahr darauf rief er mich in höchster Not und

Verzweiflung an und erzählte mir von der klinischen Diagnose. Er sagte mir auch, daß er sogar den letzten Ausweg nicht scheuen würde, wenn es tatsächlich keine andere Möglichkeit mehr gäbe als die totale Nierenoperation. Ich mußte ihn darauf verweisen, daß ich natürlich zuerst eine Urinprobe sehen müßte, und da allerhöchste Eile geboten war, hat er sich sofort auf den Weg gemacht und ist selbst von Braunschweig hierhergefahren. Unterwegs mußte er übernachten, da diese lange, anstrengende Fahrt ja zuviel für ihn war. Der Anblick seines Urins versetzte auch mich in Entsetzen, denn die Probe enthielt nicht nur Blut, wie Herr Andres berichtet hat, sondern auch gewaltige Mengen Eiter in undefinierbaren Farben, so daß jeder vorsichtige und verantwortungsvolle Mensch sofort sagen würde: „Hände weg, das ist mir zu gefährlich!" Aber der Hinweis von Herrn Andres, daß er an Stelle der Operation lieber den letzten Ausweg, nämlich den Freitod wählen würde — dieser ganz bewußte Standpunkt hat mich doch stärker bewegt als die Furcht vor einem Versagen, das heißt einem Mißlingen der Behandlung. Und es ist mir dabei nicht nur um meinen Cousin gegangen, sondern vor allen Dingen um einen Menschen, der durch alle Tiefen des Lebens gezogen wurde und für den meine Tropfen und Tees vielleicht die allerletzte Hoffnung sein könnten. Ich bin natürlich sehr glücklich, daß der Erfolg der Behandlung meiner Überlegung schließlich und endlich doch recht gab, und wenn Herr Andres mit seinem Zwiebelumschlag nicht eingeschlafen wäre, so wäre es innerhalb der folgenden zwei bis drei Wochen wahrscheinlich ohne Zwischenfälle zur Umkehr der Situation gekommen. Der wesentlichste Heilfaktor war dabei aber sicherlich sein unbedingter Lebenswille!

Die Behandlung war auf eine intensive Funktionsanregung, Reaktionsunterstützung und Reinigung der Niere ausgerichtet, wodurch gleichzeitig auch Blut und Lymphe gereinigt werden sollten. Zur Anwendung kamen Berberitzenrinde, Ackerschachtelhalm, Rosmarin, Hirtentäschel und Beerentraubenblätter als Tinkturen in Tropfenform, unter Beigabe von Echinacea D3 im Wechsel mit Arsenicum album D6, Nux formica D6 und Mercurius corrusivis D6. Dazu immer wieder schluckweise der Nierentee Nr. 4 zur Reinigung der Nieren- und Harnwege und zur Ableitung des angesammelten Eiters.

Man könnte einwenden, daß das eine Holzhammer-Therapie ist, aber hier war allerhöchste Eile geboten, und mit weniger starken Mitteln hätten die Zeiger der Uhr sich nicht mehr aufhalten lassen! Die Nachbehandlung, die durch eine Blutreinigung über die Leber und durch eine Gesamtreinigung des Organismus über die Niere zu einer Stabilisierung des Allgemeinzustandes führen sollte, war dagegen nur noch ein Kinderspiel.

Erst vor zwei oder drei Wochen hat Herr Andres mich noch einmal angerufen, um mir zu sagen, daß eine weitere Nachuntersuchung im Oktober, bei der auch wieder Tierversuche gemacht wurden, Ergebnisse erbracht hat, die den Ärzten unfaßbar erscheinen: Seine Nieren funktionieren demnach nicht nur völlig normal, sondern geradezu vorbildlich, und von der erst acht Monate zurückliegenden Erkrankung sind nicht die

geringsten Spuren zurückgeblieben! Damit ist also auch die klinische Bestätigung für den Erfolg der Behandlung erbracht. Es ist aber außerdem anzunehmen, daß nach dieser intensiven Reinigung des Gesamtorganismus auch das wilde Fleisch an den operierten Wirbeln auf dem natürlichen Weg wieder abgestoßen und ausgeschieden werden wird.

Ich bin der Überzeugung, daß die angewendeten Naturheilmittel wohl die in sie gesetzten Erwartungen einigermaßen erfüllen konnten, daß aber, wie schon erwähnt, der Patient durch den Einsatz seiner Willenskraft den allerwichtigsten Beitrag zur Genesung selbst geleistet hat! Herr Andres hat ein überzeugendes Beispiel dafür gegeben, wie sehr Glaube und Hoffnung auch den materiellen, das heißt den körperlichen Teil des Menschen zu beeinflussen vermögen — und zwar nicht nur im negativen, sondern, wie sich hier sehr deutlich gezeigt hat, auch im positiven Sinn. Die meisten Menschen sind sich der ungeheuren Macht ihres Willens viel zu wenig bewußt, und leider wird ihnen auch viel zu selten erklärt, in wie hohem Maß die Abwehrkräfte und die Umstellungsfähigkeit ihres Körpers von ihrer seelischen und geistigen Einstellung abhängig sind.

Hans Neuner, geboren am 14. Dezember 1917, verbrachte seine Kindheit auf dem Hof seines Großvaters Alois Neuner, eines Zillertaler Bauern, der ein weithin bekannter Naturheilkundiger war. In seiner Jugend hatte sich Alois Neuner vor allem für Tierheilkunde interessiert, war bei einem alten „Kräutler" in die Lehre gegangen und hatte das überlieferte Wissensgut im Lauf der Zeit um zahlreiche eigene Methoden und Rezepte erweitert.

Als eines Tages eine Frau zu ihm kam, die an Rotlauf erkrankt war, wagte er zum erstenmal den Versuch, seine tierärztliche Erfahrung auf die Behandlung eines Menschen anzuwenden. Seine Annahme, daß gegen Rotlauf beim Menschen doch ähnliche Mittel einsetzbar sein müßten wie zur Bekämpfung des Schweinerotlaufs, bestätigte sich. Die Patientin wurde gesund, und der Keandler-Bauer, wie er nach dem Namen seines Hofes genannt wurde, begann nun, den menschlichen Organismus zu erforschen, Ähnlichkeiten und Unterschiede zum tierischen Organismus herauszufinden und die Wirkung verschiedener Heilpflanzen in Selbstversuchen zu erproben.

Hans Neuners Großvater war ein reiner Autodidakt, doch seine auf Erfahrung und intuitiven Einsichten beruhenden Kenntnisse müssen erstaunlich gewesen sein. Ganz aus eigenem entwickelte er die Fähigkeit, anhand von Urinproben präzise Diagnosen zu erstellen. Er brauchte den Patienten gar nicht zu sehen — was im Hinblick auf die Transportmöglichkeiten zu jener Zeit einen unschätzbaren Vorteil bedeutete —, sondern er vermochte mit freiem Auge, allein aus der Farbe und Beschaffenheit des Urins, die organischen Funktionsstörungen zu identifizieren, die einer Erkrankung zugrundelagen. Dadurch konnte er seine aus Pflanzenbestandteilen selbst hergestellten Heilmittel auf die spezifischen Bedürfnisse jedes einzelnen Patienten abstimmen, und die Heilerfolge, die er häufig sogar in aussichtslos scheinenden Fällen noch erzielte, begründeten seinen Ruf als Kapazität auf dem Gebiet der Heilkunst.

Bis zum Beginn unseres Jahrhunderts war die sogenannte Schulmedizin eine Luxuseinrichtung für Wohlhabende. Die medizinische Versorgung der Bevölkerung, vor allem der Bewohner schwer zugänglicher Gebirgstäler, wurde noch zum allergrößten Teil durch mehr oder minder begabte heilkundige Laien gewährleistet, und die Heilkräfte der Natur erschienen den Menschen damals, vor weniger als 100 Jahren, nicht geheimnisvoller als uns die Wirkung der Antibiotika. (Die Mehrzahl der Weltbevölkerung, nämlich hunderte Millionen Menschen in der Dritten Welt, sind übrigens — wie allzuoft übersehen wird — bis heute auf ihre naturheilkundlichen Traditionen angewiesen!) In dem Maß jedoch, in dem sich die Erkenntnisse der modernen Medizin durchsetzten, wurde das jahrtausendealte Erfahrungswissen der Naturheilkunde von den exakten Naturwissenschaften in den Bereich des Okkultismus verwiesen.

Hans Neuners Großvater erlebte bereits die ersten Wellen dieser wissenschaftlichen Revolution auf dem Gebiet der Heilkunde. Obwohl er ein hochangesehener Mann war, der um seiner moralischen Integrität willen geliebt und geachtet wurde und aufgrund seines medizinischen Wissens und Könnens allgemeine Verehrung genoß, machte auch er schon Bekanntschaft mit der Angst vor Anzeigen und Prozessen und der Diskreditierung als Scharlatan oder Wunderheiler. Besonders suspekt, weil ganz und gar unerklärlich, erschienen seinen Zeitgenossen dabei ironischerweise vor allem jene außerordentlichen Fähigkeiten des alten Keandler, die aus heutiger Sicht als eine Vorwegnahme inzwischen allgemein geläufiger tiefenpsychologischer Erkenntnisse zu verstehen sind. So erzählte man sich nicht ohne Grauen von der „Wunderheilung" eines Jungen, der die Sprache verloren hatte: Alois Neuner nahm ihn in sein Haus auf, und nachdem er ihn einen Tag lang nur beobachtet hatte, ging er am zweiten Tag mit dem Jungen in den Wald. Dort packte er ihn plötzlich, fesselte ihn mit Stricken an einen Baumstamm und schwang drohend ein Beil über seinem Kopf. Von Todesangst erfaßt öffnete der Sprachlose den Mund und bat flehentlich um sein Leben. Ob man es nun als Schocktherapie oder als Roßkur bezeichnen will, der Patient war jedenfalls geheilt, und zufrieden band sein Psychotherapeut oder „Wunderheiler" ihn von dem Baum wieder los.

Hans Neuner hat diesen Großvater immer als sein Vorbild betrachtet. Fasziniert von allem, was mit dessen Tätigkeit als Heiler zusammenhing, interessierte er sich schon als Kind für die Herstellung der Kräuterarzneien und träumte davon, später einmal Medizin zu studieren. Obwohl er ein ausgezeichneter Schüler war, ließ dieser Traum sich leider nicht verwirklichen. Das nächste Gymnasium war vom Elternhaus so weit entfernt, daß der Versuch, diese Strecke zweimal täglich mit dem Fahrrad zurückzulegen, bald mit einem physischen Zusammenbruch endete. Dazu kam die wirtschaftliche Not jener Zeit, und so verließ Hans Neuner die Schule mit einem Hauptschulabschluß. Von seiner Mutter, die siebzehn Jahre lang als Mitarbeiterin ihres Vaters tätig war und später selbständig weiterarbeitete, lernte er die praktischen Grundregeln der Naturheilkunde, von der Mischung der Heilkräuter bis zur Herstellung von Tinkturen, Salben, Pflastern usw. Außerdem aber entwickelte er sich zu einem leidenschaftlichen Leser, wobei sein Interesse sich allmählich immer deutlicher auf heilkundliche Fachliteratur konzentrierte. Der Einmarsch Hitlers und der Ausbruch des Zweiten Weltkriegs setzten Hans Neuners Lehrzeit ein Ende und machten alle seine Zukunftspläne zunichte.

Als er nach sechseinhalb Jahren Krieg und Gefangenschaft zurückkehrte, lag eine ungewisse Zukunft vor ihm. Es ging nur noch ums Überleben, und er mußte einen Brotberuf ergreifen, um seine Frau und seinen Adoptivsohn ernähren zu können. Zweieinhalb Jahre lang arbeitete er bei einer Baufirma als Hilfsarbeiter, Handwerker und Buchhalter, bis er schließlich eine feste Anstellung bei den Bundesbahnen fand. Da er am Beispiel seiner Mutter ständig vor Augen hatte, welchen Schwierigkeiten und Anfeindungen Heilpraktiker in zunehmendem Maß ausgesetzt waren, dachte er nicht mehr daran, diesen Beruf auszuüben, zumal auch seine Frau dagegen Einspruch erhoben hätte.

Ein Schicksalsschlag durchkreuzte seine Pläne: Noch bevor er als Eisenbahner in das Beamtenverhältnis übernommen worden war, erkrankte er an Grünem Star, wurde daran operiert und danach kurzfristig aus dem öffentlichen Dienst entlassen. Bei dieser Gelegenheit erfuhr er durch Zufall von einem ärztlichen Gutachten, demzufolge er in längstens zehn Jahren vollständig erblinden würde. Der Rechtsanwalt seiner Mutter, an den er sich in seiner Bedrängnis wandte, gab ihm den Rat, den Beruf des Masseurs zu erlernen, den er auch als Blinder noch ausüben könnte. Hans Neuner folgte diesem Rat, schloß den Ausbildungskurs mit Auszeichnung ab und beantragte später bei der zuständigen Behörde einen Gewerbeschein, der ihn zur selbständigen Ausübung des Masseurberufs und zum Vertrieb von Massagemitteln berechtigte.

Trotz der Staroperation und fortgesetzter ärztlicher Behandlung nahm seine Sehfähigkeit weiter ab, und auch die Heilmittel, die seine Mutter ihm gab, vermochten den Krankheitsverlauf nicht aufzuhalten. Sie konnte ihm deshalb nur raten, sich anhand von Kräuterbüchern und Selbstbeobachtungen eine eigene Therapie zusammenzustellen. Das Experiment gelang, und wie ein Lauffeuer verbreitete sich die Nachricht von dieser gelungenen Selbstheilung. Mehr und mehr Leute aus der näheren Umgebung suchten Hilfe bei Hans Neuner, der nun daran ging, das Gelübde zu erfüllen, das er während seiner Krankheit auf einer

Wallfahrt nach Altötting abgelegt hatte: Sollte es ihm gelingen, sein Augenlicht zu retten, würde er sich von da an in den Dienst kranker Menschen stellen.

Da seine Mutter und sein Großvater nur wenige schriftliche Aufzeichnungen hinterlassen hatten, mußte er sich einen Großteil seines Wissens selbst erarbeiten. Die rational bestimmt nicht restlos erklärbare Gabe, aus Urinproben höchst differenzierte Diagnosen erstellen zu können, hatte er, wie sich bald herausstellte, von seinen Vorfahren mitbekommen. Viele seiner therapeutischen Erfahrungen aber konnte er nur aus Versuchen am eigenen Leib gewinnen.

Die Behandlungserfolge, von denen manche ihn selbst erstaunten, mehrten sich, zugleich mehrten sich jedoch auch die äußeren Schwierigkeiten. Jahrelang lebte er in ziemlich bedrängten Verhältnissen unter dem Dach seiner Schwiegereltern.

Im Lauf der Zeit besserte sich seine finanzielle Situation, wenn auch nur langsam, da Herr Neuner seine Kunst nie vermarktet hat. (Welche Charakterfestigkeit dazu gehört, kann jeder ermessen, der weiß, was ein Schwerkranker allein für die Hoffnung auf Genesung zu zahlen bereit wäre.) Hans Neuner aber ist überzeugt, daß seine intuitive Begabung ihm abhanden gekommen wäre, hätte er sie jemals zu seiner persönlichen Bereicherung mißbraucht. Geschäftstüchtigkeit oder Profitgier konnten ihm übrigens nicht einmal seine mißgünstigtem Gegner zum Vorwurf machen. Die Heilmittel für eine mehrmonatige Kur kosten nicht mehr als ein gutbürgerliches Mittagessen für zwei Personen im nächsten Gasthof, mittellose Patienten zahlen meist gar nichts, und die Diagnose ist prinzipiell kostenlos. Die von seinen Töchtern mitbegründete Bio-Neuner Ges.m.b.H., die Heil- und Körperpflegemittel auf Kräuterbasis über Drogerien und Reformhäuser vertreibt, sichert der Familie heute einen bescheidenen Wohlstand.

Alles andere als günstig war und blieb dagegen Hans Neuners rechtliche Position, da vor dem österreichischen Gesetz jeder, der ohne Universitätsdiplom heilt, als „Kurpfuscher" und damit gewissermaßen als vogelfrei gilt. Die ständige Angst vor Anzeigen bedeutete für ihn und seine Familie eine oft kaum noch erträgliche Belastung, deren Druck sich erst in den letzten Jahren ein wenig gemildert hat. Ein ortsansässiger Arzt hatte ihm von allem Anfang an den Kampf angesagt und versäumte keine Gelegenheit, ihn vor Gericht zu bringen; seinem Beispiel folgten andere Kollegen, ebenso die Ärztekammer. Hätte er sich — was auch dem besten Arzt passieren kann — nur ein einziges Mal nachweislich eines Kunstfehlers schuldig gemacht, wären ihm hohe Freiheitsstrafen und lebenslängliches Berufsverbot sicher gewesen. Doch die rigorose Auslegung des „Kurpfuscherei-Paragraphen bot die Möglichkeit, ihn allein wegen *Ausübung* seiner Tätigkeit als Heilpraktiker ins Gefängnis zu bringen.

Nachdem er sich jahrelang für eine Gesetzesänderung eingesetzt hatte, die bis heute an der Ablehnung der Ärzte- und der Apothekerkammer gescheitert ist, beschloß Hans Neuner, sich in stoischer Gelassenheit mit seiner Lage abzufinden. Nur einmal, im Verlauf einer dreiwöchigen Gefängnishaft, wurde er vom sogenannten Zellenkoller erfaßt. Zum Staunen der Wärter, die ihn als ungewöhnlich gütigen und sanftmütigen Menschen kannten, begann er mit sich überschlagender Stimme eine Brandrede zu halten: Nie wieder, brüllte er, werde er sich widerstandslos so demütigen lassen! Das Maß sei voll; nun werde er zum Angriff übergehen, um der Gerechtigkeit zu ihrem Recht zu verhelfen! Gleich einem Savonarola werde er künftig durch die Lande ziehen und öffentlich auspacken, was er über Jene wisse, die ihn nur aufgrund eines himmelschreienden Unrechts kaltstellen zu können glaubten!... Wie ein Gewitter entlud sich der jahrelang aufgestaute Groll über Verleumdungen und erlittenes Unrecht, doch dann folgte auf den Zornesausbruch ein Zustand tiefer innerer Ruhe: „Hans", sagte Herr Neuner zu sich selbst, „zum Kämpfen bist du nicht berufen. Muck nicht auf, sondern duck dich unter den Tisch; dann treffen sie nur die Tischplatte, wenn sie auf dich spucken!"

Dieser ebenso weise wie großherzige Entschluß wurde allerdings mehrmals auf eine harte Bewährungsprobe gestellt. Hier nur ein Beispiel: In die Gründung eines Sanatoriums, wo erholungsbedürftigen Patienten ein umfassendes Kurprogramm auf naturheilkundlicher Grundlage geboten werden sollte, hatte Hans Neuner, der diese Heilanstalt gemeinsam mit einem Arzt führen wollte, alles Geld investiert, das er auftreiben konnte. Seinen Gegnern war dieses Projekt ein Dorn im Auge, und kaum waren die ersten Patienten eingetroffen, brach ein Hagel von Anzeigen über ihn herein. Er sah sich gezwungen, den Betrieb zuzusperren, und verlor nicht nur seine gesamten Ersparnisse, sondern hatte überdies so hohe Schulden abzuzahlen, daß er nur knapp dem finanziellen Ruin entging. Enttäuscht, geprellt und um seine Hoffnungen betrogen, lehnte er sich zunächst natürlich verzweifelt gegen die Bosheit der Welt auf; später aber zog er auf seine Weise die Lehre aus diesem Vorfall: Hätte sich das Sanatoriumsprojekt wie geplant verwirklichen lassen, dachte er, so hätte er um einiger wohlhabender Pfleglinge willen Zehntausende Hilfsbedürftige im Stich lassen müssen. Es war also ein Fingerzeig

Gottes gewesen, der ihn an den Platz zurückverwiesen hatte, wo er hingehörte; nämlich an die Seite der kleinen Leute, der Menschen seines Standes, deren Sorgen und Nöte er aus eigener Erfahrung kannte.

Obwohl auf der langen Liste seiner Patienten auch viele sehr prominente Namen stehen und ihm bereits mehrere großzügige Angebote von ausländischen Institutionen gemacht wurden (die im Unterschied zu den österreichischen Forschungsstellen größtes Interesse an seinen außergewöhnlichen Kenntnissen bekundeten), ist Hans Neuner ein bescheidener, einfacher Mann geblieben, der von seinen kulturellen Wurzeln — Landschaft und Menschen seiner Tiroler Heimat — nicht abgeschnitten werden will. So ernst und nachdenklich er bei der Arbeit ist, so unbeschwert fröhlich versteht er auch das Leben zu genießen, ob in der Familie, im Kreis von Freunden, beim Musizieren oder auf einsamen Spaziergängen. Dieser allein durch seine Persönlichkeit überzeugende Bauernsohn, der sich nicht ganz wohl in seiner Haut fühlt, wenn er hochdeutsch reden soll, hat absolut nichts von einem Magier, Propheten oder gar Fanatiker an sich. Aus seinem Wissen macht er kein Geheimnis, doch hat er nie versucht, jemanden zu bekehren, sondern ist im Gegenteil immer bereit, von anderen noch etwas dazuzulernen. Die wenige freie Zeit, die ihm neben seiner Arbeit bleibt, hat er immer am liebsten dazu genützt, sich aus Büchern oder auf Studienreisen in andere Länder in seinem Fach weiterzubilden.

„Gott ist dein Arzt, ich bin nur sein Helfer", steht über der Tür zu seinem Konsultationszimmer, und dieser Satz ist das Fundament seiner Lebensanschauung, Ansporn und Trost zugleich. „Denn", so pflegt er zu sagen, wenn er wieder einmal in Schwierigkeiten mit der Obrigkeit gerät, „solange Gott mich als Werkzeug braucht, wird er mich auch beschützen. Und wenn's einmal nicht mehr geht, kann ich mich endlich getrost zur Ruhe setzen!"

INHALT

Vorwort 7
Einleitung 11
Der erste Fall 19
Ein Kind in Lebensgefahr 30
Nächstes Stadium Hautkrebs 35
Ist Schuppenflechte heilbar? 42
Vorbeugen ist sinnvoller als heilen 49
Der Tod ist kein Gegner 57
Symptom: Grüner Star 66
Ein Arzt zeigt Interesse 72
„Wetten, daß du nimmer g'sund wirst?" 79
Knochenmarksentzündung 86
„Sie sind gesund, Sie wissen es nur nicht!" 91
Das Wunschkind 94
Mutterschaft 97
Vater werden war nicht leicht 103
„Das Virus ist noch drin!" 109
Unerkannte Gelbsucht 116
„Dein Blut ist total versaut!" 128
Ein folgenschwerer Sturz 139
Die Englische Krankheit 144
Ein geübter Griff genügt 149
Totaloperation mit vierzehn? 155
Eine harte Geduldprobe 161
Wenn die Niere versagt 168
Kräuter statt Herzoperation 174
Wer hätte sich der sechs Kinder angenommen? 190
Chronische Bronchitis 199
Lungenkrebs und Leukämie 204
Das Angiom 217
Ein „interessanter Fall" 231
Nervenlähmung 241
Bericht einer Ärztin 246

Störungen des Knochenwachstum 254
„Ich lasse mir das Bein nicht amputieren!" 260
Möglichkeiten und Grenzen der Naturheilkunde 265
Hans Neuner, eine Kurzbiographie 278